Barbara Rütting

Mein neues Kochbuch

Schlemmereien aus der Vollwertküche

Mosaik Verlag

Für Lutz – immer noch

Alle Fotos: Ulrich Kerth
Einbandgestaltung: Wilfried Becker
Redaktion: Heidrun Schaaf
Layout: Paul Wollweber

 9 8 7 6
Satz: Filmsatz Schröter GmbH, München
Gesamtherstellung Mohndruck
Graphische Betriebe GmbH, Gütersloh

ISBN 3-570-04956-6

Inhalt

»Es ist besser, ein kleines Licht anzuzünden,
als immer über die Dunkelheit zu jammern.«
(Verfasser unbekannt)

»Laßt die Engel Gottes Euer Brot bereiten. Näßt Euren Weizen, auf daß der Engel des Wassers in ihn eindringen kann. Setzt ihn dann der Luft aus, so daß der Engel der Luft ihn auch umarmen kann. Und laßt ihn vom morgens bis abends unter der Sonne, auf daß der Engel des Sonnenscheins zu ihm kommen kann. Und der Segen der drei Engel wird bald den Lebenskeim in Eurem Weizen sprießen lassen. Dann zerdrückt Euer Korn und macht dünne Waffeln, wie Eure Vorväter es auch machten, als sie Ägypten verließen, das Haus der Sklaverei. Legt die Waffeln wieder unter die steigende Sonne, und wenn sie am höchsten am Himmel steht, dreht die Waffeln auf die andere Seite, daß sie auch vom Engel des Sonnenscheins umarmt werden, und laßt sie liegen, bis die Sonne untergeht. Denn so wie die Engel des Wassers, der Luft und des Sonnenscheins den Weizen auf dem Felde nährten und reifen ließen, so müssen sie auch Euer Brot bereiten. Denn das Feuer der Sonne gibt dem Weizen, dem Brot und dem Körper Leben, aber das Feuer des Todes tötet den Weizen, das Brot und den Körper. Und die lebendigen Engel des lebendigen Gottes dienen nur lebendigen Menschen. Denn Gott ist der Gott des Lebendigen und nicht der Gott des Toten.«

Diese Jesus zugeschriebenen Worte aus dem Friedensevangelium der Essener haben einige mir liebe Menschen sich so zu Herzen genommen, daß sie zu konsequenten Rohköstlern geworden sind. Und sie schwören, kein kulinarischer Genuß ihres bisherigen Lebens sei den Wonnen vergleichbar, die sie jetzt kosten.

Mein Weg hat sich (noch?) nicht ganz so entwickelt. Viel Rohes, Naturbelassenes steht auf der Tafel, mehr als zuvor – aber ich hänge noch zu sehr an einem warmen Süppchen, an einem knusprigen dampfenden Auflauf, als daß ich dem »Engel des Feuers«, der da ein bißchen mitgekocht und mitgebacken hat, ganz abgeschworen hätte.

So finden Sie auch in meinem neuen Kochbuch neben der Frisch- oder Rohkost wieder Suppen, Saucen, Gemüse- und Getreidegerichte. Da im ersten Buch die Brote, Kuchen, Torten und Nachtische aus Platzgründen etwas zu kurz gekommen sind, habe ich Ihnen diesmal mehr Raum gelassen – hoffentlich zu Ihrem Vergnügen.

Die Vollwertkost, die ich Ihnen in meinem Buch vorstelle, ist keine Diät, keine Schon-Kost, die unsere Organe zwar schont, aber auf die Dauer schwächt, sondern sie ist eine Stärkungs-Kost, eine Kost, die unsere Organe fordert und stärkt.

1976 erschien mein erstes Kochbuch. Damals glaubte niemand so recht an einen großen Erfolg. Keine Fleisch- und keine Fischrezepte, wer soll denn so ein Buch kaufen? Inzwischen nähern wir uns einer Auflagenhöhe von 200000 Stück.

Ich wiederhole: niemandem soll zugeredet werden, daß er oder sie sich Fleisch oder Fisch in Zukunft »versagen« sollte. Ich will nur aufzeigen, wieviel wundervolle Speisen Sie auch ohne Fleisch und Fisch auf den Tisch bringen können.

Fleisch oder nicht Fleisch, das ist ja auch gar nicht so sehr eine ernährungsphysiologische wie eine ethische oder eine ästhetische Frage. Tolstoi hat gesagt: »Solange es Schlachthöfe gibt, wird es Schlachtfelder geben.« Professor Kollath allerdings meint: »Leben lebt von Leben.« Aber jeder sollte nur soviel von anderem Leben für sich beanspruchen, wie er wirklich benötigt. Sicher »töte« ich auch, wenn ich eine Möhre aus dem Boden ziehe. Und niemand soll sich einbilden, er lebe bereits gesund, nur weil er Fleisch aus seinem Speisezettel verbannt hat. Sie kennen vielleicht den Ausdruck vom »Pudding-Vegetarismus«.

Das ganze Leben beinhaltet Kompromisse, so auch die

Ernährung. Zu meinen Kompromissen gehören das Glas Wein oder Bier, die Tasse Tee oder (gelegentlich) Kaffee, ab und zu ein Kognak, und bei Dreharbeiten esse ich das, was alle anderen auch essen, da lasse ich mir keine »Extrawurst braten.«

Ernährung und Gesundheit hängen enger zusammen als landläufig bekannt ist. Ein Auto streikt sofort, wenn man ihm falschen Treibstoff einverleibt – der menschliche Organismus hilft sich bei Fehlernährung (leider) viel zu lange über die Runden, versucht mit aller Anstrengung den Schaden auszugleichen – und wenn er es dann eines Tages gar nicht mehr schafft, hat der Mensch nach 15 oder 20 Jahren »plötzlich« Rheuma, »plötzlich« einen Herzinfarkt, »plötzlich« Krebs.

Laut Dr. Max Otto Bruker, meinem verehrten Lehrmeister, Spezialist in Sachen Ernährung und Gesundheit, »erkrankt der Durchschnitt der Bevölkerung schon etwa 25 Jahre vor dem Tod an einem ernährungsbedingten Zivilisationsleiden, das dann später oft zur Todesursache wird«. Zu diesen ernährungsbedingten Zivilisationsleiden gehören »der Gebißverfall, die Darmträgheit, Gallensteine, Stoffwechselstörungen, Erkrankungen des Bewegungsapparates (Rheuma), Arteriosklerose, Thrombose, der Herzinfarkt, der Krebs und bestimmte Erkrankungen des Nervensystems«.

Ich bin durch eigene Erfahrung felsenfest von der Richtigkeit dieser Behauptung überzeugt worden. Meine Mutter starb elend an Rheuma, beziehungsweise, wie ich heute weiß, an den Folgen der Medikamente, die man ihr gegen das Rheuma verordnete. Aber als ich – sie starb 1972 – die behandelnden Ärzte schüchtern fragte, ob zwischen der Krankheit meiner Mutter und ihrer Ernährung vielleicht ein Zusammenhang bestehen könnte, wurde ich ausgelacht. Es war die Nachkriegszeit, als man die Steaks entdeckt hatte, als man »endlich wieder Kaffee trinken« konnte und weiße Semmeln essen, als man mit dieser »üppigen Mangelernährung« anfing, wie Professor Kollath das so schön formuliert. Und bald entdeckte ich bei mir die gleichen Krankheitssymptome. Der Arzt meinte allerdings, ich hätte die Gicht, und ich müsse nun eben bis an mein Lebensende Gicht-ex nehmen. Das tat ich auch über ein Jahr lang, bis ich zufällig den Beipackzettel las und mir sich die Haare sträubten über die Nebenwirkungen des Medikamentes, das ich da täglich schluckte. Nachdem ich meine Ernährung auf Vollwertkost umgestellt habe, wurde ich im Laufe der Zeit alle meine Wehwehchen los, konnte dem Apotheker kiloweise Medikamente zurückbringen und greife heute bestenfalls einmal zu Naturheilmitteln.

Leider finden die meisten Menschen erst durch Schicksalsschläge zu einem bewußteren Leben. Entweder sind sie selbst Betroffene, oder jemand aus dem engsten Familienkreis. Die Aufklärung über den Zusammenhang zwischen Ernährung und Gesundheit müßte viel früher beginnen, im Kindergarten, in der Schule, bei den werdenden Müttern und Vätern, jedenfalls so früh wie möglich! Und dazu möchte ich mit diesem Buch beitragen.

Ich wünsche mir, daß viele Leserinnen und Leser ganz große Sehnsucht bekommen nach einem (wieder) heileren Leben, und daß sie es nicht dabei bewenden lassen, von diesem Leben nur zu träumen, sondern sich entschließen, auch selbst etwas dafür zu tun.

»Wenn einer träumt, bleibt es ein Traum.
Wenn viele träumen,
fängt der Traum an, Wirklichkeit zu werden.«
(Im Autoradio gehört)

Vollwertkost – warum?

»Die meisten Zivilisationskrankheiten
sind ernährungsbedingt.«
(Dr. med M. O. Bruker)

4 Dinge sollten Sie meiden – 4 Dinge sollten Sie täglich zu sich nehmen, wenn Sie gesund bleiben oder wieder gesund werden wollen!

Was Sie meiden sollten:
1. Jede Fabrikzuckerart (weißer oder brauner Zucker, Traubenzucker, Fruchtzucker etc.) und damit gesüßte Nahrungsmittel;
2. Auszugsmehl und alle Produkte daraus (das heißt, alle Mehlprodukte, die nicht aus Vollkorn hergestellt sind);
3. Industriefette (z. B. Margarine, spezielle Bratfette, erhitzte Öle);
4. Säfte, gekochtes Obst (gilt besonders für Leber-, Galle-, Magen-, Darmempfindliche).

Was Sie täglich essen sollten:
1. Frisches rohes Getreide (als Vollkornbrei);
2. Vollkornprodukte (Vollkornbrot, Vollkornnudeln, Vollkorngebäck);
3. Frischkost (Salate aus rohem Obst und Gemüse);
4. natürliche Fette (Butter, Sahne, kaltgepreßte Öle).

Prof. Kollath hat es so ausgedrückt:
»Laßt unsere Nahrung so natürlich wie möglich.«
So einfach ist das.
Fangen Sie noch heute damit an!

Prof. Kollath hat die Lebens- und Nahrungsmittel sehr eindrucksvoll in einer Tabelle ihrer Lebendigkeit nach geordnet. Sie finden diese Tabelle im Anhang.

Zu den Rezepten

- Pfeffer bedeutet immer: frisch gemahlen aus der Mühle
- Knoblauch bedeutet immer: frisch durch die Presse gedrückt
- Sahne bedeutet immer süße Sahne (wenn saure gemeint ist, steht es extra dabei)
- Joghurt kann immer durch Kefir ersetzt werden
- Semmelbrösel sind immer Vollkornbrösel
- Reis bedeutet immer Vollreis
- Weizenmehl bedeutet immer Vollkornweizenmehl
- Roggenmehl bedeutet immer Vollkornroggenmehl (alles Getreide selbstverständlich frisch gemahlen)
- geriebener Käse bedeutet immer frisch gerieben (der neben Parmesan und Gruyère erwähnte Bergkäse ist eine preiswertere Käsesorte, die sich ebenfalls gut reiben läßt)
- Backpulver bedeutet immer das natürliche Weinsteinbackpulver (natürliche Weinsteinsäure aus Ablagerungen in Holz-Weinfässern – im Gegensatz zu synthetischem)
- Zitrusfrüchte, Trockenobst etc. bedeutet immer unbehandelt, ungeschwefelt
- Carob siehe Seite 144
- Birnenmehl siehe Seite 169
- gekörnte Brühe siehe Seite 60
- Alles, was Sie nicht kennen, ist in Naturkostläden und Reformhäusern erhältlich.
- Springform bedeutet Durchmesser von 28 cm
- TL = Teelöffel
- EL = Eßlöffel
- MSP = Messerspitze
- gestr. = gestrichen
- Tasse = normale Haushaltstasse (ca. 200 g oder knapp ¼ l)

Die Rezepte sind, wenn nicht anders angegeben, für 4 Personen berechnet.

Die Geräte in der Vollwertküche

Sie brauchen kaum zusätzliche Geräte für Ihre Vollwertküche.

Eine Getreidemühle allerdings wird unentbehrlich – je nach Personenzahl und Getreideverbrauch empfiehlt sich eine Handmühle oder eine elektrisch betriebene. Ich besitze eine elektrische für die großen Getreidemengen, eine Handmühle für Frischkornbrei und speziell für Hafer und Leinsamen, die sich nicht mit der elektrischen Mühle mahlen lassen, sowie eine ganz kleine in der Größe einer Pfeffermühle für Reisen. Weiter eine kleine Mühle zum Mahlen von Mohn.

Ferner brauchen Sie (bzw. haben Sie sicher sowieso schon):

- eine elektrische Küchenmaschine zum Rühren, Kneten, Schlagen und Reiben
- ein elektrisches Handrührgerät
- Dünsttöpfe, die Gemüse schonend und mit wenig Flüssigkeit garen (ich benutze auch einen Dampfdrucktopf)
- verschiedene Stielpfannen zum Braten von Getreideküchlein, Eierkuchen etc.
- feuerfeste Formen in allen Größen und Formen (oval, rechteckig, rund)
- Backformen, Springformen und Kuchenbleche
- ein Spätzlesieb
- Spritzbeutel zum Garnieren von Kuchen etc.
- ein Reibeisen aus Glas für die Frischkost der Kleinkinder
- alle Küchenmesser sollten aus Edelstahl sein.

Vollwertköstlers Kraftfutter

Die Frischkost

Ein ganz wichtiger Bestandteil der Vollwertkost ist die Frischkost. Sie sollte stets am Anfang der Mahlzeit genossen werden.
Frischkost heißt soviel wie Rohkost. Aber roh allein genügt eben nicht, das Rohe sollte darüber hinaus noch möglichst frisch sein. Ein welkes biologisch-dynamisch gezogenes Salatblatt oder ein ebensolcher vergammelter Sellerie sind nicht oder kaum mehr lebendig – aber nur Lebendiges erhält lebendig.
Von höchster Lebendigkeit ist alles, was, in die Erde gesteckt, neues Leben gibt, also jeder Same, jede Nuß, jeder Fruchtkern (siehe die Kollath-Tabelle im Anhang).
Beispiele für den Verlust an Lebendigkeit:
Spinat büßt 12% seines Vitamin-C-Gehaltes ein, wenn er 1 Tag bei Zimmertemperatur gelagert wird, am 2. Tag sind es bereits 43%. Feldsalat verliert bei Lagerung im Sonnenlicht schon nach 3 Stunden zwei Drittel seines Vitamin C, mehr als die Hälfte aller B-Vitamine und über ein Drittel des Vitamin A.
Frischkost sollte immer zu Beginn der Mahlzeit gegessen werden, weil sie so am besten ihre vitalisierenden Eigenschaften entfalten kann. Außerdem: auf erhitzte Nahrung reagiert der Körper wie auf schädliche Fremdstoffe! Er sendet Soldaten aus, Leukozyten, die weißen Blutkörperchen, als gelte es, einen Feind in die Flucht zu schlagen. Von Dr. Kuschakoff stammt nun die Entdeckung, daß diese Mobilisierung der weißen Blutkörperchen ausbleibt, wenn der Mensch vor dem Gekochten etwas Rohes ißt.
Frischkost am Anfang der Mahlzeit – und Sie umgehen die Verdauungsleukozytose, die nebenbei auch noch mitverantwortlich ist für die Müdigkeit nach einem »normalen« Essen.
Eine andere interessante Entdeckung verdanken wir wieder Prof. Kollath: Genau wie der Mensch bei einer Erhitzung über 43 Grad stirbt, so wird jedes Eiweiß bei etwa dieser Temperatur verändert, weniger lebendig, »denaturiert«, sowohl pflanzliches Eiweiß wie tierisches. (Sollte der Mensch etwa doch als Rohköstler geplant sein?)
Der griechische Arzt Diokles von Karystos schreibt 400 v. Chr.: »Wem an seiner Gesundheit liegt, der esse morgens einen Brei aus Gerstenschrot. Die Gerste wird auf gewissen Vorrat zwischen Steinen grob geschrotet, mit Wasser zu einem Brei verrührt, und dieser wird an der Sonne getrocknet. Der Tagesbedarf wird abgebrochen, zerkleinert, mit Wasser, vielleicht auch mit Milch verrührt gegessen.«

Der Frischkornbrei

Sie können ihn aus Weizen oder Roggen oder Hafer oder Gerste zubereiten oder aus einer Mischung aller dieser Getreidesorten plus Hirse, ähnlich der Waerland-Kruska.

Sie brauchen pro Person:

3 EL Getreide Ihrer Wahl
kaltes Leitungswasser
1 Apfel (gerieben oder gewürfelt)
ein paar Spritzer Zitronensaft (nach Geschmack)
1 EL Sahne oder mit Honig gesüßte Schlagsahne
1 Spur Naturvanille oder Carob
Nüsse oder Mandeln
eventuell eingeweichtes Trockenobst wie Äpfel, Birnen, Pflaumen, Aprikosen
oder frisches Obst oder Beeren nach Saison oder ein Stückchen Banane
frisch gemahlenen Leinsamen

Sie können auch statt der Sahne Kefir, Milch oder Sauermilch verwenden, müssen dann aber Obst oder Trockenobst weglassen, weil die Kombination bei Empfindlichkeit nicht gut vertragen wird.

Und so wird's gemacht:
Das Korn grob mahlen, in einer Getreidemühle oder einer alten Kaffemühle, das gemahlene Getreide mit soviel kaltem Leitungswasser anrühren, daß ein steifer Brei entsteht und nach dem Quellen nichts weggeschüttet werden muß, 5–12 Stunden eingeweicht stehen lassen, dann die gewünschten Zutaten zugeben.

Ein Fitmacher ersten Ranges. Unser Lieblings-Frischkornbrei ist der aus Weizen. Den Leinsamen mahle ich zweimal, so ist er leichter verdaulich. Und im Winter wärme ich den Frischkornbrei im Ofen an – natürlich nicht bis 40 Grad!

Frischkornbrei-Varianten

Auf salzige Art (bei Zen-Meditationen in einem makrobiotisch geführten Haus gab es dazu Sonnenblumenkerne und in Salz eingelegte Pflaumen, gewürzt wurde mit Sojasauce):
- mit frisch geriebenem Gemüse (Möhren, Sellerie etc., auch mit Wildkräutern);
- mit Beinwellpulver (aus getrockneter Beinwellwurzel oder getrockneten Blättern);
- mit getrennt eingeweichten Rosinen;
- mit Haselnüssen oder Mandeln oder Sonnenblumen- oder Kürbiskernen.

Gerade noch zur Frischkost rechne ich die

Hafergrütze

Pro Person 2–3 EL frisch, ziemlich grob gemahlenen Hafer
¼ l kochendes Wasser
Sahne oder Milch
Honig nach Geschmack

Warmes Wasser über das Hafermehl gießen, umrühren, mit kalter Milch oder Sahne begießen, mit Honig süßen.
Diese Hafergrütze essen wir im Winter zum Frühstück, wenn wir keine Lust auf ein kaltes Müsli haben. Sie können natürlich auch noch Rosinen oder Bananenscheiben oder etwas Carob dazugeben.
Das Vitamin B_1 wird erst bei 160 Grad Hitze zerstört; dieser Haferbrei ist also vollwertig, vor allem, wenn er noch dazu mit frischer, kalter, unpasteurisierter Milch oder Sahne genossen wird. Er erinnert an das alte schottische Gericht »Crowdie«: grob gemahlener Hafer wurde mit kochendem Wasser übergossen. Dazu gab es Milch oder Butter.

Dr. Evers, einer der Pioniere unter den »Körndlfressern«, hat 6 seiner 12 Kinder statt mit gekochter Milch, wie das damals üblich war, mit roher Milch und rohem Getreide großgezogen.

Getreidebrei nach Dr. Evers

3 EL Weizen oder Roggen (wegen der verschiedenen Keimzeiten nicht mischen)
ungekochtes kaltes Wasser

Die ganzen Körner abends mit Wasser bedeckt einweichen, am nächsten Morgen in einem Sieb mit frischem Wasser abspülen, tagsüber trocken stehen lassen. Abends wieder mit Wasser bedecken, am nächsten Morgen wieder spülen. Diesen Vorgang so lange wiederholen (im Durchschnitt genügen 3mal), bis die Körner keimen und die Keimlinge ca. ⅓ cm lang sind.
Die gekeimten Körner anmachen wie den Frischkornbrei.
Die gekeimten Körner können außerdem jedem Salat beigegeben werden; sie schmecken nußartig und brauchen kaum ein Gewürz.

Wichtig: Das zum Keimen aufgestellte Gut mindestens 1mal pro Tag gründlich abspülen. Auch Körner und Bohnen scheiden Stoffwechselprodukte aus!

Der Keim ist der wichtigste Teil des Getreidekorns, aus ihm entsteht die neue Pflanze. Zu ihrem Wachstum braucht sie die in den Randschichten des Korns sitzenden Fermente und Mineralien. Ihren Energiebedarf deckt sie aus dem Keimöl, das zugleich Vitaminspeicher ist, sowie aus den Kohlenhydraten des Mehlkerns (Prof. Kollath).
Welch wunderbar einfache Erklärung und wie einleuchtend, daß wir das volle Getreidekorn essen sollten und nicht nur einen Teil davon!

Folgende Körner bzw. Samen eignen sich ebenfalls gut zum Keimen:

- Kichererbsen – brauchen viel Wasser, mehrmals täglich, Keimzeit: 3 Tage
- Kresse – mäßig Wasser, 1mal pro Tag wässern, Keimzeit: 4–5 Tage
- Linsen – viel Wasser, 4mal pro Tag wässern, Keimzeit: 3–2 Tage
- Mungobohne – 1mal pro Tag wässern, Keimzeit: 3–4 Tage
- Weizen – mäßig Wasser, 1mal pro Tag wässern, Keimzeit: 1–3 Tage.

Ich habe auch Buchweizen, Hafer, Gerste, Hirse, Luzerne und Senfsamen keimen lassen, aber als nicht so wohlschmeckend empfunden. Die Hirse erinnert an Heilerde, und der Senfsamen war nur scharf, aber das ist meine subjektive Meinung, probieren Sie's selbst.

Die Methode, das Keimgut in einer Schüssel oder in einem tiefen Teller einzuweichen, birgt die Gefahr der Schimmelbildung. Sicherer geht's mit Keimapparaten. Neuerdings gibt es einen Keimapparat aus Ton; erkundigen Sie sich am besten im Reformhaus oder im Naturkostladen.

Gekeimtes Getreide – eine Lösung des Hungerproblems?

In der Zeitschrift »Wendepunkt« fand ich einen Bericht von Dr. Ralph Bircher:

»Vor mehr als zweitausend Jahren fuhr nach einer chinesischen Legende eine Gruppe von Landsuchern auf einem Flachsegelboot den Jang-tse-kiang hinauf, um an dessen Oberlauf neue Siedlungsgebiete auszukundschaften.

Nach einigen Wochen gelangten sie in reißende Flußpassagen, kamen nur langsam vorwärts und der Proviant begann knapp zu werden. Schließlich blieben nur noch einige Säcke trockene Böhnchen im Laderaum übrig. Als man sie öffnete, waren die Böhnchen unter dem Einfluß der Feuchtigkeit verdorben, nein, sie hatten gesproßt und waren kaum mehr Böhnchen, sondern vielmehr eine Masse von ausgekeimten jungen Sprossen. Hungrig, wie die Leute waren, aßen sie die Masse dennoch und fanden sie zu ihrem Erstaunen wohlschmeckend und nahrhaft.«

Außer Bohnen ließ man dann auch andere Hülsenfrüchte und Getreide keimen – die einfachste Frischkost der Welt. In Kanada wurde bereits an einem Plan gearbeitet, »Hungerländer« mit dieser »Auskeimkost« zu versorgen. Wie viele andere revolutionäre Ideen, so blieb offensichtlich auch diese auf der Strecke. Die unterentwickelten Länder werden statt dessen mit unserer krankmachenden Zivilisationskost beliefert und von ihr abhängig gemacht. Im tiefsten Urwald hält man Mütter vom Stillen ihrer Kinder ab und redet ihnen Milchpulver ein, ein totes Präparat, das, mit unsauberem Wasser angerührt, zum Tode vieler Kinder führt.

Statt dessen ungemahlenes Korn in Hungergebiete zu schikken hätte folgende Vorteile:

- einfacher Transport
- lange Aufbewahrungszeit (wenn es trocken gelagert wird)
- es ist kein Brennmaterial für die Zubereitung nötig
- die Versorgung mit nativem, das heißt nicht denaturiertem Eiweiß, Vitamin B_1, A und C ist optimal, der Vitamingehalt ist nach dem Keimen sogar höher als vorher.

Viele Menschen könnten vor dem Verhungern gerettet werden!

(Wer sich näher über die Dritten-Welt-Probleme informieren möchte: siehe Seite 74 und 238.)

Frischkost auch für das Kleinkind – Frischkornmilch als idealer Muttermilchersatz

Nein, Sie haben sich nicht verlesen. Wenn Sie Ihr Kind nicht stillen können oder die Milch nicht ausreicht, ist Frischkornmilch eine ideale Alternative – statt der fertiggekauften »toten« Babynahrung.

Das Korn – Weizen, Hafer, Roggen oder auch Naturreis – sollte natürlich möglichst aus biologischem Anbau stammen. Fein mahlen, über Nacht (mindestens aber 5–8 Stunden) in Wasser einweichen (am besten eine Porzellan- oder Glasschüssel verwenden) und mit Milch, möglichst roher Milch, auffüllen. Fertig!

Kriegen Sie keine rohe Milch, nehmen Sie pasteurisierte, die ist immer noch besser als H-Milch oder (totes) Milchpulver. Ich habe mit Frischkornmilch aufgezogene Kinder erlebt, eine Wonne!

Hier das Rezept für eine Trinkmenge von 120 Gramm (1 Flasche):

20 g Vollgetreide
40 g Wasser
60 g Rohmilch

oder als Tagestrinkmenge für 5 Flaschen = etwa 600 Gramm:
100 g Vollgetreide
200 g Wasser
300 g Rohmilch

Und so wird's gemacht: Das frisch und fein gemahlene Korn in dem Wasser einweichen, am Morgen mit der Milch vermischen, in die Saugflasche füllen und im Wasserbad auf Trinktemperatur erwärmen (gut lauwarm). Eventuell eine Messerspitze Honig beigeben.

Haben Sie abends die Tagesmenge für 5 Flaschen gemahlen und eingeweicht, nehmen Sie die Portion für die Morgenmahlzeit ab und bewahren den Rest im Kühlschrank auf (erst bei Gebrauch mit der Milch vermischen).

Mahlt Ihre Mühle nicht fein genug, passieren Sie die trinkfertige Flüssigkeit durch ein Haarsieb. Je glatter die Frischkornmilch ist, desto leichter nimmt Ihr Kind sie an. Während des Fütterns die Flasche hin und wieder kräftig schütteln, da sich das Getreide leicht am Flaschenboden absetzt.

Nicht getrunkene Reste nicht aufwärmen, sondern wegschütten.

Von dieser Frischkornmilch erhält das Kind in den ersten Wochen täglich 4–5 Mahlzeiten, manche Kinder sind auch mit 3 Mahlzeiten zufrieden. Das Kind soll immer soviel trinken, wie es selbst mag, und nicht soviel, wie die Mutter nach Tabellen oder Teilstrichen erwartet.

Von wem ich diese fabelhaften Rezepte habe? Von Ilse Gutjahr. Sie hat mit Dr. Bruker zusammen das Buch für werdende oder seiende Mütter und Väter herausgegeben, »Biologischer Ratgeber für Mutter und Kind«.
Eine Fundgrube! Sie erfahren nicht nur, was Ihr Kind essen und trinken, sondern auch, wie es gebettet werden soll und in welchem Windelhöschen es sich am wohlsten fühlt – natürlich nicht in dem, das mit »P« anfängt, sondern in einem Windelhöschen aus unbehandelter Schafwolle, das sie selbst stricken können – Strickanleitung wird gleich mitgeliefert.
Ilse Gutjahrs Mutter war 45 Jahre lang frei praktizierende Hebamme und hat genaue Aufzeichnungen über mehr als 5000 Geburten hinterlassen. Ilse ist Vorstandsmitglied der von Dr. Bruker gegründeten Gesellschaft für Gesundheitsberatung und opfert sich genauso auf wie Dr. Bruker selbst. Kein Wunder, beide sind Skorpione! Ich übrigens auch. Skorpione sind also besser als ihr (böser) Ruf, wie sich wieder einmal herausstellt.
Etwas zum Wasser: Ilse schlägt vor, statt des in den meisten Gegenden chemikalisch verunreinigten Trinkwassers Mineralwasser oder stilles Wasser (wie Pohlmannswasser oder Volvic) für die Zubereitung der Frischkornmilch zu verwenden.

Was Sie bei der Zubereitung der Frischkost unbedingt beachten müssen

Frischkost ist Heilkost, sie wird vor den gekochten Mahlzeiten gegessen.

- ⅓ der täglichen Nahrung sollte aus Frischkost bestehen, und davon ⅔ aus Gemüse, ⅓ aus Obst.
- Möglichst 2 über und 2 unter der Erde gewachsene Pflanzenteile verwenden, da die einzelnen Teile unterschiedliche Vitalstoffe enthalten.
- Obst und Gemüse sollte so frisch wie möglich sein und aus biologischem Anbau.
- Obst und Gemüse möglichst mit der Schale verwenden, z.B. Gurken, rote Rüben. Auch wenn die Gurke aus chemisch gedüngtem Anbau stammt, ist es besser, die Schale mitzuessen, weil sie Vitalstoffe enthält, die sonst verlorengehen, und die die chemische Düngung sozusagen einigermaßen ausgleichen.
- Gemüse und Obst nie lange im Wasser liegen lassen, kurz waschen oder bürsten (Gemüsebürste).
- Bereits zerschnittene oder zerpflückte Pflanzenteile sofort mit der Sauce vermischen, da der Luftsauerstoff sonst die Vitalstoffe zerstört.
- Nur naturbelassene, sogenannte kaltgepreßte Öle wie Sonnenblumen-, Distel-, Sesam-, Kürbiskern-, Olivenöl verwenden (siehe Seite 18).
- Für die Sauce, außer Öl, Obstessig, Weinessig, Zitronensaft, süße oder saure Sahne, Joghurt, Quark, Schlagsahne, ein frisches Eigelb, Sauerkrautsaft, Saft von milchsauer-eingelegten Gemüsen nehmen.
- Gesüßt wird mit Honig oder Birnenmehl bzw. Birnendicksaft.
- Sparsam umgehen mit Salz (Vollmeersalz oder Kräutersalz bevorzugen).
- Verschwenderisch frische und getrocknete Kräuter, Zwiebeln, Knoblauch, Meerrettich, ab und zu etwas Senf oder Sojasauce (Tamari) verwenden.
- Bei Empfindlichkeit Zwiebeln und Knoblauch nicht kombinieren, kann zu Blähungen führen!
- Bei Empfindlichkeit nicht rohes Obst und rohes Gemüse mischen.

Übrigens: Eine gesunde Niere verträgt etwa 5–7 g Kochsalz pro Tag; viele Menschen muten ihrer Niere aber Salzmengen von bis zu 20 g täglich zu. 9 g Salz binden 1 Liter Flüssigkeit im Körper! Zuviel Kochsalz macht also dick!

An besonders streßigen Tagen versuche ich nur Frischkost zu essen, also ab und zu eine Handvoll Nüsse oder Mandeln, einen Apfel, ein paar Mandarinen oder Datteln, das klassische »Studentenfutter«. Sie werden den Streßtag garantiert besser überstehen, als wenn Sie sich mit einer Wurstsemmel oder einem Stück »normalem« Kuchen über die Runden helfen wollen.

Schon ein gelegentlicher Frischkosttag wirkt Wunder und ist auch im Winter durchzuführen. Bei uns sah heute die Tafel so aus:

Frühstück
Frischkornbrei aus Weizen mit eingeweichten Trockenbirnen und Pflaumen, Mandarinenspalten, Bananenscheiben, Honigschlagsahne, einem Spritzer Zitronensaft, einer Spur Naturvanille und Haselnüssen; dazu Kräutertee aus Salbei.

Mittagessen
Rote Rüben, grob gerieben, mit gewürfelten Äpfeln, saurer Sahne, Zitronensaft und Naturvanille;
daneben auf einer Platte angerichtet: frisch aus der Kellermiete geholte Möhren, Kohlrabi, Lauchstengel, Rot- und Weißkohl, grob geschnitten, gehackte Zwiebeln und gekeimte Weizenkörner.
Zum Dippen eine Sauce aus Olivenöl, Zitronensaft, Kräutersalz, Senf und Knoblauch.
Auf dem Tisch steht weiter das Schälchen mit zerrebeltem getrockneten Beinwell- und Brennesselblättern, gemischt mit im Mörser zerstoßenem Majoran und frisch gemahlenem Leinsamen, Kürbiskerne, Nüsse, Mandeln und Datteln.
Eine betörende Vielfalt gaumen- und magenschmeichelnder Genüsse!

Nachmittag gab's
Indianerknödel aus frisch gemahlenem Weizenmehl, mit Nußmus, Honig und Naturvanille verknetet, dazu Lindenblütentee mit einem Schuß Holundersaft.

Abends
wurde es geradezu bacchantisch. Die Speisekarte bot milchsauer eingelegte Gurken, Zucchini und Tomaten, grob geriebenen Sellerie mit Apfelwürfeln, angemacht mit saurer Sahne und Zitronensaft, einen Kranz von Sauerkrautsalat, abgeschmeckt mit Sesamöl, Honigschlagsahne und zerstoßenen Wacholderbeeren, umlegt von einer Rosette aus Blutorangenscheiben, in der Mitte ein Berg grüner gekeimter Mungobohnen.
Dazu rohes Weizenbrot, bestrichen mit pikantem Weizen-Sesam-Aufstrich – alles begleitet von einem duftenden Tee aus getrockneter Zitronenmelisse.

Wie Sie nach so einem Frischkosttag schlafen, und wie Sie am nächsten Morgen aufwachen – und aussehen!

Etwas zur Fettfrage

Butter ist ungesund, verkündet der eine Professor, essen Sie Margarine! – der nächste Professor behauptet genau das Gegenteil. Der Verbraucher ist ratlos. Wenn's der Herr Professor doch gesagt hat! Aber welcher Herr Professor hat denn nun recht?
Ich habe mir angewöhnt, meinem gesunden Menschenverstand zu vertrauen – und der Kollath-Tabelle. Der Wert eines Lebensmittels sinkt mit der Dauer seiner Zubereitung, logischerweise werden Sahne und Butter, womöglich noch unpasteurisiert, neben den sogenannten kaltgepreßten Pflanzenölen auf die ersten Plätze kommen, akzeptabel sind noch die ungehärteten Pflanzenmargarinen aus dem Reformhaus bzw. Naturkostladen. Alle anderen Industriefette sind künstlich gehärtet und abzulehnen, außerdem alle die auf dem Markt befindlichen entsäuerten, laugenraffinierten, gebleichten, desodorierten, blankfiltrierten und geschönten Öle, bar aller lebensnotwendigen fettlöslichen Vitamine und hochungesättigten Fettsäuren.
Wichtig ist, daß auch die Fette, die wir essen, lebendige, möglichst naturbelassene Fette sind. Von lebendigen Fetten wird man nicht dick, im Gegenteil, sie kurbeln den Stoffwechsel an.
Dr. Bruker empfiehlt seinen fettsüchtigen Patienten: Sie müssen mehr Fett essen, dann nehmen Sie ab! Die denken zuerst, er hätte sich versprochen – aber er spricht eben von den naturbelassenen Fetten.
Dazu eine amüsante Episode: Bei einem Symposium über Ernährung auf dem österreichischen Schloß Goldegg gaben meine Freundin Christl Kurz und ich einen Kochkursus in Vollwerternährung. Wir hatten großen Zuspruch, gerade von Ärztinnen. In einer Pause unterhielt ich mich, nichts Böses ahnend, im Hauseingang, wo es wunderbar nach unseren Broten und Kuchen duftete; da fauchte mich aus heiterem Himmel eine furiöse Dame an: »Vonwegen kaltgepreßtes Öl, so ein Schwindel!«
Die Streitbare entpuppte sich als die berühmte Frau Dr. Budwig, große Expertin in Ernährungsfragen (»Die Öl-Eiweiß-Diät« etc.). Ich kann ihren Unmut begreifen. Der Verbraucher wird mehr als irregeführt – stellt er sich doch unter einem kaltgeschlagenen oder kaltgepreßten Pflanzenöl ein Öl vor, das einfach »kalt« aus den überreifen Samen herausgepreßt wurde.
Dem ist leider nicht so. Es gibt praktisch kein wirklich »kalt«-gepreßtes Öl. Auch bei der sogenannten Kaltpressung werden die Samen erhitzt, aber so schonend, im allgemeinen bis 43 Grad, daß die Vitalstoffe nicht geschädigt werden. Die richtige Wahl der Fette ist entscheidend z. B. auch für die Funktion der Leber. Die Leber braucht hochungesättigte Fettsäuren, um Stauungen der Galle, die zu Gallensteinen führen können, zu verhindern. Diese Fettsäuren sind sogar in der Lage, das in Gallensteinen bereits abgelagerte Cholesterin zu lösen.
Nach Frau Dr. Budwig sind Sauerstoffaufnahme bzw. Sauerstoffnot von der Beschaffenheit der Nahrungsfette abhängig, ebenso das Problem der gesunden oder krankhaften Wachstumsvorgänge (Krebs).
Frau Dr. Budwigs Patienten werden vornehmlich mit Ölen aus der Reformmühle Weingarten beliefert, wie mir die Reformmühle mitteilt. Aus der »Rübezahl-Boutique« (!) können Sie sich Ihr Öl preßfrisch ins Haus liefern lassen. Damit der tägliche Bedarf eines Erwachsenen von 6–10 g der lebensnotwendigen Linolsäure gedeckt wird, empfiehlt sich die Verwendung von Pflanzenölen mit einem hohen Anteil an Linolsäure.
Hier ein Teil des Ölsortiments der Reformmühle Weingarten (um Irrtümern vorzubeugen – ich bekomme keine Prozente für die Namensnennung!):

Distelöl ist reich an Linolsäure. Es wird bei 65 Grad gepreßt und eignet sich deshalb sowohl für Salate als auch zum Kochen, Backen, Dünsten und Braten;
Haltbarkeit: bei kühler Lagerung ca. 9 Monate.

Kürbiskernöl wird bei 43 Grad gepreßt. Kenner – speziell in der Steiermark, der Heimat des Kürbiskernöls – schätzen den kräftigen typischen Geschmack. Verwendung zu Salaten und Rohkost, pur oder mit anderem Öl gemischt;
Haltbarkeit: bei kühler Lagerung ca. 9 Monate.

Leinöl wird bei 43 Grad gepreßt. Es enthält besonders viel Linolsäure, wird leicht ranzig, ist nicht lange haltbar und sollte nicht erhitzt werden. Am besten geeignet für Quarkgerichte;
Haltbarkeit: bei kühler Lagerung 3 Monate.

Olivenöl wird bei 43 Grad gepreßt. Aufgrund seines geringen Gehaltes an mehrfach ungesättigten Fettsäuren ist Olivenöl gut haltbar. Geeignet für Salate und Rohkost, zum Kochen, Backen, Dünsten und Braten;
Haltbarkeit: bei kühler Lagerung ca. 12 Monate.

Sesamöl wird bei 42–43 Grad gepreßt. Bevorzugt für Salate und Rohkost verwenden, ist jedoch auch zum Kochen, Braten und Backen geeignet, da weniger empfindlich gegen Erhitzung wie die meisten anderen Öle;
Haltbarkeit: bei kühler Lagerung ca. 12 Monate.

Sonnenblumenöl wird bei 45 Grad gepreßt. Es ist reich an Linolsäure. Dazu kommt der naturgegebene Vitamin-E-Gehalt. Geeignet für Salate, Mayonnaisen, eigentlich zu schade zum Erhitzen;
Haltbarkeit: bei kühler Lagerung ca. 9 Monate.

Weizenkeimöl wird bei 80–100 Grad gepreßt. Es gehört also nicht mehr zu den kaltgepreßten Ölen. Kaltpressung wäre zu unergiebig und daher unerschwinglich. Die Reformmühle Weingarten teilt folgendes dazu mit: »Weizenkeimöl wird aus dem winzigen kleinen Keim des Weizenkorns gepreßt. Für 1 Kilogramm Öl werden etwa die Keime aus einer Tonne Weizen benötigt. Zunächst werden die Weizenkeime bei ca. 80 Grad getrocknet; anschließend wird mit einer Schneckenpresse das Öl herausgepreßt. Die Temperatur des ablaufenden Öls beträgt ca. 40 Grad. Nun findet lediglich noch eine Filtration statt, um kleinste Partikel der Weizenkeime zu entfernen. Eine chemische Raffination des Öls wird nicht vorgenommen, so wie sie für die meisten Öle im Supermarkt üblich ist.«
Weizenkeimöl sollte nicht erhitzt und eine angebrochene Dose innerhalb von 2–3 Wochen verbraucht werden, da bei Luftzutritt der Abbau der Wertstoffe (vor allem Vitamin E) rasch vor sich geht.
Haltbarkeit: bei kühler Lagerung ca. 12 Monate.
Da Frischkornbrei-Esser aber in Form des frisch gemahlenen Weizens sowieso genügend Weizenkeimöl und damit Vitamin E zu sich nehmen, besteht kein Grund, zusätzlich Weizenkeimöl zu verwenden.

Die Haltbarkeitsangaben aller Öle beziehen sich stets auf die geschlossene Dose.
Darüber hinaus versicherte mir die Firma Weingarten, die angegebenen Erhitzungsgrade sind die Grade, bei denen die hochungesättigten Fettsäuren der Öle in ihrer Gänze erhalten bleiben. Es ist also ganz nützlich, wenn man in seiner eigenen Küche ein bißchen darüber Bescheid weiß.

Butter mit ihrem hohen Gehalt an gesättigten Fettsäuren sollte aber auch noch erwähnt werden. Die Butter enthält zwar 58–65% gesättigte Fettsäuren, außerdem aber noch 29–37% einfach ungesättigte, 2,9–4,6% zweifach ungesättigte und 0,9– über 2% hochungesättigte Fettsäuren (Polyensäuren). Prof. Schweigart weist in seiner wissenschaftlichen Studie »Butter und Margarine« darauf hin, daß in der Butter bisher 76 Fettsäuren identifiziert wurden, was bei keinem anderen Fett nur annähernd der Fall ist.
Ich esse Butter mit großem Vergnügen und gutem Gewissen. Und wenn ich besonders angestrengt bin, »schneide« ich sie mir regelrecht in Scheiben aufs Brot. Und nehme dennoch nicht zu.

Abschließend wäre zu sagen: Kürbiskerne und Sonnenblumenkerne, im Urzustand gegesssen, sind natürlich wieder mal am besten. Über den Salat streuen oder einfach so zwischendurch knabbern. Ich gebe sie auch, frisch gemahlen und mit Wasser verrührt, als Dressing an den Salat statt des gekauften Öls.

Leider hat noch keiner meiner vielen Freunde auf dem Ernährungssektor, keiner der vielen Tüftler und Konstrukteure aller möglichen Mühlen, mir die Freude gemacht, eine kleine Ölmühle für den Haushalt zu erfinden. Ich warte sehnsüchtig darauf!

Gibt Saft und Kraft

Mein Frischkost-, Salat- und Vorspeisenbuffet

Ich könnte ein ganzes Buch allein mit Salatrezepten füllen. Mit meinem hier ausgewählten Angebot möchte ich Ihre Phantasie anregen. Merke: Phantasie ist das wichtigste Requisit einer guten Köchin!

Avocados gefüllt mit Gorgonzola

2 Avocados
1 TL Zitronensaft
50 g Gorgonzola
50 g Gervais (oder Quark)
Kräutersalz und Pfeffer
1 TL Senf
2 EL Sahne
gehackte Petersilie
ein paar Walnußkerne

Die Avocados halbieren, Steine entfernen. Avocadohälften mit Zitronensaft beträufeln. Gorgonzola mit Gervais, Kräutersalz, Pfeffer, Senf und Sahne gut vermischen. Masse in die Avocadohälften füllen; gehackte Petersilie drüberstreuen und Walnußhälften draufsetzen.

Bleichsellerie gefüllt mit Käsecreme

4 Stangen Bleichsellerie
100 g Edelpilzkäse (Roquefort oder Gorgonzola oder Bavariablu)
2 EL frisch geriebener Parmesan oder Bergkäse
1 Becher saure Sahne
frisch gemahlener Pfeffer
Weinbrand nach Geschmack

Selleriestangen putzen, das Grün entfernen. Edelpilzkäse mit Parmesan mischen, saure Sahne, Pfeffer und Weinbrand zugeben und alles glatt rühren. Die Creme in die Selleriestangen füllen oder die Selleriestangen in ein Glas stellen und die Creme getrennt zum Stippen reichen.
Schmeckt auch zu längs geviertelten Möhren.

Les Crudités

An schönen Sommertagen stelle ich einfach eine Platte mit allen möglichen Gemüsen auf den Tisch – »les Crudités«, wie die Franzosen sagen: Tomaten, Blumenkohl, Champignons, Kohlrabi, Möhren, Fenchel, Stangensellerie, Gurken, Paprika, Radieschen, junge Zwiebeln – dazu für jeden eine Portion Aïoli (Rezept Seite 32) oder einfach: kaltgepreßtes Öl, Zitronensaft, Kräutersalz, die Pfeffermühle und eine Knolle Knoblauch sowie viele frische gehackte Kräuter, so daß jeder sich nach Geschmack seine Sauce selbst auf dem Teller mixen und seine Crudités hineinstippen kann.
Auf einem extra Teller serviere ich ein aus Ghana mitgebrachtes Schmankerl:
Orangen werden in 1 cm dicke Scheiben geschnitten, mit Feigenschnaps (zur Not tuts auch Obstler) und Honig mariniert und entkernte Datteln, die mit etwas Butter und je einer Mandel gefüllt sind. Nicht fehlen darf ein Schälchen mit Kürbis- und Sonnenblumenkernen – entweder »pur« oder kurz mit etwas Kräutersalz in einer Pfanne ohne Fett angeröstet.

Griechische Vorspeise Tzatziki

1 Salatgurke
2 Becher Joghurt
1 Becher saure Sahne (Sie können die Sahne weglassen und dafür die dopelte Menge Joghurt nehmen)
1 Eigelb
1 EL Weinessig (oder Obstessig)
2 EL Olivenöl
1 EL feingehackter Walnüsse
Kräutersalz und Pfeffer
2–3 Bund gehackter Dill
Knoblauch nach Geschmack – mindestens aber 3 Zehen!

Gurke mit der Schale fein reiben. Alle weiteren Zutaten im Mixer oder mit dem Schneebesen gründlich verschlagen, dann mit der Gurke mischen.
Tzatziki wird sehr kalt serviert. Dazu schmecken warme gebutterte Weizen- oder Maisfladen oder Roggenbrötchen.

Gemüse-Käse-Salat

500 g rohes Gemüse wie:
gewürfelte Gurken,
gewürfelte Tomaten (oder Scheiben),
Blumenkohlröschen,
Radieschenscheiben,
Fenchelringe,
Lauchringe,
Zwiebelringe
100 g Käsewürfel, z. B. Bergkäse
Vinaigrette- oder Kräutersauce (Seite 36, 34)
1 hartgekochtes Ei
frischer Meerrettich
eingelegte grüne Pfefferkörner

Die vorbereiteten Gemüse mit den Käsewürfeln vermengen, dann mit der Vinaigrette- oder der Kräutersauce mischen. Das hartgekochte Ei hacken und drüberstrreuen, ebenso den in dünne Späne gehobelten Meerrettich und die Pfefferkörner.

Griechischer Salat

6 Tomaten
1 Gurke
2 grüne Paprikaschoten
2 Zwiebeln
250 g Schafskäse
2 hartgekochte Eier
10 schwarze Oliven
1 EL Kapern
viel Oregano
Kräutersalz und Pfeffer
viel Olivenöl

Tomaten und Gurke in dicke Scheiben schneiden. Paprikaschoten entkernen und würfeln. Zwiebeln in Ringe schneiden. Käse würfeln. Alle Zutaten in eine Schüssel geben, obenauf die geviertelten Eier, Oliven und Kapern, mit Oregano, Salz und Pfeffer bestreuen und das Olivenöl darübergießen.
Den Salat ungemischt servieren.

Melonensalat

1 mittelgroße Honigmelone
2 gewürfelte Äpfel
3 gewürfelte Pfirsiche
1 Stück gewürfelter roher Sellerie
French dressing (Seite 33)
1 Kopfsalat
100 g Nüsse oder Mandeln

Früchte- und Selleriewürfel in der Sauce 10 Minuten marinieren. Auf Salatblättern anrichten, die Nüsse darüberstreuen.

Selleriecocktail

1 Staude Bleichsellerie
3 Birnen
Saft ½ Zitrone
Petersilie
2 EL Walnußkerne
100 g Roquefort oder Bavariablu

Geputzte Selleriestengel in Scheiben schneiden (nur das Zarte nehmen). Birnen würfeln, mit dem Sellerie und Zitronensaft mischen, in Portionsgläser füllen. Mit gehackter Petersilie, Walnußkernen und dem zerbröselten Käse bestreuen.
Ein Gedicht! Dazu ein warmer, gebutterter Weizen- oder Maisfladen.

Spinat-Champignon-Salat nach Katja Wittlich

500 g ganz junge Spinatblätter
500 g zarte Champignons
2 EL Zitronensaft
1 Zwiebel
2–3 EL Sonnenblumenöl
Kräutersalz und Pfeffer

Spinatblätter waschen und gut abtropfen lassen. Champignons in dünne Scheiben schneiden. Spinat auf einer Platte anrichten, darüber die Champignonscheiben geben und sofort mit etwas Zitronensaft beträufeln. Zwiebel würfeln und im Öl andünsten. Vom Herd nehmen und mit dem restlichen Zitronensaft, Salz und Pfeffer würzen. Die Mischung über Spinat und Pilze gießen.
Katja nimmt statt Öl in der Pfanne ausgelassenen Frühstücksspeck und gießt das heiße Fett mitsamt den knusprigen Speckscheiben über die Spinatblätter und Pilzscheiben. Ich habe ihr Rezept für die fleischlose Küche abgewandelt.

Spargelsalat

500 g junger Spargel	1 TL Honig
200 g Champignons	Kräutersalz
Weißweinessig	Sonnenblumenöl
1 EL gemahlener Koriander	Kresse

Spargel schälen und in feine Scheiben schneiden, Champignons in dicke Scheiben. Beides mischen und in einer Marinade aus Weißweinessig, Koriander, Honig und Kräutersalz zugedeckt ziehen lassen. Vor dem Servieren mit Öl beträufeln und die Kresse darüberstreuen.

Gekeimter Weizen in Nußsauce von Familie Lösch

2 Tassen Buttermilch oder Kefir	1 MSP Muskatblüte, Anis und Fenchel (alles gemahlen)
2 EL gemahlene Nüsse	2 TL Honig
	100 g gekeimter Weizen

Alle Zutaten außer dem Weizen mit dem Schneebesen schaumig schlagen. Zum Schluß die Weizenkörner unterziehen.

Noch bevor die Bäume sich mit neuen grünen Blättern schmücken, sprießen Wildkräuter wie Löwenzahn, Brennessel, Sauerampfer, Scharbockskraut und Brunnenkresse aus der nach Frühling duftenden Erde. Wer den Winter über seine Vollwertkost gegessen hat, kennt zwar keine Frühjahrsmüdigkeit, aber der Fitmacher Wildkräutersalat tut trotzdem gut.

Wildkräutersalat

Nehmen Sie je eine Handvoll Löwenzahnblätter, Brennesselblätter, Sauerampferblätter, Brunnenkresseblätter!

Sauce:

2–3 EL Sonnenblumenöl	Kräutersalz und Pfeffer
1 Becher Joghurt	1 EL Zitrone
½ Becher saure Sahne	nach Geschmack Knoblauch

Wildkräutersalat

Alle Blätter mit der Schere abschneiden (für die Brennessel eventuell Handschuhe anziehen, es sei denn, Sie ertragen das Brennen als kleine Anti-Rheumakur. Sind die Blätter erst einmal gehackt, brennen sie nicht mehr).
Blätter unter fließendem Wasser kurz waschen, trockenschleudern und grob hacken (nur die Brennessel fein hakken). Die Zutaten für die Sauce verrühren und sofort mit den Wildkräutern vermischen. In einer großen Glasschüssel servieren!
Sämtliche Wildkräuter können Sie natürlich auch an jeden anderen Salat geben.

Der Brennessel und dem Beinwell muß ich ein besonderes Loblied singen. Unser lieber alter Gustl-Nachbar, der heute nicht mehr lebt, pflegte zu sagen: »Die Brennessel hat nur deshalb so viele Brennhaare, weil sonst jeder sie auffressen würde, so gesund ist sie.« Und schon Gustls Großvater hat sich die Blätter des Beinwell, in Österreich bezeichnend »Boanwurzen« genannt, um sein beim Holzfällen blessiertes Bein gewickelt.
Denn der Beinwell heilt auch Wunden: In früheren Zeiten verwendeten ihn die Soldaten auf dem Schlachtfeld, der Walstatt, zum Blutstillen und Verbinden, auch zum Heilen von Knochenbrüchen, wovon die Namen Walwurz oder Schmerzwurz zeugen. Sein griechischer Name *Symphytum* bedeutet soviel wie »zusammenwachsen«.
Innerlich eingenommen bzw. gegessen vollbringen Brennnessel und Beinwell ebenfalls wahre Wunder. Deshalb gebe ich ein paar Blättchen davon an meine Salate, im Sommer die frischen Blätter fein gehackt, im Winter getrocknet und gerebelt (auch die Brennesselsamen lassen sich gut trocknen). Ein Schälchen davon steht immer auf dem Tisch, mit gerebeltem Majoran oder Tymian und frisch geschrotetem Leinsamen vermischt.
Die Brennessel ist reich an Vitamin A und C und an Ameisensäure. Sie löst Harnsäureablagerungen im Körper auf, bei regelmäßigem Gebrauch sogar bereits in den Geweben festgesetzte Ablagerungen, und scheidet sie über die Nieren aus. Also *das* Mittel bei Gicht.
Der Beinwell enthält alle Vitalstoffe in ungewöhnlich hoher Menge, besonders viel Vitamin B_{12}. Es ist unmöglich, alle Anwendungsbereiche dieser Wunderdroge zu nennen, ich habe gezählt: sie heilt 59 Beschwerden, von Allergien, Arthritis und Bandscheibenschäden über Fußpilz, Gerstenkörner, Heuschnupfen, Rheuma und Warzen bis Zellgewebsentzün-

dungen und Zwölffingerdarmbeschwerden – sehr einleuchtend, wenn man einmal begriffen hat, daß eine Krankheit nur dann entstehen kann, wenn nicht genügend Abwehrkräfte im Organismus vorhanden sind. Diese Abwehrkräfte gilt es zu stärken.

Eine einzige Beinwellpflanze im Garten versorgt Sie für das ganze Jahr. Sie kann 4–5mal geschnitten werden, und wird noch dazu bis zu 30 Jahre alt. Wer keinen Garten hat, kauft getrockneten Beinwell in der Apotheke oder Drogerie oder im Kräuterladen (ebenso die Brennessel).

»Beinwell löst Fremdstoffe im Körper auf, scheidet sie aus, kräftigt den Organismus«, sagte schon Pfarrer Kneipp. Deshalb: freunden Sie sich mit dem Beinwell an! Sie können ihn, frisch oder getrocknet, zerkleinert ins Brot verbacken; Sie können ihn wie ein Schnitzel panieren oder in Eierkuchenteig hüllen, ihn an Hirse-, Grünkern- oder Maisschnitten geben oder, zu Brei zerstampft, als Umschlag bei Gelenkschmerzen auftragen. Sie können damit Gesichtspackungen machen nach Art der Madame Ninon de Lenclos, und Sie können sich darin schönbaden – summa summarum:

»Dies krautt inn Wundtränken / sampt anderen heilsamen Wundkreuttern gesotten und eingetruncken / heilet alle innerliche Versehrung / und was im Leib verrencket und geborsten ist.«

(aus »Reformierte Deutsche Apoteck« Straßburg 1573)

Wenn Sie mehr über den Beinwell wissen möchten, müssen Sie unbedingt das Buch »Comfrey – Wiedergeburt einer Heilpflanze« lesen (siehe Anhang).

Und hier noch einige Anregungen und Frischkost-Kombinationen:

Frischkost aus Knollen und Wurzeln

Kohlrabi (gestiftelt oder gewürfelt); angemacht mit: Sesamöl, Zitronensaft, Honig-Schlagsahne; Nüsse zum Bestreuen.

Roher Sellerie und Äpfel (beides grob gerieben), Beinwell geschnitten; angemacht mit: Zitronensaft, saurer Sahne, etwas Honig; Nüsse zum Bestreuen.

Möhren (grob gerieben); angemacht mit: Zitronensaft, saurer Sahne, Sonnenblumenöl, Kräutersalz, Honig, Knoblauch; Walnüsse oder Haselnüsse zum Bestreuen.

Grob geriebene rote Rüben; angemacht mit: saurer Sahne, Zitronensaft, Naturvanille, Rosinen.

Fenchelscheiben, frische Ananasscheiben, Feldsalat; angemacht mit: saurer Sahne, Orangensaft, Honig, Kräutersalz und Pfeffer, Sesamöl; Kokosraspel zum Bestreuen.

Sellerie und Äpfel (grob geraspelt); angemacht mit: saurer Sahne, Zitronensaft; Mandeln zum Garnieren (Sellerie und rote Rüben sind besonders eisenhaltig, ideale Gemüse für die Wintersalate).

Rote Rüben und Möhren, Sellerie (grob geraspelt) und Sauerkraut; angemacht mit: gehackter Zwiebel, Knoblauch, Zitronensaft, Kreuzkümmel (im Mörser zerstoßen), Paprika, Sonnenblumen- oder Sesamöl, gehackte Petersilie.

Rote Rüben (grob geraspelt); angemacht mit: Sonnenblumen- oder Olivenöl, Kräutersalz, Zitronensaft, geriebenem Meerrettich; gekeimte Weizenkörner zum Bestreuen.

Fenchel (in dünne Scheiben); angemacht mit: Kräutersalz und Pfeffer, Obstessig, Olivenöl (dieser Salat darf etwas ziehen).

Sellerie und Äpfel (grob gerieben); angemacht mit: Zitronensaft, saurer oder süßer Sahne, gewürfelten Avocados, Rosinen, Obstessig, Olivenöl.

Rote Rüben (grob geraspelt), gehackte Zwiebeln, geriebener Meerrettich; angemacht mit: saurer Sahne, Sonnenblumenöl, Obstessig, Kräutersalz und Pfeffer.

Möhren (grob geraspelt), Radieschen und Zucchini (gestiftelt); angemacht mit: Zitronensaft, saurer Sahne, Kräutersalz und Pfeffer, Knoblauch.

Möhren (grob geraspelt) auf Salatblättern anrichten; angemacht mit: saurer Sahne, Olivenöl, Kräutersalz und Pfeffer,

Knoblauch; mit geriebenem Meerrettich (in etwas Sahne) und gehackter Petersilie bestreuen.

Möhren und Äpfel (grob gerieben); angemacht mit: Zitronensaft, saurer Sahne; Nüsse zum Garnieren.

Die rote Rübe galt seit jeher in der Volksheilkunde als blutverbesserndes Gemüse. 1961 erregten dann die Berichte des ungarischen Arztes und Forschers Dr. Alexander Ferenczi Aufsehen. Er stellte fest, daß der im Farbstoff der roten Rübe vorhandene hohe Eisengehalt eine gestörte Zellatmung normalisiert. Es werden immer wieder Wunderdinge berichtet, wonach die rote Rübe auf Grund ihres Heilstoffes Anthocyan Tumore geheilt haben soll.
Von Ganzheitsmedizinern wird sie tatsächlich zur Krebsbehandlung eingesetzt, vor allem bei Leukämie.

In der roten Rübe ist der Vitamin B-Komplex stark vertreten sowie Kalium, Magnesium und Kalzium und – sehr wichtig zur Stärkung der körpereigenen Abwehrkräfte – Silizium (Kiesel).

... aus Blattgemüsen

Junge Spinatblätter; angemacht mit: Kräutersalz, Pfeffer, Zitronensaft, Olivenöl, Zwiebelwürfel, Knoblauch; in Butter gebratene Pinienkerne zum Bestreuen.

Feldsalat; angemacht mit: Obstessig, Olivenöl, Kräutersalz, Pfeffer; Gorgonzolawürfel und Knoblauch-Weizenbrot-Croûtons zum Garnieren.

Römersalat, 1 Zwiebel, 1 Paprikaschote; angemacht mit: Kräutersalz, Pfeffer, Olivenöl, Zitronensaft, Obstessig, Knoblauch, Honig; schwarze Oliven, gewürfelter Schafskäse und frische Minzeblätter zum Garnieren.

Grünen Salat, Champignons (blättrig geschnitten); angemacht mit: Zitronensaft, Sesamöl, Kräutersalz, Pfeffer; Mandarinenspalten und Kürbiskerne zum Garnieren.

Chicorée, Bananen, Äpfel (alles in Scheiben); angemacht mit: Sonnenblumenöl, Zitronensaft, saurer Sahne; Walnußhälften zum Garnieren.

Kopfsalat oder Friséesalat, Frischkäse; angemacht mit: Joghurt, saurer Sahne, Kräutersalz und Knoblauch.

Chicorée und Äpfel (in Scheiben); angemacht mit: Obstessig, Kräutersalz und Pfeffer, Olivenöl, Knoblauch, Curry und saurer Sahne.

Chicorée, Tomaten und Bleichsellerie (in Scheiben); angemacht mit: Mayonnaise (siehe Seite 35).

Feldsalat, Chicorée (in Scheiben); angemacht mit Sesamöl, Obstessig, Rosinen, Zitronensaft und Sojasauce; Kürbiskerne zum Bestreuten.

Kopfsalat, Birnen (gewürfelt), gefüllte Oliven in Ringe geschnitten; angemacht mit: Olivenöl, Obstessig, Rotwein, Kräutersalz, Pfeffer und Knoblauch.

Chicorée (in Ringen), Bananen (mit der Gabel zermust); angemacht mit: Zitronensaft, Kräutersalz und Pfeffer, Knoblauch, Frischkäse.

Endiviensalat (in Streifen geschnitten), Tomatenviertel, Bananenscheiben, Zucchinischeiben; angemacht mit: saurer Sahne, Joghurt, Kräutersalz und Pfeffer, Knoblauch, Tomatenketchup; Blättchen von frischer Minze zum Garnieren.

Spinatblätter, Kopfsalat, junge Zwiebeln, Radieschen und Dill, im Mixer püriert mit Joghurt, Zitronensaft und saurer Sahne.

... aus gekeimten Hülsenfrüchten

Gekeimte grüne Mungobohnen; angemacht mit: Sesamöl und Tamari-Sojasauce; Kürbis und Sonnenblumenkerne zum Bestreuen.

Gekeimte Linsen oder Kichererbsen; angemacht mit: Orangenstückchen, Honig, Ingwerpulver und Tamari-Sojasauce.

Gekeimter Weizen; angemacht mit: Obstessig, Olivenöl, Kräutersalz, Pfeffer, Senf, Zwiebel und Knoblauch (dieser Salat darf ein bißchen durchziehen).

Gekeimte Azuki-Bohnen; angemacht mit: Obstessig, Sonnenblumenöl und Knoblauch.

... aus Kohl

Blumenkohlröschen; angemacht mit: Honigschlagsahne, Zitronensaft (sparsam!); Kokosraspel zum Bestreuen.

Fein geschnittener Rotkohl; angemacht mit: Obstessig, Sonnenblumenöl, Rotwein, Zwiebelringen; Kürbiskerne und eine Rosette von Mandarinenscheiben zum Garnieren.

Fein geschnittener Weißkohl; angemacht mit: saurer Sahne, Zitronensaft, Kräutersalz und Pfeffer; Walnußhälften zum Garnieren.

... aus allerlei anderen Gemüsen

Gurke (gewürfelt), Beinwellblätter (kleingeschnitten); angemacht mit: saurer Sahne, Senf, Kräutersalz und Pfeffer, Knoblauch; frische oder getrocknete Pfefferminzblätter zum Garnieren.

Zucchini (in feine Scheiben); angemacht mit: Zitronensaft, Sesamöl, Knoblauch, Curry, Kräutersalz, Honig; Mandarinenspalten und Kürbiskerne zum Garnieren (Salat etwas ziehen lassen).

Zucchini in Scheiben; angemacht mit: Obstessig, Olivenöl, geriebenem Meerrettich.

Milchsaure Zucchini, frische Zucchini (in Scheiben), Rotkohl (fein geschnitten), Äpfel (gewürfel); angemacht mit: Senf, saurer Sahne, Kräutersalz und Pfeffer, Knoblauch, Curry; Kürbiskerne und Madarinenspalten zum Garnieren.

Tomaten und Bananen (in Scheiben); angemacht mit: Sesamöl, Obstessig, Honig.

Tomaten (in dünnen Scheiben), Lauch (in feine Ringe geschnitten); angemacht mit: Kräutersalz und Pfeffer, Sonnenblumenöl oder Olivenöl, Zitronensaft, Joghurt, saurer Sahne.

Gurke (in Scheiben), Honigmelone (in Würfeln), Blattsalat (am besten der krisselige Friseésalat), Erdbeeren, Frischkäse in Würfeln, grüne Pfefferkörner; angemacht mit: Zitronen- und Orangensaft, Sesamöl, Honig, Kräutersalz und Pfeffer.

Tomaten in Scheiben, Zwiebeln und Fenchel (in Ringen), Paprika (in Streifen); angemacht mit: Olivenöl, Obstessig, Kräutersalz und Pfeffer; auf Salatblättern anrichten und mit Scheiben von gekochten Eiern und Oliven garnieren.

Gurken (in dünne Scheiben gehobelt), Möhren (grob geraspelt); angemacht mit: Olivenöl, Obstessig, Kräutersalz und Pfeffer, Knoblauch; gehackter Dill und Petersilie zum Bestreuen (dieser Salat darf gut durchziehen!).

Champignons und Äpfel (in Scheiben); angemacht mit: Zitronensaft und Obstessig, Knoblauch, Curry; Mandeln zum Bestreuen (etwas ziehen lassen!).

Champignons (blättrig geschnitten); angemacht mit: Zitronensaft, Kräutersalz und Pfeffer; mit Zwiebelringen garniert.

Avocados (gewürfelt), Bleichsellerie (in Scheiben), junge rohe Erbsen, hartgekochte gewürfelte Eier; angemacht mit: Mayonnaise, Sojasauce, Tomatenmark; gehackte Petersilie zum Garnieren.

Champignons in Scheiben, Spinatblätter, knusprig geröstete Weizenbrotwürfel, Würfel von frischem Parmesan oder Bergkäse; angemacht mit: Obstessig, Rotwein, Olivenöl, Kräutersalz und Pfeffer, Knoblauch; Blättchen von frischem Basilikum oder Salbei zum Bestreuen.

Gänseblümchen, Butterblumen, Ringelblumen und die Blüten der Kapuzinerkresse sind nicht nur eine Augenweide auf jedem Salatteller – sie werden auch mitgegessen!

Chinakohl (in Streifen), Äpfel (gewürfelt); angemacht mit: saurer Sahne, Obstessig, Kräutersalz und Pfeffer, Honig, frisch geriebenem Meerrettich; gehackte Petersilie und Schnittlauch zum Bestreuen.

Apropos Meerrettich: Bei Erkältungswetter bestelle ich mir sogar im Restaurant eine Portion frisch geriebenen Meerrettich, in Sahne verrührt. 5 Gramm genügen, um Bazillen in die Flucht zu schlagen. Eine ähnliche antibiotische Wirkung hat die Kresse.

Sauerkraut, Wacholderbeeren (im Mörser zerstoßen), Äpfel (gewürfelt); angemacht mit: Honig-Schlagsahne; Scheiben von Blutorangen und Walnußhälften zum Garnieren.

Blumenkohlröschen, Spinatblätter, Tomatenviertel; angemacht mit: Obstessig, Olivenöl, Kräutersalz, Pfeffer und Knoblauch; Kresse zum Garnieren.

Rotkohl (fein geschnitten), Feigen (in Würfeln), Orangen,

Bananen (in Scheiben); angemacht mit: Kräutersalz und Pfeffer, Honig, Zitronensaft, Olivenöl.

Weiß- oder Wirsingkohl (fein geschnitten), Tomaten (in Scheiben oder Würfeln); angemacht mit: Kräutersalz und Knoblauch, Sonnenblumenöl, saurer Sahne, Pfeffer, Muskatblüte; gehackte Petersilie und Schnittlauch zum Bestreuen.

Sauerkraut; angemacht mit: saurer Sahne und zerstoßenen Wacholderbeeren; in die Mitte grüne gekeimte Mungobohnen geben und mit Blutorangenscheiben umlegen.

Wußten Sie, daß ...

10% des Haushaltsgeldes einer Durchschnittsfamilie für Verpackung und Reklame ausgegeben werden?

- in der Bundesrepublik seit 1949 mehr als die Hälfte aller Bauernhöfe durch Bevorzugung der größeren, spezialisierten Betriebe zum Aufgeben gezwungen wurden?
- daß die Produktion von Weizen sich in den letzten Jahren zwar verdoppelt hat, die Fleischproduktion aber um 70%, die Milchproduktion um 40% stieg?
- ⅔ der gesamten Weltgetreideproduktion in den reichen Industrieländern in Massentierhaltungen verfüttert werden, während ⅔ der Weltbevölkerung hungern?
- durch den Einsatz chemischer Hilfsmittel die natürliche Bodenfruchtbarkeit ständig reduziert wird und dadurch immer mehr chemische Dünger und Spezialmittel notwendig sind?
- 3 von 4 Bauern biologisch arbeiten würden, wenn ihnen daraus kein finanzieller Nachteil entstehen würde?
- auf 10 Ar Kulturland die Viehwirtschaft Nahrung für 19 Tage erzeugen kann, der Getreideanbau für 217 Tage, Sojaanbau Nahrung für 549 Tage?
- außer Liberia und Zaire sämtliche Länder genug Nahrung für ihre Bevölkerung produzieren könnten? Dies unter der Annahme, daß 39 g Eiweiß pro Tag und Einwohner und 285 Pfund Getreide pro Einwohner und Jahr eine ausreichende Ernährung garantieren – da die zentrale Frage nicht die ist, ob das Eiweiß pflanzlicher oder tierischer Herkunft ist, sondern ob es unerhitzt gegessen wird!

(*Die Grünen*, Landesarbeitsgruppe »Ernährung« Düsseldorf)

Aus meiner Sauciére

Rohe und gekochte Saucen

Es ist fast unmöglich, für Salatsaucen genaue Mengen anzugeben. Der eine liebt seinen Salat von Öl triefend, der nächste mag ihn nur mit Joghurt, und der dritte wird ohnmächtig, wenn die Salatschüssel mit einer Knoblauchzehe ausgerieben wurde.
In Norddeutschland schmeckt jeder Salat nach Zucker, auch der Salat meiner Kindheit schwamm in gezuckertem Zitronenwasser. Ich möchte Ihnen auch hier wieder eher Vorschläge machen als Vorschriften. Die meisten phantasievollen Köche und Köchinnen arbeiten sowieso nicht mit Waage und Meßbecher, sondern gießen Öl und Sahne mit einem Schwupp an und würzen mit den Fingern.
Als klassisches Mengenverhältnis gilt:
2 Drittel Öl, ein Drittel Essig, Salz (aber Kräutersalz!). Und wie für alles im Leben, so gibt's auch für die Salatzubereitung ein Sprichwort:

Nimm Öl wie ein König,
Essig wie ein Bettler
und Salz wie ein Weiser.

Rohe Saucen

Apfel-Curry-Dip

- 3 EL Quark oder Gervais
- 1 säuerlicher Apfel, grob gewürfelt
- 2–3 EL Mayonnaise
- das Weiße von 1 Lauchstengel, in Ringe geschnitten
- 1 TL geriebene Zwiebel
- ½ TL Curry
- Kräutersalz und Pfeffer
- ½ TL Honig
- Zitronensaft

Alle Zutaten pürieren. Der Dip sollte nicht zu flüssig sein, eventuell etwas mehr Quark oder Gervais zugeben.

Avocadosauce

Interessant zu Spargel!

- 1 Avocado
- 2 EL Zitronensaft
- 2 EL Mayonnaise
- gehackter Dill
- gehackte Petersilie
- Blättchen von Zitronenmelisse
- Kräutersalz und Pfeffer
- Knoblauch
- 1 MSP abgeriebene Zitronenschale
- ½ TL Senf
- 6 EL Sahne

Avocado halbieren und entkernen. Das Fruchtfleisch pürieren (Pürierstab). Mit Zitronensaft, gehackten Kräutern, Kräutersalz, Pfeffer, Knoblauch, Zitronenschale und Senf verrühren. Zum Schluß die steifgeschlagene Sahne unterziehen, noch einmal abschmecken.

Die Aïoli

Eine göttliche Sauce zu Gemüse wie grüne Bohnen, Karotten und Pilzen (alle »al dente« gedünstet) und rohen Tomaten.

- 16 Knoblauchzehen (jawohl, 4 pro Person!)
- Kräutersalz und Pfeffer
- 2 Eigelb
- Zitronensaft
- ca. 12 EL Olivenöl

Knoblauchzehen durch die Presse drücken, salzen und pfeffern. Die Eigelb vorsichtig unterrühren. Die Masse muß geschmeidig werden. Tropfenweise den Zitronensaft und dann das Öl zugießen, dabei kräftig mit dem Schneebesen schlagen, bis eine ziemlich steife Mayonnaise entsteht.
Die Aïoli unter das noch warme Gemüse mischen und dieses bis zum Anrichten kalt stellen. Mit gehackter Petersilie bestreuen.

Apfel-Meerrettich-Sahne-Sauce

zu Rohkostsalaten

1 großer Apfel
1 fingerlanges Stück Meerrettich
2 EL Zitronensaft
1 Spur Honig
Kräutersalz
1 Becher Sahne

Ungeschälten Apfel entkernen, Meerrettich schälen. Mit allen übrigen Zutaten pürieren (Moulinette).

Fast jeder stellt sich etwas anderes darunter vor, und selten das Richtige: unter dem Schlagwort »Vitalstoffe«. Vertreter der alten Ernährungslehre bekämpfen diesen Begriff geradezu leidenschaftlich – stellt er doch ihre veraltete Ernährungslehre in Frage.
Nachdem klar geworden war, daß die Wertigkeit eines Nahrungsmittels nicht nur von seinem Gehalt an Eiweiß, Fett und Kohlenhydraten bestimmt wird, wie man das lange angenommen hatte, sondern daß da noch ganz andere Stoffe, zum Teil vielleicht heute noch nicht erkannte, eine Rolle spielen, faßte man diese unter dem Begriff »Vitalstoffe« zusammen (Prof. Schweigart).
Zu den Vitalstoffen gehören:
1. Die Vitamine (wasserlösliche, wie Vitamin C, die fettlöslichen wie die Biotamine A, D, E und F, und der ganze Vitamin B-Komplex.
2. Die ungesättigten Fettsäuren.
3. Die Mineralsalze, wie Natrium, Kalium, Calzium, Magnesium und viele andere.
4. Die Spurenelemente; das sind Elemente, die nur in Spuren nötig sind. Das Element Kobalt zum Beispiel ist zur Blutbildung unentbehrlich. Es ist ein Teil des Vitamins B_{12}. Pro Tag benötigt man davon ein zweimillionstel Gramm, unvorstellbar wenig, aber diese Miniportion braucht man eben. Bekommt man sie über längere Zeit nicht, wird man krank.
5. Die Enzyme oder Fermente. Das sind sehr wichtige Eiweißstoffe, die wir brauchen, um andere Stoffe umzuwandeln. Diese Enzyme nehmen ebenfalls Schaden, wenn sie über 43 Grad erhitzt werden.
6. Die Aromastoffe, also die Stoffe, die den spezifischen Duft einer Erdbeere, eines Salbeiblattes ausmachen.
Unsere Zivilisationskost macht uns krank durch ihren chronischen Vitalstoffmangel. Und genau das wollen wir ändern. Denn: Wenn ein körperlicher Schaden durch falsche Ernährung entstanden ist, so muß er logischerweise durch Umstellung auf richtige Ernährung auch wieder zu beheben oder mindestens zu lindern sein.

Edelpilzkäsesauce

50 g Gorgonzola oder Roquefort oder Bavariablu
6 EL Joghurt (oder halb Joghurt – halb Quark)
4 EL Sonnenblumenöl
1 EL Zitronensaft
1 MSP Honig
Kräutersalz und Pfeffer

Alle Zutaten gut miteinander verrühren (Käse zuerst mit der Gabel zerdrücken). Ein herrlicher Dip für Staudensellerie!

Varianten:
100 g Gorgonzola oder Roquefort oder Bavariablu
1 Becher saure Sahne
Pfeffer
2 EL Weißwein
evtl. etwas Zitronensaft

Alle Zutaten im Mixer verrühren.

20 g Schimmelpilzkäse (wie oben)
2 EL Olivenöl
2 EL roter Weinessig
Kräutersalz
Pfeffer
2 EL Sahne
1 Knoblauchzehe

Käse durch ein Sieb drücken, mit den restlichen Zutaten verrühren (Knoblauch durch die Presse drücken).

French Dressing

3 EL Olivenöl
2 EL Weinessig
Kräutersalz und Pfeffer
Knoblauch

Alle Zutaten miteinander verrühren oder im Mixer mixen.

Italian Dressing

3 EL Weinessig
1 gestr. TL Kräutersalz
2 TL scharfer Senf
Pfeffer
6 EL Olivenöl

Alles sorgfältig mit der Gabel verrühren.

Frankfurter Grüne Sauce

je 1 Büschel Petersilie, Kerbel, Estragon, Borretsch, Majoran
3 hartgekochte Eigelb
1 TL scharfer Senf
Kräutersalz und Pfeffer

Mayonnaise aus:
2 Eigelb
Kräutersalz und Pfeffer
1 Spur Honig
1 TL scharfer Senf
1 EL Zitronensaft
¼ l Olivenöl

Alle Kräuter fein hacken (am besten in der Moulinette). Dann mit Eigelb, Senf, Salz und Pfeffer zu einem Brei verrühren.
Für die Mayonnaise die rohen Eigelb mit den Gewürzen, Honig, Senf und Zitronensaft verrühren, dann tropfenweise unter Rühren das Öl zugeben.
Die Mayonnaise mit der Kräuterpaste gut vermischen.

Holundergeleesauce

6 EL Mayonnaise (oder halb Mayonnaise, halb Joghurt)
4 EL Holundergelee
1 TL scharfer Senf
1 TL geriebener Meerrettich
2 EL Honigschlagsahne

Alles gut miteinander verrühren.
Die Sauce paßt besonders gut zu Chicorée- oder Bleichselleriesalat; statt des Holundergelees können Sie natürlich auch Johannisbeergelee nehmen.

»Eine Kette ist so stark
wie ihr schwächstes Glied.«
Michelangelo

Kräutersauce

Je 2 EL gehackte Petersilie, Kerbel, Estragon und Dill
1 EL gehackter Borretsch
2 hartgekochte Eigelb
3 EL Quark
3 EL Öl
1 Prise geriebener Majoran
Kräutersalz und Pfeffer
1 TL Senf
1 EL Obstessig

Gehackte Kräuter mit dem zerdrückten Eigelb vermischen. Quark mit Öl verrühren (evenutell mehr Öl zugeben, kommt auf den Quark an), alles gut vermischen und mit den restlichen Zutaten abschmecken.

Kräutermayonnaise

1 Zwiebel
1 Handvoll Petersilie
1 Knoblauchzehe
Kräutersalz
⅛ l Sahne
1 TL Senf
1 TL Zitronensaft
Muskat

Zwiebel fein schneiden, Petersilie hacken, Knoblauch durch die Presse drücken. Mit allen übrigen Zutaten im Mixer pürieren.

Kräuter-Sahne-Sauce

1 Becher saure Sahne
2 TL Senf
2 TL Obstessig
Kräutersalz und Pfeffer
1 Knoblauchzehe
1 Becher süße Sahne (steifgeschlagen)
gehackte Garten- oder Wildkräuter

Sahne, Senf und Obstessig mit Gewürzen und Knoblauch verrühren, steifgeschlagene Sahne und die gehackten Kräuter unterziehen.

Mayonnaise

1 Eigelb
⅛ l Öl
Estragonessig nach Geschmack
1 Spritzer Sojasauce
Saft ½ Zitrone
Senf
Kräutersalz
1 MSP Cayennepfeffer

Zuerst das Eigelb mit dem Öl im Mixer verrühren, dann die Gewürze zugeben.

Indische Mayonnaise

1 Becher süße Sahne
1 TL Curry
Knoblauch
1 TL Senf
1 TL frisch geriebener Meerrettich
Kräutersalz und Pfeffer
1 TL Zitronensaft
2 EL Olivenöl
½ TL Ingwerpulver
im Mörser zerstoßener Kreuzkümmel
Spur Cayennepfeffer

Alle Zutaten im Mixer mixen. Vorsichtig an den gewünschten Schärfegrad herantasten!
Diese Mayonnaise eignet sich besonders gut für Salate aus Wurzeln und Knollen. Sie kann auch noch mit Honig und Rosinen sowie etwas Mango-Chutney exotisiert werden.

Orangen-Knoblauch-Sauce

1 TL Senf
Curry nach Geschmack
2 EL Sonnenblumenöl
Honig
1 TL Zitronensaft
Saft von 1 Orange
1 Knoblauchzehe

Alle Zutaten miteinander mixen.

»Der Mensch ist das einzige Lebewesen,
das seine Nahrung zerstört, bevor es sie ißt.«
Prof. Kollath

Pariser Salatsauce

2 hartgekochte Eigelb
6 EL Rotweinessig
1 TL Kräutersalz
1 Knoblauchzehe
1 TL scharfer Senf
2 EL Zitronensaft
1 TL Honig
6 EL Olivenöl
Pfeffer

Eigelb zerdrücken und mit allen anderen Zutaten vermischen.

Pesto genovese – Sauce aus Genua

2 EL gehackte Petersilie
2 EL gehackte Basilikumblätter
100 g Pinienkerne
5 Knoblauchzehen
Kräutersalz und Pfeffer
6 EL Olivenöl
100 g Mozzarella (oder trokkener Quark)
50 g frisch geriebener Parmesan

Im Mörser zu Brei zerstoßen: Petersilie, Basilikum, Pinienkerne, Knoblauch, Salz und Pfeffer, unter Rühren tropfenweise das Öl zugeben. Am Schluß den zerdrückten Mozzarella und Parmesan untermischen.
Pesto genovese wird kalt, wie sie ist, zu Nudelgerichten gereicht (man kann sie mit etwas von der heißen Nudelbrühe verrühren) oder zu Gemüsegerichten. Wenn Sie keinen Mörser besitzen, nehmen Sie den Mixer.

Quarksauce

2 EL Quark
2 EL Buttermilch oder saure Milch
1 EL Zitronensaft
1 EL Sonnenblumenöl
Honig
im Mörser zerstoßener Kümmel
gehackte Zwiebel
Knoblauch nach Geschmack
Meerrettich (gerieben)
4 EL Olivenöl
3 EL Obstessig
Kräutersalz und Pfeffer
1 TL Senf
gehackte frische oder getrocknete gerebelte Kräuter: Thymian, Majoran, Kerbel

Quark mit Buttermilch glattrühren, dann alle anderen Zutaten untermischen.
Schmeckt herrlich zu Pellkartoffeln.

Raffinierte Salatsauce mit Rotwein aus Italien

1 EL Sonnenblumenöl
1 EL Olivenöl
½ EL Weinessig
1 TL Rotwein
2 TL Zitronensaft
1 gehackte Zwiebel
Curry
gehackter Dill
gemahlener Koriander
Muskatblüte
1 MSP zerstoßene Senfkörner (oder Senf)
Schnittlauch
1 MSP Veilchenwurzel

Alle Zutaten gut vermischen.
Radicchio oder Gemüsesalate damit anmachen.

Russische Sauce

2 Eigelb
Kräutersalz und Pfeffer
1 Spur Honig
1 TL scharfer Senf
1 EL Zitronensaft
etwa ¼ l Olivenöl
10 schwarze Oliven
2 Scheiben gekochter Sellerie
etwas Tomatenketchup
Cayennepfeffer nach Geschmack

Eigelb mit Salz, Pfeffer, Honig, Senf und Zitronensaft vermischen, dann unter ständigem Rühren tropfenweise das Öl zugeben. Die feingehackten Oliven, den pürierten Sellerie unterziehen. Die Sauce mit Ketchup und Cayennepfeffer abschmecken.
Besonders gut zu Rohkostsalaten aus Knollen oder Wurzeln (z.B. Möhren, rote Rüben oder Sellerie).

Salbeisauce

2 Eigelb
1 EL Honig
100 g Öl
2 EL Gemüsebrühe
1 TL Kräutersalz
3 EL Senf
1 TL Zitronensaft
2–3 frische Salbeiblätter

Eigelb und Honig verrühren, Öl tropfenweise zugießen, lauwarme Brühe, Senf, Salz und Zitronensaft unterrühren; die gehackten Salbeiblätter zugeben.

Sahne-Joghurt-Knoblauch-Sauce

1 Becher saure Sahne
1 Becher Joghurt
Kräutersalz und Pfeffer
1 Knoblauchzehe
Dill (auch getrocknet)

Sahne, Joghurt, Kräutersalz und Pfeffer mit durchgepreßtem Knoblauch verrühren, den gehackten Dill unterziehen.
Das ist die schnellste und wirkungsvollste Sauce der Welt. Sie paßt zu kaltem und warmem Gemüse, ideal zu gebratenen Auberginenscheiben oder Brokkoli, sie gibt aber auch der Kohlsuppe oder dem Borschtsch erst den richtigen Pfiff.

Rohe Senfsauce

1 großer Apfel
8 EL saure Sahne (oder halb Sahne, halb Joghurt)
4 EL Senf
2 hartgekochte Eier
½ Zwiebel
Kräutersalz und Pfeffer

Apfel (ungeschält) entkernen und mit den übrigen Zutaten im Mixer pürieren.

1000-Island-Dressing

Die berühmte amerikanische Salatsauce!

6 EL Mayonnaise (siehe Seite 35)
1 gestr. TL Paprika
2 Tropfen Tabasco
1 EL Weinessig
2 EL Tomatenketchup
2 EL feingehackte rote und grüne Paprikaschoten

Alles gut mit dem Schneebesen schlagen.

Meine Vinaigrette

Zu grünen Salaten, Artischocken, Avocados und und ...

1–2 EL Obstessig
1 EL Zitronensaft
½ TL scharfer Senf
Kräutersalz und Pfeffer
6–8 EL Öl
1 gehackte Zwiebel
gehackte Kräuter (Schnittlauch und Petersilie)
einige gehackte Oliven und Kapern
1 gekochtes Eigelb

Obstessig, Zitronensaft und Senf verrühren, mit Salz und Pfeffer abschmecken. Unter ständigem Rühren das Öl und die übrigen Zutaten untermischen.

Walnußmayonnaise

⅛ l süße Sahne
1 Handvoll gemahlene Walnüsse
viel gehackter Schnittlauch
2 TL Zitronensaft
1 TL Senf
1 TL Paprika
Kräutersalz
1 Knoblauchzehe

Alle Zutaten im Mixer pürieren.
Diese wunderbare Mayonnaise stammt von Eduard Brecht. Ich denke voller Dankbarkeit an diesen vor kurzem verstorbenen Wegbereiter einer lukullischen Vollwerternährung, Lehrmeister von uns allen, die wir heute Bücher über Vollwertkost schreiben.

Wildkräutersauce

1 EL Sonnenblumenöl oder Leinöl oder Kürbiskernöl
3 EL Buttermilch
1 gehackte Zwiebel
1 Knoblauchzehe
Kräutersalz und Pfeffer
1 EL Sauerkrautsaft
1 EL Gemüsebrühe
gehackte Kräuter wie: Löwenzahn, Spitzwegerich, Sauerampfer, Brennessel, Scharbockskraut, Schafgarbe, Petersilie, Borretsch, Rosmarin, Salbei, Liebstöckel, Kerbel

Alle Zutaten in einer Schüssel vermischen.

Ungarische Sauce

4 TL Tomatenmark
1 feingehackte Zwiebel
3 EL Sonnenblumenöl
1 EL Senf
1 TL Paprikapulver (so scharf wie Sie mögen)
reichlich Petersilie und Schnittlauch (gehackt)
Kräutersalz und Pfeffer

Alle Zutaten gut miteinander verrühren.

Zitronen-Nußmus-Sauce

1 EL Nußmus
2 EL Zitronensaft
1 EL Wasser
1 TL Honig

Alle Zutaten gut verrühren.

Zwiebelsauce

5 EL Rotweinessig
1 TL Kräutersalz
1 durchgedrückte Knoblauchzehe
1 TL Honig
2 EL Rotwein
1 kleine gehackte Zwiebel
6 EL Olivenöl

Alles gut miteinander verrühren.

Gekochte Saucen

Es soll Leute geben, die keine Saucen mögen. Rätselhaft! Schon das älteste bekannte Kochbuch aus der römischen Kaiser-Zeit wartet mit fünfzig verschiedenen Saucen auf; Kenner schätzen die Zahl der heute in den Küchen der Welt fabrizierten Saucen-Kreationen auf 3000! Besonders die Hofköche der Könige und Fürsten, und da ganz speziell die französischen, haben sich seit jeher gegenseitig an phantasievollen Einfällen überboten. Die Mayonnaise verdanken wir immerhin der Küche des Kardinals Richelieu, und der Erfinder der Béchamelsauce war gar ein Marquis, eben der Marquis Louis de Béchamel, Lord Steward am Hofe Ludwig des XIV.
Eine Sauce sollte aber nicht nur den Gaumen ergötzen, was die fürstlichen und königlichen Saucen zweifellos alle getan haben, sie sollte auch gesund sein. Nehmen wir die adlige Béchamelsauce: sie basiert auf einer Mehlschwitze. Wenn nun aber etwas nicht in die Vollwertküche gehört, dann Omas Mehlschwitze. Die Verbindung aus heißem Fett und Mehl ergibt eine höchst unverdauliche, den Magen, Leber und Darm belastende Masse. Ich röste deshalb statt dessen das Mehl in der heißen Pfanne – ohne Fett! – kurz an, bis es zart durftet – es darf nicht braun werden – lasse es abkühlen, verrühre das abgekühlte Mehl mit der Gemüsebrühe, Milch etc., lasse das Ganze 5 Minuten köcheln und gebe erst dann zur Verfeinerung den Stich Butter hinzu, das Eigelb, die süße oder saure Sahne etc.

Béchamelsauce

2–3 EL Weizenmehl oder -schrot
1 l warme Milch
1 Lorbeerblatt
1 EL gekörnte Brühe oder 1 Gemüsebrühwürfel
1 geriebene Zwiebel
eventuell Kräutersalz
frisch geriebener weißer Pfeffer
1 Prise Muskat
1 Stich Butter
gehackte Petersilie

Das Mehl in einer Pfanne ohne Fett kurz rösten, bis es duftet (es muß hell bleiben), dann abkühlen lassen.
Unter ständigem Rühren die Milch angießen, Lorbeerblatt, gekörnte Brühe, geriebene Zwiebel beifügen und alles aufkochen, (eventuell) mit Salz, Pfeffer und Muskat würzen und den Stich Butter unterziehen. Mit gehackter Petersilie bestreut anrichten (Lorbeerblatt entfernen).
Auf der Grundlage einer Béchamel lassen sich im Nu aparte Saucen zubereiten, die alle zu Gemüse-, Hirse-, Mais-, Reis- und Teigwarengerichten passen.

Folgende Varianten lassen sich mit der Béchamel herstellen:

Curry-Rosinen-Sauce: Die Béchamelsauce mit reichlich Curry abschmecken und Rosinen darin ausquellen lassen.

Dillsauce: In die Béchamelsauce 2 Eßlöffel oder mehr feingeschnittenen Dill geben und nach Geschmack Zitronensaft oder Weißwein.

Fenchelsauce: Unter die Béchamelsauce eine Handvoll feingeschnittenes Fenchelgrün rühren.

Kapernsauce: Die Béchamelsauce mit ganzen oder gehackten Kapern und Zitronensaft abschmecken.

Käsesauce: Die Béchamelsauce mit 3–4 Eßlöffeln frisch geriebenem Parmesankäse kurz aufkochen und etwas ziehen lassen.

Meerrettichsauce: In die Béchamelsauce einen Apfel (mit der Schale) und ein Stück Meerrettich reiben (Menge nach Geschmack). Mit Zitronensaft, Kräutersalz, einer Messerspitze Honig und 2 Eßlöffeln saurer oder süßer Sahne abschmecken. Noch einmal heiß werden, aber nicht mehr kochen lassen.

Sauce Mornay: Unter die heiße Béchamelsauce 2 mit ⅛ Liter süßer Sahne verquirlte Eigelb ziehen, 2 Eßlöffel Butter und 3 Eßlöffel geriebenen Parmesankäse darin schmelzen lassen. Noch einmal heiß werden und ziehen, aber nicht mehr kochen lassen.

Mangochutney-Sauce: 4–5 Eßlöffel Mangochutney grob hacken, in der Béchamelsauce einmal kurz aufkochen lassen.

Olivensauce: Die Béchamelsauce mit 4–5 Eßlöffeln Tomatenmark und 2 Eßlöffeln gehackten Oliven kurz aufkochen. Eventuell mit Kräutersalz und einer Messerspitze Cayennepfeffer nachwürzen.

Senfsauce: In die Béchamelsauce ca. 2 Eßlöffel Senf geben. Besonders gut mit Moutarde de Meaux, einem französischen Senf mit grob gemahlenen Senfkörnern.

Safransauce: 4–5 Eßlöffel Senffrüchte grob hacken, in der Béchamelsauce kurz aufkochen, mit ½ Teelöffel Safran, einem Schuß Cognac oder Portwein oder Sherry abschmecken.

Holländische Sauce

1 EL Zitronensaft
1 EL kaltes Wasser
Kräutersalz
Pfeffer
1 MSP Honig
4 Eigelb
125 g Butter
2 EL Zitronensaft nach Geschmack

Wenn Sie keinen speziellen Wasserbadtopf haben, nehmen Sie einen größeren und einen kleineren Topf. Den größeren füllen Sie zu einem Drittel mit Wasser, das kurz vor dem Kochen sein muß, aber nicht kochen darf.
In den kleineren Topf Zitronensaft, Wasser, Salz, Pfeffer und Honig geben und diesen in den größeren hineinhängen. Unter ständigem Schlagen mit dem Schneebesen nach und nach die Eigelb, dann die in Stücke geschnittene Butter zufügen. Schlagen, bis eine cremige Sauce entsteht. Noch einmal mit Zitronensaft abschmecken, evtl. nachwürzen.
Lassen Sie Wasser und Zitronensaft weg und fügen statt dessen den Saft einer Blutorange zu (etwa 3 EL) haben Sie eine *Maltesersauce.*

2 EL gemahlene Hasel- oder Walnüsse unter die Holländische Sauce rühren – fertig ist eine delikate *Nuß-Sauce*, z. B. zu Brokkoli oder Blumenkohl.

Wenn Sie unter die Sauce Béarnaise Tomatenmark rühren, erhalten Sie eine *Sauce Choron*. Geben etwa 3 Eßlöffel grünen Pfeffer unter die noch warme Sauce (dann noch einmal erhitzen), haben Sie eine *Grüne Pfeffersauce*.

Sauce Béarnaise

3 Stengel Estragon und Schnittlauch
2 Schalotten
2 zerstoßene Pfefferkörner
2 EL Obstessig (oder Estragonessig)
⅛ l Weißwein
3 Eigelb
1 EL Wasser
200 g Butter
Kräutersalz
Zitronensaft
Cayennepfeffer

Kräuter und Schalotten fein hacken, mit den im Mörser zerstoßenen Pfefferkörnern, Essig und Weißwein mischen. Kochen, bis ⅓ der Flüssigkeit verkocht ist. Dann durch ein Sieb in einen Topf gießen und diesen im Wasserbad erhitzen (siehe Holländische Sauce).
Die Eigelb mit dem Wasser cremig schlagen, in den Topf zu der Sauce geben und dabei kräftig mit dem Schneebesen schlagen. (Das Wasser im unteren Topf darf nicht kochen!) Nacheinander die in kleine Stücke geschnittene Butter unterschlagen, bis die Sauce dick wird. Mit Salz, Zitronensaft und Cayennepfeffer abschmecken. Nach Belieben nochmals durchpassieren.
Diese Sauce paßt wundervoll zu allen gedünsteten Gemüsen, auch zu Gemüsetorten

Champignonsauce

500 g Champignons
1 Zwiebel
2 EL Butter
½ l Weißwein
gekörnte Brühe (oder Gemüsebrühwürfel)
Zitronensaft
Kräutersalz und Pfeffer
Muskat
nach Geschmack: gehackte Kräuter (Kerbel, Petersilie)

Champignons im Mixer pürieren. Feingehackte Zwiebel in der Butter andünsten, Champignonpüree zugeben sowie Weißwein, gekörnte Brühe, Zitronensaft, Kräutersalz, Pfeffer und Muskat nach Geschmack. 5 Minuten köcheln lassen, zum Schluß die feingehackten Kräuter unterrühren.
Diese traumhafte Sauce paßt zu allen gedünsteten Gemüsen wie Blumenkohl und Brokkoli, Fenchel, Auberginen und Möhren, aber auch zu Teigwaren und Getreidegerichten.

Gorgonzolasauce »Pepe«

zu Nudeln, Gnocchi etc. (reicht für ein Kilo Teigwaren)

2 EL Butter
200 g Gorgonzola
2 EL zerquetschte Tomaten (vorher überbrühen und abziehen)
3 EL Gemüsebrühe
2–3 EL süße Sahne
4 EL geriebener Parmesan
frisch geriebener Pfeffer

Butter in einem Topf schmelzen. Gorgonzola darin zergehen lassen. Tomaten und Gemüsebrühe einrühren. Die Sauce bis zum Servieren warmhalten.
Inzwischen beliebige Teigwaren garen, gut abtropfen lassen. Die Teigwaren in der Sauce wenden, dann Sahne und Parmesan unterziehen. Alles in eine vorgewärmte Schüssel füllen und die Pfeffermühle dreimal darüber drehen.
Falls Sie Roquefort statt Gorgonzola nehmen, genügen 150 g, dafür brauchen Sie aber zwei Eßlöffel Butter mehr.
Ich habe das Rezept für diese Sauce Pepe, einem Mailänder Koch, abgeschmeichelt. Er serviert sie zu grünen Gnocchi, also Spinatgnocchi (siehe Seite 153). Die angegebene Menge

ist etwas reichlich für 4 Personen; die Sauce läßt sich aber gut aufwärmen. Sie können z. B. Teigwaren- oder Gnocchi-Reste in Portionsschälchen geben, den Saucenrest drübergießen und das Ganze im Ofen überbacken. Ein feines kleines Abendessen.

Käse-Royale

Diese wahrhaft königliche Schweizer Käsesauce ist trotz ihrer Einfachheit ein Knüller. Ideal zum Überbacken von Aufläufen aus Gemüse, Teigwaren oder Getreide.

3 Eier
¼ l Milch (noch besser halb Milch, halb Sahne)
Kräutersalz und Pfeffer
Muskat
100 g geriebener Käse (z. B. Gruyère, Emmentaler, Parmesan oder Bergkäse)

Eier mit Milch/Sahne gut verquirlen, mit den Gewürzen abschmecken, den Käse unterziehen.
Die Sauce über die vorbereiteten Auflaufzutaten gießen und je nach Rezept im Ofen backen.

Kerbelsauce

schmeckt gut zu Hirseschnitten oder Karotten.

100 g Kerbel
1 gehackte Zwiebel
2 EL Öl
¼ l Sahne
Kräutersalz und Pfeffer
1 Spur Honig
1 EL Weizenmehl
2 hartgekochte Eier

Kerbel waschen und schneiden. Die Zwiebel kurz in Öl andünsten, Sahne zugießen. Mit Kräutersalz, Pfeffer und Honig würzen. Das Mehl einrühren, die gewürfelten Eier dazugeben und die Sauce aufkochen lassen.

Minzesauce

1 Handvoll frische Minze
¼ l Wasser
Obstessig
1 TL Honig
Kräutersalz und Pfeffer
2 EL Olivenöl

Minze fein hacken. Wasser mit Obstessig, Honig, Kräutersalz und Pfeffer aufkochen und über die Minze gießen. Olivenöl zugießen und die Sauce erkalten lassen.

Sie können die Sauce auch mit Béchamelsauce vermischen und/oder mit süßer Sahne.
Diese Sauce schmeckt kalt und warm z. B. zu Gemüsegerichten und Teigwaren.

Minzsauce aus England

¼ l Weinessig
150 g Honig
1 Handvoll frische Minzeblätter

Weinessig und Honig erhitzen, bis der Honig sich auflöst. Vom Feuer nehmen und die gehackte Minze unterrühren.
Die Minzsauce wird kalt gegessen. In England besonders beliebt zu Lammfleisch. Ich verwende die Minzsauce zu süßsauren Gerichten wie exotischen Eierkuchen, sie paßt zu allen Currygerichten, zu Grünkernklößchen.
Pikant: gemischt mit Tomatensauce (gewürzt mit Pinienkernen, Rosinen und Rotwein).
Gibt Möhren und Bohnen einen interessanten Geschmack oder den mit Reis gefüllten Tomaten. – Läßt sich auch mit Salatsaucen mischen.

Tomatensauce aus Korsika

2 Zwiebeln
2 Knoblauchzehen
4 EL Öl
6 EL Tomatenmark
10 abgezogene Tomaten
2 Lorbeerblätter
½ TL Oregano
1 Streifen Zitronenschale
Kräutersalz und Pfeffer
6 EL Weißwein
1–2 EL Sojasauce

Die feingehackten Zwiebeln und den feingehackten Knoblauch im Öl golden dünsten. Tomatenmark und die abgezogenen Tomaten dazugeben sowie Lorbeerblätter, Oregano, Zitronenschale, Kräutersalz, Pfeffer und Weißwein. Leise köcheln lassen.
Die Italiener kochen diese Sauce bis zu 2 Stunden – ich finde eine Viertel- bis eine halbe Stunde ausreichend. Zum Schluß die Sojasauce dazugeben. Eventuell durchseihen, auf jeden Fall Lorbeerblätter und Zitronenschale herausnehmen.
Ein kleiner Landgasthof auf Korsika ist berühmt für diese Tomatensauce. Man gießt sie reichlich über Nudeln und streut dann noch dick geriebenen Parmesan darüber. Ein Salat dazu und ein Glas Wein – ein Gedicht.

Zitronensauce ist nach wie vor meine Favoritin zu knackigem Gemüse.

Einfache Zitronensauce

1 gehackte Zwiebel	abgeriebene Schale und Saft von 1 Zitrone
1 EL Olivenöl	1 TL Weizenmehl
1 Tasse Gemüsebrühe	

Zwiebeln in Öl andünsten, dann Gemüsebrühe und Zitronenschale zufügen und das Weizenmehl unterrühren. Die Sauce aufkochen und mit Zitronensaft abschmecken.

Griechische Zitronensauce

4 Eigelb	Kräutersalz und Pfeffer
4 EL Zitronensaft	2–3 EL heiße Gemüsebrühe

Eigelb schaumig rühren (eventuell im Wasserbad), tropfenweise den Zitronensaft mit dem Schneebesen unterschlagen. Würzen, dann die Gemüsebrühe unter ständigem Schlagen dazugeben.
Beide Saucen passen zu vielen Gemüsesorten, besonders gut zu Fenchel oder Bleichsellerie. Gießen Sie die Sauce vor dem Servieren über das gegarte Gemüse und lassen Sie alles etwas durchziehen, aber nicht mehr kochen!

Für zwischendurch und abends

»Amuse-gueule«, wie die Franzosen sagen – Gaumenreizerl: Soufflés, Gratins...

Wenn die Mittagspause kurz ist und Mensch sich nicht müde-essen will, bereiten Sie einen Teller knackigen Salat und lassen ein »amuse-gueule« folgen.
Beliebt bei groß und klein sind die Aufläufe oder luftigen Soufflés. Das Wort »Auflauf« hat mit »Soufflé« zu tun. Dieses wiederum ist undenkbar ohne Eier, denn die Eier sind es, die »soufflieren«, aufblähen. So gut wie immer gehört auch Käse dazu. Und so dürfte der wohl berühmteste Auflauf auch das »Soufflé au fromage«, der Käseauflauf sein. Je »aufgeblähter« der Auflauf ist, desto leichter fällt er zusammen, desto schneller muß er verzehrt werden.
Es ist etwas Geheimnisvolles um den Auflauf. Kartoffeln, Champignons und ein Blumenkohl, dazu eine Käsesauce, getrennt nebeneinander gegessen, schmecken nicht annähernd so gut wie dieselben Zutaten knusprig überbacken. Irgend etwas kommt hinzu, macht die Sache erst richtig rund.
Dieses Phänomen hat die Schreiberin am Kochtopf zu folgender philosophischer Betrachtung angeregt:

a) das Ganze ist weniger als die Summe seiner Teile
b) das Ganze ist gleich der Summe seiner Teile
c) das Ganze ist mehr als die Summe seiner Teile

Der Auflauf jedenfalls spricht für die Richtigkeit von C!

Artischocken gefüllt mit Grünkern

4 große Artischocken
1 Zitrone
Kräutersalz
3 EL Butter
¼ l Weißwein (eventuell auch mehr)

Füllung:
250 g Steinpilze oder Champignons
2 Zwiebeln
1 EL Butter
½ Portion fertig gegarter Grünkern (aus grob gemahlenem Grünkern), Seite 118
2 Eigelb
Kräutersalz und Pfeffer
gehackte Petersilie

Die Artischockenstengel mit den unteren Blättern abschneiden, so daß die weißen Böden zu sehen sind, alle Blattspitzen 4–5 cm kürzen.
Die Artischocken sofort mit Zitronenscheiben in reichlich Salzwasser geben und ca. 30 Minuten garen.
Inzwischen für die Füllung die Pilze würfeln und die Zwiebeln hacken. Erst die Zwiebeln in der Butter andünsten, dann die Pilze kurz mitdünsten. Die Grünkernmasse mit der Zwiebel-Pilz-Mischung und dem Eigelb vermischen, mit Salz und Pfeffer abschmecken. Die Artischocken abtropfen lassen. Innere Blättchen herausziehen, bis das »Heu« sichtbar ist; dieses mit einem Teelöffel vorsichtig entfernen. Die Artischocken mit der Farce füllen und in einen Topf mit der Butter und dem Wein setzen. Zugedeckt 30 Minuten dünsten. In der Sauce servieren.
Köstlich! – Und den Rest der Grünkernmasse verarbeiten Sie zu der pikanten Grünkernpaste (Rezept Seite 144).

Variation: Artischocken wie beschrieben vorbereiten und in Salzwasser mit Zitronenscheiben garen. Das Heu entfernen. Käse-Soufflé-Masse (Rezept Seite 50) hineinfüllen. Artischokken in eine gebutterte Form setzen, zudecken und im Ofen bei 200 Grad etwa 20 Minuten backen.

Auberginencreme

2 mittlere Auberginen
Zitronensaft zum Beträufeln
2 EL Butter
1 Glas Portwein
1 Handvoll grob gehackte Haselnüsse
1 Handvoll Rosinen
½ TL Honig
Kräutersalz und Pfeffer
⅛ l Sahne

Auberginen schälen, würfeln und mit dem Zitronensaft beträufeln. Würfel in 1 EL der Butter und dem Portwein dünsten. Nüsse und Rosinen in der restlichen Butter kurz rösten und zu den Auberginen geben, alles weichdünsten (etwa ½ Stunde).
Mit Honig, Kräutersalz und Pfeffer abschmecken und mit dem Pürierstab pürieren. Die steifgeschlagene Sahne unter die Masse ziehen.
Mit warmen Weizenfladen servieren.

Ein Auberginen-Hit – und so einfach:

Gebratene Auberginen

4 kleine Auberginen
Zitronensaft
Kräutersalz und Pfeffer
Olivenöl zum Braten

Gewaschene Auberginen mit der Schale quer in etwa ½ cm dicke Scheiben schneiden, sofort mit Zitronensaft beträufeln. Mit Kräutersalz und Pfeffer bestreuen. Auf beiden Seiten in reichlich Olivenöl braten und auf einer vorgewärmten Platte warmhalten. Mit der Sahne-Joghurt-Knoblauch-Sauce (Seite 36) servieren.
Dazu Knoblauchbrote!

Weitere schnelle Auberginengerichte

- Auberginenscheiben in Öl braten, in eine gebutterte Auflaufform legen und mit dicker Tomatensauce begießen, mit geriebenem Käse bestreuen und im Ofen bei 200 Grad überbacken.
- Auberginenscheiben mit Zitronensaft beträufeln, mit Kräutersalz und Pfeffer bestreuen, auf ein gefettetes Backblech legen. Mit Käse bestreuen, Butterflöckchen draufsetzen und im Ofen bei 200 Grad gratinieren.

Gefüllte Avocados

2 Avocados
Zitronensaft
1 Lauchstengel
1 Bleichselleriestange
Petersilie
½ grüner Paprikaschote
2 TL Mayonnaise
1 TL Sahne
½ TL Chilli-Pulver
½ TL Kräutersalz
½ TL gekörnte Würze
½ TL Honig
Pfeffer
1 Tropfen Sojasauce (Tamari)
1 Prise Curry
1 Prise zerstoßenen Kreuzkümmel

Avocados halbieren und entkernen, mit Zitronensaft beträufeln. Lauch, Bleichsellerie, Petersilie und Paprika pürieren (Moulinette), die übrigen Zutaten unterrühren. Die Mischung in die Avocadohälften hineinfüllen.
Mit den schnellen Quarkbrötchen (Seite 132) servieren.

Avocado-Rezepte – mitgebracht aus Israel

Die Avocado ist reich an Vitamin A, B_1, B_2, E und D – und die israelischen Avocados sind die besten – (sagen die Israelis!).

- Avocados halbieren, entkernen und aushöhlen, das Fruchtfleisch hacken. Mit einer gehackten Zwiebel, 2 gehackten gekochten Eiern, gehackten milchsauren Gurken, Kräutersalz und Pfeffer und ein paar Tropfen Zitronensaft vermischen und in die Avocadohäften zurückfüllen.
- Eine frische Ananas vierteln und die Viertel quer einschneiden. In jeden Schlitz eine Scheibe Avocado stecken (Schale nach oben), die Sie mit ein paar Tropfen Zitronensaft beträufelt und mit einer Spur Kräutersalz bestäubt haben.
- Avocados halbieren, entkernen und aushöhlen. Das Avocadofleisch würfeln, ebenso 100 g würzigen Käse (Emmentaler, Bergkäse oder Parmesan), dazu 2 gewürfelte Tomaten. Alles mit Senf, Kräutersalz, Pfeffer und Zitronensaft abschmecken, in die Avocadohälften füllen und mit gehackten hartgekochten Eiern bestreuen.

Gefüllte Backpflaumen

250 g entsteinte Backpflaumen
¼ l Sherry
200 g junger Gouda
Sonnenblumenöl zum Bepinseln
frisch gemahlener schwarzer Pfeffer

Die entsteinten Backpflaumen in Sherry (am besten über Nacht) einweichen, bis alle Flüssigkeit aufgesaugt ist. Abtropfen lassen und längs einschneiden. In die Pflaumentaschen Goudastückchen stecken. Pflaumen mit Öl bepinseln und auf ein gefettetes Backblech legen.
Bei 200 Grad im Ofen backen, bis der Käse schmilzt. Mit Pfeffer bestreut servieren.

Beinwell in Eierkuchenteig

8 frische Beinwellblätter, möglichst gleich groß (2 pro Person)
1 Portion Eierkuchenteig (Seite 149)
Öl zum Backen

Je 2 Blätter zusammenlegen (rauhe Seite nach außen). In den fertigen Eierkuchenteig tauchen und in der Pfanne in heißem Öl auf beiden Seiten backen.
Dazu eine Salatplatte.

Beinwellgratin

½ l Gemüsebrühe (siehe Seite 60)
500 g gehackter Beinwell
500 g Risotto (Resteverwertung!)
100 g geriebener Käse (Parmesan oder Bergkäse)
Butterflöckchen

In der Gemüsebrühe den gehackten Beinwell einmal aufkochen, dann in eine gebutterte Auflaufform abwechselnd Beinwell und pikant abgeschmeckten Risotto füllen. Auf die oberste Risottoschicht den geriebenen Käse streuen, Butterflöckchen draufsetzen.
Im Ofen bei 200 Grad 30 Minuten überbacken.

Champignon-Eierstich

500 g Champignons
1 Zwiebel
2–3 EL Butter
Kräutersalz und Pfeffer
Muskat
Zitronensaft
3 Eier
2 EL gehackte Petersilie
2 EL Sahne
2 EL geriebener Käse

Champignons grob hacken und mit der gehackten Zwiebel in der Butter kurz dünsten, mit Kräutersalz und Pfeffer, Muskat und etwas Zitronensaft abschmecken. In gebutterte Portionsförmchen füllen. Eier, Petersilie, Sahne, Käse, Kräutersalz und Pfeffer gut miteinander verrühren, Mischung über die Pilze gießen.
Im Ofen bei 200 Grad stocken lassen (etwa 15 Minuten).
Bei wenig Zeit können Sie diesen Champignon-Eierstich auch in der Pfanne stocken lassen, in der Sie die Champignons geschmort haben – (dann den Deckel der Pfanne draufsetzen).
Diese Köstlichkeit können Sie auch in ausgehöhlte Tomaten, Zwiebeln oder Paprikaschoten füllen oder zu Kartoffelpüree servieren.

Gegrillte Champignons

möglichst gleichgroße Champignons (etwa 4 pro Person)
Kräutersalz und Pfeffer

<u>Sauce:</u>
reichlich Olivenöl (mindestens 6 EL)
kleingehackte Petersilie
Knoblauch
Kräutersalz und Pfeffer

Champignons kreuzweise einschneiden.
Bei 200 Grad im Ofen grillen (etwa 10 Minuten, sie müsen heiß sein, dürfen aber ruhig noch »roh« schmecken). Champignons salzen und pfeffern.
Für die Sauce Öl in der Pfanne erhitzen, Petersilie zugeben und durch die Presse gedrückten Knoblauch. Salzen und pfeffern, kurz dünsten. Champignons in feuerfeste Portionsschälchen setzen und die Sauce drübergießen. Noch einmal kurz erhitzen.
Dazu gibt es bei mir warmes Weizenbrot, mit dem das köstliche Knoblauch-Petersilien-Öl aufgetunkt wird. Eigentlich nicht denkbar ohne ein Glas Wein!

Gefüllte Champignons

8 große Champignons
Zitronensaft
2 EL Olivenöl
4 hartgekochte Eier
1 EL Semmelbrösel
2 Knoblauchzehen
½ Becher Sahne
Kräutersalz und Pfeffer
geriebener Käse

Pilze waschen, Stiele herausdrehen und hacken. Köpfe und

Stiele mit Zitronensaft beträufeln. Die Stiele in dem Olivenöl unter Rühren braten, gehackte Eier, Semmelbrösel, durch die Presse gedrückten Knoblauch und die Sahne zugeben und erhitzen. Mit Kräutersalz und Pfeffer abschmecken. Pilzköpfe mit der Öffnung nach oben in eine gebutterte, möglichst rechteckige feuerfeste Form setzen. Die Mischung in die Köpfe füllen, Käse drüberstreuen. Im vorgeheizten Ofen bei 220 Grad etwa 20 Minuten backen.
Dazu schmeckt ein warmer gebutterter Weizenfladen. Natürlich können Sie auch andere, möglichst »großkopferte« Pilze verwenden, z.B. Egerlinge oder Steinpilze.

Champignon-Soufflé

500 g Champignons
1 EL Öl
2 EL Butter
200 g Zwiebeln
300 g Pellkartoffeln
4 Eier
250 g Quark
knapp 1 Becher Sahne
Kräutersalz und Pfeffer
Muskatnuß
1 Glas Wasser
Obstessig
Petersilie

Champignons waschen und putzen (6 besonders schöne zurückbehalten). In Öl und Butter die feingeschnittenen Zwiebeln andünsten, Champignons in Scheiben zugeben und 10 Minuten dünsten, dann zusammen mit den abgezogenen Pellkartoffeln pürieren. Einzeln die Eier unter die Masse rühren sowie den Quark und die Sahne. Das Püree salzen, pfeffern und mit Muskat abschmecken. In eine flache gebutterte Auflaufform füllen und im Ofen bei 200 Grad backen (etwa 30 Minuten). Die restlichen Champignons in Essigwasser legen, auf das fertige Soufflé setzen und alles mit gehackter Petersilie bestreuen.

Aufgeschnappt:
»Wenn Du keine Luft kriegst,
dann atme kräftig aus.
Wenn Dir das Essen nicht schmeckt,
dann faste einen Tag lang.
Wenn Du Dich nach Liebe sehnst,
dann mach jemandem eine Freude.
So bringst Du das Pendel des Lebens
wieder zum Schwingen.«
Till

Mousse von Champignons

250 g Champignons
2 EL Butter
1 Handvoll Petersilie
Kräutersalz und Pfeffer
4 hartgekochte Eier
4 EL Mayonnaise
½ l Gemüsebrühe
1 EL Agar-Agar
¼ l Sahne

Gewaschene, blättrig geschnittene Champignons in der Butter mit der kleingehackten Petersilie kurz dünsten. Mit Kräutersalz und Pfeffer abschmecken. Eier und Champignons pürieren, Mayonnaise unter die Masse mischen. Das in der Gemüsebrühe aufgelöste Agar-Agar untermischen, etwas abkühlen lassen und die sehr steifgeschlagene Sahne unterziehen. Noch einmal abschmecken. Kaltstellen.
Dazu warme gebutterte Weizenfladen.
Wichtig: Die Sahne erst zugeben, nachdem die Masse etwas abgekühlt ist – und kräftig würzen, Agar-Agar mildert den Geschmack der Speisen.

Champignonsalat aus Österreich

250 g Champignons
2–3 EL Sonnenblumen- oder Olivenöl
4 Tomaten
2 hartgekochte Eier
1 Zwiebel
1 Knoblauchzehe
Kräutersalz und Pfeffer
1 EL Obstessig
1 Handvoll gehackte Petersilie

Champignons blättrig schneiden und im Öl kurz dünsten. Tomaten und Eier in dünne Scheiben schneiden. Zwiebeln reiben, Knoblauch durch die Presse drücken. Alles vorsichtig in einer Schüssel mischen und mit den Gewürzen pikant abschmecken. Den Salat eine Stunde ziehen lassen.
Falls Sie so etwas noch auftreiben – statt der Champignons Steinpilze verwenden.

Natürlich werden Frühlingsrollen eigentlich in schwimmendem Öl oder Schmalz ausgebacken und natürlich ist innen drin eigentlich Schweinefilet – es geht aber auch anders!

Frühlingsrollen à la Sommerholz

1 Rezept Eierkuchenteig, aber ohne Milch, nur mit der doppelten Menge Wasser (siehe Seite 149)
Pflanzenöl zum Braten.

Fülle:
1 Zwiebel
2 EL Sonnenblumen- oder Sesamöl
200 g Sojabohnenkeime
200 g fertig gegarter, feingemahlener Grünkern
½ TL Honig
Sojasauce nach Geschmack
Pfeffer

Außerdem:
1 Eigelb (mit etwas Wasser verrührt) zum Bepinseln

Für die Fülle die fein gehackte Zwiebel in dem Öl kurz dünsten. Bohnenkeime, gekochten Grünkern und die übrigen Zutaten zufügen, unter Rühren 3 Minuten weiterdünsten und kaltstellen.
Hauchdünne Eierkuchen bereiten (nur auf einer Seite backen). Fertige Eierkuchen mit je 2 EL der Fülle belegen, die Ränder mit dem verquirlten Ei bepinseln; wie einen Briefumschlag zusammenfalten (zuerst die Seiten übereinanderschlagen, dann die langen Enden überschlagen und zusammendrücken). Frühlingsrollen auf ein gefettetes Backblech legen und bei 180 Grad 20 Minuten backen.
Sie können statt der Bohnenkeimlinge auch kurz in Pflanzenöl gedünsteten feingehackten, pikant abgeschmeckten Weißkohl in die Rollen füllen, vermischt mit hartgekochten gehackten Eiern.

Gefüllte Gurkenschiffchen

1 große oder 2 kleine Salatgurken
200 g Käse (Emmentaler oder Bergkäse)
1 Portion Salatsauce, z. B. Kräutersauce mit Sahne oder Quarksauce (siehe Seite 34/35)
Meerrettich
Zitronensaft
Radieschen zum Garnieren

Gurken längs in Hälften schneiden. Eine Hälfte würfeln, Käse stifteln. Gurkenwürfel und Käsestifte mit der Sauce vermischen. Die Masse auf die andere Gurkenhälfte häufen, mit grob geriebenem Meerrettich (diesen sofort mit Zitrone beträufeln) und mit Radieschenscheiben servieren.
Das Schiffchen wird dann in Portionen geschnitten. Haben

Sie viele Gäste, können Sie die Schiffchen sternförmig auf einer Platte anrichten und die Portionen schon vorschneiden.

Karfiolsalat manière von Baronin Waldbott

Karfiol ist ein Blumenkohl und ein Erdapfel eine Kartoffel!

1 Karfiol
1 Sellerieknolle (mittlere Größe)
3 Erdäpfel
Gemüsebrühe
2 hartgekochte Eier
1 Handvoll Nüsse
2 EL Mayonnaise
1 TL Curry
Kräutersalz und Pfeffer
Obstessig nach Geschmack
Spargelköpfe (Dose)

Blumenkohl, den geschälten Sellerie und die geschälten Kartoffeln in der Gemüsebrühe nicht zu weich kochen. Abkühlen und in Röschen bzw. etwa zentimetergroße Würfel schneiden. Grob gehackte Eier und grob gehackte Nüsse mit der Mayonnaise vermischt zugeben, mit Curry, Kräutersalz, Pfeffer und Obstessig abschmecken; am Schluß vorsichtig die Spargelköpfe untermischen.
Dieser Salat muß etwas ziehen.

Der Käse gehört zu den ältesten Nahrungsmitteln der Menschen. 6000 v. Christi haben die Sumerer bereits ihre Tiere gemolken und Käse daraus gemacht.
Die Römer verfeinerten die Käsezubereitung, und irgendwann haben's dann auch die Germanen kapiert.
Kaiser Karl der Große pries jedenfalls den Käse, den die Mönche in St. Gallen herstellten.

Indische Käsekugeln

1 frische Kokosnuß (oder ½ Kilo Kokosflocken)
4 Ecken Gervais
1 EL Mango-Chutney
½ TL Curry
1 MSP Cayenne-Pfeffer
1 Prise Kräutersalz
Paprika zum Bestäuben

Kokosnuß öffnen. Kokosfleisch fein reiben (oder gleich Kokosflocken nehmen). Restliche Zutaten damit verkneten (etwas Kokosraspel übriglassen, wenn Sie Kokosflocken nehmen, etwas Sahne zugeben). Aus der Masse Kugeln formen. In den übrigen Kokosraspeln wälzen, dann in den Kokoshälften (bzw. auf Salatblättern) anrichten. Mit Paprika bestäuben.
Ein dekorativer Imbiß!

Kräuterquark-Käse-Spinatkugeln

100 g Butter
100 g Kräuterquark
100 g geriebener Emmentaler
2 EL fertig zubereiteteter Spinat
Kräutersalz und Pfeffer
Knoblauch nach Geschmack
2 EL gehackte Pistazien

Butter schaumig rühren. Kräuterquark, Käse und gehackten Spinat untermengen, mit Kräutersalz, Pfeffer und durch die Presse gedrücktem Knoblauch abschmecken. Kleine Kugeln aus der Masse formen, diese in den gehackten Pistazien wenden. Im Kühlschrank kaltstellen.

Käse-Haselnuß-Kugeln

250 g Briekäse
2 EL süße Sahne
1 EL Butter
1 EL Weinbrand
gehackte, geröstete Haselnüsse

Brie durch ein Sieb streichen oder mit der Gabel zerdrükken, mit Sahne, Butter und Weinbrand mischen. Kugeln formen, diese in den Haselnüssen wälzen.

Käseauflauf

50 g Weizenmehl
100 g zerlassene Butter
¼ l Milch
4 Eigelb
150 g geriebener Käse (Parmesan, Emmentaler oder Bergkäse bzw. alle gemischt)
Kräutersalz und Pfeffer
Muskat
4 Eiweiß

Mehl mit zerlassener Butter vermischen und mit der Milch aufkochen. Vom Feuer nehmen, Eigelb und den Käse untermischen, mit Kräutersalz, Pfeffer und Muskat abschmecken. Zum Schluß steifgeschlagenes Eiweiß unterheben. Masse in eine gut gebutterte Auflaufform (oder in Torteletts) füllen, bei 180 Grad 30 Minuten backen. Sofort servieren.

Käsesoufflé

50 g Butter	1 EL Weißwein
200 g geriebener alter Gouda	Kräutersalz und Pfeffer
50 g Weizenmehl	Muskat
⅛ l Milch	6 Eiweiß
6 Eigelb	1 Prise Salz
	50 g Roquefort

Butter zerlassen. Mit etwas von der Butter eine Auflaufform auspinseln, ein EL Käse drüberstreuen. Das Mehl in der Pfanne ohne Fett kurz rösten, bis es duftet. Abkühlen lassen, dann mit der Milch verrühren und aufkochen. Ein Eigelb nach dem anderen unterrühren, unter ständigem Rühren den Käse zugeben und schmelzen lassen. Mit Wein, Kräutersalz, Pfeffer und Muskat abschmecken. Eiweiß mit Salz sehr steif schlagen, löffelweise unter die abgekühlte Käsemasse rühren, dann in die Form füllen und mit zerbröckeltem Roquefort bestreuen. Im Ofen bei 200 Grad 30 Minuten backen.
Ein Soufflé darf nicht auf seine Esser warten, sondern seine Esser warten auf das Soufflé!

Einfache Variante:

3 Eier (getrennt)	4 EL Sonneblumenöl
100 g geriebener Käse (Emmentaler, Parmesan oder Bergkäse)	2 gehäufte EL Weizenmehl
	Kräutersalz und Pfeffer
	Muskat

Eigelb mit dem geriebenen Käse, dem Öl und dem Mehl verrühren. Das steifgeschlagene Eiweiß unterheben und mit Kräutersalz, Pfeffer und Muskat abschmecken. Die Masse in eine gebutterte Auflaufform geben und bei 200 Grad 30–40 Minuten backen.
Aus der gleichen Menge können Sie vier kleine Soufflés in Portionsförmchen backen.

Formaggio con i vermi – Käse mit Würmern, das ist nicht etwa nur ein exzentrischer Name – nein, in dem runden Käse krabbeln sie tatsächlich und werden als Delikatesse mitgegessen: niedliche kleine weiße Würmer.
So erlebt bei Rita im Restaurant »Gallura«, *dem* Feinschmekkerlokal in Olbia auf Sardinien.
Der Käse ruht in einer Spanschachtel, man löffelt Käse und Würmer heraus. Die klassische Beigabe zum Würmerkäse: heißer, bitterer Honig, Salat und – 3 Weintrauben! Warum 3 Trauben? Das weiß niemand. Das ist und bleibt ein Geheimnis.
Sie machen einen guten Magen, die Würmer, heißt es, besonders nach einem schweren Essen. Ich habe es nicht ausprobiert, diese Erfahrung habe ich mir entgehen lassen. Ich halte mich da lieber an die »Seibadas«: eine Scheibe Käse (oder auch Ricotta, eine Art Quark) wird in eine Nudelteighülle gepackt, die Hülle zusammengedrückt, in schwimmendem Olivenöl gebacken und mit heißem , bitterem Honig übergossen serviert. Der Honig ist tatsächlich bitter, *miele amaro*, von den Bienen aus Eukalyptus- und anderen herben sardischen Blüten zusammengetragen. Der Kenner streut sich noch Zucker drüber. Jedermanns Geschmack ist er nicht, der *miele amaro* – wer will, nimmt halt *miele dolce.*
Ritas exquisite Küche bietet eine schier unendliche Vielfalt aller möglichen Fische und Schalentiere, aber auch phantasievolle Gemüsegerichte, ganz zu schweigen von den märchenhaften Torten. Alles ist mitten im Restaurant in Schüsseln aufgebaut, so daß der Gast sich in Ruhe Appetit holen und aussuchen kann. Zu vielen meiner südländischen Gemüserezepte bin ich im Hotel Gallura inspiriert worden. Aus der Wirtin ist im Laufe der Jahre eine Freundin geworden. Und so kann es vorkommen, daß Rita sich zu uns an den Tisch setzt mit einer Schale schwarzglänzender Kirschen oder einer Handvoll im Garten gepflückter reifer Feigen.

Nun ein schnuckliges Abendessen oder Zwischengericht, wenn der Kerbel ins Kraut zu schießen droht und/oder Sie im Garten über ein verspätetes Büschel Sauerampfer stolpern – das kann durchaus noch im September/Oktober sein.

Kerbel-Sauerampfer-Gratin

4 Scheiben Tomaten, gewürfelt (vorher überbrühen und abziehen)	1 EL oder 2 EL Butter
Kräutersalz und Pfeffer	Knoblauch nach Geschmack
Oregano (Majoran)	2–3 EL saure Sahne
2 Handvoll Kerbelkraut	2–3 EL Joghurt
2 Handvoll Sauerampfer	4 Eier
	Butter für die Förmchen

4 Portionsförmchen ausbuttern. Tomatenwürfel hineingeben, mit Kräutersalz und Oregano bestreuen, dann pfeffern. Kerbelkraut und Sauerampfer hacken, in der Butter kurz dünsten, mit Kräutersalz, Pfeffer und mit Knoblauch abschmecken. Masse auf die Tomaten geben. Sahne und Joghurt verquirlen, etwas salzen, auf die Masse gießen. Obendrauf je ein aufgeschlagenes Ei setzen, etwas salzen. Portionsförmchen in den auf 200 Grad vorgeheizten Ofen schieben, etwa 20 Minuten backen (das Ei muß gestockt sein und die Sahne blubbern!).
Was dazu alles schmeckt: eine Grünkernschnitte oder eine Maisschnitte oder ein Weizenfladen oder Kartoffelpüree oder ...

Mangold-Champignon-Gratin

1 Portion fertig gegarter Mangold oder Spinat, mit einer Spur Muskat verfeinert (siehe Seite 93)
4 EL pikant angemachter Quark
1 Portion Champignons, blättrig geschnitten, in Butter kurz gebraten (10 Minuten), mit Salz und Pfeffer abgeschmeckt
3–4 EL Sahne
3 EL geriebener Käse (z. B. Bergkäse)

In Portionsförmchen je eine Lage Spinat geben, darauf einen Klacks Kräuterquark, darauf eine Lage Champignons. Sahne drübergießen und mit geriebenem Käse bestreuen. Im vorgeheizten Ofen bei 200 Grad etwa 15 Minuten überbacken. Damit können Sie Liebhaber von 3-Sterne-Restaurants becircen.

Gottfried Kumpf, vielseitiger »Maler melancholischer, aber klar erkennbarer Freuden« (György Sebestyén) hat das »Burgenländische Kochbuch« illustriert zu Rezepten von Baronin Marietheres Waldbott auf Schloß Halbturn.
Ich durfte mir ein paar fleischlose Rezepte herauspicken und für die Vollwertküche umfunktionieren. Sie selbst komme auch immer mehr vom Fleisch ab, sagte mir die Baronin Waldbott. Im »Burgenländischen Kochbuch« geht es allerdings recht fleischlich zu und recht patriarchalisch. Der geschilderte Jagdtag aus der Sicht der Hausfrau läßt das Herz einer, sagen wir mal lactovegetabilistischen, Emanze oder emanzipierten Lactovegetabilistin, vor Schreck einen Moment aussetzen: die Männer gehen zur Jagd – die Frauen in die Küche. Oweh! Die Männer kommen von der Jagd zurück – »an den Mienen kann man leicht erkennen, ob sie gut – das heißt erfolgreich waren. Fröhlich, lärmend, und blaurotbackig die einen, spitznäsig, einsilbig und verkniffen die anderen ...«
Das weibliche Team eilt nun ins Haus zurück – zweimal oweh! – »das Buffet für den Abend, die Blumenarrangements, die Getränke müssen vorbereitet werden ...«
Und so sieht das Festmahl aus:

- klare Hühnerbouillon
- glasierter Rehrücken mit Lebercreme
- Ente in Orangenaspik
- Hasenpastete
- Roastbeef mit Gemüsen
- Mousse von Paradeisern
- Spinatcreme mit gekochter Zunge
- dreierlei Salate
- dreierlei Saucen
- und als Abschluß Schmankerlbombe mit Schokoladenguß.

Verzeihung lieber Gottfried, Verzeihung liebe Baronin Waldbott, wenn ich da passe!
Mit einem Besuch auf Schloß Halbturn hat es zeitlich nicht mehr geklappt, das wird aber nachgeholt. Für ein vegetarisches Essen schlägt Baronin Waldbott folgende Rezepte aus ihrem Kochbuch vor:

- Burgenländische Paradeissuppe
- Spinatroulade mit grünem Salat
- Kirschen- oder Weintraubenstrudel

oder

- Vichyssoise
- Mousse von Paradeisern mit verschiedenen Broten
- Schokoladecreme mit Weichseln (Weichseln sind saure Kirschen)

oder was Deftiges:

- Rahmsuppe
- Germknödel mit Powidel

Das »Burgenländische Kochbuch« ist übrigens herzerfrischend liebenswürdig, großzügig und amüsant geschrieben. Den Damen scheint der Jagdeifer der Herren gelegentlich auch auf die Nerven gegangen zu sein. Das läßt jedenfalls der Ausspruch einer schönen, von internationalen Bewunderern verwöhnten Freundin der Autorin vermuten, die da sagte: »Um in Österreich einen Mann zu interessieren, muß man ein Hirsch sein.«

Mousse von Paradeisern

Paradeiser heißen in Österreich poetisch die Tomaten!

500 g Tomaten
3 EL Butter
½ l Béchamelsauce (Seite 38)
1 EL Agar-Agar
Knoblauch
Zitronensaft
Kräutersalz und Pfeffer
½ TL Honig
¼ l Sahne

Tomaten mit kochendem Wasser überbrühen, Haut abziehen, Stengelansatz entfernen und vierteln. Tomaten in der Butter weichschmoren. Béchamelsauce mit Agar-Agar nach Vorschrift erhitzen, unter die Tomatenmasse mischen. Mit den restlichen Zutaten kräftig abschmecken, etwas abkühlen lassen. Am Schluß die sehr steif geschlagene Sahne unterziehen. Mousse in eine mit kaltem Wasser ausgespülte Form füllen und kaltstellen. Vorsichtig stürzen. Eventuell mit gehackter Petersilie bestreuen.
Dazu schmeckt ein gebutterter Fladen aus Mais, Hirse oder Grünkern.

Mousse von Spinat

¼ l Gemüsebrühe
4 g Agar-Agar
½ l Béchamelsauce (siehe Seite 38)
1 kg Blattspinat (blanchiert und püriert)
125 g Butter
Kräutersalz und Pfeffer
Knoblauch
geriebene Muskatnuß
Agar-Agar
¼ l steifgeschlagene Sahne

Gemüsebrühe und Agar-Agar nach Vorschrift erhitzen. ⅔ der Brühe in eine gebutterte Form füllen und kaltstellen, den Rest warmhalten. Béchamelsauce und pürierten Spinat mit der zerlassenen Butter und den Gewürzen vermischen, die entsprechende Menge Agar-Agar zum Gelieren unterziehen, dann alles nach Vorschrift (siehe Agar-Agar-Packung) erhitzen. Die Masse etwas abkühlen lassen, dann mit der steifen Sahne vermischen und in eine Form füllen. Obenauf die restliche Agar-Agar-Gemüsebrühe gießen.
Die Mousse bis zum Servieren kaltstellen.

Möhrensoufflé in Blätterteig

1 Rezept Blätterteig, Seite 177 (oder salziger Mürbeteig bzw. Hefeteig)
Weizenmehl zum Ausrollen
500 g Möhren
⅛ l Weißwein
1 TL Honig
Kräutersalz
Pfeffer
2 EL Butter
3 Eier (getrennt)
2–3 EL geriebener Käse (Emmentaler, Parmesan oder Bergkäse)
Butterflöckchen

Teig dünn ausrollen und entweder eine mit kaltem Wasser ausgespülte Pastetenform damit auskleiden oder kleine Portionsförmchen (Tortelettförmchen). Möhren fein reiben (Schnitzelwerk), mit Weißwein, Honig, Kräutersalz und Pfeffer weichkochen. Dann pürieren (Pürierstab oder Mixer), die zerlassene Butter unterrühren, danach ein Eigelb nach dem anderen. Eiweiß steifschlagen und zum Schluß unterziehen. Die Masse noch einmal abschmecken, in die Form(en) füllen (ein Rand muß freibleiben, da das Soufflé hoffentlich aufgeht!). Geriebenen Käse drüberstreuen und Butterflöckchen draufsetzen. Im Ofen bei 200 Grad 20–25 Minuten backen.
Das Soufflé muß sofort serviert werden, sonst fällt es zusammen. Wenn Sie noch extra geschlagenes Eiweiß dazunehmen, wird das Soufflé noch luftiger – für meinen Geschmack aber zu eiweißreich.
Ein schickes kleines Abendessen.

Pochierte Eier in Béchamel auf Toast von Baronin Waldbott

8 Scheiben Weizenbrot oder Weizentoastbrot
Butter zum Rösten
8 pochierte Eier
250 g Champignons
2 EL Olivenöl
Kräutersalz und Pfeffer
Knoblauch
1 Handvoll gehackte Petersilie
1 l Tomatensauce (Seite 40)
150 g geriebener Parmesan

Die in der Butter gerösteten Weizenbrotscheiben in eine gebutterte Auflaufform legen. Auf jede Scheibe ein pochiertes Ei setzen. Die in Scheiben geschnittenen Champignons in dem Öl dünsten, mit Kräutersalz, Pfeffer und Knoblauch und Petersilie würzen. Champignons um die Eier verteilen,

Tomatensauce drübergießen, Käse drüberstreuen. Toasts im Ofen bei 200 Grad backen, bis der Käse geschmolzen ist.

Variante:

½ l Béchamelsauce (siehe Seite 38)
2 gehäufte TL Curry
Kräutersalz und Pfeffer
150 g geriebener Emmentaler
¼ l Sahne
4 Scheiben Weizentoastbrot
etwas Butter zum Rösten
4 pochierte Eier
1 Handvoll gehackte Petersilie

Die Béchamelsauce mit Curry, Kräutersalz und Pfeffer würzen, geriebenen Emmentaler und Sahne zugeben. Toastbrote in der Butter in einer Pfanne kurz rösten. Je ein pochiertes Ei auf eine Scheibe Toastbrot legen, die Sauce drübergießen, mit Petersilie bestreuen (eventuell kurz in den Ofen schieben).
Dazu wird im Burgenland grüner Salat serviert.

Ein paar interessante Fakten: Der Fleischkonsum hat sich seit der Jahrhundertwende in den Industrieländern verfünffacht, der Verbrauch von Zucker verfünfzehnfacht! Getreide und Hülsenfrüchte dagegen, seit 10 000 Jahren die Grundlage der Ernährung aller Völker, sind seit Beginn dieses Jahrhunderts so gut wie von der Speisekarte verschwunden.

Quark-Parmesan-Puffer

250 g Quark
250 g Weizenmehl
1 Ei
100 g frisch geriebener Parmesan oder Bergkäse
1 Becher saure Sahne
Kräutersalz
nach Geschmack: Kümmel, Fenchel und Korander, im Mörser grob zerstoßen (großzügig würzen!)
Olivenöl zum Backen

Alle Zutaten miteinander verkneten. Teig 20 Minuten ruhen lassen. Zu einer Wurst rollen, von der Wurst Scheiben abschneiden und diese zu Puffern flachdrücken.
Puffer auf einem gefetteten Backblech bei 180 Grad 30 Minuten backen oder in der Pfanne auf beiden Seiten in Pflanzenöl goldbraun braten.
Raffiniert dazu: eine Curry-Rosinen-Sauce (siehe Seite 38), an die ich noch 2 EL Apfelgelee gebe.

Quarkknödel

400 g Quark (ich nehme immer den fetten Quark)
200 g Weizenmehl
2 Prisen Kräutersalz
3 Eier
175 g Butter und gehackte Petersilie zum Servieren

Quark mit Mehl, Salz und den Eiern verquirlen. Teig mindestens ½ Stunde kaltstellen. Dann kleine Knödel daraus formen, in kochendes Salzwasser geben, Topf vom Feuer nehmen und die Knödel etwa 10 Minuten ziehen lassen. Die abgetropften Quarkknödel mit zerlassener Butter und Petersilie servieren.
Geht schnell und schmeckt toll!

Rosenkohlgratin

500 g Rosenkohl
½ l Gemüsebrühe (Seite 60)
etwas Muskat
2 Eier
1 Eigelb
⅛ l Sahne
2 EL geriebener Käse (Parmesan oder Bergkäse)

Rosenkohl in der Gemüsebrühe garen. Abtropfen lassen und grob hacken (oder pürieren), mit den restlichen Zutaten gut vermischen. In gebutterte Portionsförmchen füllen (oder in eine gebutterte Pastetenform). Im Backofen bei 200 Grad überbacken, bis die Masse gestockt ist.
Diese feine Art von Gratins eignen sich großartig zur Verwertung von Resten. Am besten paßt dazu frisches, gebuttertes Weizenbrot.

Spargelsalat manière Schloß Halbturn

500 g Spragel
½ l Gemüsebrühe (Seite 60)
1 EL Butter
½ TL Honig
3 hartgekochte Eier
3 Tomaten
1 Zwiebel
Olivenöl
Obst- oder Weinessig
Kräutersalz und Pfeffer
Schnittlauch

Spargel schälen und in 3 cm lange Stücke schneiden. Spargelstücke in der Gemüsebrühe mit der Butter und dem Honig garen, abkühlen lassen. Eier in Scheiben schneiden.

Tomaten mit kochendem Wasser überbrühen und abziehen, vierteln. Zwiebel reiben. Alles mit den Spargelstücken vermischen. Darüber eine Sauce gießen aus viel Olivenöl, Essig, Kräutersalz und Pfeffer und viel gehacktem Schnittlauch. Gut vermischen und ½ Stunde ziehen lassen.

Steinpilzsalat

500 g Steinpilze	Marinade:
1 EL Butter	1 EL Obstessig
Kräutersalz	1 TL Rotwein
Pfeffer	1 Zwiebel
Zitronensaft	3 TL Senf
2 Paprikaschoten	Sonnenblumenöl
3 Tomaten	gehackte Petersilie
2 hartgekochte Eier	

Geputzte und gewaschene Pilze in dicke Scheiben schneiden, in der Butter 10 Minuten dünsten. Salzen und pfeffern, Zitronensaft zugeben. Paprikaschoten in Streifen, Tomaten und Eier in Scheiben schneiden, mit den abgekühlten Pilzen vorsichtig mischen.
Die Marinadenzutaten verrühren und über den Steinpilzsalat gießen.

Gefüllte Tomaten 12mal anders

Das Prinzip ist immer das gleiche: von großen, reifen Fleischtomaten schneidet man einen Deckel ab, höhlt sie mit einem Löffel aus, beträufelt sie innen mit ein paar Tropfen Zitronensaft, bestreut sie mit Kräutersalz und Pfeffer – natürlich frisch aus der Mühle – und füllt sie mit irgendeinem Schmankerl. Je nach Füllung werden sie gleich roh verzehrt, oder müssen ein bißchen durchziehen, oder werden in einer Auflaufform im Ofen oder in einer Pfanne auf dem Herd (bei geschlossenem Deckel) überbacken. Bei ersterer Variante bleibt das herausgelöffelte Tomatenmark übrig und wird zu Saucen etc. verwendet. Wenn ich die Tomaten dagegen backe, verrühre ich das Tomateninnere mit Kräutersalz, Pfeffer, Knoblauch und saurer Sahne und gebe dies zu den backenden Tomaten in die Pfanne bzw. Auflaufform. Sie werden dann mit der Sauce, die ich mit Oregano oder Basilikum würze, serviert.

Favorit ist bei mir immer noch die *Spinatfüllung:*
- Blattspinat (Seite 93) hacken, in die Tomaten füllen, Deckel daraufsetzen und in der Pfanne mit geschlossenem Deckel garen. (Allerdings hatte ich mal einen Gast, der aß alles – nur nicht Tomaten, und nur nicht Spinat!)

Bei den folgenden Tomatenrezepten verfahren Sie genauso:
- mit Risottofüllung (siehe Seite 125) – roh oder überbacken
- mit kurz in Butter gedünsteten Champignons gefüllt – roh oder überbacken
- mit gekochtem Grünkern gefüllt – roh oder mit geriebenem Käse überstreut überbacken
- gefüllt mit feinem Kartoffelpüree (das Kartoffelpüree schmecke ich pikant mit Butter, feingehackten Kräutern wie Petersilie, Schnittlauch, Dill, Muskatblüte und geriebenem Käse ab) – mit geriebenem Käse überbacken
- gefüllt mit gewürfelten Paprikaschoten, Scheiben von Oliven, gehackter Petersilie, gehackten gekochten Eiern, gehackten Kapern (alles kurz in etwas Zitronensaft, Olivenöl, Senf, Kräutersalz und Pfeffer und Knoblauch mariniert) – roh serviert
- gefüllt mit Rosinenreis und Pinienkernen – überbacken
- gefüllt mit übriggebliebenem Rosenkohl (den ich im Mixer püriere oder grob hacke und mit Sahne, Zitronensaft, Kräutersalz, Pfeffer, Muskat und geriebenem Käse würze) – überbacken
- gefüllt mit gewürfelten Äpfeln, Haselnüssen (grob gehackt), gekochten Selleriewürfeln, Würfeln von milchsauren Gurken (alles in Sonnenblumenöl, Obstessig, 1 Eigelb, Senf, Kräutersalz, Pfeffer, Honig und Tomatenketchup etwas ziehen lassen) – roh
- gefüllt mit grünen Bohnen, Champignons und Möhren (Bohnen gekocht, in fingergliedlange Stücke geschnitten, Champignons blättrig geschnitten, Möhren gestiftelt, mit saurer Sahne, Sonnenblumenöl, Kräutersalz, Pfeffer, Knoblauch und Sojasauce vermischt) – roh, etwas ziehen lassen
- gefüllt mit gedünstetem Lauch (in zentimetergroße Stücke geschnitten, mit Muskatblüte abgeschmeckt und mit Sahne und geriebenem Käse vermischt) – überbacken
- gefüllt mit fein gehobeltem Gemüse (Kohl, Lauch, Sellerie, Kohlrabi etc., kurz in etwas Butter mit Kräutersalz und Pfeffer gedünstet, mit geriebenem Käse vermischt) – überbacken.

Sicher fallen Ihnen auch noch -zig Varianten ein. Und kombi-

Gefüllte Tomaten – immer wieder anders

nieren können Sie die gefüllten Tomaten je nach Füllung mit Kartoffelpüree oder einem Reisgericht oder einem warmen Fladen oder oder oder ...

»Der Mensch lebt nur zu einem Drittel von dem, was er ißt. Von den anderen zwei Dritteln leben die Ärzte.«

Mit Schafskäse gefüllte Weinblätter aus Griechenland

400 g Schafskäse
500 g Sahnequark
Kräutersalz und Pfeffer
1 Zwiebel
Knoblauch
1 Dose Weinblätter
1 rote Paprikaschote
1 Honigmelone
schwarze und grüne Oliven

Schafskäse und Quark durch ein Sieb streichen oder pürieren. Salzen und pfeffern. Feingehackte Zwiebel und durch die Presse gedrückten Knoblauch zugeben. Die abgespülten, abgetropften Weinblätter zu 3 oder 4 aufeinanderlegen. Käsemasse draufstreichen sowie Streifen der Paprikaschote. Die Blätter zusammenrollen und kaltstellen.
Die Rollen halbieren und mit Melonenscheiben und Oliven auf einer Platte servieren. Dazu: warme Weizenfladen.
Statt die gefüllten Weinblätter kaltzustellen, können Sie sie auch in der Pfanne erhitzen (die Käsecreme darf heiß werden, aber nicht kochen), und sie mit einer Zitronensauce übergossen auf den Tisch bringen.

Variante: Fertig gegarten Reis mit gewürfelten Zwiebeln und Auberginen dünsten. Mit Knoblauch und Kräutersalz abschmecken. Reis in die Weinblätter füllen, zusammenrollen und in eine gebutterte Form setzen. 500 g geschälte Tomaten vierteln, mit Kräutersalz, Knoblauch, Pfeffer, Thymian und Basilikum vermischen und über die Weinblätter gießen. Im Ofen bei 200 Grad etwa 30 Minuten backen.

Zwiebelauflauf

500 g Zwiebeln
2 EL Butter
150 g Weizenmehl
⅜ l Milch
150 g Gouda (oder anderer Käse)
Kräutersalz und Pfeffer
Muskat
4 Eier
1 TL Backpulver

Zwiebeln in Ringe schneiden und in der Butter golden dünsten. In einer Pfanne ohne Fett das Weizenmehl rösten, bis es duftet, abkühlen lassen, dann unter Rühren ¼ l Milch zugeben und die Zwiebelmasse. Alles 5 Minuten köcheln, den Käse grob reiben und in der Sauce schmelzen lassen, mit Kräutersalz, Pfeffer und Muskat abschmecken. Eier mit der restlichen Milch und Backpulver verquirlen und in die heiße Sauce rühren, nicht mehr kochen. Die Zwiebelmasse in eine gebutterte Auflaufform füllen. Im Ofen bei 200 Grad 30 Minuten backen.
Dieser Zwiebelauflauf läßt sich auch sehr gut in kleinen Portionsförmchen backen, die dann für jeden auf einem Teller serviert werden.

Pikante Toastrezepte

Ein paar Grundtips:
- auch das Toastbrot wird natürlich mit Vollkorn gebacken (siehe Seite 131)
- die Käsescheibe muß immer etwas kleiner sein als die Brotscheibe
- zum Überbacken eignet sich fetter Käse besser als magerer
- ist der Käse schon ein bißchen trocken, bepinsele ich die Käsescheibe mit etwas zerlassener Butter
- die Brotscheiben werden vorgegrillt, dann mit Butter bestrichen und darauf kommt der Belag
- wird ein Gemüsebelag verwendet, beispielsweise Auberginen, Zucchini, Sellerie etc., so werden diese Gemüse in Butter, Zitronensaft, Kräutersalz und Pfeffer vorher gegart (abtropfen lassen); Tomatenscheiben wie auch Champignonscheiben können roh draufgelegt werden
- pro Person rechne ich im allgemeinen 1 Brotscheibe
- wenn der Käse geschmolzen ist, Toast aus dem Ofen nehmen.

Apfeltoast: Apfelscheiben, darauf kurz gedünstete Champignons oder Pfifferlinge und gebratene Zwiebelringe, mit Kräutersalz, Pfeffer und gehackter Petersilie bestreuen.

Auberginentoast: in Butter mit Zitronensaft und Kräutersalz gebratene Auberginenscheiben, darauf feingeschnittene, mit Kräutersalz und Pfeffer bestreute und mit gehackter Petersilie vermischte Champignons und Tomatenscheiben – dick mit geriebenem Käse bestreuen.

Avocadotoast: Scheiben von geschälten Avocados, mit Zitronensaft beträufelt, darauf Eckhard Radzoms pikanter Brotaufstrich (Seite 143), gehackte Walnußkerne, Selleriesalz, Scheiben von Camembert.

Eier-Spargelspitzen-Toast: Scheiben von hartgekochten Eiern, mit Kräutersalz und Pfeffer gewürzt, darauf Spargelspitzen, leicht mit Zitronensaft beträufelt, obendrauf eine Scheibe weichen Käse.

Gemüsetoast: mit Kräuterbutter vermischte kleingeschnittene, gedünstete grüne Bohnen (oder Brokkoli oder Spinat oder Mangold), darauf Tomatenscheiben und in Scheiben geschnittene Oliven, salzen und pfeffern, mit etwas Knoblauchsaft beträufeln, mit zerzupften frischen Basilikumblättern garnieren, obendrauf geriebenen Käse.

Roquefortoast: Toastbrot mit Orangenmarmelade bestreichen, 1 Scheibe Roquefort draufgeben, mit einer dicken Creme aus Eiern, Sahne und geriebenem Käse überziehen.

Rühreitoast: Rührei, darauf viel gehackten Schnittlauch, obendrauf Camembertscheiben.

Sellerietoast: 1 Scheibe gekochten Sellerie, darauf feingehackte Zwiebel und 1 Scheibe frische Ananas, darüber Käsestreifen.

Sellerie-Walnuß-Toast: Senf, geriebener gekochter Sellerie, gehackte Walnußkerne, Kräutersalz und Pfeffer, viel Schnittlauch, Scheiben von Camembert.

Senf-Apfel-Zwiebel-Toast: scharfer Senf, Apfelscheiben, Zwiebelringe, eine Scheibe Roquefort oder Gorgonzola.

Spinattoast: Toastbrot mit Sojasauce bestreichen, gehackten, pikant abgeschmeckten Blattspinat (fertig gegart) und Streifen von Bergkäse draufgeben.

Welsh rarebits: geriebenen Emmentaler mit etwas Butter, Eigelb und einem Schuß Bier vermischen, mit gehackten Kapern, Senf und Paprika würzen.

Ist kein Weizenbrot im Haus und es kommt überraschend Besuch, backe ich frische Waffeln (siehe Seite 182) und verwende sie wie Toastbrot (Waffeln buttern, belegen, im Ofen überbacken).

Da wird jeder Suppenkaspar schwach

Pikante und süße Suppen

Ich liebe Suppen und habe nie den Suppenkaspar begreifen können, der immer seine Suppe stehen ließ und schließlich daran starb. Seine Mutter muß sehr schlecht gekocht haben! Grundlage für eine gute Suppe ist eine gute Brühe – für Vollwertköstler selbstverständlich eine Gemüsebrühe.
Für die Zubereitung von Gemüsebrühe schlage ich folgende 3 Methoden vor:

1. Wenn es schnell gehen muß: auf ½ l Wasser 1 EL gekörnte Würze oder 1 Gemüsebrühwürfel (Reformhaus oder Naturkostladen)
2. Brechts Küchenmeister-Grundbrühe
3. eingesalzenes Suppengrün.

Suppengrün kann man auf Vorrat bereiten: Sellerie, Möhren, Lauch, Petersilienwurzel und frische oder getrocknete Kräuter fein hacken – nicht pürieren – in Olivenöl kurz schmoren, mit Vollmeersalz oder Kräutersalz mischen und im Schraubglas im Kühlschrank aufbewahren.
Dieses eingesalzene Suppengrün hält sich wochenlang – je nach Salz- und Ölmenge. Eine Faustregel: ⅔ Gemüse, ⅓ Salz. Je nachdem, ob ich eine klare Suppe haben oder anderes Gemüse damit garen will, rechne ich knapp oder reichlich 1 EL des eingesalzenen Suppengrüns auf 1 l Wasser.
Aus diesem eingesalzenen Suppengrün können Sie auch einen fixen Brotaufstrich zaubern: mit Pflanzenöl, Tomatenmark, etwas frisch gemahlenem Weizenmehl und Oregano, eventuell Knoblauch vermischen, oder auch etwas Senf, Meerrettich oder Sojasauce zugeben (eventuell noch pürieren).

Brechts Küchenmeister-Grundbrühe

1 l Wasser
2 Zwiebeln
Gemüse jeder Art nach Jahreszeit (auch Blätter und Strünke)
1 oder mehrere Zehen Knoblauch
1 Lorbeerblatt
1 Nelke
ein paar Pfefferkörner
ein paaar Pimentkörner
Außerdem:
Kräutersalz
geriebene Muskatnuß

Alle Zutaten aufkochen. Auf kleiner Flamme 20 Minuten ziehen lassen, abseihen. Brühe mit Kräutersalz und Muskat abschmecken.
Dies ist für mich die ideale Brühe.

Aprikosensuppe

500 g Aprikosen
½ l Wasser
2 EL Semmelbrösel (oder Reste von Mürbeteig oder Plätzchen)
2 Gläser Weißwein
1 EL Honig
4 extra schöne Aprikosen
1 EL Weißwein
3 Eigelb

Die Aprikosen überbrühen, abziehen und entkernen. In Wasser mit den Semmelbröseln weichkochen. Wein zugeben, nochmal aufkochen und abkühlen lassen. Honig drunterrühren und erhitzen, bis die Masse dick wird. Die 4 Aprikosen halbieren, entkernen und mit dem Eßlöffel Wein in einer feuerfesten Form im Ofen weichbacken. Aprikosen auf den Boden der Suppenterrine legen, die Suppe drübergießen.
In Italien wird diese Suppe heiß oder kalt mit Makronen serviert.

Einfache Beinwellsuppe

500 g fein gehackter Beinwell
1 l Gemüsebrühe (Seite 60)
Muskat
Rosmarin
1 Handvoll frischer Kerbel

Feingehackten Beinwell in der Gemüsebrühe kurz aufkochen, mit den Gewürzen abschmecken. Am Schluß das gehackte Kerbelkraut unterrühren.

Beinwell-Gemüse-Suppe

1 Zwiebel (in Scheiben geschnitten)
60 g Butter
2 Tassen Gemüsebrühe
2 rohe Kartoffeln (gewürfelt)
3–4 mittelgroße Beinwellblätter (grob zerrupft)
1 Tasse Spinatblätter (grob geschnitten)
1 Tasse Kerbel (fein geschnitten)
1–2 EL saure Sahne

Zwiebel in der Butter anbraten, Gemüsebrühe aufgießen. Kartoffeln zugeben und 10 Minuten zugedeckt kochen. Beinwell, Spinat und Kerbel zugeben, nochmal 5 Minuten kochen. Eine Tasse Brühe abseihen, restliche Brühe mit dem Gemüse im Mixer pürieren. Abgeseihte Brühe wieder zugeben und erhitzen, die Sahne unterrühren; eventuell noch mit Kräutersalz und Pfeffer abschmecken.
Sie können auch einen Teil der Beinwell-, Spinat- und Kerbelblätter zurückbehalten und vor dem Wiedererhitzen der Suppe roh beigeben.

Beinwell-Kartoffel-Suppe

6–8 mittelgroße frische Beinwellblätter
2 gebürstete ungeschälte Kartoffeln (gewürfelt)
2 Stangen Sellerie (kleingeschnitten, oder ein Stück Sellerie gewürfelt)
1 Zwiebel
1 Lorbeerblatt
6 Tassen Gemüsebrühe
dazu:
⅛ l Sahne

Zutaten in der Brühe weichkochen (etwa 35 Minuten, im Dampfdrucktopf 10 Minuten). Lorbeerblatt entfernen. Suppe durch ein Sieb streichen, nochmal erhitzen und die Sahne unterziehen.

Brennesselsuppe

1 kg frische Brennesselspitzen und junge Blätter
1 l Gemüsebrühe (Seite 60)
1 Stück Butter
evtl. Kräutersalz

Die Brennesseltriebe in der Brühe auskochen, abseihen oder kleinhacken und mitessen. Ein Stück Butter dazugeben, evtl. mit Kräutersalz würzen.
Eine phantastische Entschlackungssuppe!

Brennessel-Sauerampfer-Suppe

1 Zwiebel
Suppengrün
2 EL Sonnenblumenöl
500 g junge Brennesselblätter
500 g Sauerampfer
1 Lorbeerblatt
1 l Gemüsebrühe (Seite 60)
evtl. Kräutersalz und Pfeffer
frisch geriebene Muskatnuß
evtl. Knoblauch
⅛ l saure Sahne

Die gehackte Zwiebel und das kleingeschnittene Suppengrün in dem Öl dünsten. Die gewaschenen Brennessel- und Sauerampferblätter zufügen und das Lorbeerblatt. Kurz dünsten, bis die Blätter zusammenfallen. Mit Gemüsebrühe auffüllen, mit Kräutersalz, Pfeffer, Muskat und Knoblauch abschmecken. Die saure Sahne unterziehen.

Variationen: 1 TL Senf dazugeben und eine in kleine Stücke geschnittene frische Gurke und viel gehackten Dill.
Oder frisch geriebenen Meerrettich, Petersilie und/oder Majoran, Zitronenmelisse, Rosmarin dazugeben.
Oder 1 Eigelb unterrühren und einen Stich Butter.
Oder die Blätter ganz einfach mit kochendem Wasser überbrühen, abseihen, die Blätter feinhacken und das Wasser wieder zugießen.

Suppe von dicken Bohnen

500 g dicke Bohnen
2 l Wasser
1 EL gekörnte Würze
1 Zwiebel
Bohnenkraut
Kräutersalz und Pfeffer
Knoblauch
⅛ l süße oder saure Sahne
1 EL Butter oder Sonnenblumenöl
gehackte Petersilie

Bohnen über Nacht in Wasser einweichen. Gekörnte Würze zugeben, gehackte Zwiebel und Bohnenkraut. In einer Stunde gar kochen. Mit Kräutersalz, Pfeffer und durch die Presse gedrücktem Knoblauch abschmecken, die Sahne und Butter oder Öl dazugeben, vorsichtig erhitzen und mit Petersilie bestreuen.

Variation: Anstelle der dicken Bohnen 1 kg grüne Bohnen und eine Handvoll weiße Bohnen nehmen. Dafür die weißen Bohnen über Nacht einweichen und eine ¾ Stunde vorkochen. Dann die geschnittenen grünen Bohnen dazugeben.

Borschtsch

500 g rote Rüben	6 Pfefferkörner
250 g Suppengrün	2 Nelken
3 EL Sonnenblumenöl	Kümmel
1 l Gemüsebrühe	200 g Tomaten
1 MSP Honig	Kräutersalz
2 Zwiebeln	Knoblauch
250 g Weißkohl	2 EL Obstessig
250 g Kartoffeln	Pfeffer
1 Lorbeerblatt	¼ l saure Sahne

Die geputzten, gewaschenen, gut gebürsteten, ungeschälten roten Rüben und Suppengrün in Streifen oder Würfel schneiden. In einem Topf in Sonnenblumenöl anschmoren, die Brühe hinzufügen, ca. 20 Minuten köcheln lassen. Gehackte Zwiebeln, feingeschnittenen Kohl, geschälte, gewürfelte Kartoffeln und Gewürze zugeben. Weitere 30 Minuten kochen. Die letzten 10 Minuten die abgezogenen, gewürfelten Tomaten zugeben. Mit Kräutersalz, Knoblauch, Obstessig und Pfeffer abschmecken. Vor dem Anrichten saure Sahne unterrühren.

Variation: Borschtsch mit Petersilie und Dill bestreuen. Borschtsch kann man zu jeder Jahreszeit essen. Im Winter heiß, im Sommer mit einem Würfel Eis gekühlt.

Borschtsch

Brotsuppe pikant

4 Scheiben altbackenes Weizenbrot	1 l Gemüsebrühe (Seite 60)
Butter	4 verlorene (pochierte) Eier
	Schnittlauch

Brotscheiben buttern. In der Pfanne oder im Ofen rösten. In vorgewärmte Teller je eine Scheibe Brot legen, darauf die heiße Gemüsebrühe gießen, ein verlorenes Ei hineinsetzen und dick mit Schnittlauch bestreuen.
Knoblauchliebhaber bestreichen das Brot vor dem Buttern mit durch die Presse gedrückten Knoblauch.

Brotsuppe süß

4 dünne Scheiben altbackenes Weizenbrot	1 EL Honig
1 l Wasser	Zimt
250 g Äpfel (in Scheiben) oder Apfelmus	1 Stich Butter

Brot in dem Wasser mit Äpfeln aufkochen. Alles pürieren (Pürierstab). Mit Honig, Zimt und Butter abschmecken.

Indische Currysuppe mit Mandeln

3 EL Weizenmehl oder -schrot	Kräutersalz
1½ l Milch	Knoblauch
1 EL gekörnte Würze	Pfeffer
1 Zwiebel	Curry
1 grüne Pfefferschote	200 g süße Mandeln
2 EL Sonnenblumenöl	⅛ l Sahne
	½ TL Honig

In der heißen Pfanne ohne Fett das Mehl oder Schrot kurz rösten, abkühlen lassen. Die Milch unter Rühren dazugießen, verrühren, gekörnte Würze dazugeben, einige Minuten köcheln lassen. Die kleingeschnittene Zwiebel und die kleingeschnittene Pfefferschote in dem Öl golden dünsten, an die Suppe geben. Mit Kräutersalz, Pfeffer, Knoblauch und reichlich Curry abschmecken. Die gehackten süßen Mandeln in der Pfanne ohne Fett rösten. Die Sahne mit dem Honig steifschlagen und unter die Suppe ziehen. Die Mandelsplitter darüberstreuen.

Halbturner Erntesuppe

½ l Weißwein
Honig nach Geschmack
1 Zitronenscheibe
Zimtrinde
Nelken
3 TL Weizenmehl
3 Eigelb

Wein (einige Löffel davon zurückbehalten) mit Honig und Gewürzen aufkochen. Zurückbehaltenen Wein mit Mehl und Eigelb verrühren, unter ständigem Rühren in den kochenden Wein gießen. Nicht mehr aufkochen lassen!
Die Halbturner Erntesuppe schmeckt warm und kalt.

Oft werde ich gefragt, wie lange es dauert, bis sich nach Umstellung auf Vollwertkost das gesundheitliche Gesamtbefinden verbessert.
Da gibt es natürlich keine Regel. Es kommt darauf an, wie lange jemand seinen Körper durch falsche Ernährung und Lebensweise malträtiert hat. Die Folgen 20jähriger Fehlernährung lassen sich nicht von heute auf morgen aus der Welt schaffen.
Nach meiner Erfahrung gibt es Sofortreaktionen, mittel- und langfristige. Die Sofortreaktionen sind: gute Verdauung, bessere Laune und Nerven, größere Vitalität (oft schon nach Tagen). Die mittelfristigen Reaktionen: Verschwinden von Herz- und Kreislaufbeschwerden, festeres Zahnfleisch, schönere Haut, Nägel und Haare, besserer Schlaf, mehr Lebensfreude, Aufhören von Depressionen (½ bis 1 Jahr).
Zu den langfristigen Reaktionen gehören nach meiner Erfahrung: der Abbau von Schlacken im Körper (Cellulitis), die Besserung rheumatischer Versteifungen, auch Rückenbeschwerden, verminderte Neigung zu Erkältungen.
Bei mir hat das etwa 10 Jahre gedauert. Die Neigung zu Erkältungen allerdings ließ erst nach bei drastischer Kürzung des Anteils tierischen Eiweiß in der Nahrung, also auch Einschränkung von Eiern, Quark und anderen Milchprodukten, nach dem Weglassen von Fleisch und Fisch. Einige Deformationen in Gelenken und im Rücken waren nicht mehr rükgängig zu machen.
Selbstverständlich muß die Ernährungsumstellung unbedingt einhergehen mit regelmäßiger Gymnastik, Atemübungen (Yoga), Sauna und Massagen. Mit richtiger Atmung können Sie viele Krankheiten wegatmen.
Wenn man so etwas Wichtiges doch in der Schule lernen würde!

Gazpacho

6 Tomaten
1 Paprikaschote
½ Salatgurke
1 Zwiebel
Kräutersalz und Pfeffer
Knoblauch
Tabascosauce
6 EL Sonnenblumenöl
3 EL Obstessig
½ l Joghurt oder saure Milch
Schnittlauch
Petersilie

Tomaten, Paprika, Gurke und Zwiebeln in Scheiben schneiden. Mit Kräutersalz, Pfeffer, Knoblauch und Tabasco abschmecken. Öl und Obstessig dazugeben. 1 Stunde kalt stellen. Vor dem Servieren Joghurt oder saure Milch zugeben. Mit feingehacktem Schnittlauch und Petersilie bestreuen. Mit Knoblauch-Croûtons servieren.

Schnelle Gemüsesuppe mit Grünkernklößchen und Eierstich

1 l Gemüsebrühe (aus gekörnter Würze oder Gemüsebrühwürfel)
½ Portion gekochter Grünkern (Seite 118)
3 Eier
3 EL geriebener Käse
⅛ l Sahne
Kräutersalz und Pfeffer
gehackte Petersilie oder Schnittlauch oder Dill

Gemüsebrühe erhitzen. Aus der Grünkernmasse mit nassen Händen kleine Klöße formen (walnußgroß). Eier, Käse und Sahne verrühren, salzen und pfeffern. Die Eiermasse in einem möglichst viereckigen Schüsselchen im Wasserbad stocken lassen, anschließend würfeln. Grünkernklößchen und Eierwürfel in der Brühe ziehen lassen, bis sie heiß sind. Mit Petersilie, Schnittlauch oder Dill bestreuen.

Variante: Würfelchen von Camembert (oder anderem Käse) in der Eiermasse stocken lassen.

Grüne Suppe mit Spargelspitzen

250 g Spargel
1 l Gemüsebrühe
300 g junge Erbsen
300 g Spinatblätter
evtl. Kräutersalz
Pfeffer
1 MSP Honig
1 Stich Butter
1 Zweig frische Minze

Spargel schälen, die Spitzen abschneiden und zurückbehalten, restlichen Spargel in der Brühe garen (30 Minuten), die letzten 5 Minuten Erbsen und Spinat mitkochen. Suppe im Mixer pürieren, mit Kräutersalz, Pfeffer und Honig abschmecken. Butter zugeben, zum Schluß vorsichtig die Spargelspitzen unterziehen und die Minze. Suppe erhitzen, aber nicht mehr kochen.
Diese feine Suppe wird mit gerösteten Weizenbrot-Knoblauch-Würfeln serviert (Brotscheiben mit durch die Presse gedrücktem Knoblauch bestreichen, würfeln und in Butter rösten).

Käse-Kräuter-Suppe

2 Zwiebeln
2 EL Butter
3 EL Weizenmehl
1 l Gemüsebrühe
Kräutersalz und Pfeffer nach Geschmack
100 g geriebener Käse (Parmesan oder Bergkäse)
2 EL Kresse
2 EL gehackte Petersilie
2 EL gehackter Schnittlauch
6 EL gehacktes Kerbelkraut
1 TL gehackter Estragon
1 EL gehackter Dill

Gehackte Zwiebeln in der Butter dünsten. Mehl in einer anderen Pfanne ohne Fett unter Schütteln leicht rösten, bis es duftet, abkühlen und unter Rühren die Gemüsebrühe zugeben. Unter Rühren aufkochen, mit Kräutersalz und Pfeffer abschmecken. Geriebenen Käse unterrühren, zum Schluß die gehackten Kräuter zugeben.

Kartoffelsuppe mit Pilzen

etwa 700 g Kartoffeln
300 g Gemüse: ein Stück Sellerie, einige Lauchstengel, ein paar Möhren, Petersilienwurzel
1½ l Gemüsebrühe
1 Lorbeerblatt
Rosmarin
Salbei
Thymian
Liebstöckel
1 Zwiebel
2 EL Olivenöl
200 g Champignons oder andere Pilze (auch Trockenpilze, diese ½ Stunde in Milch einweichen, abtropfen lassen, Milch weggießen)
Kräutersalz und Pfeffer
Knoblauch
⅛ l Sahne
Majoran
gehackter Dill

Gut gebürstete Kartoffeln und gut geputztes Gemüse (auch der Sellerie kann mit der Schale gekocht werden, der bittere Geschmack ist hier sogar reizvoll) in grobe Stücke schneiden. In der Gemüsebrühe mit Lorbeerblatt und Kräutern garen (20 Minuten), Lorbeerblatt entfernen, alles mit Pürierstab pürieren. Gehackte Zwiebel in dem Öl andünsten, blättrig geschnittene Pilze dazugeben. Mit Kräutersalz, Pfeffer und Knoblauch abschmecken. Die Pilze zur Suppe geben, Sahne unterrühren und gerebelten Majoran, nochmal erhitzen. Mit Dill bestreut servieren.

Vater und Sohn Radzom waren als »Schüler« in unsere Vollwertkochkurse gekommen. Im Laufe des Tages waren aus den Schülern die Lehrer geworden – und umgekehrt. Verdutzte Vollwertköchinnen und -köche in spe erlebten, daß man eine Kartoffelsuppe oder eine Linsensuppe auch »roh« zubereiten kann, ebenso ein Brot und einen Kuchen ohne zu backen, und wie toll das alles schmecken kann.
Aber zuererst ein paar Worte über das Leben dieser beiden ungewöhnlichen Männer:
Sohn Günther erlitt im Alter von 11½ Jahren, als er mit dem Hinterkopf auf eine Steinkante fiel, eine Gehirnerschütterung. Eine Viertelstunde war er bewußtlos, dann folgten Krampfanfälle – die Diagnose lautete: »traumatische Epilepsie«. Medikamentöse Behandlung war unumgänglich, aber infolge der bromhaltigen Medikamente wurde Günther depressiv und auch seine Leistungen in der Schule ließen stark nach.
Durch Umstellung von Psychopharmaka auf Naturheilmittel stellte sich eine leichte Besserung ein. Die Anfälle wiederholten sich anfangs einmal monatlich, später alle 2 Monate, wobei es häufig zu leichten Verletzungen kam. Dreieinhalb Jahre blieb dieses Krankheitsbild unverändert – bis Vater Eckart, dessen Interesse für die Belange des vegetativen Nervensystems gewachsen war, sich mehr und mehr mit Naturheilgerichten beschäftigte und schließlich zu der Überzeugung kam, daß eine Unterversorgung an Vitalstoffen zumindest eine Mitschuld an der Krankheit trage.
Eckart stellte die Ernährung auf ausschließliche Frischkost um und gab seinem Sohn überdies noch 3mal täglich 1 Teelöffel Blütenpollen. Schon nach wenigen Wochen wurden Günthers Leistungen in der Schule besser, seine Lust am Lernen und am Leben nahm ständig zu, die Anfälle hörten ganz auf. Eineinhalb Jahre nach der Ernährungsumstellung

auf Frischkost absolvierte Günther den Schulabschluß mit der Durchschnittsnote 1,6! Die Anfälle sind nie wieder aufgetreten, Günther ist heute ein lebensstrotzender Junge von 18 Jahren.
Beide, Vater und Sohn, geben ihre Erfahrungen in geradezu aufopfernder Weise an andere kranke Menschen weiter, und auch bei ihnen wurden große Erfolge erzielt. Eckart ist dabei, seine Erfahrungen und Rezepte zu Papier zu bringen. Denn er hat erkannt, was schon Hippokrates wußte:
»Eure Nahrungsmittel sollten Eure Heilmittel sein, und Eure Heilmittel Eure Nahrungsmittel.«
Wer mehr über dieses Thema erfahren möchte, wende sich an:

Eckart Rehling-Radzom
Rehabilitationszentrum
Gemeinschaft für geistige Bewegung
und praktische Lebenshilfe e.V.
Hof Heilenbergen
D-7163 Wiesbaden/Oberrot

Rohe Kartoffel-Möhren-Suppe nach Eckart Radzom

1 l Wasser (auf unter 40° erwärmen)
1 geriebene Kartoffel
2 geriebene Möhren
50–70 g fein gemahlener Leinsamen (2mal mahlen)
geriebener Meerrettich
1 EL Sonnenblumenöl
1 kleine Zwiebel
Knoblauch
½ Gemüsebrühwürfel
Majoran
Thymian
Bohnenkraut
Liebstöckel
etwas Kräutersalz

Alle Zutaten in dem erwärmten Wasser ca. 10 Minuten quellen lassen. Noch einmal abschmecken.

Lauchsuppe

500 g Lauch
2 EL Olivenöl
1 l Gemüsebrühe
2 Eigelb
⅛ l Sahne
evtl. Kräutersalz
Pfeffer
gehackte Petersilie
100 g geriebener Parmesan oder Bergkäse

Den in fingergliedlange Stücke geschnittene Lauch in dem Öl andünsten. Die Brühe zugießen, garen (etwa 15 Minuten). Die mit Sahne verquirlten Eigelb unterziehen. Suppe abschmecken. Petersilie unterrühren und mit geriebenem Käse bestreut servieren.

Die russische Kohlsuppe »Schtschi« ist so gut, daß sie auch in diesem Buch einfach nicht fehlen darf. Ich habe sie inzwischen etwas abgewandelt.

Russische Kohlsuppe »Schtschi«

600 g frischer Weißkohl
1 Zwiebel
1 Lorbeerblatt
Pfeffer
1 TL Kümmel
1½ l Gemüsebrühe
6–8 kleine Kartoffeln
1 Handvoll Pilze (auch getrocknet)
2 EL Butter
evtl. Kräutersalz
300 g Sauerkraut
Knoblauch

Den feingeschnittenen Weißkohl mit der gehackten Zwiebel und den Gewürzen in der Gemüsebrühe mit den Kartoffeln etwa 20 Minuten kochen. Die blättrig geschnittenen Pilze in der Butter mit Kräutersalz und Pfeffer kurz dünsten (getrocknete Pilze ½ Stunde in Milch einweichen, Milch weggießen). Das kleingeschnittene Sauerkraut zu den Pilzen geben, kurz mitdünsten. Pilze-Sauerkraut an den Kohl geben, mit Knoblauch abschmecken.
Dazu serviere ich die Sahne-Joghurt-Knoblauch-Sauce (Seite 36), von der sich jeder einen ordentlichen Klacks in die Suppe tut.
Einfachere Variante (falls ich keine Pilze und kein Sauerkraut habe): Wenn Kohl und Kartoffeln gar sind, eine Handvoll Kapern zugeben, erhitzen und ziehen, aber nicht mehr kochen lassen.

Rohe Linsensuppe nach Eckart Radzom

1 l Wasser (auf 40° erwärmt)
4 EL gekeimte Linsen
1 Gemüsebrühwürfel
4 gehäufte EL geriebener Sellerie
4 gehäufte EL Leinsamenschrot
Thymian
Majoran
Bohnenkraut
1 EL geriebener Meerrettich
2 EL Sonnenblumenöl

Die Zutaten in dem erwärmten Wasser verrühren und etwa 10 Minuten quellen lassen. Suppe noch einmal abschmecken.

Das steht bei mir immer auf dem Tisch:

Leinsamenschrot pikant (für Butterbrote, Salate, Suppen):
3 TL Leinsamenschrot (frisch geschrotet)
Selleriesalz
Kräutersalz
gemahlener Kümmel
gemahlener Majoran
zerrebelte getrocknete Brennesseln
eventuell frisch gehackte Küchenkräuter nach Geschmack

Leinsamenschrot süß (besonders beliebt bei Kindern) über Müslis, Obstsalate und süße Suppen zu streuen:
3 TL Leinsamenschrot (frisch geschrotet)
1 TL Birnenmehl
Naturvanille
abgeriebene Zitronenschale
1 TL Carob
1 EL gemahlene Nüsse oder Mandeln oder Kokosraspel

Saure Rahmsupp'n mit gerösteten Brotwürfeln

½ l saure Sahne
150 g Weizenmehl
1 l Wasser
1 TL Vollmeersalz oder Kräutersalz
gemahlener Kümmel nach Geschmack
gewürfeltes Roggenbrot
Butter

Saure Sahne mit dem Mehl und etwas vom Wasser verrühren, in das kochende Salzwasser gießen und unter Rühren aufkochen, Kümmel zugeben. Brotwürfel in der Butter rösten, die Suppe über die Brotwürfel gießen.
Bei uns auf dem Land essen die Bauern zur Rahmsupp'n heiße gekochte Pellkartoffeln. Ob das ernährungsphysiologisch ganz richtig ist, wage ich zu bezweifeln!

Sommersuppe mit jungen Erbsen

2 Kartoffeln
1 Zwiebel
2 Salatköpfe
1 l Gemüsebrühe
¼ l Sahne
500 g junge Erbsen
Saft ½ Zitrone
Kräutersalz
Pfeffer

Kartoffeln mit der Schale in Scheiben schneiden. Zwiebel in Scheiben schneiden. Salat vierteln. Kartoffeln, Zwiebel und Salat in der Gemüsebrühe etwa 15 Minuten garen und pürieren (Pürierstab). In den Topf zurückgeben, Sahne einrühren, Erbsen zugeben, die Suppe mit Zitronensaft, Kräutersalz und Pfeffer abschmecken. Kalt servieren.

Tomatensuppe mit Sahnehäubchen

2 Zwiebeln
2 Knoblauchzehen
2 EL Butter
200 g Tomatenmark
1 kg frische Tomaten (im Winter eingeweckte oder aus der Dose)
1 l Gemüsebrühe
2 Lorbeerblätter
evtl. Kräutersalz
Pfeffer
¼ l Sahne
Paprikapulver

Die gewürfelten Zwiebeln und die zerdrückten Knoblauchzehen in der Butter andünsten. Tomatenmark zugeben und die im Mixer zerkleinerten Tomaten. Gemüsebrühe aufgießen, Lorbeerblätter zufügen. Die Suppe erhitzen, mit Kräutersalz und Pfeffer abschmecken. Sahne steifschlagen. Mit einem Löffel Sahnehäubchen auf die Suppe setzen, Paprika drüberstäuben.

Vichyssoise

3 Lauchstangen (nur das Weiße)
2 EL Butter
4 Kartoffeln
1 l Gemüsebrühe
Kräutersalz
Pfeffer
¼ l Sahne
Schnittlauch
Butter
geröstete Weizenbrotwürfel

Lauch feinschneiden. In Butter ca. 5 Minuten dünsten. Kartoffeln schälen, würfeln, dazugeben. Mit Brühe auffüllen. Kochen, bis die Kartoffeln weich sind. Suppe im Mixer pürieren. Salzen, pfeffern, die süße Sahne unterziehen. Mit Schnittlauch und den in Butter gerösteten Weizenbrotwürfeln bestreuen. Kalt servieren.

Variation: Zum Schluß ca. 100 g gewaschenen, feingeschnittenen Sauerampfer an die Suppe geben, roh oder kurz in Butter gedünstet. Sauerampfer enthält viel Eisen und Vitamin C, aber auch Oxalsäure. Vorsicht bei Nierenschwäche!

Weißweinkaltschale mit Kapuzinerkresse

½ l Weißwein
Saft einer Zitrone
2 EL Weizenmehl
2 EL Honig
1 Eigelb
1 Prise fein gestoßener grüner Pfeffer
Blätter und bunte Blüten der Kapuzinerkresse

Wein (einige Eßlöffel zurückbehalten) mit Zitronensaft erhitzen. Weizenmehl mit dem restlichen Wein verrühren und in dem Wein aufkochen. Honig zugeben und das verquirlte Eigelb, nicht mehr kochen. Mit dem grünen Pfeffer pikant-süß abschmecken. Die Kaltschale mit den Kapuzinerkresseblättchen und -blüten, die mitgegessen werden, servieren.

Wirsingkohlsuppe

3 EL Olivenöl
3 Knoblauchzehen
500 g Wirsingkohl
1 l Gemüsebrühe
½ EL grüne Pfefferkörner
4 Weizentoastbrotscheiben
Olivenöl
Knoblauch
Kräutersalz
100 g geriebener Käse (Emmentaler, Parmesan oder Bergkäse)

In dem Olivenöl die zerdrückten Knoblauchzehen anbraten, den feingeschnittenen Wirsing zugeben und unter ständigem Wenden dünsten. Gemüsebrühe zugeben und den zerdrückten grünen Pfeffer. Etwa 20 Minuten köcheln lassen. Weizenbrotscheiben mit Öl bepinseln, mit durch die Presse gedrücktem Knoblauch bestreichen und mit Kräutersalz bestreuen. Die Brotscheiben würfeln und in der Pfanne oder im Ofen rösten. Vor dem Anrichten die Brotwürfel in die Suppe geben.

Zwiebelsuppe mit »Haluschka«

3 Zwiebeln
2 EL Olivenöl
2 EL Weizenmehl
1 EL Paprikapulver
2 l Gemüsebrühe
Kräutersalz
⅛ l saure Sahne

Für die Haluschka:
2 EL Butter
2 Eier
Kräutersalz
250 g Weizenmehl

Zwiebeln in Ringe schneiden und in dem Öl anbraten. Das Weizenmehl in einer Pfanne ohne Fett kurz rösten, bis es duftet, abkühlen lassen. Geröstetes Weizenmehl mit Paprika in die Gemüsebrühe rühren, aufkochen und die Zwiebeln zugeben. Nochmal aufkochen und die Suppe mit Kräutersalz abschmecken.
Die Zutaten für die »Haluschka« miteinander verkneten. Mit Hilfe von 2 Kaffeelöffeln kleine Nockerl aus dem Teig formen. »Haluschka« in die kochende Suppe geben, leise köcheln, bis die Nockerl gar sind. Zum Schluß die saure Sahne unterrühren.

Beispiel für ein

Ruck-zuck-Menü

(dauert vom Betreten des Hauses bis zum Essen ½ Stunde)

- Rotkohlsalat mit Zwiebelringen und Kürbiskernen
- Kohlsuppe mit Sahne-Joghurt-Knoblauch-Sauce
- Bratäpfel, gefüllt mit Mandeln und Holundergelee

Ofen anheizen, Mantel ausziehen, Hände waschen, Weißkohl schnippeln, Kartoffeln schälen, beides im Dampftopf in Gemüsebrühe 7 Minuten garen. Währenddessen die Sauce zubereiten und den Rotkohl schnippeln und anmachen. Äpfel aushöhlen, mit Mandeln und Holundergelee füllen, in gebutterte Auflaufform setzen und mit Cointreau übergießen. Suppe vom Feuer nehmen, mit Knoblauch und evtl. Kräutersalz abschmecken und Kapern zufügen, etwas ziehen lassen.
Währenddessen den Tisch decken, Weinflasche öffnen und Kerzen anzünden. Bratäpfel in den Ofen schieben und zu Tisch gehen. Wenn Ihr Partner mithilft, geht's noch schneller.

Quer durch's Bio-Gemüsebeet

Gemüse von A(ubergine) bis Z(wiebel)

»Der Bluff mit der Bio-Kost!« »Bio-Anbau nicht besser als normaler!« liest der ernährungsbewußte Verbraucher verstört von Zeit zu Zeit in den Gazetten.
Lassen Sie sich von solchen und ähnlichen Meldungen nicht vom Kauf und Verzehr Ihres Bio-Gemüses abbringen! Wenn man weiß, wie diese Meldungen zustande kommen, kehrt man getrost an seinen Bio-Stand zurück.
Da hat doch der VDLUFA (Verband Deutscher Landwirtschaftlicher Untersuchungs- und Forschungsanstalten) herausgefunden, daß »bei den Schadstoffrückständen zwischen biologisch-organischem Anbau und herkömmlichem Landbau kein Unterschied festzustellen ist«. Interessanterweise wurde diese Studie von der Pflanzenschutzmittelindustrie finanziert! Und daß dieser Industriezweig an manipulierten Untersuchungen interessiert ist, liegt doch wohl auf der Hand. Von einer ähnlichen Studie, der »Biokost-Studie« (Untersuchung von Brot, Kartoffeln, Kopfsalat, Möhren und Äpfeln auf Rückstände von Pflanzenbehandlungsmitteln, Cadmium und Nitraten) hat sich sogar das Bonner Landwirtschaftsministerium »vorsichtig distanziert«, da die Wissenschaftler ihre Proben nicht vom Erzeuger selbst, sondern auf dem zum Teil »grauen Markt« bezogen hätten. Wen wundert's – diese Studie wurde zur Hälfte von der Industrie finanziert, und zwar vom »Hauptarbeitskreis Düngung«. Und der muß den alternativen Landbau natürlich ablehnen!
Zu ganz anderen Ergebnissen kommen denn auch die unabhängigen Institute. Eine Untersuchung des Kantonalen Labors Basel-Stadt aus den Jahren 1978/80/81 zeigte denn auch: in 37,7 Prozent der konventionellen Ware (Obst und Gemüse) fanden sich Chemierückstände. 3,7 Prozent davon lagen sogar über der zugelassenen Höchstmenge. Dagegen waren nur in 3,2 Prozent der biologischen Proben Chemiespuren nachzuweisen. Höchtmengenüberschreitungen gab es nicht.

Der Gießener Biochemiker Pahlich:
Auch kleinste Pestizidspuren in der Nahrung »verändern das Stoffwechselgeschehen der lebenden Zelle.«
(aus: *natur,* September 1983)

Ein besonders krasses Beispiel für die Gefährlichkeit von Chemikalien in der Landwirtschaft: Im Irak sind durch den versehentlichen »Genuß« (!) von mit Quecksilber gebeiztem Saatgetreide im Jahr 1971 etwa 450 Menschen gestorben und 6530 lebensgefährlich erkrankt. Der biologische Anbau kann auf Saatbeize verzichten.
Auch ein unabhängiges Institut wie die Bundesanstalt für Lebensmitteluntersuchungen in Salzburg kommt zu ganz anderen Ergebnissen als die von der Industrie mitfinanzierten Untersuchungen. Sie testete 1477 Proben verschiedener Gemüsearten auf Nitratmengen im Zeitraum Januar 1980 – Januar 1982 in wöchentlichen Abschnitten.
Der durchschnittliche Nitratgehalt in g/kg (Gramm pro Kilo) war:

bei Kopfsalat:	Glashaus	3,68
	Feldgemüse	1,56
	biologisch	1,19
bei Radieschen:	Glashaus	2,86
	Feldgemüse	1,53
	biologisch	1,31
bei Petersilie (Kraut):	Glashaus	3,40
	Feldgemüse	0,84
	biologisch	0,11

Ich erinnere mich, daß diese Meldung, im Rundfunk durchgegeben, große Bestürzung bei den Verbrauchern auslöste und der Kauf von Glashaussalat drastisch zurückging.

Im Winter kaufe ich deshalb weder Salat noch Tomaten, es gibt ja genügend Wintergemüse.
Gegen Schadstoffe aus der Luft und aus dem Wasser sind wir nicht gefeit. Aber der gesunde Menschenverstand sagt es: der Schadstoffgehalt insgesamt muß ja zunehmen, wenn ich obendrein noch Pestizide, Herbizide und Fungizide auf Obst und Gemüse streue oder spritze. Selbstverständlich muß ich mich vergewissern, daß mein Bio-Gemüse auch tatsächlich aus biologischem Anbau stammt. Das kann ich am besten, wenn ich den Bauern kenne, der es anpflanzt. In immer mehr Städten schließen sich deshalb Familien zu Einkaufsgemeinschaften zusammen (mehr darüber im Kapitel »Selbstversorgers Vorratskammer«).
Die Befürworter von Chemie-Düngung in der Landwirtschaft behaupten gern, der Chemie-Industrie gehe es vor allem darum, den Hunger in der Dritten Welt zu lindern, und sie spritze und dünge ja nur so sehr, weil sie sich um die sozial Schwachen sorgt, die für ungespritzte Lebensmittel, gesunde Lebensmittel ohne Chemie, mehr zahlen müßten – in der Bundesrepublik »würde dieses Mehr sich auf 3000 Mark pro Jahr pro Person belaufen«.
Was diese sozial Schwachen an Geldern für Medikamente einsparen könnten, wenn sie nur noch gesunde Lebensmittel essen würden, davon ist in diesem Zusammenhang natürlich nie die Rede. Abgesehen davon möchte ich auch endgültig mit dem Vorurteil aufräumen, daß gesunde Ernährung teurer sein muß, als die konventionelle. Sie ist nur teurer, wenn Sie etwas falsch machen, wie teures Obst und Gemüse außerhalb der Saison kaufen, wenn Sie zu wenig Getreide verwenden, dieses Getreide auch noch ungünstig einkaufen oder gar aus Getreide hergestellte Fertigprodukte, die ja auch schon wieder nichts mehr mit lebendiger Vollwertkost zu tun haben.
Seit ich meine Ernährungsweise auf Vollwertkost umgestellt habe, bestreite ich meinen Küchenetat jedenfalls mit etwa der Hälfte meines Wirtschaftsgeldes. Als Beweis möge Ihnen folgendes Beispiel dienen:
Bei einem Kongreß »Landbau und Ernährung« war ich eingeladen, über Vollwertkost zu sprechen. Auch da wieder gleich zu Anfang der Einwand: »Aber das ist ja alles so teuer«! Wir machten uns den Spaß – es war ein Spaß! – in unserem Arbeitsforum 2 Menüs auszuarbeiten, ein konventionelles Sonntagsmenü für Vater, Mutter und 2 Kinder, und ein Vollwertmenü für Vater, Mutter und 2 Kinder. Das Vollwertmenü, zu dem wir wirklich hervorragende Zutaten aus dem Naturkostladen nahmen, war um fast die Hälfte billiger!

Hier sind sie:

Sonntagsmenü nach herkömmlicher Art

(für 4 Personen)

Leberknödelsuppe	DM 5,00
Sauerbraten	DM 17,00
Rotkraut	DM 1,80
Semmelknödel	DM 3,00
grüner Salat	DM 1,00
Schokoladenpudding mit Vanillesauce	DM 2,20
	DM 30,00

Sonntagsmenü aus Vollwertkost

(für 4 Personen)

Frischkost-Salate aus:	
– 4 Karotten	DM 1,00
– Sellerie mit ½ Apfel	DM 1,00
– Rote Rüben mit ½ Apfel	DM 1,00
– Wildkräutersalat aus Löwenzahn, Brennessel, Brunnenkresse, Sauerampfer	DM –,—
– 1 Becher saure Sahne	DM 1,00
– Kürbiskerne, Nüsse, Öl, Gewürze	DM 1,00
Grünkernauflauf	
1 Krautkopf	DM 1,50
4 Tomaten	DM 1,00
250 g Grünkern	DM 1,50
4 Eier von freilaufenden Hühnern	DM 1,20
½ Becher süße Sahne	DM –,50
frisch geriebener Parmesan	DM 2,50
Butterflocken, Gewürze, Keimlinge	DM 1,00
Apfelrohkost	
3 Äpfel	DM 1,50
½ Becher süße Sahne	DM –,50
1 Teelöffel Honig, etwas Zitronensaft	DM –,20
2–3 EL gerösteter Buchweizen oder Sesam	DM –,30
	DM 16,70

Ein Journalist, dem ich dieses Menü am Telefon schilderte, stöhnte: »An diesen Auflauf werde ich denken, wenn ich mir heut' abend 'ne Dose aufmache …«
Wenn wir jetzt noch das verbesserte körperliche Wohlbefinden dazurechnen, die wiedergewonnene Gesundheit und

Vitalität, dazu die Vorteile für die Bauern, die Natur, Tiere und Pflanzen, dann ist es sonnenklar, daß das Natürlichste auch das Wirtschaftlichste ist. Eine Einschränkung des Fleischkonsums könnte auch zur Abschaffung der fürchterlichen Massentierhaltungen und zur Verringerung der Futtermittelimporte führen. Denn ein Großteil unseres Viehfutters stammt aus den hungernden Entwicklungsländern. Jährlich werden aus den Entwicklungsländern 80 Millionen Tonnen Futtermittel aus Soja, Maniok, Erdnüssen, Palmkernen in den Industrieländern verfüttert, gewonnen auf Boden, den man zum Anbau von Lebensmitteln für die dort hungernden Bevölkerungsschichten nutzen könnte. In den USA werden bereits von 1000 kg Getreide 930 kg an das Vieh verfüttert. Cirka 45% des in der Welt angebauten Getreides wird als Viehfutter benutzt, ⅞ davon allein in westlichen und östlichen Industrieländern. Das ist mehr, als alle Menschen in allen Entwicklungsländern zusammen an Getreide zur Verfügung haben.
Wir müssen weg vom Fleisch als Hauptnahrungsmittel! Sieben pflanzliche Kalorien müssen verfüttert werden, damit das Tier eine einzige Kalorie tierisches Eiweiß erzeugt – eine ungeheure Verschwendung.

Von Alexander von Humboldt stammt der Ausspruch: »Wo ein Jäger leben kann, leben 10 Bauern oder 100 Gärtner«. Dieser Satz hat nichts von seiner Gültigkeit verloren. (Wer sich näher über Probleme der Dritten Welt informieren will: Aktionszentrum Arme Welt [Weltladen], Lange Gasse 2, D-7400 Tübingen).

Auberginenpfanne

2 mittlere Auberginen
Zitronensaft
250 g Champignons
250 g halbweich gedünsteter Vollreis
Minzeblätter
Oregano
Dill
Petersilie
Knoblauch
Kräutersalz und Pfeffer
2–3 EL Olivenöl
100 g geriebener Parmesan

Auberginen würfeln, mit Zitronensaft beträufeln. Champignons blättrig schneiden, ebenfalls mit Zitronensaft beträufeln. Auberginenwürfel, Champignonscheiben und Reis mischen, die gehackten Kräuter und den durch die Presse gedrückten Knoblauch zugeben. Mit Kräutersalz und Pfeffer abschmecken, das Öl unterrühren. Die Masse in eine tiefe gebutterte Pfanne geben (oder Kochtopf) und ½ Stunde auf kleiner Flamme dünsten. Den geriebenen Parmesan zur Hälfte druntermischen und zur Hälfte drüberstreuen.

Gebackene Auberginen mit pikanter Quarkfüllung

4 mittlere Auberginen
1 Portion pikant angemachter Quark
100 g geriebener Käse (Parmesan, Emmentaler, Bergkäse)

Von den Auberginen Stengelansatz abschneiden. Auf dem Blech im Ofen bei 200 Grad 40–60 Minuten backen (die Auberginen müssen weich sein, die Garzeit hängt von der Größe ab); die Auberginen gelegentlich wenden. Auberginen längs in Hälften teilen, die Quarkmasse auf die Hälften streichen, geriebenen Käse drüberstreuen. Im Ofen noch einmal überbacken (etwa 15 Minuten), der Quark darf roh, sollte aber heiß sein.
Ebenso können Sie Auberginen mit Risotto, pikant abgeschmecktem Grünkern oder kurz gedünsteten Pilzen füllen.

Panierte Auberginenschnitzel

2 mittlere Auberginen
Zitronensaft
2 Eier
Kräutersalz und Pfeffer
Knoblauch
Curry
Semmelbrösel
Sonnenblumenöl

Ungeschälte Auberginen in Scheiben schneiden und mit Zitronensaft beträufeln. Eier mit den Gewürzen verquirlen. Auberginenscheiben darin wenden, dann in den Semmelbröseln wälzen. In heißem Öl auf beiden Seiten braten.
Dazu das feine Kartoffelpüree von Brecht (Seite 104).
In einer vorgewärmten Schüssel in die Mitte das Kartoffelpüree türmen, die Auberginenschnitzel rundherum arrangieren und mit Zitronenscheiben garnieren.

»Die Erfindung eines neuen Gerichtes
beglückt die Menschheit mehr
als die Entdeckung eines neuen Gestirns.«
Brillat-Savarin (1755–1826)

Griechischer Auberginentopf

4 mittlere Auberginen
Zitronensaft
Kräutersalz
2 Zwiebeln
Olivenöl
1 Handvoll Petersilie
4 Tomaten
Kräutersalz und Pfeffer
Curry
Basilikum, möglichst frisch, (sonst getrocknet)
Salbei
100 g geriebener Käse

Auberginen längs in Hälften teilen, mit Zitronensaft beträufeln und mit Kräutersalz bestreuen. Dicht nebeneinander in eine gebutterte Auflaufform legen. Zwiebeln feinhacken und in Olivenöl andünsten, einen Teil der gehackten Petersilie, geviertelte Tomaten, Knoblauch und die Gewürze und Kräuter zufügen. Diese Mischung um und über die Auberginen verteilen, Olivenöl drübergießen und soviel Wasser, daß alles bedeckt ist. Im Ofen bei 200 Grad etwa 45 Minuten backen. Mit geriebenem Käse und gehackter Petersilie bestreut servieren.
Kann warm oder kalt gegessen werden mit einem Weizenfladen oder mit einer gebackenen Kartoffel plus einem dicken Klacks saurer Sahne.

Ein Rezept aus der Bordküche »Traumschiff Astor«:

Grüne Bohnen und Paprikastreifen mit Kartoffeln

250 g grüne Bohnen
6 Paprikaschoten
500 g Kartoffeln
3 Zwiebeln
3 Knoblauchzehen
1 EL Olivenöl
1 EL Butter
1 TL Senfkörner
1 TL Kurkuma
1 TL Curry
Kräutersalz und Pfeffer

Bohnen in Stücke schneiden, Paprika in Streifen, Kartoffeln mit der Schale in Würfel. Zwiebel und Knoblauch fein hacken. Öl und Butter erhitzen, darin die Senfkörner leicht rösten. Zwiebeln und Knoblauch zufügen, kurz dünsten. Gemüse und Kartoffeln zugeben sowie die Gewürze. Alles bei kleiner Hitze garen (etwa 20 Minuten).

Variation: Ich ziehe vor dem Servieren noch einen Klacks saure oder süße Sahne unter das Gericht.

Nach wie vor dünste ich Gemüse, natürlich knackig, in wenig Wasser oder in kaltgeschlagenem Pflanzenöl mit etwas Wasser. In diesem Fall verhindert das Wasser, daß sich das Öl zu stark erhitzt und zu einer Belastung für die Leber wird.

Blumenkohl in Roquefort auf Reis überbacken

1 Blumenkohl
1 l Gemüsebrühe
1 EL Essig
1 Tasse Vollreis
2 EL Weizenmehl
1 EL Butter
200 g Roquefort
3 Eigelb
3 Eiweiß
200 g Butter (weniger geht auch, aber mit viel Butter schmeckt's besser)
100 g geriebener Käse

Blumenkohl in der Gemüsebrühe mit Essig nicht zu weich kochen (ca. 15 Minuten). In 2½ Tassen der Blumenkohlbrühe den Reis körnig kochen. Mehl in der Pfanne ohne Fett erhitzen, bis es duftet. Abkühlen lassen, dann 3 Schöpflöffel Blumenkohlbrühe zugeben und aufkochen. Butter zugeben, Roquefort und den gekochten Reis. Eigelb unterrühren und das steifgeschlagene Eiweiß; evtl. noch mit Kräutersalz und Pfeffer würzen. Masse in eine gebutterte Auflaufform füllen, den Blumenkohl in die Mitte setzen. Mit der Hälfte der zerlassenen Butter beträufeln. Im Ofen bei 200 Grad überbacken (20 Minuten). Den Rest der zerlassenen Butter über den Blumenkohl gießen und Käse drüberstreuen.

Grüne Bohnen italienisch

500 g grüne Bohnen
1 Zwiebel
2 Knoblauchzehen
2 EL Olivenöl
500 g Tomaten
Honig
Paprikapulver
Kräutersalz und Pfeffer
2 Bund Bohnenkraut

Bohnen putzen, in wenig Salzwasser 10 Minuten garen. Zwiebel und Knoblauch hacken und in Olivenöl goldgelb braten. Grob gewürfelte Tomaten zugeben, kurz mitschmoren. Mit Honig und den Gewürzen pikant abschmecken. Diese Tomatensauce in eine vorgewärmte Schüssel geben, abgetropfte Bohnen in die Mitte füllen und mit gehacktem Bohnenkraut bestreut servieren. Eventuell noch Butterflöckchen draufsetzen.

Weiße-Bohnen-Sauerkraut-Topf

300 g weiße Bohnen
1 EL gekörnte Brühe
1 Lorbeerblatt
Thymian
Salbei
Rosmarin
Liebstöckel
1 Zwiebel
2 EL Olivenöl
Paprikapulver
500 g Sauerkraut
Knoblauch
Wacholderbeeren (im Mörser zerstoßen)
Tomatenmark (nach Geschmack)
⅛ l Sahne
evtl. Kräutersalz
1 Handvoll gehackte Petersilie

Bohnen über Nacht in Wasser einweichen. Am nächsten Tag mit gekörnter Brühe, Lorbeerblatt und den Kräutern aufsetzen und 60 Minuten garen. Feingehackte Zwiebel im Öl andünsten. Paprika darüber stäuben, das grob geschnittene Sauerkraut, Knoblauch, Wacholder und Tomatenmark zugeben. Kurz durchschmoren, dann zu den Bohnen geben und vermischen. Die Sahne zugeben, nochmal erhitzen, eventuell mit Kräutersalz abschmecken. Mit Petersilie bestreut anrichten.

Weiße-Bohnen-Pilz-Topf

300 g weiße Bohnen
1 EL gekörnte Brühe
1 Lorbeerblatt
Thymian
Liebstöckel
Rosmarin
Basilikum
zerstoßener Koriander
Knoblauch
1 Zwiebel
2 EL Olivenöl
250 g Pilze (Champignons oder andere, auch getrocknete)
⅛ l Sahne
Majoran
1 Handvoll Petersilie

Bohnen über Nacht in Wasser einweichen. Am nächsten Tag mit gekörnter Brühe, Kräutern, Gewürzen und durchgepreßtem Knoblauch aufsetzen und ca. 60 Minuten garen. Feingehackte Zwiebel in dem Öl andünsten, in Scheiben geschnittene Pilze zugeben (getrocknete Pilze vorher in Wasser einweichen), kurz weiter dünsten. Alles zu den Bohnen geben. Sahne und Majoran einrühren. Noch einmal erhitzen und durchziehen lassen. Mit gehackter Petersilie bestreut servieren.

Ebenso bereite ich Erbsen, Sojabohnen und Linsen zu. An die Linsen gebe ich noch einen Schuß Rotwein. Sie sollten danach nicht mehr kochen.
Dazu: Kartoffelpüree mit in Butter gedünsteten Zwiebelringen, mit geriebenem Käse bestreut, oder gebackene Kartoffeln, mit einem Klacks saurer Sahne garniert.
Sie können die ganze Angelegenheit auch mit einer Mischung aus saurer Sahne, mit geriebenem Käse verrührt, begießen, mit Butterflöckchen belegen und 15 Minuten im Ofen bei 220 Grad überbacken.

Brokkoli mit Zitronenbutter

750 g Brokkoli
1 TL Salz
1 l Wasser
125 g Butter
½ TL Honig
1 EL Zitronensaft
1 EL Melissenblätter

Brokkoli in Salzwasser 5–10 Minunten garen, abtropfen lassen und warmstellen. Butter schaumig rühren, Honig, Zitronensaft, Melissenblätter unterrühren und auf dem Brokkoli schmelzen lassen.

Chinakohlgratin

1 Chinakohl
½ l Gemüsebrühe
Kräutersalz und Pfeffer
Bohnenkraut, Basilikum, gemahlener Koriander, Muskatnuß
Knoblauch
Zitronensaft
1 EL Grünkernmehl
3 Eier
1 Becher Sahne
100 g geriebener Käse (Bergkäse)
Curry nach Geschmack
Butterflöckchen

Chinakohl in kleine Stücke schneiden. In der Brühe mit den Gewürzen und durchgepreßtem Knoblauch halb garen (10 Minuten). Zitronensaft und Grünkernmehl unterrühren. Masse in eine gebutterte Auflaufform füllen. Eier, Sahne, geriebenen Käse und Curry verrühren, über den Chinakohl

gießen. Butterflöckchen draufsetzen, im Ofen bei 200 Grad 20 Minuten überbacken.
Ebenso delikate Gratins können Sie zubereiten mit Brokkoli, Bleichsellerie, grünen Bohnen, Schwarzwurzeln, Spinat, Weiß- und Wirsingkohl.

Dhal-Sambar-Gemüse indisch

1 EL gekörnte Brühe oder 1 Gemüsebrühwürfel
Pfeffer
Curry
Chili
Koriander, Nelken, Kreuzkümmel (alles gemahlen)
2 EL Sonnenblumenöl
1 Tomate
etwa 400 g beliebiges Gemüse
150 g Kichererbsen (oder Linsen oder übliche Erbsen, über Nacht eingeweicht)
1 EL Weizenmehl

Gekörnte Brühe oder zerbröselten Brühwürfel und alle Gewürze in Öl anrösten. Gewürfelte Tomate dazugeben, weiterdünsten, dann gewürfelte Gemüsestücke sowie die über Nacht eingeweichten Kichererbsen mit Einweichwasser untermischen und kurz unter Rühren weiterdünsten. Mehl mit etwas Wasser verrühren und dazugießen. Alles bei geringer Hitze etwa eine halbe Stunde garen.
Dazu ißt man in Indien Chapaties (warme Fladen) oder Reis. Ich füge dem Originalrezept noch hinzu: je 1 Handvoll Rosinen, Kürbiskerne, Kokosraspeln und mindestens 2 durch die Presse gedrückte Knoblauchzehen (alles in dem heißen Gemüse ziehen lassen). Und dann gibt sich jeder einen großen Klacks saure Sahne auf seinen Gemüseteller. Unbeschreiblich lieblicher Effekt!

Käse-Fenchel

4 Fenchelknollen
1 Tasse Gemüsebrühe
2 Tomaten
1 Zwiebel
1 EL Butter
2 EL Sahne
100 g geriebener Käse (Bergkäse)
Butterflöckchen

Fenchelknollen der Länge nach halbieren. In der Gemüsebrühe nicht zu weich kochen (im Dampfdrucktopf 4 Minuten). Tomaten mit kochendem Wasser überbrühen, abziehen und würfeln. Zwiebel fein hacken und in der Butter kurz dünsten, Tomaten zugeben und kurz weiterdünsten. Fenchelknollen in eine gebutterte Auflaufform legen. Zwiebel-Tomaten-Masse drübergeben. Die Sahne mit 3 Eßlöffel Gemüsebrühe verquirlen und drübergießen. Käse drüberstreuen und Butterflöckchen draufgeben. Im Ofen bei 200 Grad 15 Minuten backen.

Fenchel polnisch

2 große oder 4 kleine Fenchelknollen
¼ l Weißwein
4 EL Butter
Kräutersalz
2 EL Semmelbrösel (natürlich wie immer aus Vollkorn!)
Pfeffer

Fenchelknollen in Scheiben schneiden. In Weißwein mit der Hälfte der Butter und Kräutersalz nicht zu weich dünsten. Auf gewärmter Platte anrichten. Restliche Butter zerlassen und mit den Semmelbröseln mischen, auf die Fenchelscheiben verteilen. Pfeffermühle drüberdrehen.

Fenchel immer wieder anders

- Die Knollen in Salzwasser mit etwas Zitronensaft kochen. In Scheiben schneiden, mit Parmesan bestreuen, Butterflöckchen draufsetzen und im Ofen gratinieren.
- Gehackte Zwiebel in Olivenöl andünsten, Fenchelscheiben zugeben, mit Weizenmehl bestäuben, mit Gemüsebrühe bedecken, garen. Sahne und gehackte Kräuter zugeben.
- Gekochte Fenchelknollen der Länge nach in Scheiben schneiden. Die Scheiben in Eierkuchenteig wenden, im Ofen überbacken. Mit Tomatensauce servieren.
- Eine gebutterte Auflaufform mit Tomatenscheiben auslegen, mit Kräutersalz, Pfeffer und frischen (oder getrockneten) Basilikumblättern bestreuen. Gekochte Fenchelscheiben drauflegen, mit geriebenem Käse bestreuen, Butterflöckchen draufsetzen und im Ofen überbacken.

Chinesischer Gemüsetopf

1 Handvoll Trockenpilze (wenn möglich chinesische, sonst hiesige)
2 EL Sojaöl (zur Not Olivenöl)
250 g Möhren
2 rote und 2 grüne Paprikaschoten
1 Dose Sojabohnenkeimlinge (oder selbstgekeimte)
200 g frische Champignons (blättrig geschnitten)
1 Joghurt
Kräutersalz und Pfeffer
2 EL Sojasauce
2 TL Senf
Curry
Honig

Die Trockenpilze 1 Stunde in Milch einweichen, Milch abgießen. Pilze in dem Sojaöl anbraten. Gestiftelte Möhren und die in Ringe geschnittenen Paprikaschoten zugeben. Etwa 10 Minuten weiterdünsten. Übrige Zutaten zugeben (Champignons bleiben roh), erhitzen, aber nicht mehr kochen lassen.
Zu diesem Gemüsetopf können Sie Nudeln servieren, aber auch Grünkernklößchen darauf heiß werden lassen.

Griechische Gemüsepfanne

500 g Auberginen
500 g Zucchini
500 g Kartoffeln
500 g Paprikaschoten
1 kg Tomaten
Kräutersalz und Pfeffer
3 Zwiebeln
3 EL gehackte Petersilie
1 Handvoll frische Basilikumblätter (oder 1 TL getrocknete)
1 EL gehackter Dill (oder 1 TL getrockneter)
5 Knoblauchzehen
4 EL Olivenöl
3 EL Wasser

Auberginen und Zucchini in 2 cm dicke Scheiben, gebürstete ungeschälte Kartoffeln in 1 cm dicke Scheiben schneiden, entkernte Paprika grob würfeln. Die Hälfte der Tomaten überbrühen, abziehen und in Scheiben schneiden. Alle Gemüse grob miteinander vermischen, mit Kräutersalz und Pfeffer würzen und in eine gebutterte Auflaufform schichten. Gehackte Zwiebeln und Kräuter sowie den durch die Presse gedrückten Knoblauch drüberstreuen. Restliche Tomaten in Scheiben schneiden und auf dem Gemüse verteilen. Öl und Wasser drübergießen, mit Kräutersalz bestäuben. Im Ofen bei 170 Grad 90 Minuten backen.
Mit frischen Basilikumblättchen und dünnen Zitronenscheiben garniert servieren.

Gemüsepastete

2 Köpfe Salat oder die entsprechende Menge Mangoldblätter
500 g Möhren
¼ l Weißwein
Kräutersalz
4 EL Zitronensaft
1 große Salatgurke
3 Bund Radieschen
1 großer Blumenkohl
Agar-Agar für 600 g Brühe
frisch gemahlener Pfeffer
je 2 Bund Schnittlauch und Dill (beides feingeschnitten)
¼ l steifgeschlagene Sahne

Salat- oder Mangoldblätter kurz blanchieren. Eine Kastenform leicht einölen und mit den abgetropften Blättern auskleiden (die Blätter müssen überhängen, weil sie später übergeschlagen werden).
Die sauber geputzten Möhren in Weißwein mit Salz und 3 Eßlöffel vom Zitronensaft knackig kochen. Im Kochwasser abkühlen lassen. Die geschälte Gurke längs vierteln, die Kerne herauskratzen, abtropfen lassen. Radieschen putzen. Blumenkohl in Röschen teilen und weichkochen, anschließend pürieren. Blumenkohlpüree mit heißer Brühe und Agar-Agar mischen, mit dem restlichen Zitronensaft, Kräutersalz und Pfeffer herzhaft abschmecken, abkühlen lassen. Kurz vor dem Festwerden die Kräuter und die steife Sahne unterziehen. Erst den Boden mit Blumenkohlmasse bestreichen. Abwechselnd Möhren, Gurkenviertel, Radieschen in die Form schichten und zwischen die Gemüse immer die Blumenkohlmasse füllen. Den Abschluß soll Blumenkohlmasse bilden. Die überhängenden Salatblätter über der Pastete schließen. Pastete 6 Stunden kaltstellen. Dann stürzen und in Scheiben schneiden.
Dazu die Sahne-Joghurt-Knoblauch-Sauce von Seite 36, mit Kräutern vermischt, servieren.

Bordfest auf dem Traumschiff MS Astor, im Südatlantik unterwegs vom Amazonas zum Karneval in Rio...
Das Achterdeck ist mit Palmen geschmückt, von unseren Seeleuten beim Landgang im Amazonasurwald geschnitten. Tropische Schwüle, ein Sternenhimmel wie bei Schinkels Bühnenbild zur »Königin der Nacht«! Der beleuchtete Swimming-pool mit dem stets frisch eingepumpten Meerwasser, eine gut aufgelegte Kapelle, tanzende, lachende

Gemüsepastete

braungebrannte, elegant angezogene, sorglose Menschen, auf den Tischen Essen und Trinken in Hülle und Fülle.
Verrückt, wie das Traumschiff da durch die Nacht und das Meer pflügt, lautlos –
Rechts brennt die Küste. Da sind Flächenbrände gelegt worden. Da rodet man den Urwald. Da wird man neue Weiden anlegen für noch mehr Rinder, die noch mehr Steaks liefern sollen für noch mehr Fleischesser in Europa. Da hungern die Menschen, da verhungert die brasilianische Bevölkerung.

Von Georg Lohmann, Chef de Cuisine auf dem »Traumschiff MS Astor«:

Gemüseeintopf »Traumschiff Astor«

½ Tasse Sesamöl
100 g geschälte, grob gewürfelte Auberginen
100 g Blumenkohl in Röschen
100 g frische grüne Bohnen, in Stücke geschnitten
100 g Zucchini, ungeschält in Würfeln
100 g rote und grüne Paprikaschoten, in groben Streifen
1 Zwiebel in Streifen
100 g Möhren, gestiftelt
100 g Bambussprossen (frisch oder aus der Dose), in Blättchen
100 g Kartoffeln in Würfeln (etwa 4 Minuten vorkochen)
2 feste Tomaten, überbrüht, abgezogen und geviertelt
¼ l Gemüsebrühe
Sojasauce
Curry
3 Scheiben frische Ananas, in Streifen geschnitten
40 g gehackte Cashewnüsse

Gewürzmischung:
6 Knoblauchzehen
25 g frisch geriebener Ingwer
2 kleine getrocknete Chilischoten (Kerne entfernen)
2 TL Koriander
1 TL Kreuzkümmel
2 TL Gelbwurzpulver
1 Stengel Zitronengras (!)

Für die Gewürzmischung alle Gewürze (außer dem Zitronengras) im Mörser zu einer Paste zerstoßen (oder auch im Mixer). Sesamöl in einem großen Topf oder einer gußeisernen Pfanne erhitzen. Zuerst die festkochenden Gemüse zugeben und die Gemüsebrühe, später die restlichen Gemüse und die Gewürzmischung. Mit Sojasauce und Curry abschmecken. Gemüse al dente, also knackig, garen. Auf Tellern anrichten, mit den Ananasstreifen und Cashewnüssen garnieren.

Es wächst kein Zitronengras bei Ihnen im Garten? Dann machen Sie's wie ich und nehmen Zitronenmelisse oder die abgeriebene Schale einer halben unbehandelten Zitrone.

Gemüse-Nudel-Auflauf

1 kg Gemüse bestehend aus: Zwiebeln, Auberginen, Paprikaschoten und Tomaten
2 EL Butter
1 Portion gegarte Nudeln
100 g Oliven
frische Kräuter wie: Rosmarin, Salbei, Liebstöckel, Schnittlauch, Petersilie
100 g Käsewürfel (Emmentaler, Gruyère oder Parmesan)
Knoblauch
Muskat
Selleriesalz oder Kräutersalz
Pfeffer
1 Portion Käse Royale (siehe Seite 40) zum Überbacken

Die Gemüse würfeln und in der Butter kurz dünsten. Nudeln in kleinfingerlange Stücke schneiden, Oliven in Scheiben. Kräuter hacken. Alles mit den weiteren Zutaten vermischen und würzen. In eine gebutterte Auflaufform geben, mit Käsesauce Royale übergießen und bei 220 Grad 30 Minuten backen.
Feines Resteessen!

Gemüseauflauf mit rohen Kartoffeln

500 g Kartoffeln
Kräutersalz und Pfeffer
Knoblauch
Basilikum
beliebiges Gemüse (insgesamt 500 Gramm):
Lauch, Zwiebeln, Tomaten, Sellerie, Kohl, Blumen- oder Rosenkohl etc. Champignons, Paprikaschoten
etwas Weizenmehl zum Binden
100 g geriebener Käse
Butterflöckchen

Die Kartoffeln bürsten und mit der Schale fein reiben (Schnitzelwerk), kräftig mit Kräutersalz, Pfeffer, Knoblauch und Basilikum würzen. Geputztes Gemüse in dünne Scheiben schneiden (Schnitzelwerk). Kartoffelmasse mit Gemüse und etwas Weizenmehl mischen, mit Kräutersalz und Pfeffer nachwürzen und in eine gebutterte Auflaufform füllen, mit geriebenem Käse bestreuen und Butterflöckchen draufsetzen. Bei 220 Grad ca. 30 Minuten im Ofen backen.

Gemüsestrudel

etwa 750 g Gemüse nach Vorrat: Blumenkohl, Brokkoli, Möhren, Kohl
1 Zwiebel
2–3 EL Olivenöl
Kräutersalz und Pfeffer
Muskat
1 Rezept Hefeteig (siehe Seite 173)
3 Eier
3 EL Sahne
100 g geriebener Käse (Parmesan, Emmentaler, Bergkäse)
1 Eiweiß
1 Ei
1 EL Milch

Gemüse zerkleinern, je nach Art: Blumenkohl und Brokkoli in Röschen, Brokkolistengel in Stücke schneiden, Möhren stifteln, Kohl feinschneiden usw. Die Zwiebel in Öl andünsten, Gemüse dazugeben und unter ständigem Wenden knackig garen. Mit Kräutersalz, Pfeffer und Muskat abschmecken. Hefeteig auf einem bemehlten Küchentuch dünn ausrollen, das abgekühlte Gemüse darauf verteilen (Ränder freilassen). Eier und Sahne verquirlen, mit Kräutersalz und Pfeffer würzen und auf das Gemüse verteilen. Käse drüberstreuen, die Teigränder mit dem verquirlten Eiweiß bestreichen, einschlagen und mit Hilfe des Küchentuches eine Rolle formen. Das Ei und die Milch verquirlen und den Strudel damit bepinseln. Im Ofen bei 200 Grad 30–40 Minuten backen.
Mit Sahne-Joghurt-Knoblauch-Sauce oder Zitronensauce (Seite 36 und 41) servieren.

Spinatvariante: Zubereitung wie Gemüsestrudel. – Die Füllung besteht aus fertig gegartem, kräftig abgeschmecktem Blattspinat, auf den Sie ganze hartgekochte gepellte Eier legen können, statt der Sahne-Eier-Mischung; übrige Zutaten wie beim Gemüsestrudel.
Genau so gut läßt sich ein Strudel auch nur mit Kohl oder nur mit Lauch etc. füllen.

Grünkohlauflauf

500 g Grünkohl
2 Zwiebeln
1 Apfel
etwas Sonnenblumenöl
100 g Butter
Zimt, Muskat
Kräutersalz und Pfeffer
500 g Kartoffeln (in der Schale gekocht)
⅛ l heiße Milch
3 Eier

Grünkohl grob hacken. Zwiebeln und Apfel würfeln. In Öl anbraten, Grünkohl dazugeben, 20 Minuten dünsten. Gut die Hälfte der Butter untermischen, mit den Gewürzen abschmecken und abkühlen lassen. Aus den geschälten Kartoffeln, 1 Eßlöffel Butter, Milch und Kräutersalz einen Kartoffelbrei herstellen. Eier trennen. Eigelb unter die Grünkohlmasse rühren. Das steif geschlagene Eiweiß unterheben. Eine Auflaufform ausbuttern. Schichtweise Grünkohl und Kartoffelbrei einfüllen. Die restliche Butter in Flöckchen drauf verteilen. Im Ofen bei 225 Grad 30 Minuten backen.

Serbische Gurken

1 Salatgurke
1 rote Paprikaschote
2 Zwiebeln
Öl zum Anbraten
2–3 Tomaten
Kräutersalz
süßer und scharfer Paprika
frische Kräuter wie Kerbel, Estragon, Basilikum
¼ l saure Sahne

Gurke schälen, Kerne mit einem Löffel rausschaben, in 2 cm große Stücke schneiden, entkernte Paprika in Streifen. Zwiebeln würfeln und in Öl hellgelb anbraten. Gurkenstücke und Paprika zufügen und mitschmoren. Tomaten in Vierteln dazugeben. Alles 10 Minuten garen, mit den Gewürzen gut abschmecken. Kräuter und saure Sahne untermischen und sofort servieren.
Besonders gut, wenn Sie das Gemüse in einem Reisrand oder einem Kranz von feinem Kartoffelpüree servieren.

Berichte aus deutschen Landen:
Schweinefleisch ist die Lieblingsspeise der Deutschen. Auf deutschem Teller liegt pro Tag 250–300 g Fleisch, aber nur 100 g Kartoffeln und Gemüse!

- 1954 verzehrte der Deutsche im Jahr 37 Kilo Fleisch, heute rund 90 Kilo!
- Die Deutschen verzehren pro Jahr pro Kopf rund 70 Kilo Gemüse und stehen damit am vorletzten Platz in ganz Europa, nur die Dänen essen noch weniger. Die Italiener dagegen nehmen jährlich etwa 170 Kilo Gemüse zu sich!
- Männernahrung: Ein Viertel der täglichen Nahrungsaufnahme bei Männern im Bundesgebiet besteht aus Bier. Zu diesem Ergebnis gelangt Prof. Thalacker (Gießen) in einem Gutachten, das die Bundesregierung der EG-Kommission vorlegte. Wegen dieser »besonderen Verzehrgewohnheit«

sei Bier in Deutschland als Grundnahrungsmittel anzusehen. Eine Verwendung von chemischen Zusatzstoffen bei der Bierherstellung dürfe daher nicht gestattet werden, da weitgehend unerforscht sei, wie sich die Anhäufung dieser Stoffe auf den menschlichen Organismus auswirkt.
Und wo bleibt der Schutz der Grundnahrungsmittel von Frauen und Kindern? Von Milch, Gemüse, Obst, Getreide? Wie faul es mit den Eiern ist, konnte man im »Spiegel« lesen (9. 1. 84): sie strotzen von gefährlichen Tierarzneirückständen, denn »ohne Zutaten aus der Pharma-Industrie könne keine Legefabrik überleben – der Dauerstreß der Batteriehennen lasse sich nur durch Medikamente lindern«. Die Milch wird homogenisiert und erhitzt, in ein krankmachendes »Nahrungs-mittel« verwandelt, Gemüse und Obst werden uns mit Insektiziden, Pestiziden, Fungiziden vergiftet auf den Tisch geliefert, und darüber hinaus auch noch radioaktiv bestrahlt (siehe auch Seite 229). Der Deutsche Verbraucherschutzverband will verhindern, »daß der Mensch durch radioaktiv behandelte Lebensmittel zur Endlagerstätte der Atomindustrie« wird und braucht unser aller Mithilfe (Adresse im Anhang).
Jährlich werden allein in der Bundesrepublik zwei- bis viertausend kleine Kinder morgens tot in ihren Bettchen gefunden – (»Report« am 21. 2. 84) erstickt an unserer verpesteten Umwelt – Menschens-kinder, wehrt Euch doch endlich!

> »Die Industrie-Maffia unterscheidet sich
> von der Gangstermaffia nur dadurch,
> daß man weiß, wer die Bosse sind.«
> *(gehört – gelesen)*

Kohlpastete aus Australien

12 große Kohlblätter
Butter für die Form
3 Eier
1 EL Milch oder Sahne
150 g geriebener Käse (z. B. Bergkäse)
4 Tassen gewürztes, gedünstetes Gemüse wie:
Möhren, Erbsen, Spinatblätter, Lauch, Zwiebeln, Bohnen, Rosenkohl, Blumenkohl, Kartoffeln etc.
Schnittlauch oder Minzeblätter

Lauch-Möhren-Topf mit Grünkernklößchen

Die Kohlblätter in Salzwasser knackig garen und abtropfen lassen.
Feuerfeste Form buttern, mit den Kohlblättern auslegen (so daß sie überstehen und später zusammengeschlagen werden können). Eier mit Milch und Käse verquirlen (evtl. mit Kräutersalz nachsalzen), mit dem gedünsteten Gemüse, gehacktem Schnittlauch oder gezupfter Minze vermischen. In die Form füllen und die Kohlblätter darüber zusammenfalten. Pastete bei 200 Grad im Ofen 30 Minuten backen.

Kohlrabi gefüllt mit Champignons

4 Kohlrabi
Salzwasser
1 Zwiebel
1 EL Olivenöl
200 g Champignons
Kräutersalz und Pfeffer
Knoblauch
1 TL Zitronenmelisse (frisch oder getrocknet)
3 Eier
1 Becher Sahne

Kohlrabi schälen und im Salzwasser 15 Minuten kochen. Zwiebel in Scheiben schneiden und im Öl golden dünsten, in Scheiben geschnittene Champignons zugeben, mit Kräutersalz und Pfeffer würzen, 10 Minuten weiterdünsten. Knoblauch durch die Presse drücken und zugeben. Von den abgekühlten Kohlrabi Deckel abschneiden und mit dem Teelöffel aushöhlen. Kohlrabifleisch kleinhacken und zu der Champignonmasse geben, gut vermischen und noch einmal nachwürzen, Zitronenmelisse zugeben. Masse in die Kohlrabi füllen, in eine gebutterte Auflaufform setzen. Eier, Sahne, Kräutersalz und Pfeffer verquirlen und über die Kohlrabi gießen. Im Ofen bei 200 Grad 20–30 Minuten überbacken.

Lauch-Möhren-Topf mit Grünkernklößchen

500 g Lauch
500 g Möhren
3 EL Olivenöl
1–2 Tassen Gemüsebrühe
evtl. Knoblauch
evtl. Kräutersalz
Pfeffer
½ Portion gegarter Grünkern (grob gemahlen), Seite 118
zerlassene Butter
gehackte Petersilie

Lauch und Möhren in fingergliedlange Stücke schneiden. In Öl unter ständigem Wenden andünsten, Brühe zugeben und

das Gemüse knackig garen (10 Minuten); falls zuviel Flüssigkeit vorhanden, abgießen und anderweitig verwenden. Gemüse evtl. mit Kräutersalz, Knoblauch und Pfeffer abschmecken. Aus der Grünkernmasse mit nassen Händen hühnereigroße Klöße formen, auf das Gemüse legen. Alles noch einmal erhitzen. Vor dem Anrichten mit zerlassener Butter begießen und mit Petersilie bestreuen.
Noch raffinierter wird dieses Gericht, wenn Sie es mit einer Käse-Royale (Seite 40) im Ofen überbacken.

Lauch auf Feinschmeckerart

4 Lauchstangen
½ Sellerieknolle
2 Möhren
500 g Kartoffeln
½ Wirsing- oder Weißkohl
1 Handvoll Rosenkohl
gehackte Petersilie
1 Zwiebel, Knoblauch
3 EL Olivenöl
Kräutersalz
Muskat
zerstoßener Koriander
Basilikum (frisches zerpflückt, getrocknetes gerebelt)
½ l Gemüsebrühe
2–3 EL Parmesan

Lauch in Ringe schneiden, Sellerie und Möhren stifteln, Kartoffeln in Scheiben schneiden (möglichst ungeschält), Kohl fein schneiden, Rosenkohl ganz lassen. Petersilie und Zwiebel hacken, Knoblauch zerdrücken. Alles in dem Olivenöl andünsten, unter ständigem Wenden die restlichen Zutaten zugeben und etwa ½ Stunde garen. Noch einmal abschmecken, mit Parmesan bestreut anrichten.

Lauch im Käsemantel

500 g Lauch
1 l Gemüsebrühe
Käsescheiben (von einem weichen, würzigen Käse)
Senf
geriebene Muskatnuß
2 EL Sahne
100 g geriebener Käse (Bergkäse)
Butterflöckchen

Lauch in 10 cm lange Stücke schneiden. In die kochende Gemüsebrühe geben und kurz ziehen lassen. Abtropfen lassen. Käsescheiben mit Senf bestreichen und je ein Stück Lauch damit umwickeln. Lauchstücke in eine gebutterte Auflaufform legen, mit Muskat bestreuen, Sahne drübergießen, Käse drüberstreuen und Butterflöckchen draufsetzen. Im Ofen bei 200 Grad etwa 10 Minuten überbacken.

Dazu schmecken junge Kartöffelchen, in zerlassener Butter und gehackter Petersilie geschwenkt.

Makedonischer Kürbisspargel

1 kleiner Kürbis (1½ kg)
Kräutersalz
½ TL Honig
2 EL Weinessig
Butter für die Form
¼ l saure Sahne
2 EL Semmelbrösel
40 g Butter

Kürbis vierteln und schälen. Kerne und Weiches mit dem Löffel herauslösen. Kürbisfleisch in Streifen von Spargelformat schneiden, zusammenbinden. In kochendem Wasser mit Kräutersalz, Honig und Essig bißfest garen. Abtropfen lassen und Fäden entfernen. Kürbisspargel in eine gebutterte feuerfeste Form schichten, Sahne drübergießen. Semmelbrösel in der Butter kurz rösten und drüberstreuen. Bei 200 Grad 15–20 Minuten überbacken.

Mangold ist ein tolles Gemüse. Ich pflanze es im Garten statt Spinat. Mangold schießt nicht so schnell ins Kraut, und Sie können 4- oder 5mal im Jahr ernten. Gröbere Mangoldstiele löse ich von den Blättern, dünste sie in Gemüsebrühe und serviere sie mit zerlassener Butter wie Spargel. Sie schmecken köstlich und lassen sich, blanchiert, auch gut einfrieren. Mangold ist etwas herber im Geschmack als Spinat.

Hier eine Sommerholzer Kreation:

Mangold in Sherrysoße

750 g Mangold
⅛ l Sherry
⅛ l Wasser
Vollmeersalz
2 EL Butter
1 EL Weinessig
weißer Pfeffer aus der Mühle
4 Eigelb

Mangold waschen, Stiele von den Blättern lösen und in fingerlange Stücke schneiden, Blätter grob zupfen. Sherry und Wasser mit Salz erhitzen und zum Kochen bringen, Stiele hineingeben und zugedeckt 5 Minuten dünsten. Mangoldblätter zugeben und 3 Minuten mitdünsten, abseihen und die Flüssigkeit auffangen. Butter in die Flüssigkeit geben, erwärmen, Essig zugeben. Eigelb mit dem Schneebesen unterschlagen und die Sauce vorsichtig erhitzen, bis sie eine dickliche Konsistenz hat, abschmecken. Mangold auf eine vorgewärmte Platte geben und mit der Soße servieren.

Mangoldrippchen mit Risotto-Tomaten

500 g Mangoldrippchen
½ l Gemüsebrühe (siehe Seite 60)
1 EL Butter
4 große Tomaten
Kräutersalz und Pfeffer
½ Rezept Risottorest (siehe Seite 125)
Knoblauch
1 EL Butter
⅛ l saure Sahne
200 g geriebener Käse (Bergkäse)
Butterflöckchen

Mangoldrippchen in der Brühe garen (10 Minuten), abtropfen, in fingerlange Stücke schneiden und mit der Butter vermischen. Von den Tomaten einen Deckel abschneiden, aushöhlen und innen mit Kräutersalz und Pfeffer bestäuben. Mit Risotto füllen, Deckel draufsetzen. Mangoldrippchen in eine gebutterte Auflaufform füllen, die Tomaten draufsetzen. Tomateninneres mit Butter, etwas Kräutersalz und Knoblauch kurz dünsten, mit der sauren Sahne verrühren. Das Tomatenmus um die Tomaten herum verteilen, alles dick mit geriebenem Käse bestreuen, Butterflöckchen draufsetzen. Im Ofen bei 200 Grad 20 Minuten überbacken.

Katja Wittlich ist eine wunderbare Pianistin und eine ebenso exquisite Köchin. Ihre Schwester Angelika – sie moderiert die Fernsehsendung »Kino-Kino« – hat ein Bauernhaus in der Nähe Salzburgs gemietet. Gibt Katja in Salzburg ein Konzert, freuen sich alle Feinschmecker der Umgebung. Katja steht in der primitiven Bauernküche in Jeans und T-shirt und brutzelt in aller Seelenruhe Moussaka für ein halbes Regiment – 2 Stunden später sitzt sie am Flügel und spielt den Festspielgästen Schönberg vor.
Katja kocht natürlich nach Gefühl. Ich habe ihr Rezept »nachempfunden« und aufgeschrieben, als Liebeserklärung an sie und all die vielen fabelhaften berufstätigen Frauen, die nicht vergessen, daß auch die liebevolle Zubereitung einer Mahlzeit zur Kultur gehört.
An den konzertlosen Abenden hält es alle bis in die späte Nacht auf den zusammengewürfelten Holzbänken, Stühlen und Hockern: Maler und Schriftstellerinnen, Schauspieler und Regisseurinnen, und immer viele Kinder. Maler Kumpf hat selbstgekelterten Burgenländer Rotwein mitgebracht, ein Sänger einen riesigen Käse vom nahen Kaserer gestiftet. Michael spielt Gitarre, und wenn der volle Mond dann über den Hügel gekullert kommt – hier quaken sogar (noch?) die Frösche! – dann muß einfach »Der Mond ist aufgegangen« gesungen werden.
Erinnern Sie sich noch? Vielleicht haben Sie Lust – nach langer Zeit? – wieder einmal über die Strophen nachzudenken?

Der Mond ist aufgegangen,
die goldnen Sternlein prangen
am Himmel hell und klar;
der Wald steht schwarz und schweiget,
und aus den Wiesen steiget
der weiße Nebel wunderbar.

Wie ist die Welt so stille
und in der Dämmrung Hülle
so traulich und so hold!
Als eine stille Kammer,
wo ihr des Tages Jammer
verschlafen und vergessen sollt.

Seht ihr den Mond dort stehen?
Er ist nur halb zu sehen
und ist doch rund und schön!
So sind wohl manche Sachen,
die wir getrost belachen,
weil unsre Augen sie nicht sehn.

Wir stolze Menschenkinder
sind eitel arme Sünder
und wissen gar nicht viel;
wir spinnen Luftgespinnste
und suchen viele Künste
und kommen weiter von dem Ziel.

So legt euch denn, ihr Brüder,
in Gottes Namen nieder;
kalt ist der Abendhauch.
Verschon uns, Gott, mit Strafen
und laß uns ruhig schlafen
und unsern kranken Nachbar auch!

Matthias Claudius

Moussaka à la Katja

1 kg gekochte Pellkartoffeln (junge mit der Schale, alte gepellt)
Butter
2–3 große Auberginen
2 Zitronen
Kräutersalz
Olivenöl zum Braten
2 Rezepte fertig gegarter Blattspinat (Seite 93)
200 g geriebener Parmesan oder anderer Käse
1 Rezept dicke Béchamelsauce (Seite 38)
4 Eier (getrennt)

Pellkartoffeln längs in Scheiben schneiden, auf ein gebuttertes Blech legen. Auberginen quer in runde Scheiben schneiden, mit Zitronensaft beträufeln und mit Kräutersalz bestreuen. Auberginen in dem Öl braten, die Hälfte der Auberginenscheiben auf die Kartoffelscheiben legen. Den fertigen Blattspinat grob hacken und auf den Auberginen verteilen, restliche Auberginenscheiben auf dem Spinat verteilen. Käse unter die Béchamelsauce rühren, dann Eigelb, zum Schluß das steifgeschlagene Eiweiß unterziehen, auf die Gemüsemasse gießen und glattstreichen. Blech für ½ Stunde in den auf 220 Grad vorgeheizten Ofen schieben.
Das Blech wird heiß, wie es ist, auf den Tisch gebracht, große Stücke abgeschnitten und auf die Teller gegeben. Damit die Stücke schön aussehen, sie möglichst dem Durchmesser der Auberginen entsprechend schneiden.
Dieses Blech hat für 7 Erwachsene und 3 kleine Kinder gereicht. Vorher gab's Katjas Spinat-Champignon-Salat und nachher mein Vollkornbrot mit Butter und Käse. Und dazu sehr viel Burgenländischen Rotwein.

Paprikagemüse mit gekeimten Mungobohnen

2 rote und 2 grüne Paprikaschoten
4 EL Sesamöl (oder Sonnenblumenöl)
3–4 EL Sojasauce (Tamari)
evtl. Kräutersalz
Pfeffer
2–3 EL Sherry
evtl. Knoblauch
300 g gekeimte Mungobohnen

Entkernte Paprikaschoten in Würfel oder Rauten schneiden, in dem heißen Öl mit der Hälfte der Gewürze 10 Minuten braten. Den Rest der Gewürze mit den Mungobohnen verrühren. Auf einer angewärmten Platte einen Kranz aus Paprikaschoten anrichten, in die Mitte die Mungobohnen häufen.
Dazu das köstliche Kartoffelpüree von Seite 104 – oder, wenn genug Zeit ist: Paprikagemüse und Mungobohnen in Kartoffelnestchen füllen, die Sie vorher mit Käse im Ofen überbacken haben.

Varianten: Auch die Mungobohnen ganz kurz erhitzen oder weder Paprika noch Mungobohnen erhitzen, sondern beides getrennt in je der Hälfte der Zutaten marinieren.

Provençalisches Gratin

8 Zwiebeln
3 EL Olivenöl
Kapern nach Geschmack
1 kg Kartoffeln
1 kg Tomaten
Kräutersalz und Pfeffer
Thymian
1 EL Olivenöl
½ Glas Wasser
200 g geriebener Gruyère (Bergkäse tut's auch)

Zwiebeln in Scheiben schneiden und in dem Öl dünsten. Kapern zugeben und kurz mitdünsten. Gebürstete, gewaschene Kartoffeln mit der Schale in dünne Scheiben schneiden (Schnitzelwerk). Tomaten in Scheiben schneiden. In eine gebutterte Auflaufform eine Schicht Tomaten geben, mit Salz, Pfeffer und Thymian bestreuen, dann eine Schicht Kartoffelscheiben, ebenfalls würzen, darauf eine Schicht Zwiebeln. Mit Öl beträufeln und mit dem Wasser übergießen. Dick den geriebenen Käse drüberstreuen. Im Ofen bei 220 Grad etwa 30 Minuten backen.

Ratatouille
– wie Küchenchef Lohmann von der »MS Astor« sie macht

500 g Auberginen
500 g Zucchini
500 g rote, grüne und gelbe Paprikaschoten
2–3 EL Olivenöl
Sauce:
3–4 EL Olivenöl
4 gehackte Zwiebeln
1 kg Tomaten (überbrüht und enthäutet)
4 durchgedrückte Knoblauchzehen
Kräutersalz und Pfeffer
1 Lorbeerblatt
Oregano
grob gehackte Petersilie oder Oregano zum Garnieren

Ratatouille

Gewaschene Auberginen und Zucchini ungeschält in grobe Würfel schneiden, die Paprikaschoten in grobe Streifen. Alle drei Gemüsesorten extra in Olivenöl anschmoren, dann in einem großen Topf mischen.
Für die Sauce das Olivenöl erhitzen, Zwiebeln darin golden dünsten, dann die vorher zerdrückten Tomaten zugeben, alles mit Knoblauch, Salz, Pfeffer und Lorbeerblatt würzen. Die Sauce einmal aufkochen, dann Oregano zugeben. Gemüse in der Tomatensauce schwenken, alles nochmal abschmecken und sofort mit den Kräutern bestreut servieren. Dazu Weizenfladen und ein leichter Rosé.

Rosenkohl mit Mandelsplittern

1 kg Rosenkohl
1 l Gemüsebrühe
2 EL Butter
1 Knoblauchzehe
2 EL Mandelsplitter
gehackte Petersilie

Rosenkohl in der Gemüsebrühe garen (etwa 15 Minuten). Hälfte der Butter schmelzen, durch die Presse gedrückten Knoblauch zugeben und abgetropften Rosenkohl darin schwenken. Die Mandelsplitter in der restlichen Butter rösten. Mandelsplitter und die gehackte Petersilie über den Rosenkohl streuen.
Diese interessante Kombination serviere ich in einem Kranz von feinem Kartoffelpüree, und zwar das besonders feine nach Brecht (siehe Seite 104), auf das ich kurz in Butter gedünstete Zwiebelringe türme.

Rosenkohl-Tomaten-Gratin

1 kg Rosenkohl
1 l Gemüsebrühe
4 große Tomaten (auch eingeweckte oder Dose)
1 EL Butter
evtl. Kräutersalz
Pfeffer
Muskatnuß
1 Becher saure Sahne
Petersilie
100 g geriebener Bergkäse

Geputzten Rosenkohl in der Gemüsebrühe nicht zu weich kochen (10 Minuten), im Sieb abtropfen lassen. Tomaten überbrühen, abziehen und würfeln. Butter unter den Rosenkohl mischen. Rosenkohl und Tomatenwürfel in eine gebutterte Auflaufform schichten, mit Kräutersalz, Pfeffer und geriebener Muskatnuß bestreuen. Sahne und gehackte Petersilie verrühren, drübergießen und geriebenen Käse drüberstreuen. Im Ofen bei 200 Grad etwa 20–30 Minuten überbacken.
Eine gebackene Kartoffel mit einem Klacks saurer Sahne paßt gut dazu.

»Ob es besser wird, wenn es anders wird,
kann ich nicht sagen;
aber es muß anders werden,
wenn es besser werden soll.«
G. Ch. Lichtenberg

Sarma
Krautwickel mit Champignonfüllung

1 Weißkohl
2 Zwiebeln
2 EL Butter
300 g Champignons
2 Eigelb
Petersilie
Kräutersalz und Pfeffer
Zitronensaft
⅛ l Sahne
Semmelbrösel
Butterflöckchen

Den ganzen Weißkohl in Salzwasser fast garkochen (etwa 30 Minuten, im Dampftopf 10 Minuten, kommt auf die Größe an). 8 große Blätter ablösen, die dicken Rippen flachklopfen oder rollen (Nudelholz). Zwiebeln klein würfeln, in der Butter goldgelb dünsten. Champignons blättrig schneiden und kurz mitdünsten. Eigelb, Gewürze und Zitronensaft zugeben, kurz erhitzen, aber nicht kochen. Pilzmasse auf die Krautblätter füllen und die Blätter zusammenrollen. Krautwickel in eine gebutterte Auflaufform legen, die Sahne drübergießen, die Semmelbrösel drüberstreuen und Butterflöckchen draufsetzen. Im Ofen bei 200 Grad 20 Minuten überbacken.

Sauerkrautauflauf mit Grünkernklößchen

700 g Sauerkraut
im Mörser zerstoßene Wacholderbeeren
1 Schuß Weißwein
⅛ l saure Sahne
½ Portion (oder mehr) gekochter Grünkern (Seite 118)
1 Rezept Käse-Royale (Seite 40)
geriebener Käse zum Bestreuen

Sauerkraut grob schneiden, mit Wacholderbeeren, Wein und saurer Sahne vermischt in eine gebutterte Auflaufform geben. Mit nassen Händen aus der Grünkernmasse etwa hühnereigroße Klöße formen und auf das Sauerkraut legen. Die Käse-Royale drübergießen, mit geriebenem Käse bestreuen. Im Ofen bei 200 Grad 30 Minuten überbacken.

Sauerkrautgratin mit Bandnudeln

1 Zwiebel
Knoblauch
1 EL Butter
500 g Sauerkraut
500 g gegarte Nudeln
200 g geriebener Käse (Parmesan oder Bergkäse)
1 Becher Sahne

Feingehackte Zwiebel und durch die Presse gedrückten Knoblauch in der Butter anbraten, Sauerkraut dazugeben und kurz dünsten. In eine gebutterte Auflaufform schichten: Sauerkraut – Nudeln – Käse – Sauerkraut – Nudeln – Käse ... Die Sahne über den Auflauf gießen. Im Ofen bei 200 Grad 30 Minuten überbacken.

Selleriegemüse mit Grünkernklößchen

1 große Sellerieknolle (geputzt etwa 600 g)
1 l Gemüsebrühe
1 Rezept Béchamelsauce (Seite 38)
1 Rezept gekochter Grünkern (aus grob gemahlenem Grünkern), Seite 118
Muskatnuß
evtl. Kräutersalz
Pfeffer
⅛ l Sahne
100 g geriebener Käse (Parmesan oder Bergkäse)
Butterflöckchen

Geschälten Sellerie in der Gemüsebrühe garen (20–30 Minuten). In Scheiben schneiden und würfeln. Würfel mit Béchamelsauce vermischen und in eine gebutterte Auflaufform füllen. Aus der Grünkernmasse (vorher mit den Gewürzen abschmecken) Klößchen formen (mit nassen Händen). Klößchen auf die Selleriewürfel setzen, mit der Sahne begießen und geriebenen Käse drüberstreuen, Butterflöckchen draufsetzen. Im Ofen bei 200 Grad 20 Minuten überbacken.
Zur Not, wenn es schnell gehen muß, können Sie dieses Gericht auch im Topf auf dem Herd oder in einer Pfanne mit Deckel zubereiten.

Selleriescheiben überbacken

1 große Sellerieknolle oder 2 kleine (geputzt etwa 600 g)
1 l Gemüsebrühe
100 g geriebener Käse (Parmesan oder Bergkäse)
Butterflöckchen

Sellerie schälen und in der Gemüsebrühe garen (etwa 20 Minuten). In Scheiben schneiden. Die Scheiben in eine feuerfeste, gebutterte Form legen, mit geriebenem Käse bestreuen und Butterflöckchen draufsetzen. Im Ofen bei 200 Grad kurz überbacken.
Damit harmoniert ein feines Kartoffelpüree (Seite 104), mit kurz in Butter gedünsteten Zwiebelringen.

Variante: Die Sellerieknolle kann man, gut gebürstet, auch ungeschält kochen, die Gemüsebrühe schmeckt dann allerdings etwas bitter. Das macht nichts, wenn Sie daraus z. B. eine Kartoffelsuppe zubereiten – für eine Trinkbrühe aber finde ich den bitteren Geschmack zu stark.

Sellerieschnitzel

1 große Sellerieknolle oder 2 kleine (geputzt etwa 600 g)
1 l Gemüsebrühe
Kräutersalz und Pfeffer
1 Ei
Vollkornbrösel oder Sesamsamen
Olivenöl zum Braten

Sellerieknolle schälen und in der Gemüsebrühe garen (etwa 20 Minuten). In ½ cm dicke Scheiben schneiden, mit Kräutersalz und Pfeffer bestreuen. Erst in dem verquirlten Ei wenden, danach in den Bröseln oder in Sesamsamen. Goldgelb braten und mit Zitronenscheiben servieren.

Sellerie-Kartoffel-Gratin

2 mittlere Sellerieknollen oder 1 große (geputzt etwa 700 g)
Zitronensaft
6 Kartoffeln
2 Zwiebeln
½ l Gemüsebrühe
4 EL Sahne
Muskatnuß
evtl. Kräutersalz
Pfeffer
4 Eier
200 g geriebener Käse (Gruyère oder Bergkäse)

Sellerie schälen, in Scheiben schneiden und würfeln, mit Zitronensaft beträufeln. Kartoffeln mit der Schale in Stücke schneiden, Zwiebeln grob hacken. Alles in der Gemüsebrühe garen (etwa 20 Minuten), dann pürieren (Pürierstab). Die Sahne unterrühren, mit Muskatnuß, evtl. Kräutersalz und Pfeffer abschmecken. Die Masse in eine gebutterte Auflaufform füllen, 4 Dellen hineindrücken für die Eier. In jede Delle ein aufgeschlagenes Ei setzen, salzen und pfeffern und den geriebenen Käse drüberstreuen. Im Ofen bei 200 Grad überbacken, bis die Eier gestockt sind (etwa 20 Minuten).

Eine seit altersher berühmte Pflanze gewinnt auch bei uns in Europa immer mehr an Beliebtheit: die Sojabohne.
Die Fama erzählt, daß die Sojabohne in China um 2800 v. Chr. von Kaiser Cheng-Nung eigenhändig angepflanzt wurde. Im Osten gilt sie noch heute als »das Fleisch der Erde« und zählt nach wie vor zu den »fünf heiligen Körnern«. Die anderen vier sind Gerste, Reis, Weizen und Hirse. In Nord-China, Japan, Korea und großen Teilen Indiens ist sie seit 5000 Jahren ein Hauptnahrungsmittel. Die vegetarischen Yogis der vedischen Zeit spendeten der Sojabohne höchstes Lob.
In der Tat ist die Sojabohne gerade für Vegetarier interessant auf Grund ihres hohen Eiweiß-, Vitamin- und Mineralstoffgehaltes. Außerdem ist sie im Vergleich zu Fleisch arm an Purinen, also ideal für Menschen mit Neigung zu rheumatischen Krankheiten und Gicht. Im Gegensatz zum Fleisch und anderen tierischen Nahrungsmitteln fehlen der Sojabohne Cholesterin, dagegen kann sie in reichem Maß mit allen 8 essentiellen Aminosäuren aufwarten, das heißt allen Aminosäuren, die der menschliche Organismus nicht selbst herstellen kann. 1 kg Sojabohnen enthalten so viel Eiweiß wie 33 Hühnereier oder 6 l Vollmilch oder 2,5 kg Fleisch – ohne die Nachteile dieser tierischen Nahrungsmittel.
In ihren Ursprungsländern verzehrt man die jungen, nicht ganz ausgereiften Sojabohnen wie bei uns die jungen Erbsen. Die gereiften Bohnen werden gekocht, oder durch einen Fermentierungsprozeß mit Reis, Getreide und anderen Bohnen zu verschiedenen Pasten verarbeitet, dem Miso (beliebt in der makrobiotischen Küche).
Die Sojasaucen entstehen durch Fermentierungsvorgänge der Bohnen mit Salzen und Gewürzen. Die kürzer gereifte Sauce heißt Shoyu, die mindestens 1 Jahr lang gereifte Tamari. Die Thailänder stellen außerdem noch eine süße Sojasauce her.
Sojakeimlinge sind besonders vitamin- und vitalstoffreich, uns hauptsächlich als Füllung der Frühlingsrolle, aber neuerdings auch als Salat bekannt. Die gemahlene Sojabohne kann zu Kuchen, Broten usw. verbacken werden. Auch Milch läßt sich aus der Sojabohne zubereiten, die wiederum zu Tofu verarbeitet wird, einem quarkähnlichen Produkt (siehe Seite 233).
Die gekeimte Bohne, also der Keimling, ist natürlich von höchster Lebendigkeit; auch über die gekochte Bohne kann man reden und über den durch Kochen und Gewinnen der Sojamilch gewonnenen Tofu (beides nicht mehr ganz so lebendig) – was aber ist mit dem Sojafleisch, mit den vielen heute den Markt bereits überschwemmenden Produkten aus Sojafaser, auch »Textured Vegetable Protein« (= TVP) genannt? Gehört dieses Sojafleisch denn nun auch zu den Lebens-mitteln, wird immer wieder gefragt. Die Antwort lautet: leider nein.
Alle diese Produkte unterliegen langwierigen chemischen Prozeduren, die von der Lebendigkeit der Sojabohnen aber auch gar nichts mehr übrig lassen, so daß die TVP-Produkte jedenfalls, die wahlweise wie Fisch, Huhn, Kalb usw. schmekken, sogar in der letzten Sparte der Kollathtabelle anzusiedeln sind: unter den Präparaten.
Das TVP-Sojafleisch ist ein reines Industrieprodukt. Ein großer Teil der Sojaprodukte wird aus der Dritten Welt über die USA importiert, und dort werden sie industriell produziert, das heißt mit viel Chemie und ohne daß der Gewinn der Bevölkerung der Ursprungsländer, die sogar häufig von ihrem Land vertrieben wird, zugute kommt.
Wie die TVP-Sojaprodukte hergestellt werden, schildern die Ernährungswissenschaftler Männle, Körber und Leitzmann in ihrem Buch »Vollwerternährung«:
»Als Ausgangssubstanz zur Herstellung von Textured Vegetable Protein dient fettarmes Sojaschrot, der Rückstand der Soja-Ölgewinnung. Um das Öl vom Rest der Sojabohne abzutrennen, wird die Extraktion (Heraustrennung) mit einem organischen Lösungsmittel (n-Hexan, eine Benzinfraktion) angewendet. Der Extraktionsrückstand muß dann durch Dampfbehandlung vom Hexan getrennt und anschließend gekocht werden, um ihn als Tierfutter, oder in den letzten Jahren auch in großem Umfang als menschliche Nahrung, wieder verwendbar zu machen. Nach Feinvermahlung wird er entweder in Form von fettarmem Sojamehl bei der Herstellung von Backwaren, Teigwaren, Süßwaren, Wurstwaren, Fertigsuppen und Abmagerungspräparaten verwendet oder zu TVP weiterverarbeitet. Dazu wird das

Protein mittels schwach alkalischer Lösungsmittel aus dem Sojamehl extrahiert, eingedickt und durch Spinndüsen in ein Fällbad gepreßt, ähnlich der Herstellung von synthetischen Textilfasern. Dann werden die hauchfein ausgefällten Proteinfasern zu gröberen Fasern verfilzt. Als Bindemittel dient ein Gemisch aus Albumin, Gluten und entfettetem Ölsamenmehl. Zur weiteren Produktgestaltung und -variation (z. B. Rind-, Schweine-, Geflügel-, Fischfleisch-Imitation) können Zusätze erfolgen von Farbstoffen, Aromastoffen, Gewürzen, essentiellen Aminosäuren, Fetten, Kohlenhydraten, Vitaminen, Mineralstoffen.«
Na, dann guten Appetit!

Die Firma Henselwerk GmbH, Produzent von Soja-Pflanzenfleisch und Sojamehl, teilt mir auf meine Anfrage, wie sich ihre Produkte von den TVP-Soja-Produkten unterscheiden, folgendes mit:
»... Unsere beiden Produkte werden aus entfettetem Sojamehl durch sog. Extrusion hergestellt. Ein Extruder arbeitet nach ähnlichem Prinzip wie die Schnecke eines Fleischwolfes. Im Extruder wird die Ware zusammengepreßt und in niedrigeren Druck expandiert. Dabei erfolgt die Formgebung. Wir wenden also ein physikalisches und kein chemisches Verfahren an. Die Produkte werden weder gefärbt noch aromatisiert. ... Hensel Pflanzenfleisch wird seit mehr als 50 Jahren aus ganzen Sojabohnen (Saatgutqualität), ohne Einsatz irgendwelcher chemischer Mittel, hergestellt. Die Entbitterung (Inaktivierung des sog. Trypsininhibitors) erfolgt schonend nach Hensels eigenem Verfahren, selbstverständlich ohne Lösungs- und andere chemische Mittel und Methoden ... die gleichen Grundsätze gelten für Hensel-Soja-Knusperkerne (mit der Schale) und Soja-Flocken ... Sojamehl fettarm wird wie normales Sojamehl gewonnen, jedoch erfolgt die Entfettung durch Pressung ...«
Ferner schreibt die Firma, ihre Bohnen stammen aus USA. »Laufend kontrolliert unser Labor von der Bohne bis zum Fertigprodukt. Darüber hinaus fragten wir bei American Soybean Association an und erhielten am 27. Mai 1981 folgende Auskunft:
1. Es trifft absolut nicht zu, daß Sojafelder in den USA künstlich entlaubt werden. Bei der Sojapflanze trocknen die Blätter zum Ende der Reifezeit der Bohnen von allein ab, so daß sie vor den üblichen Ernteterminen von der Pflanze abfallen.
2. Der Einsatz von Mähdreschern zur Ernte der Bohnen, wie er bei Sojabohnen und anderen Ölsaaten üblich ist, könnte auch vorgenommen werden, bevor die Blätter abfallen; nur wären die Bohnen dann noch nicht erntereif.
3. Es werden auch keinerlei andere Spritzmittel oder chemische Produkte angewandt, die den Erntevorgang bzw. den Reifevorgang der Sojabohnen unterstützen.«
Das war zunächst einmal alles zum Thema Soja – wie Sie Tofu machen können, erfahren Sie auf Seite 233.

Sojabohneneintopf

300 g Sojabohnen
1–1½ l Gemüsebrühe
2 EL Olivenöl
1 Zwiebel
Knoblauch
300 g Möhren
300 g Tomaten
400 g Kartoffeln
Rosmarin
Thymian
Salbei
1 Lorbeerblatt
evtl. Kräutersalz
Pfeffer
Majoran
1 Handvoll gehackte Petersilie

Sojabohnen über Nacht in genügend Wasser einweichen (zum Entbittern der Bohnen). Einweichwasser am nächsten Morgen wegschütten. Sojabohnen in der Gemüsebrühe ca. 1 Stunde weichkochen. In Olivenöl die feingeschnittene Zwiebel und den zerdrückten Knoblauch andünsten, die in Scheiben geschnittenen Möhren, geviertelten Tomaten, die gewürfelten Kartoffeln und die Gewürze zugeben. Etwa 20 Minuten unter Umrühren garen. Alles zu den Bohnen geben und noch einmal aufkochen. Mit Majoran, Kräutersalz und Pfeffer abschmecken. Mit gehackter Petersilie bestreut servieren.
Ebenso bereite ich Erbsen und Kichererbsen zu.

Dies ist kein Kochbuch zum Kochenlernen. Ich setze voraus, mann/frau weiß bereits, daß Rosenkohl geputzt werden muß, bevor er in den Kochtopf wandert, ebenso wie das Kochen im Wasserbad funktioniert.
Zum Kochen von Spargel allerdings möchte ich hier ein paar extra Tips geben, die vielleicht weniger bekannt sind. Und da fällt mir ein Erlebnis mit einer indischen Freundin ein, die, frisch nach Deutschland eingereist, versucht hatte, ihrem deutschen Mann sein Lieblingsgericht, nämlich Spargel, zu kochen. Sie seien überhaupt nicht weich geworden, trotz stundenlangen Kochens seien die Spargel zäh wie Leder

geblieben, klagte die schöne Indira. Der Grund des Übels: sie hatte den Spargel nicht geschält.

Kleine Spargelkunde

- Die Schnittflächen müssen saftig, die Köpfe fest und geschlossen sein.
- Ungeschält, in ein feuchtes Tuch gewickelt, bleibt Spargel im Gemüsefach des Kühlschranks bis zu 4 Tage lang verhältnismäßig frisch.
- Stangen immer von oben nach unten schälen. Dabei unterhalb des Kopfes ansetzen. Die holzigen Enden abschneiden, zusammen mit den Schalen zu Suppe auskochen.
- Spargel am besten portionsweise gebündelt in nur leicht gesalzenem Wasser kochen. Eine Messerspitze Honig erhöht das Aroma. Kochzeit 20–30 Minuten; Menge 250–500 g pro Person, je nachdem, ob Sie etwas dazu essen oder nicht.
- Zum Einfrieren die Spargelstangen schälen (blanchieren ist nicht notwendig) und in Folienbeutel verpacken. Lagerzeit 6 Monate.
- Zum Kochen die tiefgekühlten Spargelstangen, ohne sie aufzutauen, in siedendes Salzwasser geben (½ l Wasser auf 500 g Spargel) und 10–20 Minuten garen.

Spargelbrühe legiere ich mit Eigelb, gebe ein paar Tropfen Zitronensaft dazu und würze mit Kräutersalz und etwas Pfeffer nach. Eine einfache und köstliche Suppe.
Ob, mit zerlassener Butter oder holländischer Sauce übergossen, zu jungen Kartoffeln oder, wie im Badischen Raum üblich, zu weichen Eierkuchen gereicht, Spargel ist immer ein – wenn auch leider teurer – Genuß.
Haben Sie Lust, Spargel einmal mit einer Avocadosauce zu servieren? Oder auf bayerische Art, mit Champignons und Eiermilch über Weizenbrotscheiben gebacken?
Letzter »Stichtag« ist übrigens St. Johannis, der 24. Juni. In Schwetzingen, dem berühmten Spargelort, schmeckt allerdings auch eingeweckter Spargel wie frischer.
Spargel regt die Ausscheidungsorgane an, ist daher gut geeignet bei Zuckerkrankheit, Nierenleiden, Fettsucht, Gicht und Rheuma. Er enthält die Vitamine A, B_1, B_2, Niacin, C und die Mineralstoffe Kalium, Phosphor, Calzium.

Eine »Schmeichelei des Gaumens« nannte der Römer Cato den Spargel, sein Kollege Plinius fand, er sei« die zuträglichste Speise für den Magen« und der deutsche Botaniker Bock lobte die weißen Stangen im Jahre 1551 über den grünen Klee als »eine liebliche Speise für Leckermäuler«. Zu dieser Zeit war der Spargelanbau in Mittelmeerländern schon 4000 Jahre alt. Die Ägypter ließen sich bereits in der Pharaonenzeit den Spargel schmecken, die Böotier flochten sogar Brautkränze daraus. Kaiser und Könige haben bis heute sein Lob gesungen, er ist in Lustgärten angepflanzt worden und in Heilpflanzenbeeten – die Griechen zogen ihn als Arzneimittel. Auch in Deutschland, wo bis ins 16. Jahrhundert der Spargel noch wild wuchs, nahm sich ein Arzt der Sache an. Johann Casimir, Leibarzt des Pfalzgrafen von Rhein, erntete im Jahre 1567 die ersten gezüchteten Spargelstangen. Heute noch gilt Spargel nicht nur als königliche Feinschmeckerei, sondern als Allheil- und Schönheitsmittel beim »Frühjahrsputz«. Asparagin heißt der Wirkstoff, eine Säure im Spargel, die den Organismus entschlackt (aus den Informationen der Centralen Marketinggesellschaft der deutschen Agrarwirtschaft mbH).

Spargel auf bayerische Art

1 kg Spargel
Salzwasser mit 1 MSP Honig
400 g Champignons
2 EL Butter
1 EL Weizenmehl
2 EL gehackte Petersilie
¼ l saure Sahne
Kräutersalz und Pfeffer
Honig nach Geschmack
4 Eier
½ l Milch
4 (oder 8, je nach Größe) Weizenbrotscheiben
Butter
gehackte Petersilie

Geschälten Spargel in Salzwasser mit etwas Honig garen. Champignons in Scheiben schneiden, in der Butter dünsten, mit dem Weizenmehl bestäuben und mit ½ Liter der Spargelkochbrühe verrühren, kurz aufkochen. Petersilie und Sahne unterrühren, mit Kräutersalz, Pfeffer und Honig abschmekken. Spargel in kleinfingerlange Stücke teilen und dazugeben. Die Eier mit der Milch und Kräutersalz verquirlen, die Hälfte davon über die Weizenbrotscheiben gießen, kurz quellen lassen. In einer breiten Pfanne Butter erhitzen, die Weizenbrotscheiben hineinlegen, die restliche Eiermilch drübergießen und bei mittlerer Hitze stocken lassen, dann wenden. Auf einer vorgewärmten Platte anrichten, das warmgestellte Spargelgemüse draufhäufen und mit gehackter Petersilie bestreut servieren.
Genauso können Sie statt Spargel, Mangoldstiele zubereiten oder Schwarzwurzeln.

Grüner Spargel mit grüner Sauce

1 kg grüner Spargel
Salzwasser
10 g Butter
1 MSP Honig
3 hartgekochte Eier
Schnittlauch, Petersilie und Dill
1 Schale Kresse
ein Zweiglein Rosmarin
1 Zweig Zitronenmelisse
je 1 EL scharfer und süßer Senf
2 EL Essig
2 EL Weinbrand
Knoblauch nach Geschmack
4 EL Sonnenblumenöl
½ Becher saure Sahne
½ Becher Joghurt
Kräutersalz und Pfeffer nach Geschmack

Den grünen Spargel nur an den unteren holzigen Enden schälen. In Salzwasser mit Butter und Honig etwa 20 Minuten kochen. Die Eier feinhacken. ¾ davon mit den feingehackten Kräutern und den übrigen Zutaten vermischen. Mit Kräutersalz und Pfeffer abschmecken. Die Sauce über die abgetropften Spargelstangen gießen und das restliche Ei drüberstreuen.

Noch ein paar interessante Spargelgerichte:

Spargel Bologneser Art
Spargel nach Vorschrift nicht ganz weich kochen, in zerlassener Butter und darauf in geriebenem Käse wenden, mit Dill und Curry bestreuen, Sahne drübergießen und im Ofen überbacken.

Spargel nach Eduard Brecht
Geschälten Spargel in wenig Öl und Wasser in einem gut schließenden Topf bei kleiner Hitze gar dünsten, mit Kräutersalz und Dill bestreuen.

Wollen Sie Ihre Konzentrationsfähigkeit oder Ihre Willenskraft stärken? Dann weiß ich eine gute Übung! Alexander der Große soll sie aus Indien mitgebracht und vor seinen Schlachten praktiziert haben – vielleicht sogar vor der Schlacht bei Issos? 333 bei Issos Keilerei, diese Zahl war ja noch das angenehmste in der Geschichtsstunde. Bis ans Ende der Welt wollte er gelangen – aber nach einem Fußmarsch von 18000 Kilometern in 8½ Jahren, (die ER sicher nicht zu Fuß zurückgelegt hat) zwang ihn sein Heer, umzukehren.
Eine Schlacht nach der anderen, für mich liest sich sein kurzes Leben nicht schön: nur 32jährig starb er an Malaria. Aber Willenskraft braucht man ja nicht nur für blutrünstige Vorhaben, sondern auch, um sich zum Beispiel das Rauchen abzugewöhnen, um bewußter zu leben, sich zu entspannen – um »los«-zulassen (auch Wut und Rachegelüste). Und da hilft diese Übung ungemein:

- Auf ein Bein stellen (am besten zuerst auf das kräftigere, das ist im allgemeinen das rechte).
- Mit Hilfe der Hände den linken Fuß auf den rechten Oberschenkel legen und gut anwinkeln.
- Wenn Sie die Balance halten können, beide Hände über dem Kopf zusammenlegen, bei durchgedrücktem Standbein und durchgedrücktem Kreuz.
- Einen bestimmten Punkt fixieren und ruhig atmen, dann stehen Sie fester.
- Solange wie möglich stehen bleiben – dann Standbein wechseln und das Ganze noch einmal.

Übrigens: die Spucke eines wütenden Menschen soll so giftig sein, daß sie eine Maus tötet! (wie Wissenschaftler herausgefunden haben ...?!?)

Blattspinat

1 kg Blattspinat
1 Zwiebel
2–3 EL Öl
Kräutersalz oder etwas gekörnte Brühe
Knoblauch nach Geschmack
Muskatnuß
etwas Butter

Spinatblätter mehrmals gründlich waschen. Gehackte Zwiebel in dem Öl golden dünsten. Abgetropften Spinat zugeben, zusammenfallen lassen. Mit Kräutersalz oder gekörnter Brühe, durchgequetschtem Knoblauch und Muskat abschmecken und einen Stich Butter unterziehen.
Alle Spinatgerichte lassen sich auch mit Mangold oder mit jungen Brennesseln zubereiten.

Florentiner Spinat

1 kg Spinat
1 Zwiebel
2 Knoblauchzehen
2 EL Öl
Kräutersalz und Pfeffer
4 Eier
ca. 200 Mozarella

Spinat waschen. Zwiebel und Knoblauch fein hacken, in Öl dünsten. Spinat zugeben und zusammenfallen lassen, mit

Kräutersalz und Pfeffer abschmecken. Spinat in eine gefettete Auflaufform füllen. Mulden hineindrücken und die Eier hineinschlagen. Mozarella in kleine Stückchen reißen und dazwischenstreuen. Im Ofen bei 200 Grad backen, bis die Eier gestockt sind und der Käse geschmolzen ist.
Mit Sesam- oder Walnußkartoffeln servieren.

Spinatgratin

1 Rezept Blattspinat (Seite 93)
100 g geriebener Käse (Parmesan oder Bergkäse)
2 EL Semmelbrösel
⅛ l Sahne
1 EL Butter

In eine gebutterte Auflaufform den Spinat geben. Käse, Brösel und Sahne mischen. Auf dem Spinat verteilen und Butterflöckchen draufsetzen. Im Ofen bei 200 Grad 10–20 Minuten gratinieren.

Spinat-Hirse-Auflauf

1 Rezept fertig gegarter Blattspinat (Seite 93)
1 Portion Hirsebrei (Seite 120)
100 g geriebener Parmesan oder Bergkäse
Butterflöckchen

Blattspinat locker unter den Hirsebrei mischen – die Spinatblätter sollten noch sichtbar sein. In eine gebutterte Auflaufform füllen, mit Käse bestreuen, Butterflöckchen draufsetzen. Im Ofen bei 200 Grad 20–30 Minuten überbacken (je nachdem, ob die Zutaten kalt oder warm sind).

Spinatklöße

1 Zwiebel
2 EL Olivenöl
600 g Blattspinat
2 Eier
300 g Weizenmehl
100 g geriebener Käse
Curry
Knoblauch
evtl. Kräutersalz
Pfeffer
zerlassene Butter zum Anrichten

Die feingehackte Zwiebel in dem Olivenöl andünsten, den kleingeschnittenen Spinat zugeben und weiterdünsten. Eier schaumig rühren, unter Rühren Mehl, Käse, Gewürze und den Spinat zugeben (je nachdem, wie saftig er ist, evtl. noch etwas mehr Mehl oder umgekehrt etwas Wasser zufügen), alles noch einmal abschmecken. Die Masse etwa 10 Minuten ruhen lassen, dann mit einem Löffel Klöße abstechen und in kochendem Salzwasser etwa 15 Minuten ziehen lassen. Die Spinatklöße mit zerlassener Butter anrichten.

Spießchen »quer durch den Garten«

Alle möglichen Gemüse, in dicke Scheiben oder Ringe geschnitten, so daß Sie alles wie ein Schaschlik auf Spießchen stecken können:
Zucchini, Auberginen, Sellerie, Möhren, Paprikaschoten, Rosenkohl, Blumenkohlröschen, Zwiebeln, Champignons, milchsaure Pilze und Gurken, Apfel-, Tomaten-, Bananenscheiben
Öl zum Bepinseln
Curry
Paprikapulver
Kräutersalz

Die harten Gemüsesorten wie Rosenkohl, Blumenkohl, Sellerie, Möhren etc. vorher in Gemüsebrühe bißfest garen, Auberginen- und Zucchinischeiben auf beiden Seiten je 3 Minuten in Öl oder Butter anbraten. Champignons, Zwiebeln, Tomaten etc. bleiben roh. Die vorbereiteten Gemüsespießchen mit Öl bepinseln, mit Curry überstäuben und im Ofen oder über Holzkohle grillen. Dann mit Paprika und Kräutersalz bestreuen.
Zu den Gemüsespießchen eine pikante Sauce servieren wie: Tomatensauce, Senfsauce, Meerrettichsauce, Zitronen- oder Currysauce, Roquefort- oder Ungarische Sauce (stehen alle im Saucenkapitel).
Auch in der Schale gebackene Kartoffeln, mit einem Klacks saurer Sahne garniert, passen dazu oder Puffer aus Hirse oder Grünkern.

Spießchen »quer durch den Garten«

Tomaten mit Buchweizen gefüllt

8 Tomaten
1 Rezept Buchweizenbrei (Seite 116)
1 Zwiebel
1 EL Butter
1 TL Honig
Kräutersalz
Oregano (möglichst frisch, sonst getrocknet)
½ Peperoni (Kerne entfernen)
2 EL Tomatenmark
50 g geriebener Käse
Butterflöckchen

Von den Tomaten einen Deckel abschneiden, Tomaten aushöhlen und mit Buchweizenbrei füllen. Zwiebel hacken und in der Butter goldgelb dünsten. Das Tomateninnere kleinschneiden, mit den Gewürzen, der kleingeschnittenen Peperoni und Tomatenmark zu den Zwiebeln geben, einmal kurz erhitzen. Die Sauce in eine gebutterte Auflaufform gießen, Tomaten hineinsetzen, mit Käse bestreuen und Butterflöckchen draufsetzen. Im Ofen bei 180 Grad 10 Minuten überbacken.

Auf Sardinien sagt man: 2 Zucchinipflanzen können eine achtköpfige Familie einen Sommer lang ernähren. Auch bei uns werden die Zucchini von Jahr zu Jahr heimischer. Zu Hause haben wir sie außerhalb des Gartens auf dem Komposthaufen angepflanzt, die Ernte war gewaltig: etwa 20 riesige Zucchini mit durchschnittlich je 3 Kilo Gewicht, geliefert von 4 Pflanzen! Kühl gelagert, halten sie sich monatelang. Milchsauer eingelegt oder eingeweckt sind sie ebenfalls ein Genuß.

Zucchinikuchen aus Sardinien

1 Rezept salziger Mürbeteig (Seite 162)
1 EL Butter
1 Zwiebel
Knoblauch
½ EL möglichst frisches Rosmarin
500 g Zucchini
1 Becher Sahne
1 EL Zitronensaft
2 Eier
3 EL frisch geriebener Parmesan
Kräutersalz und Pfeffer

Mürbeteig eine Stunde kalt stellen, dann ausrollen und eine gebutterte runde Pastetenform damit auskleiden. Butter erhitzen, gehackte Zwiebel, zerdrückten Knoblauch und gehacktes Rosmarin zugeben, unter Rühren dünsten. Zucchini in Scheiben schneiden, zugeben und etwa 10 Minuten weiterdünsten, abkühlen lassen. Sahne mit Zitronensaft verrühren, Eier und Parmesan zugeben, mit Kräutersalz und Pfeffer abschmecken. Zucchini auf dem Teig verteilen, die Eiermasse drübergießen. Im Ofen bei 200 Grad 30–40 Minuten backen.

Französische Zwiebeleier

etwa 600 g Kartoffeln
Kräutersalz und Pfeffer
Curry
etwa 600 g Zwiebeln
3–4 EL Olivenöl
300 g Tomaten (im Winter eingeweckt oder Dose)
⅛ l Sahne
Paprikapulver
½ TL Honig
Majoran
4 Eier
100 g geriebener Käse (Emmentaler, Parmesan oder Bergkäse)
Butterflöckchen

Kartoffeln kochen, pellen, abkühlen und in Scheiben schneiden, mit Kräutersalz, Pfeffer und Curry würzen. Zwiebeln in Ringe schneiden, in dem Öl anbraten. Zerkleinerte Tomaten, Sahne, Kräutersalz, Paprika und Honig zugeben und weiterdünsten. Eine Lage Kartoffelscheiben in eine gebutterte Auflaufform füllen, die Zwiebelmasse draufgeben, mit Majoran würzen. Dellen hineindrücken und in jede ein aufgeschlagenes Ei gleiten lassen. Mit Kräutersalz und Pfeffer würzen. Käse darüberstreuen und Butterflöckchen draufsetzen. Im Ofen bei 200 Grad überbacken, bis die Eier gestockt sind (15–20 Minuten).
Sie können die Kartoffeln auch weglassen und warmes Knoblauchbrot zu den Zwiebeleiern servieren. Schmeckt noch französischer.
In Frankreich hatte der Koch das Gemüsebett für die Eier aus halb Zwiebeln, halb Lauch zubereitet, was zwar sehr hübsch aussah, sich aber als hochexlosive Mischung herausstellte, so daß einige ausgepichte Feinspitze hinterher steif und fest behaupteten, sie hätten einer spiritistischen Sitzung beigewohnt und an der Zimmerdecke geschwebt!

»Soviel Häute die Zwiebel hat,
so viele Gerichte lassen sich aus ihr herstellen«,
sagt ein Sprichwort.

Zwiebeln gefüllt mit Grünkern

8 große Zwiebeln
1 l Gemüsebrühe
100 g Champignons
2–3 EL Olivenöl
3 Tomaten
200 g fertig gegarter Grünkern (Seite 118)
1 Ei
Kräutersalz und Pfeffer
Knoblauch
2 EL feingemahlener Grünkern
200 g geriebener Käse
2 EL Semmelbrösel

Zwiebeln in der Gemüsebrühe halbweich kochen, auskühlen lassen. Die Zwiebeln dann mit dem Messer aushöhlen, und zwar vom Stengelansatz her, da löst sich am leichtesten der »Kegel« heraus. Champignons feinschneiden und in dem Olivenöl kurz dünsten, die in Stücke geschnittenen Tomaten zugeben und weiterdünsten. Grünkernmasse, das Ei und die Gewürze zugeben, gut vermischen und in die Zwiebel füllen. Zwiebeln in eine gebutterte Auflaufform setzen. 2 Eßlöffel der Kochbrühe mit dem Grünkernmehl verrühren und über die Zwiebeln gießen. Dick mit geriebenem Käse und Bröseln bestreuen. Im Ofen bei 200 Grad 30 Minuten backen.
Die übriggebliebenen »Zwiebelkegel« können Sie entweder neben die Zwiebeln in die Auflaufform legen oder pürieren und für eine Gemüsebrühe verwenden.

Gedünstete Zwiebeln in Käsesauce

1 kg kleine Zwiebeln
3 EL Sonnenblumenöl
1 l Gemüsebrühe
1 EL feingemahlener Grünkern
2 EL Sahne
½ TL Honig
50 g geriebener Käse (Bergkäse)
Paprikapulver
evtl. Kräutersalz

Zwiebeln schälen und im Ganzen in dem Öl andünsten. Gemüsebrühe zugeben und garen (etwa 20 Minuten). Grünkernmehl mit der Sahne verrühren, zugießen und kurz aufkochen. Die übrigen Zutaten zugeben und abschmecken. Schmeckt gut zu allen Getreidepuffern und -schnitten. Die Sauce binde ich mit dem jeweils verwendeten Getreide – kombiniert mit Hirsepuffern z. B. Hirsemehl usw.

Zum Schluß noch ein

Super-Reste-Essen

Als ich einmal vor lauter Rezepteschreiben großen Appetit auf etwas ganz Pikantes verspürte – mitten in der Nacht war's schon, Sturm und Regen, die Heiligen 3 Könige unterwegs – kreierte ich flugs folgende Delikatesse.
Im Kühlschrank vorgefunden:

2 gebackene rote Rüben
4 gebackene Möhren
4 Pellkartoffeln

Ich ließ 3 EL Olivenöl in der Pfanne warm werden, gab 2 TL Kräutersalz und 2 TL Curry hinein, ließ dies leicht bräunen, während ich 1 Zwiebel würfelte, gab die Zwiebel dazu und 1 EL Sesamsamen. Während alles köchelte – ab und zu rührte ich mit einem Holzlöffel um – würfelte ich Kartoffeln, rote Rüben und Möhren, alles mit der Schale, und gab es dazu. Dann schaute ich in den Küchenschrank und fügte bei, was ich fand:

1 EL Kokosflocken
1 EL Sojasauce
2 Knoblauchzehen
1 EL Mango-Chutney
1 Prise im Mörser zerstoßener Kreuzkümmel (sehr apart)
½ Becher saure Sahne

rührte alles gut durch, gab eine Handvoll Studentenfutter dran – Sie haben richtig gelesen, Rosinen und alle möglichen Nüsse! Das Ganze ließ ich gut durchziehen. Vor dem Servieren streute ich noch reichlich Dillspitzen drüber.
Ich taufte das Gericht »Orient-Express«. Draußen prasselte der Schneeregen an die Scheiben, drinnen prasselte das Feuer im Kamin. Rot leuchtete der Wein, rot glühte der »Orient-Express«, warm wurde die Seele. Und billig war's – und schnell ist's gegangen (etwa 15 Minuten)!

Die tolle Knolle...

Kartoffelgerichte – so oft wie möglich

Glücklicherweise spricht es sich inzwischen herum, daß Kartoffeln, richtig zubereitet, also in der Schale gebacken oder gekocht (mit so wenig Wasser wie möglich) kein Dickmacher sind.
Obwohl uns Kalorien in der Vollwertkost ja nicht interessieren (da Vollwertkost eben nicht dick macht):
100 g Kartoffeln enthalten nur 85–95 Kalorien! –
dafür aber sehr viel Vitamin A, E und C, fast alle Vitamine der B-Gruppe und wertvolles Eiweiß, ferner große Mengen Kalium, Calzium, Magnesium, Mangan, Eisen, Kupfer, Phosphor, Schwefel.
Kalium und Calzium neutralisieren das Natrium, das wir meist in zu großen Mengen im Kochsalz zu uns nehmen. Kartoffeln helfen also, zuviel Natrium auszuscheiden, sie sind eine ideale Entwässerungsdiät. Der Magnesiumanteil in den Kartoffeln stärkt Herz und Nerven.

Meine Entschlackungsdiät ist die Kartoffeldiät: Gebackene oder in der Schale gekochte Kartoffeln über den Tag verteilt essen. Sie können nach Herzenslust würzen mit frischen Kräutern. Getrunken wird an diesen Tagen natürlich nur Wasser oder Kräutertee.

Würde ich auf die berühmte einsame Insel verschlagen und dürfte nur ganz wenige Dinge mitnehmen: es wäre unbedingt eine Getreidemühle darunter, 1 Sack Weizen und 1 Sack Kartoffeln, falls diese Kostbarkeiten auf der einsamen Insel nicht sowieso wachsen sollten.
Wenn dann noch irgendwo ein Stückchen Butter aufzutreiben wäre, auch nicht übel. Zu meinen Lieblingsspeisen gehören nach wie vor die in der Schale gebackenen Kartoffeln mit frischer Butter und etwas Salz.
Falls Sie noch nicht wissen, wie es gemacht wird:

- Pro Person 1–2 große Kartoffeln gut bürsten, mit dem Messer ein Kreuz einschneiden, damit sie nicht platzen. Auf ein geöltes Backblech setzen und bei 200 Grad im Ofen je nach Größe 45–60 Minuten backen (Stricknadelprobe machen).
- Ich stecke in die Einschnitte vor dem Backen Zweiglein frischen Rosmarins oder gerebelte Trockenkräuter oder streue Kümmelkörner hinein.
- Haben Sie wenig Zeit, schneiden Sie die Kartoffeln vor dem Backen quer durch, bepinseln die Schnittflächen mit Öl und legen die Kartoffeln mit den Schnittflächen aufs Blech (halbe Backzeit).
- Wollen Sie die Kartoffeln weich, bepinseln Sie die Schale mit Öl, andernfalls werden sie knusprig.
- Serviert werden die Kartoffeln mit Butter, Kräutersalz und einem großen Klacks saurer Sahne, mit Schnittlauch und / oder Dill bestreut. Und nicht vergessen, die Pfeffermühle drüberzudrehen.
- Großer Beliebtheit erfreuen sich bei uns zu Hause die Platten mit gebackenen Kartoffeln, gebackenen roten Rüben, gebackenen Zwiebeln und gebackenen Möhren (siehe Foto Seite 103).
- Die roten Rüben werden genau wie die Kartoffeln vorbereitet.
- Zwiebeln in Folie eindrehen, sonst läuft der Saft heraus (gleiche Backzeit wie Kartoffeln und Rüben).
- Möhren längs teilen und mit Öl bepinseln (sie werden erst bei Halbzeit aufs Blech gelegt, da sie in etwa der Hälfte der Zeit gar sind).

Alle Gemüse rosettenartig auf einer vorgewärmten Platte anordnen und mit Butter, saurer Sahne usw., wie angegeben servieren.
Dieses Essen braucht sehr wenig Vorbereitungszeit, alles gut bürsten und ab in den Ofen. Auch die Sahne-Joghurt-Knoblauch-Sauce (Seite 36) paßt gut dazu.

Gefüllte Kartoffeln – 3mal anders

1 kg große Kartoffeln
Kräutersalz
1 Zwiebel
2–3 EL Öl
ca. 500 g Gemüse, z. B. Lauch, Pilze, Sellerie und Möhren

Gewürze:
Thymian, Majoran, Basilikum, Curry, gemahlener Koriander, gehackter Knoblauch Petersilie, Dill
2–3 EL geriebener Parmesankäse bzw. Gruyère oder Bergkäse
Butterflöckchen
saure Sahne

Von den gut gewaschenen und gebürsteten Kartoffeln einen Deckel abschneiden. Kartoffeln vorsichtig aushöhlen. Kräutersalz hineinstreuen. Die feingeschnittene Zwiebel in dem Öl andünsten, das kleingeschnittene Gemüse (Lauch, Pilze, Sellerie, Möhre) zugeben und etwa 5 Minuten dünsten. Die Gemüsemasse mit den Gewürzen, Knoblauch und gehackten Kräutern abschmecken. Den geriebenen Parmesankäse unterrühren und die Masse in die ausgehöhlten Kartoffeln füllen. Kartoffeln auf ein gefettetes Backblech setzen und im vorgeheizten Ofen bei 200 Grad je nach Größe 45–60 Minuten backen. Wenn die Kartoffeln aus dem Ofen kommen, auf jede ein Butterflöckchen setzen. Über die gebackenen Kartoffeln gießt sich jeder nach Geschmack bei Tisch saure Sahne.

... mit Sauerkraut und Champignons
Kartoffeln vorbereiten wie oben beschrieben. Blättrig geschnittene Champignons (oder andere Pilze) in Butter mit Kräutersalz und Pfeffer kurz andünsten, Sauerkraut feinschneiden und kurz mitdünsten. Mit saurer oder süßer Sahne vermischen. Füllung in die ausgehöhlten Kartoffeln füllen, mit geriebenem Käse bestreuen, Butterflöckchen draufsetzen und überbacken.
Genausogut können Sie nur Pilze verwenden oder nur Sauerkraut.

... mit feinem Kartoffelpüree
Kartoffeln vorbereiten wie beschrieben. Das feine Kartoffelpüree (Seite 104) hineinfüllen, ein rohes Ei hineinsetzen, um das Ei herum mit dem Spritzbeutel einen Kranz von Kartoffelpüree spritzen. Mit Kräutersalz, Pfeffer und geriebenem Käse bestreuen. Kartoffeln im Ofen bei 200 Grad 45–60 Minuten backen.

Kartoffel-Lauch-Auflauf

5–6 große Kartoffeln
3 Stangen Lauch
¼ l Sahne
1 Ei
Kräutersalz
Pfeffer
Paprika (edelsüß)
1 Knoblauchzehe (zerquetscht)
Butter für die Form

Kartoffeln abbürsten und in nicht ganz dünne Scheiben schneiden, Lauch in Ringe schneiden. Übrige Zutaten miteinander verquirlen. Auflaufform ausbuttern. Kartoffeln schuppenförmig in die Form füllen, Lauch darüberstreuen. Mit der Eier-Sahne-Sauce übergießen und bei 200 Grad im Ofen backen, bis die Kartoffeln gar sind (ca. 1 Stunde). Man kann auch noch etwas extra Käse drüberstreuen.

Kartoffel-Blumenkohl-Tomaten-Auflauf

1 kg neue Kartoffeln
1 Blumenkohl
Kräutersalz und Pfeffer
Curry nach Geschmack (mindestens 2 EL)
2 durchgepreßte Knoblauchzehen
frisch geriebene Muskatnuß
4 große Tomaten
frisches Basilikum (ersatzweise getrocknetes)
⅛ l Sahne
100 g geriebener Käse (Parmesan oder Gruyère)
Butterflöckchen zum Bestreuen

Die Kartoffeln kräftig bürsten und in Salzwasser kochen. Etwas abkühlen lassen und ungeschält in dicke Scheiben schneiden. Den gesäuberten Blumenkohl im Ganzen in Salzwasser halbweich kochen (im Dampfdrucktopf geht das in 3 Minuten). Eine große gebutterte Auflaufform bereitstellen. Erst eine Lage Kartoffelscheiben hineingeben, diese mit Salz, Pfeffer, Curry und Knoblauch bestreuen, dann den Blumenkohl in die Mitte setzen und die restlichen Kartoffelscheiben schuppenartig drumherum legen, ebenfalls würzen. Blumenkohl mit Muskat bestreuen. Die Tomaten vierteln und mit der Rundung nach oben um den Blumenkohl arrangieren, mit Salz und gehacktem Basilikum bestreuen. Über alle Zutaten Sahne träufeln und mit dem Käse bestreuen. Butterflöckchen darüber verteilen. Bei 200 Grad ca. 20 Minuten überbacken.

Foto Seite 102: *Kartoffel-Blumenkohl-Tomaten-Auflauf*
Seite 103: *Gebackene Kartoffeln mit anderen Gemüsen*

Gratin Dauphinois

1 kg Kartoffeln
Butter für die Form
Knoblauch
200 g Gruyère- oder Bergkäse (gerieben)
Kräutersalz und Pfeffer
Muskatnuß
knapp ¼ l Milch oder Sahne
Butterflöckchen

Kartoffeln (ausnahmsweise) schälen und in dünne Scheiben schneiden (Schnitzelwerk). Gratinform üppig ausbuttern und mit durch die Presse gedrücktem Knoblauch aromatisieren. Eine Schicht Kartoffelscheiben in die Form legen, mit Salz, Pfeffer, Muskat und mit einem Teil des Käses bestreuen. Die nächste Schicht Kartoffelscheiben draufgeben, würzen wie vorher und so weiter, bis alle Kartoffeln verbraucht sind: letzte Schicht Käse und Butterflöckchen. Milch oder Sahne über das Ganze gießen. Im Ofen bei 200 Grad 1 Stunde backen, Garprobe machen! (Foto Seite 106)

Bratkartoffeln auf indische Art sind so gut, daß sie auch im neuen Kochbuch einfach nicht fehlen dürfen.

Indische Bratkartoffeln

2 Zwiebeln
Öl
Curry nach Geschmack (ich nehme 2 EL)
1 kg gekochte Pellkartoffeln
3–4 Eier
2–3 EL geriebener Käse
Kräutersalz und Pfeffer

Die gehackten Zwiebeln in einer großen Pfanne im Öl golden dünsten. Curry und Kartoffelscheiben hineingeben, wie gewöhnlich braten. Eier mit dem Käse verrühren, würzen und über die Kartoffeln gießen. Deckel auf die Pfanne setzen und bei kleiner Flamme 10 Minuten stocken lassen. Servieren Sie dazu mal in Essig und Öl eingelegte Hallimasche, milchsauer eingelegte Zwiebeln und Tomaten oder was Ihnen sonst noch einfällt!

Honig-Kartoffeln

500 g Kartoffeln
2 EL Honig
2 EL Butter
1 EL Wasser
viel Muskatnuß
Kräutersalz
Pfeffer

Kartoffeln in der Schale kochen, ausnahmsweise pellen. Honig erhitzen, Butter und Wasser unterrühren, mit Muskat, Kräutersalz und Pfeffer abschmecken. Kartoffel darin schwenken.

Besonders feines Kartoffelpüree nach Brecht

1 kg gekochte Pellkartoffeln
¼ l Wasser
¼ l Milch
gekörnte Würze oder Kräutersalz
Selleriesalz
1–2 EL Butter
zerstoßene Muskatblüte
Pfeffer
etwa 1 EL Käsewürfel (eines kräftigen Käses, Brecht schlägt Harzer vor, ich nehme Bergkäse)
viel Schnittlauch
Sahne nach Geschmack

Kartoffeln pellen und fein reiben. Wasser und Milch im Topf mit gekörnter Würze bzw. Kräutersalz und Selleriesalz kräftig abschmecken, restliche Zutaten zugeben. Unter Rühren aufkochen lassen und die Kartoffeln unterrühren. Zum Schluß kurz mit dem Schneebesen luftig schlagen; evtl. noch einmal nachwürzen.
Es hängt von der Art der Kartoffeln ab, ob Sie eventuell etwas mehr Wasser oder Milch oder Sahne brauchen.
Da der erste Gang ja aus Frischkost bestand, können Sie zum Kartoffelpüree jedes gedünstete Gemüse servieren, z. B. den Rosenkohl mit Mandelsplittern (Seite 88). Sie können Kartoffelpüree und Rosenkohl auch in eine Auflaufform schichten, mit Käse bestreuen und kurz im Ofen überbacken. – Das Überbacken gibt jedem Gericht noch einen besonderen Pfiff!

Kartoffelpüree überbacken mit Sesambutter

750 g Kartoffeln
50 g Butter
⅛ l Sahne
2 Eigelb
Kräutersalz
2 EL Sesam
2 EL Butter

Kartoffeln in der Schale kochen, pellen und durch die Kartoffelpresse drücken. Butter, Sahne, Eigelb, Kräutersalz unter die Kartoffelmasse mischen und das Püree cremig schlagen. Eine Auflaufform ausbuttern und mit einer Spritztüte mit großer Sterntülle das Püree dekorativ hineinspritzen. Bei 200 Grad 10 Minuten im Backofen überbacken. Sesam in der Pfanne ohne Fett rösten, dann erst die Butter zugeben und diese Mischung vor dem Servieren über dem Püree verteilen.

Ein einziges Mal habe ich mir eine Abfuhr geholt, als ich nach beendetem Schmaus um das Rezept bat. No! sagte Signora Teresa ungerührt, mich schwarzäugig anstrahlend. Sie rückte das Rezept nicht heraus, sie wollte es für sich behalten. Ich habe es auch tatsächlich auf ganz Sardinien nicht wieder angetroffen, aber ich habe es nachgekocht und – wie meistens – noch verfeinert.
Ich mache einen Nudelteig und fülle den mit Kartoffelpüree, aber das Kartoffelpüree würze ich mit Muskat und Knoblauch, und rühre es mit Sahne schaumig. (Das hat Signora Teresa alles nicht gemacht!) Die Kartoffelnudeln (vom ernährungsphysiologischen Standpunkt aus ein Unding) koche ich in Salzwasser gar und serviere sie mit zerlassener Butter und/oder Tomatensauce.

Kartoffelpüree-Nudeln nach Signora Teresa

1 Rezept Nudelteig (Seite 156)
1 Rezept Kartoffelpüree (Seite 104)
½ Becher Sahne
abgeriebene Muskatnuß
Knoblauch
1 Ei

Den Nudelteig auf bemehlter Fläche ausrollen, in Vierecke schneiden. Je einen Löffel Kartoffelpüree draufgeben, die Seiten mit verquirltem Ei bepinseln, je ein zweites Viereck drauflegen und gut andrücken. In kochendem Salzwasser mit einem Schuß Öl etwa 10 Minuten garen.

Kartoffelgratin aus der Toscana

600 g feines Kartoffelpüree
1 Peperoni (grüne Pfefferschote, auch eingelegt)
2 EL Olivenöl
2 Zucchini
Kräutersalz und Pfeffer
Knoblauch
4 Tomaten
150 g geriebener Parmesan oder Bergkäse
Butterflöckchen
¼ l Sahne

Kartoffelpüree zwei Daumen dick in eine gebutterte Auflaufform füllen. Peperoni entkernen und in feine Streifen schneiden, Zucchini in dicke Scheiben schneiden und in dem Öl anbraten, mit Salz, Pfeffer und Knoblauch würzen. Tomaten in dicke Scheiben schneiden, salzen und pfeffern. Peperonistreifen auf das Kartoffelpüree verteilen, die Hälfte des Käses drüberstreuen. Restliches Kartoffelpüree drauffüllen, schuppenartig abwechselnd Zucchini- und Tomatenscheiben darauf anordnen. Den restlichen Käse drüberstreuen, Butterflöckchen draufsetzen, die Sahne drübergießen. Im Ofen bei 200 Grad 30–40 Minuten backen.

Kartoffel-Spinat-Roulade

1 kg gekochte Pellkartoffeln
3 Eigelb
3 EL Weizenmehl
Kräutersalz und Pfeffer
evtl. etwas Milch
Muskat
1 kg fertig gegarter Blattspinat (Seite 93)
zerlassene Butter
viel frisch geriebener Parmesan

Die gepellten Kartoffeln durch die Kartoffelpresse drücken, dann mit Eigelb, Mehl, Kräutersalz, Pfeffer, Muskat (evtl. etwas Milch) gut vermischen. In Form eines Rechtecks auf ein Stück mit Pflanzenöl bestrichenes Pergamentpapier streichen. Den abgetropften, feingehackten Spinat darauf verteilen. Teig zu einer Rolle formen (wie beim Strudel), das Pergamentpapier gut um die Rolle verschließen, auch die Enden zusammendrücken. In Salzwasser vorsichtig 10 Minuten garen. Rolle aus dem Papier wickeln und in dicke Scheiben schneiden. Mit zerlassener Butter begießen und mit Parmesan bestreut servieren.
Sie können die Rolle auch auf ein gefettetes Backblech setzen (natürlich ohne Pergamentpapier), sie dann mit einem verquirlten Ei bestreichen, mit Semmelbröseln bestreuen und im vorgeheizten Ofen bei 200 Grad 30 Minuten backen.

Foto Seite 106: *Gratin Dauphinois*
Seite 107: *Kartoffel-Spinat-Roulade*

Italienische Kartoffel-Gnocchi mit Salbei

500 g gekochte Pellkartoffeln (geschält)
700 g rohe Kartoffeln (geschält)
1 Ei
150 g Weizenmehl
Kräutersalz und Pfeffer
Muskatnuß

außerdem:
2 EL Butter
1 Handvoll frische Salbeiblätter (zur Not getrocknete)
100 g geriebener Parmesan

Heiße, gepellte Kartoffeln reiben (Schnitzelwerk), die rohen, geschälten Kartoffeln ebenfalls reiben und zugeben, danach Ei, Mehl und Gewürze. Alles zu einem Teig verkneten. Den Teig ½ Stunde ruhen lassen, dann 2 cm dicke Scheiben abschneiden und zwischen den Händen zu Gnocchi (Nockerl, Würstchen) drehen. Gnocchi in Salzwasser etwa 10 Minuten kochen, dann abgießen. Butter zerlassen, Salbeiblätter hineinstreuen und kurz braten. Gnocchi zugeben und vermischen. Gnocchi in eine vorgewärmte Schüssel geben und mit geriebenem Käse bestreut serviert.
Oder in der köstlichen Gorgonzolasauce (Seite 39) servieren.

»Wieviel Dinge gibt es doch,
die ich nicht brauche!«
Sokrates

Kartoffelnestchen

750 g Kartoffeln
1 Ei
⅛ l Milch
Vollmeersalz
Muskat

Füllung:
2 Eier (getrennt)
100 g geriebener Emmentaler
Vollmeersalz, Pfeffer

Gewaschene Kartoffeln in der Schale kochen, pellen und durch die Kartoffelpresse drücken, mit der heißen Milch und mit dem Ei verrühren, mit Salz und Muskat abschmecken. Mit der Spritztüte kleine Nestchen auf ein gefettetes Backblech setzen. Füllung aus Eigelb, geriebenem Käse und steifem Eischnee herstellen, mit einem Teelöffel in die Nestchen füllen. Bei 240 Grad 10–15 Minuten überbacken.

Kartoffeltaschen

750 g Kartoffeln
2 Eier
2 EL Weizenmehl
Kräutersalz
frischer Majoran
frisch geriebene Muskatnuß
8 Scheiben Emmentaler oder Gruyère
Mehl zum Ausrollen
Öl zum Braten

Kartoffeln in der Schale kochen, mit kaltem Wasser abschrekken und pellen, durch die Kartoffelpresse drücken. Eier, Mehl, Salz, Majoran und Muskat zufügen, zu einem Teig kneten. Auf bemehlter Arbeitsfläche Kartoffelteig 1 cm dick ausrollen, in 8 Rechtecke schneiden und je eine Käsescheibe daraufgeben. Teig übereinanderschlagen und die Ränder festdrücken. In Öl von beiden Seiten braten, auf einer vorgewährmten Platte servieren.
Gut dazu die Tomatensauce aus Korsika (Seite 40).

Kartoffel-Quark-Auflauf

500 g gekochte Pellkartoffeln
Kräutersalz und Pfeffer
500 g pikant angemachter Quark
2 Eier (getrennt)
1 EL Weizenmehl
100 g geriebener Käse (Emmentaler, Bergkäse, Parmesan)
Butterflöckchen

Pellkartoffeln (mit der Schale) in Scheiben schneiden, in eine gebutterte Auflaufform schichten, mit Kräutersalz und Pfeffer bestreuen. Quark mit Eigelb und dem Weizenmehl verrühren, steifgeschlagenes Eiweiß unterheben, noch einmal abschmecken. Quarkmasse auf die Kartoffeln füllen, mit geriebenem Käse bestreuen, Butterflöckchen draufsetzen. Bei 200 Grad 30 Minuten im Ofen backen.

Kartoffel-Spinat-Pudding

ca. 500 g gekochte Pellkartoffeln
4 Eier (getrennt)
Kräutersalz und Pfeffer
Muskat
evtl. etwas Milch oder Sahne
1 Zwiebel
1 EL Sonnenblumenöl
1 kg Spinat (oder 2 Päckchen tiefgefrorener)
100 g geriebener Käse (Parmesan oder Bergkäse)

Gepellte Kartoffeln reiben, mit Eigelb, Gewürzen, evtl. etwas Milch oder Sahne, verrühren. Zwiebel hacken und in Öl dünsten, Spinat zugeben. Kartoffel- und Spinatmasse mischen, steifgeschlagenes Eiweiß und den geriebenen Käse unterziehen. Masse in eine gut gebutterte Pudding- oder Auflaufform füllen. Bei 200 Grad 50 Minuten backen, dann stürzen.
Mit zerlassener Butter begossen und mit etwas extra geriebenem Käse bestreut servieren.

Sesamkartoffeln

1 kg Kartoffeln
4–5 EL Sesam
Butter
Kräutersalz
etwas Pfeffer

Kartoffeln mit der Schale kochen und ungeschält vierteln. Sesam in der Pfanne ohne Fett kurz anrösten, bis er anfängt, leicht zu duften, Butter zugeben und schmelzen lassen. Kartoffelviertel zugeben und darin wenden, mit Kräutersalz und Pfeffer abschmecken.
Am Vortag gekochte Kartoffeln lassen sich besser vierteln, brauchen aber längere Erhitzung.

Zweimal Walnußkartoffeln

1 kg Kartoffeln
3–4 Knoblauchzehen (in Scheiben)
2 EL Butter
1 Prise Kräutersalz und etwas Pfeffer
1 Handvoll frische Salbeiblätter
1 Handvoll Walnüsse

Kartoffeln mit der Schale kochen, ungeschält vierteln, Knoblauch durch die Presse drücken. Butter in einer Pfanne zerlassen, den Knoblauch darin kurz andünsten, Kartoffelviertel dazugeben und anbraten, mit Kräutersalz, Pfeffer und ganzen Salbeiblättern abschmecken. Die Walnüsse untermischen.

oder:

1 kg Kartoffeln
2 Zwiebeln
175 g geriebener Käse
1 Handvoll Walnüsse
Kräutersalz und Pfeffer
Muskat
Butterflocken

Kartoffeln mit der Schale kochen, abschälen, Zwiebeln schälen. Kartoffeln und Zwiebeln grob raffeln, Käse untermengen, mit Kräutersalz, Pfeffer und Muskat würzig abschmekken. Zum Schluß die Walnüsse zugeben. Alles in eine gefettete Form geben und bei 175 Grad, mit Butterflocken bestreut, kurz im Ofen überbacken.

Kartoffel-Tortilla

500 g Kartoffeln
Vollmeersalz oder Kräutersalz
4 EL Olivenöl
gehackte Petersilie
4 Eier (verquirlt mit etwas Wasser)
Pfeffer

Kartoffeln bürsten (möglichst mit der Schale verwenden), in feine Scheiben schneiden (Schnitzelwerk) und salzen. In einer Pfanne mit Deckel das Öl erhitzen, Kartoffelscheiben hineingeben, Deckel drauf und bei niedriger Hitze garen (30–40 Minuten). Petersilie unter die Eier geben, pfeffern. Masse auf die gegarten Kartoffelscheiben gießen, Masse stocken lassen. Wer will, kann die Masse auch wenden wie einen Eierkuchen und die Eierseite braun braten.
So lautet das Originalrezept aus Spanien oder Mexiko – ich brate die Kartoffeln mit gehackter Zwiebel und würze noch zusätzlich mit Muskat.

Was jeder einzelne von uns tun kann:

- Biologisch erzeugte Produkte bevorzugen
- Direkteinkauf beim Bauern tätigen
- Einem Bauern während der Umstellung auf biologische Landwirtschaft Abnahmegarantien geben
- Verbrauchergemeinschaften bilden und so biologische Produkte zum Großhandelspreis von Genossenschaften beziehen
- In Naturkostläden oder Reformhäusern nach biologischen Produkten fragen
- Selbst Gemüse biologisch anbauen (sofern Garten vorhanden)
- Lebensmittelhändler nach biologischen Produkten fragen
- Gleichgesinnte in der Nachbarschaft suchen und gemeinsam Einkaufsgemeinschaften organisieren.

(*Die Grünen,* Landesarbeitsgruppe »Ernährung«)

Aus echtem
Schrot & Korn

Getreidegerichte – da sticht nicht nur der Hafer!

Die Einführung der Getreidenahrung muß eine riesige Veränderung des menschlichen Verhaltens mit sich gebracht haben. Bezeichnenderweise stammt das Wort »Kultur« vom römischen Wort »cultura« = Ackerbau ab. Der menschenfressende Polyphem war offenbar noch kein Getreideesser – »Groß war, Schauder erweckend, der Unhold, keinem vergleichbar, der vom Getreide sich nährt«, so schildert ihn Homer.

Das Wort »Getreide« stammt aus dem Althochdeutschen »gitregedi«. Im 12.–13. Jahrhundert als »getregede« ins Mittelhochdeutsche übernommen, bedeutet es: alles, was getragen wird, Ertrag, Kleidung, Gepäck, aber auch »alles, was der Boden trägt«. Die neuhochdeutsche Form »Getreide« wurde durch Luthers Bibelübersetzung geläufig:

> »Am zweitersten Sabbat ging ER durch Getreidefelder /
> seine Jünger pflückten Ähren ab /
> zerrieben sie mit den Händen /
> und aßen sie.« *(Lukas 6, Vers 1)*

Das ungemahlene Getreidekorn wirkt wie eine natürliche Konserve, während das gemahlene Korn schon unmittelbar nach dem Mahlvorgang unter Einfluß des Luftsauerstoffs durch Oxidation seine Vitalstoffe einbüßt.

Frisch gemahlenes Vollkornmehl enthält etwa siebenmal soviel Vitamine, sechsmal soviel Eisen, viermal soviel Kalium und Kupfer wie das »normale« Auszugsmehl. Getreidegerichte aus Vollkorn machen satt – und trotzdem nicht dick, denn die Vitalstoffe aktivieren den Zellstoffwechsel und die Verdauungstätigkeit.

Wie hoch das Getreide früher geschätzt wurde, beweist die Tatsache, daß noch vor 150 Jahren Universitätsprofessoren, wie der berühmte Arzt Hufeland, einen Teil ihres Gehalts in Form von Getreide erhielten.

So sieht ein Getreidekorn aus

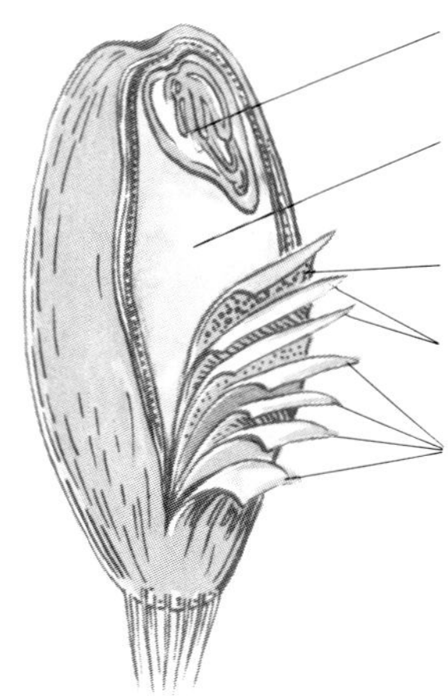

- **Getreidekeim**
  enthält hochwertiges Eiweiß, Keimöl, Mineralstoffe, Vitamine des B-Komplexes und Spurenelemente.
- **Mehlkern**
  Hieraus wird Auszugsmehl hergestellt. Enthält Kleber und Kohlenhydrate sowie verschwindend geringe Anteile an Vitaminen und anderen Vitalstoffen.
- **Aleuronschicht**
  Eiweiß- und Ölschicht mit Lezithin. Reich an Fermenten und Vitaminen.
- **Samenschale**
  Eiweiß- und sehr mineralstoffreich.
- **Fruchtschale**
  Ballast- und vitalstoffhaltige Randschichten.

In grauer Vorzeit bereits wurde Getreide gedarrt und geröstet. Man hat geröstete Gerste aus der Eiszeit gefunden, Ägypter und Griechen haben Getreide geröstet.

Bei den römischen Heeren besaß jede Kohorte eine Getreidemühle. Der tägliche Bedarf wurde gemahlen, ⅓ davon gekocht und als Brei gegessen, die übrigen ⅔ zu Fladenbroten verbacken als Marschverpflegung. Wenn aus Getreidemangel Fleisch gegessen werden mußte, haben die Soldaten diese Kost als Mangelkost betrachtet. 205 v. Christus führten die Etrusker auf ihren Schiffen Handmühlen und Gefäße zum Einteigen des Getreidebreis mit sich, berichtet Livius. »Die Qualität des feinsten Brotes«, sagt Plinius, »hängt hauptsächlich von der Güte des Weizens und der Feinheit des Siebes ab«.

Die Römer haben offenbar in der ganzen Welt nach Sieben gejagt, um das feinste aller feinen Mehle zu gewinnen. Aber nicht nur sie: »Die Gallier waren die ersten, die das Roßhaarsieb verwendeten. Die Spanier machten ihre Siebe aus Flachs und Leinen und die Ägypter aus Papyrus und Binsen.« Auch Siebe aus Wolle und Leinen hat es gegeben, bis im 19. Jahrhundert die ersten Siebe aus Seidengaze hergestellt wurden.

Wo die Getreidesorten herstammen

Die Gerste, eines der ältesten Getreide, aus den Felsen- und Steppenböden des Orients von Nordostafrika bis Transkaukasien und Kurdistan. Findet sich schon in der Alt- und Jungsteinzeit. Sie wächst bis 2100 m Höhe, in Tibet bis auf 4400 m. Wird aber auch in der Sahara angebaut, hinunter bis zum Äquator. In China gehörte sie zu den 5 heiligen Pflanzen, die der Kaiser selbst aussäte.

Der Hafer wird schon von Plinius erwähnt. Wahrscheinlich ist er ein nordisches Getreide, als »Haberbrei« die Hauptnahrung der Germanen. Jünger als Gerste und Hirse, wächst er, wo Roggen und Gerste nicht mehr gedeihen.

Die Hirse, ebenso alt, stammt aus Mittelasien oder dem nördlichen Ostindien. In Europa findet man sie bereits in der Steinzeit. Um 1500 wird sie als Hauptnahrung der armen Bevölkerung erwähnt, durch die Kartoffel und den Mais wird sie aus Deutschland verdrängt. In der Schweiz beginnt man bereits mit dem Wiederanbau der Hirse (sie enthält übrigens besonders viel Kieselsäure, gut für Nägel, Haare, Bindegewebe!).

Der Mais. Neuere Forschungen vermuten, daß Mais nicht, wie lange behauptet, aus Mexiko, sondern aus Ostasien zu uns gekommen ist. Zwischen China und Amerika sollen bereits 1200 v. Christus Handelsverbindungen bestanden haben. Mungo Park hat ihn aber Anfang des 19. Jahrhunderts auch in Zentralafrika gefunden.

Der Reis hat seine Heimat in Indochina. Er wurde bereits in Vor-Indogermanischer Zeit angebaut; in China kannte man ihn bereits Zehntausend Jahre v. Christus, aber nicht den Weizen. Der Reis ist eine Sumpfpflanze, er muß unter Wasser gepflanzt werden, nicht gesät. In Europa wird er heute in der Poebene, im Rhonedelta und an der spanischen Mittelmeerküste angebaut. Reis gilt als das »geistigste« der Getreide. Natürlich muß auch beim Reis das ganze Korn gegessen werden. Der Genuß von geschältem Reis erzeugt auf die Dauer starken Vitaminmangel.

Der Roggen wurde das Hauptgetreide der nordischen Völker zur Brotherstellung. Die Germanen kannten ihn bereits mehrere Jahrhunderte v. Chr., ist aber wohl aus dem Osten gekommen, nach Europa wahrscheinlich in der Bronzezeit.

Der Weizen ist vielleicht der König der Getreide. Aus Mittelasien wanderte er nach China und dann in den Westen. In Ägypten sollen Weizenkörner aus der Zeit von 4145 v. Christus gefunden worden sein. Die oft gehörte Behauptung, daß die in Gräbern gefundenen Körner heute noch keimfähig seien, wurden übrigens vom Ägyptischen Museum in Kairo als Märchen abgetan. Weizen stellt die meisten Anforderungen an die Qualität des Bodens – wobei eine Untersorte, nämlich der *Dinkel,* sich noch am ehesten mit geringerem Boden und auch größerer Höhenlage zufrieden gibt. Neuerdings ist die Nachfrage nach Dinkel stark gestiegen, und immer mehr Bauern beginnen, seinen Anbau zu betreiben.

Was uns die verschiedenen Getreidesorten bieten

Gerste: Kalzium, Calcium, Phosphor und Kieselsäure. Gut gegen Bindegewebsschwäche, Krampfadern und Gelenkkrankheiten.

Grünkern: Ein in Milchreife geernteter und gedarrter Dinkel (alte Kulturform des Weizens). Viel Eiweiß, Kalium, Phosphor und Eisen. Da er gedarrt wird, ist er nicht mehr keimfähig wie der Dinkel.

Hafer: Viel Eiweiß, Kieselsäure, Calcium, Phosphor und Fluor, ferner die Vitamine E, B_1, B_6 und Biotin (Vitamin H) für Haut und Haare.

Hirse: Viel Kieselsäure, gut für Knochen, Haut, Haare, Fingernägel und Zähne. Mit 50 g Hirse ist der Tagesbedarf an Eisen gedeckt, mit 100 g der Bedarf an Fluor.

Mais ist arm an Vitaminen der B-Gruppe (in Gegenden, in denen ausschließlich Mais gegessen wird, kommt es zur Mangelkrankheit »Pellagra«, was soviel heißt wie »rauhe Haut«), enthält aber viel Kalium, Magnesium, Phosphor, Eisen und Kieselsäure.

Reis: Viel Eiweiß, Vitamin E und die wichtigsten Vitamine der B-Gruppe. Gut bei Rheuma-, Herz- und Kreislaufleiden.

Roggen: Viele Vitamine der B-Gruppe und Mineralien, besonders Kalium, Phosphor, Fluor, Kieselsäure und Eisen.

Weizen: 11–13% Protein, das Klebereiweiß. Besonders günstiges Mischungsverhältnis zwischen den Bestandteilen Gliadin und Glutenin. Vitamine B_1, B_2, B_6 und Karotin (Vorstufe von Vitamin A) sowie Kalium, Phosphor, Magnesium und Kieselsäure.

Buchweizen ist kein Getreide, sondern ein Knöterichgewächs. Seine Zubereitung entspricht aber der Zubereitung der Getreidesorten; deshalb nenne ich ihn hier trotzdem: Neben dem Vitamin B-Komplex, viel Lezithin und Lysin, eine für das Knochenwachstum wichtige Aminosäure. Das Interessante beim Buchweizen: er läßt sich durch Kunstdünger nicht zu höheren Erträgen bringen.

Alle Getreidesorten sind verhältnismäßig kalkarm; der Kalkgehalt ist z. B. wesentlich niedriger als bei Hülsenfrüchten und Nüssen. Prof. Kollath empfiehlt als Ergänzung zum Getreide deshalb Milchprodukte. Diese sollten natürlich weder homogenisiert noch erhitzt sein.
Deshalb, Frauen: auf die Barrikaden! Erkämpft euch die unerhitzte, nicht homogenisierte Milch zurück! Die Zeit ist günstig – es gibt bereits Molkereien, die in den Supermärkten Milchtanks aufstellen, wo man sich die Milch selbst in Flaschen abfüllen kann. Leider ist sie bisher noch homogenisiert bzw. pasteurisiert!
Wir wollen Lebens-, nicht Todes-mittel!

Haben Sie sich das Prinzip der Getreideküche erst einmal verinnerlicht, ist alles ganz einfach, denn die Zubereitung ist für alle sieben Sorten, auch für Buchweizen, sehr ähnlich, abgesehen von der Dauer der Kochzeit.
Sie können die Körner

- fein mahlen oder grob schroten, dann sofort verwenden (in Wasser einweichen oder kochen bzw. verbacken, da sonst der Luftsauerstoff die Vitalstoffe angreift)
- im ganzen etwa 10 Stunden (nicht länger), also am besten über Nacht, in Wasser einweichen, in dem Einweichwasser aufkochen, der Getreideart entsprechend einige Minuten kochen und dann auf der ausgeschalteten Herdplatte ausquellen lassen (Hirse und Reis müssen nicht eingeweicht werden)
- darren, d. h. das saubere Getreide auf einem Backblech ausgebreitet etwa 1 Stunde zwischen 60 und 70 Grad im Ofen rösten, bis es würzig duftet, danach wird es weiter verarbeitet wie üblich.

Was Sie mit den gekochten Getreidekörnern alles machen können:

- pikant zubereiten – mit gekörnter Brühe, Kräutersalz und Pfeffer, Lorbeerblatt, Liebstöckel, Rosmarin, Salbei, Thymian, Majoran, Dill, Basilikum, Koriander, Muskat, Knoblauch, Petersilie, Sahne und allen möglichen gedünsteten Gemüsen, und geriebenen Käse drüberstreuen
- die Körner ganz oder püriert zu Puffern (Laibchen), Schnitten, Klößen (Knödeln) und, unter Zugabe von Eiern, Sahne und Käse, zu Aufläufen verarbeiten
- daraus Süßspeisen bereiten; bzw. süße Aufläufe mit Eiern, Sahne oder Honigschlagsahne, Zimt, Naturvanille, Birnenmehl, Ahornsirup, Zitronenschale, Sesam, Anis, Fenchel, Carob, Bananen, Nelken etc.

Wie vielseitig eine einzige Getreidesorte sich verwenden läßt, möchte ich Ihnen am Beispiel Hirse zeigen. Ich habe einen Topf Hirse gekocht, und serviere ihn 9x anders.

9mal Hirse für Hirn, Herz und Humor

1. Hirse gemischt mit gedünstetem Gemüse, pikant mit Knoblauch abgeschmeckt, mit geriebenem Käse bestreut.
2. Hirse vermischt mit gebratenen Pilzen, abgeschmeckt mit Sojasauce, mit Petersilie bestreut.
3. Hirse mit gehackten Zwiebeln, Kreuzkümmel und Curry in Olivenöl gebraten.
4. Hirse in gedünstete Kohlrabi, Tomaten, Gurken gefüllt oder in Mangoldblätter gewickelt, in einer Auflaufform mit Sahne und Käse überbacken; dazu eine Zitronensauce.
5. Hirsering mit Gemüse gefüllt; dazu die gegarte Hirse in eine gefettete Reisrandform füllen, dann auf eine vorgewärmte Platte stürzen und mit dem gegarten Gemüse (z. B. Möhren, Lauch, Zwiebeln) füllen – siehe Foto rechts.
6. Hirsepuffer mit Curry-Rosinen-Sauce.
7. Hirse mit Kräutersalz und Pfeffer, Eigelb, dem steifge-

Hirsering mit Gemüse gefüllt

schlagenen Eiweiß vermischt, und geriebenem Käse im Ofen überbacken.
8. Hirse süß mit Zimt, Honig, Pflaumenmus und 1 Stückchen Butter in der Mitte.
9. Hirse als süßer Auflauf – mit Aprikosen, Stachelbeeren, Johannisbeeren, Äpfeln, eingemachten oder frischen Kirschen oder Pflaumen, mit Eigelb und steifgeschlagenem Eiweiß vermischt im Ofen überbacken, mit heißer Holundersauce, usw. usw., dies sind nur ein paar Beispiele.

Übrigens: Theoretisch ließe sich auch ungeschälte Hirse verwenden; die Schale ist aber sehr hart, so daß im allgemeinen die geschälte Hirse bevorzugt wird. Geschälte Hirse enthält immer noch fast 4mal soviel Kieselsäure wie ungeschälter Weizen. Auch Fluor befindet sich nicht nur in der Hirseschale, sondern auch im Innern des Hirsekorns.
Kurz, die Hirse ist ein Wunderkorn!

Grundrezepte für Getreide

Für 4 Personen rechne ich 300 g Getreide und etwa die doppelte Menge, also reichlich ½ Liter Flüssigkeit.
Die Kochzeiten allerdings sind unterschiedlich (die hier angegebenen verstehen sich immer für ganze Körner):

Buchweizen heiß überbrühen, dann über Nacht einweichen, im Einweichwasser aufkochen, 5 Minuten kochen und 30 Minuten bei niedriger Hitze quellen lassen.

Gerste über Nacht einweichen. Im Einweichwasser 30 Minuten kochen.

Grünkern über Nacht einweichen, im Einweichwasser 50 Minuten kochen.

Hafer über Nacht einweichen, im Einweichwasser 30 Minuten kochen.

Hirse heiß überbrühen, in der Flüssigkeit aufkochen, 6 Minuten kochen und bei niedrigster Hitze 20–30 Minuten ausquellen lassen.

Mais etwa 30 Minuten kochen.

Reis etwa 45 Minuten kochen.

Roggen über Nacht einweichen, im Einweichwasser 45 Minuten kochen.

Weizen über Nacht einweichen, im Einweichwasser 50 Minuten kochen; Dinkel wird wie Weizen behandelt.

Buchweizenbrei

250 g Buchweizen
½ l Gemüsebrühe
1 kleingehackte Zwiebel
2 EL Sonnenblumenöl
gemahlener Koriander
Muskatnuß
Selleriepulver
Oregano
Kräutersalz und Pfeffer
Knoblauch nach Geschmack
geriebener Käse

Buchweizen grob schroten. 2 Stunden in der Gemüsebrühe einweichen. Zwiebel in Öl golden dünsten, an den Buchweizen geben und alles mit den Gewürzen abschmecken. Bei kleiner Hitze in 25 Minuten garen. Mit geriebenem Käse bestreut servieren, z. B. mit Gemüse oder einem Salat.

Variationen: Unter den erkalteten Buchweizenbrei geriebenen Käse, 1 Eigelb mengen, Teig abschmecken und Klöße formen. In kochendem Wasser garziehen lassen. (Die Klöße sind fertig, wenn sie hochsteigen, ca. nach 5 Minuten.) Mit zerlassener Butter servieren oder eine Tomaten- oder Pilzsauce dazu reichen.
Die ausgequollene Masse noch heiß auf ein gefettetes Backblech streichen, mit geriebener Muskatnuß oder Muskatblüte bestreuen, Butterflöckchen draufsetzen und im Ofen 10 Minuten überbacken.
In Quadrate, Rechtecke oder Rauten schneiden.

Kascha – Marokkanische Buchweizenspeise

250 g Buchweizen (ganze Körner)
Wasser
1 TL Kräutersalz

Die ganzen Buchweizenkörner trocken in einem Tuch abreiben, dann im Topf ohne Fett goldgelb rösten (Topf ab und zu schütteln). 2 Finger breit kochendes Wasser zugießen, salzen, aufkochen und den Topf in den vorgeheizten Backofen stellen, ausquellen lassen, bis die Kascha völlig trocken ist (ca. 25 Minuten).

Variante: Die fertig ausgequollene Kascha auf ein gefettetes Blech streichen, mit geriebenem Käse bestreuen und im Ofen überbacken.

Buchweizen-Käse-Auflauf

500 g fertiger Buchweizenbrei	Kräutersalz und Pfeffer
3 Eigelb	3 Eiweiß
	200 g geriebener Käse

Buchweizenbrei mit dem Eigelb vermischen, mit Kräutersalz und Pfeffer abschmecken. Steifgeschlagenes Eiweiß unterziehen. Den Brei in eine gefettete Auflaufform füllen, mit dem Käse bestreuen und bei 200 Grad im vorgeheizten Ofen goldbraun überbacken.

Buchweizenring

je 1 ½ Möhre, Lauchstange und Petersilienwurzel	Knoblauch nach Geschmack
1 Stück Sellerie	250 g ganzer Buchweizen
1 Zwiebel	½ l Gemüsebrühe
	Kräutersalz

Grünzeug, Zwiebel und Knoblauch klein schneiden oder raspeln. Buchweizen mit dem Grünzeug, Gemüsebrühe und Salz aufkochen und 20 Minuten ausquellen lassen. Eine gefettete Reisrandform mit dem Buchweizen füllen, dann auf eine vorgewärmte Platte stürzen.
Zu Buchweizenring serviere ich beliebiges Gemüse – Honigkarotten, Paprika, Lauch etc. Probieren Sie dazu auch mal die Curry-Rosinen-Sauce von Seite 38.

Meine Familie wird mir gar nicht mehr satt, seit wir auf Vollwertkost umgestiegen sind! – bekomme ich gelegentlich zu hören. (Interessant übrigens das besitzergreifende Wörtchen »mir«. »Mein Kind, du ißt mir nicht, du trinkst mir nicht, du bist mir doch nicht krank?«)
Bohre ich nach, woran das wohl liegen mag, bin ich den Fehlerquellen bald auf der Spur. Die sind:

- falscher Einkauf – zu kleine Mengen, in den falschen Läden, außerhalb der Saison, Fertigprodukte statt der Grundprodukte, also z.B. nicht Hirse, sondern Hirseflocken
- zu wenig Frischkost, statt dessen zuviel gekochtes (teures) Gemüse und Obst
- zu wenig Getreide-, Teig- und Kartoffelgerichte.

Eine Möhre, 1 Stück geriebener Sellerie, eine Handvoll Löwenzahnblätter, pikant angemacht und roh als Frischkost gegessen, genügen – fast die dreifache Menge brauchen Sie aber um satt zu werden, wenn Sie das Gemüse kochen.
Ein großer Teller mit Frischkost, bestreut mit Sonnenblumen- und Kürbiskernen, Sesam und Nüssen, gekeimten Getreidekörnern oder Hülsenfrüchten macht Sie nudeldikkesatt. Auch ein Vegan steht nicht hungrig vom Mahl auf. Wollen Sie nicht ausschließlich Frischkost essen, folgt eben ein Getreide-, Teigwaren- oder Kartoffelgericht.
Seit wir zu Hause die Mahlzeiten so konsequent mit Frischkost beginnen – etwa die Hälfte aller Speisen besteht aus Frischkost – ist uns sogar der Nachtisch zuviel. Dafür gibt's was Süßes zum Nachmittagstee.

Pikanter Gerstenring

200 g Gerste	etwas geriebener Käse
150 g Weizen	Muskatnuß
1 TL Curry	1 Prise Picata (von Brecht)
½ l Gemüsebrühe	3 Eiweiß
1 feingehackte Zwiebel	Butter und geröstete Sesamsamen für die Form
3 Eigelb	

Gerste und Weizen mittelfein mahlen, in der Pfanne ohne Fett mit dem Curry kurz anrösten, bis es würzig duftet. Gemüsebrühe kurz aufkochen, unter Rühren das geröstete Mehl zufügen und auf der ausgeschalteten Herdplatte 20 Minuten ausquellen lassen. Zwiebelwürfel, Eigelb, Käse, eventuell etwas Butter und die Gewürze unter die Masse rühren, zum Schluß das steifgeschlagene Eiweiß unterziehen. Eine feuerfeste Ringform ausbuttern und mit Sesam ausstreuen. Die Masse einfüllen und glattstreichen. Im vorgeheizten Backofen bei 200 Grad ca. 45 Minuten backen. Den fertigen Gerstenring 10 Minuten abkühlen lassen, am Rand mit einem Messer ablösen und auf eine Platte stürzen.
Mit irgendeinem geschmorten Gemüse in der Mitte servieren.

Als ich mit der Vollwertkost begann und immer stärkere Abneigung gegen Fleisch entwickelte, verspürte ich dennoch gelegentlich einen Heißhunger auf Leberwurst – und aß sie dann auch. Heute ist mir klar, daß ich unterver-

sorgt war mit dem in der Leber enthaltenen Vitamin B_1. Getreide liefert dieses Vitamin B_1, und damit hat auch das Verlangen nach Leberwurst aufgehört, ebenso wie die Gier nach »Süßem«.
Manche Mütter klagen, sie machten sich gar nichts aus Fleisch, aber ihr Mann/ihr Kind (auch das meistens männlich) seien geradezu süchtig nach Fleisch.
Wohlgemerkt, mir geht es nie darum, Fleisch zu imitieren, gerade auch deshalb, weil Fleisch an sich ja mehr oder weniger geschmacklos ist und erst durch Salz und Gewürze gewinnt. Aber versuchen Sie in einem solchen Fall einmal, Ihren »fleischfressenden Pflanzen« ein Grünkerngericht vorzusetzen. Grünkernknödel zum Beispiel, serviert mit einer Portion Sauerkraut, das Sie in Olivenöl, mit feingehackten Zwiebeln, einigen zerstoßenen Wacholderbeeren und etwas Weißwein ganz sacht erwärmt haben (möglichst nicht über die kritische 43- bis 45-Grad-Grenze), hält jeder für die delikatesten Leberknödel.

Grünkernknödel

250 g Grünkern (grob geschrotet)
½ l Wasser
2 Lorbeerblätter
1 Gemüsebrühwürfel oder 1 EL gekörnte Würze
1 TL Selleriesalz oder getrocknete Sellerieblätter
2 Eier
1 TL Senf
Pfeffer
1 TL Paprikapulver edelsüß
4 TL gerebelter Majoran
2 Knoblauchzehen (zerquetscht)
1 EL Sojasauce
zum Servieren: geriebener Käse und zerlassene Butter

Grünkernschrot mit Wasser, Lorbeerblättern, Gemüsewürfel und Selleriesalz oder -blättern aufkochen, auf der ausgeschalteten Herdplatte 15 Minuten ausquellen lassen. Unter die ausgekühlte Masse alle anderen Zutaten rühren. Mit nassen Händen Knödel formen. Die Knödel in kochendes Salzwasser geben und 10 Minuten darin ziehen lassen. Gut abgetropft auf einer Platte anrichten, mit geriebenem Käse und zerlassener Butter servieren.

Varianten: Aus der gleichen Masse kleine Knödel formen, diese auf gedünstetem Sellerie, Kohl oder Lauch in einer Auflaufform, mit Käse-Royal (Seite 40) im Ofen überbacken, *oder* unter die Grünkernmasse die Würfel von 4 Scheiben Weizenbrot (diese leicht in Butter anrösten) und Vollkornsemmelbrösel mischen, dann Knödel formen;
oder aus der Grünkernmasse Puffer oder Schnitten formen und diese in der Pfanne in Pflanzenöl auf beiden Seiten braten oder auf einem gefetteten Backblech auf beiden Seiten goldgelb backen.
Raffiniert sowohl zu den Knödeln wie Puffern schmeckt die Curry-Rosinen- oder Bananensauce (Seite 38 bzw. 209)!

Grünkernklopse Königsberger Art mit Kapernsauce

Aus der Grünkernmasse mit nassen Händen Klopse formen (nicht ganz tennisballgroß), in kochendes Salzwasser legen und 10 Minuten ziehen lassen. Mit Kapernsauce servieren (zum Andicken der Sauce nehme ich in diesem Fall feingemahlenen Grünkern statt Weizenmehl).

Haferbrei aus ganzen Körnern

2–3 EL Nackthafer pro Person
frische oder getrocknete Früchte
Rosinen oder Nüsse
Honigschlagsahne

Hafer (in der gleichen Menge oder etwas mehr Wasser) aufkochen. 20 Minuten quellen lassen, dann mit den übrigen Zutaten mischen.

Haferklöße nach Brecht

1 Tasse Milch
2 Eigelb
3 Tassen Hafermehl (frisch gemahlen)
250 g Quark
2 Eiweiß
Gewürze: Kräutersalz, Brühwürfel, Muskat, Knoblauch, Thymian
1 l Gemüsebrühe
Petersilie, Schnittlauch
geriebener Käse
Butter

Milch mit Eigelb verquirlen, an das Hafermehl rühren und den Quark zugeben. Eiweiß steifschlagen und unterheben,

Grünkernknödel

mit den Gewürzen fein abschmecken. Gemüsebrühe zum Kochen bringen, mit einem Löffel Klöße aus der Hafermasse abstechen, in die kochende Brühe geben. Wenn die Klöße hochsteigen, noch einige Minuten leise ziehen lassen, dann mit dem Schaumlöffel herausnehmen. Mit gehackter Petersilie und Schnittlauch, geriebenem Käse und zerlassener Butter servieren.
Paßt auch gut dazu: Die Tomatensauce von Seite 40.

Variante: Walnußgroße Klößchen aus der Hafermasse formen und als Einlage in einer klaren Suppe oder Gemüsesuppe servieren.

Mit Getreide können Sie eine fabelhafte Entschlackungs- und Schlankheitskur machen.
Marlis Weber-Bublath, ebenso charmante wie kluge staatlich geprüfte Diätassistentin und Dozentin der Reformhaus-Fach-Akademie, hat sie sich ausgedacht und in ihrem Buch »Mit Vollkorn kochen« beschrieben. »Ährenschlank« werden Sie in 7 Tagen! Und zwar mit wenig Aufwand, und billig ist die Kur auch. Jeden Tag gibt es Getreide zu essen, Höchstmenge 200 Gramm, jeden Tag ein anderes, das aber morgens, mittags und abends immer etwas anders gewürzt wird, damit es nicht eintönig schmeckt. Das Getreide wird jeweils auf der Getreidemühle frisch gemahlen, und da Getreide alle wichtigen Vitalstoffe enthält, fühlen Sie sich nie schlapp.
Sie können die Tagesportion zubereiten und dann in 3–4 Portionen aufteilen. Gewürzt wird mit frischen Kräutern, natriumarmem Tomatenmark, Meerrettich, Gemüse, Obst – wenn Sie es lieber süß haben: mit Naturvanille, Zimt, Zitronenschale, Bananen, Dörrobst, geriebenen Äpfeln. Als Zwischenmahlzeit ist ein kleines Glas Buttermilch erlaubt. Daneben wird Wasser und Kräutertee getrunken, um die Ausscheidung der Schlacken zu unterstützen – bis zu 2 Litern Flüssigkeit dürfen Sie davon trinken. Kaffee, Tee und Alkohol sind natürlich tabu.
Die Getreide-Tagesportion wird nach Vorschrift in Wasser ohne Salz gegart und dann portionsweise mit den Zutaten Ihrer Wahl gemischt. Ihre »Körndl-Woche« könnte also folgendermaßen aussehen:

Montag: Naturreis-Tag
Dienstag: Weizen-Tag
Mittwoch: Gersten-Tag
Donnerstag: Grünkern-Tag
Freitag: Hirse-Tag
Samstag: Hafer-Tag
Sonntag: Buchweizen-Tag

Zur Erinnerung: Hirse enthält besonders viel Kieselsäure – wichtig für Knochen, Haare, Haut und Zähne.

Hirsebrei

300 g Hirse
1 l Gemüsebrühe (oder halb Brühe, halb Milch)
2 Zwiebeln
2 EL Öl
gehackte Kräuter nach Geschmack
evtl. Knoblauch
Muskat
Kräutersalz und Pfeffer
gehackte Petersilie

Hirse in der Gemüsebrühe aufkochen, 5 Minuten kochen und auf kleiner Flamme ausquellen lassen (20–30 Minuten). Gehackte Zwiebeln in Öl golden dünsten und zugeben. Hirsebrei mit Kräutern und Gewürzen abschmecken und mit Petersilie bestreut servieren.

Variation: Geriebenen Käse und / oder Curry untermischen. Hirsebrei eignet sich auch zum Füllen von Piroggen, Paprikaschoten, Tomaten, ja sogar Kohlrouladen.

Ein mir unvergeßlicher Fernsehfilm zeigte ein Tal in Eritrea, in dem 5000 elternlose Kinder leben, in Erdhöhlen und unter Bäumen. Die Kinder ernähren sich von Hirse und Pfefferschoten. Beides bauen sie selbst an. Mit Eimern, die sie aus im Krieg liegengebliebenen Waffen und Flugzeugwracks anfertigen, gehen sie zum Fluß, um Wasser zu schöpfen, Wasser, in dem sie sich waschen, das sie trinken, und mit dem sie die »geliebten Pfefferschoten« wässern, das einzige Gewürz, das Abwechslung in ihre Hirsekost bringt. Sie lernen lesen und schreiben, in der freien Natur. Ihre Lehrer sind fast alle kriegsversehrt. Die Kinder träumen davon, Lehrer zu werden und Ärzte, sie träumen davon, die Bevölkerung, zu 90% Analphabeten, das Lesen und Schreiben zu lehren und die Menschen gesund zu machen.
Sie schlafen auf dem Erdboden, besitzen nichts, als was sie auf dem Leib tragen, und eine Wolldecke. Sie sehen glücklich aus und gesund. Und ich wünsche mir, daß nie ein Entwicklungshelferteam dort hinkommen möge, und diesen Menschen beibringt, daß man Zucker essen muß und weißes Mehl und Fleisch, um menschenwürdig zu leben.

Hirse-Gemüse-Auflauf

1 Zwiebel
2 EL Olivenöl
200 g Hirse
½ l Gemüsebrühe
1 Lorbeerblatt
Salbei
Rosmarin nach Geschmack
Pfeffer
500 g beliebiges, gegartes Gemüse (z.B. Möhren, junge Erbsen, Lauch, Spinatblätter, Rosenkohl, Blumenkohlröschen, Champignons)

Für den Guß:
¼ l Sahne
2 Eier
1 EL Weizenmehl
Knoblauch
Muskatnuß
evtl. Kräutersalz
100 g geriebener Käse (Parmesan oder Bergkäse)

Außerdem:
Butterflöckchen zum Überbacken

Gehackte Zwiebel in Öl andünsten, Hirse zugeben und mitdünsten. Gemüsebrühe, Lorbeerblatt, Salbei, Rosmarin und Pfeffer zugeben, 5 Minuten kochen und die Hirse ausquellen lassen. Mit dem Gemüse nach Wahl vermischen. Die Masse in eine gebutterte Auflaufform füllen. Alle Zutaten für den Guß verquirlen, über die Hirse gießen. Mit Käse bestreuen und Butterflöckchen draufsetzen. Im Ofen bei 200 Grad etwa 20 Minuten überbacken (sind die Zutaten kalt, 30 Minuten).

Hirseknödel

2 Zwiebeln
2 Knoblauchzehen
2 EL Öl
300 g Hirse
600 g Wasser
2 Gemüsebrühwürfel
Kräutersalz und Pfeffer
Muskatnuß
viel frische gehackte Kräuter nach Wahl
2 Eigelb
evtl. frisch gemahlenes Hirsemehl zum Binden
geschmolzene Butter zum Servieren

Zwiebeln und Knoblauch fein würfeln, in Öl goldgelb dünsten. Hirse dazu geben, kurz anrösten, dann das Wasser aufgießen. Brühwürfel und Gewürze zufügen. Alles 5 Minuten kochen und 15 Minuten quellen lassen, abkühlen. Unter die kühle Masse frische Kräuter und Eigelb mischen, evtl. mit Hirsemehl binden. Aus der Masse Knödel formen und in kochendem Salzwasser 15 Minuten ziehen lassen. Mit dem Schaumlöffel herausnehmen und mit geschmolzener Butter übergießen.
Dazu passen Grüne Bohnen italienisch (Seite 75).

Hirsepuffer

je ½ Karotte, Lauchstange, Zwiebel
1 Tasse Hirse
2 Tassen Wasser
1 Gemüsebrühwürfel
1 Lorbeerblatt
gehacktes Kerbelkraut
etwas Butter

Gemüse klitzeklein schneiden, zusammen mit Hirse, Wasser, Brühwürfel und Lorbeerblatt kalt aufsetzen, alles 5 Minuten kochen und in 20 Minuten ausquellen lassen. Unter die abgekühlte Hirsemasse das Kerbelkraut mischen und kleine, flache Frikadellen formen. Auf ein gebuttertes Backblech geben und von beiden Seiten im Ofen goldgelb backen.

Variation: Auf jeden »Puffer« eine Scheibe Tomate oder Ananas und eine Scheibe Käse legen und überbacken.

Ökonomisches Frühlingslied
(frei nach EG)

Im Märzen der Bauer den Traktor anläßt
und spritzet sein Ackerland emsig und fest.
Kein Räuplein, kein Kräutlein dies Gift überlebt,
den Vöglein im Wald gar das Mäglein sich hebt.

Im Sommer der Bauer die Säcklein entleert
und dünget die Früchte, von denen man zehrt.
Er weiß, wie man dünget ja aus dem Effeff
von Bayer, von Höchst und von BASF.

Im Herbst dankt der Bauer der Tiermedizin,
die Milch wird nicht sauer vor Penicillin.
Die Schweine sind fettarm und lang wie noch nie,
zum Ruhm und zur Ehre der Tierpharmazie.

Im Winter der Bauer sein Scheckbüchlein nimmt,
mit Weib und Kind den Mercedes erklimmt,
er fährt in die Kreisstadt, er ist ja nicht dumm,
und kauft im Reformhaus, er weiß schon, warum!
Arbeitsgemeinschaft Deutscher Tierschutz e.V. Moers

Pferd Lotti hatte Husten – der Tierarzt mußte kommen. Er erzählte mir eine, wie ich finde, phantastische Geschichte: Ein Jugendfreund, Missionar in Afrika, war von einem mehrere Monate dauernden Meditationsstudium in Japan zu einem kurzen Besuch nach Salzburg gekommen. Als er hörte, sein Freund, der Tierarzt, schicke sich an, Lotti und uns zu besuchen, ließ er mir ausrichten, im Zen-Kloster in Japan koche man nach meinem Kochbuch – es schmecke alles köstlich.
Also auch ein katholischer Priester macht heute Yoga-Übungen und Zen-Meditationen. Ein berühmtes Beispiel: Pater Lasalle. Dies zur Beruhigung für alle, die fürchten, indische Meditationen vertrügen sich nicht mit dem christlichen Glauben. Erst vor kurzem sagte mir eine besonders über Nervosität klagende Freundin, als ich ihr Zen-Meditationen empfahl: nein, ich bleibe bei dem Gott meiner Kindheit!
Immer mehr Menschen holen sich Kraft und Gelassenheit, den Alltag zu meistern, durch Meditation. Bei uns im Dorf entdeckt der verblüffte Besucher ein Holzschild, auf dem die für die meisten rätselhaften Lettern »ZEN« geschrieben sind. Und noch mehr staunen die Besucher, wenn sie neben den Misthaufen gelegentlich uralte ehrwürdige Japaner in Mönchskutten wandeln und gemessen diskutieren sehen. Dann und wann kommt nämlich sogar ein ganz berühmter Zen-Meister in das Meditationszentrum »Haus Sonne« und hält eine Zen-Session ab.
Was außer Zen noch gut ist, wenn es »die Nerven« sind? Vitamin B_1 und nochmal Vitamin B_1. Und wo findet sich Vitamin B_1? Im rohen Vollkorn – man kann es nicht oft genug wiederholen.

Maisauflauf mit Paprika und Tomaten

300 g Maismehl
1 l Gemüsebrühe
3 EL geriebener Käse (Parmesan oder Bergkäse)
3 Paprikaschoten
3–4 EL Olivenöl
3 Tomaten
1 TL Paprikapulver
frische Kräuter: Oregano, Thymian, Rosmarin, Basilikum (zur Not getrocknete Kräuter) und Knoblauch
3 Eier (getrennt)
etwas Oliven- oder Sesamöl zum Beträufeln

Aus Maismehl und Gemüsebrühe Polenta zubereiten. Abkühlen lassen und 2 Eßlöffel vom Käse unterrühren. In Olivenöl die in Streifen geschnittenen Paprika anbraten. Tomaten würfeln und roh lassen. Gemüse unter die Polenta mischen, dazu Paprikapulver, gehackte Kräuter, Knoblauch und die Eigelb. Zum Schluß steifgeschlagenes Eiweiß unterheben, evtl. noch mit Kräutersalz nachwürzen. Masse in eine gebutterte Auflaufform füllen, den restlichen Käse drüberstreuen und mit Öl beträufeln. Bei 180 Grad im Ofen etwa 50 Minuten backen.
Den Maisauflauf serviere ich mit Tomatensauce (Seite 40).

Maisschnitten

1 l Wasser oder Gemüsebrühe
Kräutersalz, Pfeffer
etwas Curry
Selleriesalz
gerebelter Majoran
geriebene Muskatnuß
gemahlener Koriander
1 zerquetschte Knoblauchzehe
250 g Maismehl
Öl zum Ausbacken

In das kochende Wasser oder die Brühe alle Gewürze geben, dann unter Rühren das Maismehl einstreuen. Weiterrühren, bis sich ein Kloß gebildet hat. Die Maismasse zentimeterdick auf ein mit kaltem Wasser abgespültes Brett oder Blech streichen und abkühlen lassen. Dann in rautenförmige Stücke schneiden, diese in heißem Öl in der Pfanne auf beiden Seiten golden backen.
Dazu schmeckt mir am besten ein Salat aus rohem, gewürfeltem Gemüse.

Maisbrei

1 l Wasser (oder halb Wasser, halb Milch)	250 g Maismehl
	1–2 TL Kräutersalz

Flüssigkeit zum Kochen bringen. Maismehl unter Rühren einstreuen, Salz zugeben. Einmal aufkochen und dann 20 Minuten auf kleiner Flamme ausquellen lassen.
Unter den fertigen Maisbrei (in diesem Fall sollten Sie den Mais in Gemüsebrühe garen) können Sie zum Beispiel 500 g Gemüse wie Möhren, Lauch, Sellerie, Kohlrabi etc. mischen. Das Gemüse wird in kleine Stücke geschnitten und mit Zwiebelwürfeln und Kräutern in Öl und ganz wenig Wasser in ca. 20 Minuten gegart, mit Kräutersalz, Pfeffer und Muskat abgeschmeckt, dann mit dem Mais vermischt und mit einem Stich Butter und etwas Sahne verfeinert. Zum Anrichten noch viel Petersilie drüberstreuen.

Polenta

1 l Wasser
500 g Maismehl
1–2 TL Kräutersalz

Wasser zum Kochen bringen, unter Rühren das Maismehl einstreuen, salzen und weiterrühren. Nach 10 Minuten wird die Masse dick. Noch 20 Minuten bei kleiner Flamme ausquellen lassen. Fertig ist die Polenta! Sie wird heiß gegessen, mit einem Stückchen Butter und geriebenem Käse bestreut – oder Sie streichen sie auf ein mit kaltem Wasser abgespültes Blech, schneiden sie in Rechtecke oder Quadrate oder Rauten und geben auf jedes Stück ein Stückchen Butter, eine Scheibe Käse und etwas geriebenen Parmesan. Kann man auch noch kurz im Ofen überbacken.

Variation: Unter die steife Polenta 500 g Quark mit ½ l saurer Sahne verrührt mischen. Die Masse für ein paar Minuten in den heißen Backofen stellen.
So ist aus der Polenta das rumänische Nationalgericht »Mamaliga« geworden. Dazu paßt meine frische Tomatensauce von Seite 40.

Mais-Tortillas habe ich in Argentinien kennen gelernt. Der Direktor des deutschen Theaters in Buenos Aires fragte mich anläßlich eines Filmfestivals (ich zählte bereits an die 40 Lenze), ob ich bei ihm nicht das Gretchen spielen wolle. Ich lachte laut auf, da meinte er: na dann spielen Sie halt die Marthe Schwerdtlein!

Mais-Tortillas

250 g frisch gemahlenes Maismehl	scharfe Peperoni
¼ l Wasser	Öl zum Ausbacken
1 Ei	12 dünne Scheiben alter Edamer
½ TL Salz	12 Scheiben Mozzarella
100 g Weizenmehl	1 Becher saure Sahne
frische oder getrocknete Salbeiblätter nach Geschmack	

Maismehl, Wasser, Ei, Salz, Weizenmehl und zerpflückten Salbei verkneten und ½ Stunde ruhen lassen. Aus dem Teig eine Wurst formen, Stücke in der Größe eines Golfballs davon abbrechen und zu einem Ball drehen, auf bemehlter Backfläche etwa 3 mm dick ausrollen oder einfach zwischen den Händen flachdrücken. Tortillas in heißem Öl etwa 3–4 Minuten auf jeder Seite braten, warmstellen.
Jede Tortilla belegen mit: 1 Scheibe Edamer oder anderem Käse, 1 Scheibe Mozzarella, 1 oder mehreren Ringel durchgeschnittener Peperoni, 1 Klacks saurer Sahne. Tortillas im auf 200 Grad vorgeheizten Ofen erhitzen, bis der Käse geschmolzen ist.

Selbstverständlich wird in der Vollwertküche nur Vollreis verwendet. Vollreis braucht länger zum Garwerden als gewöhnlicher Reis – etwa 45 Minuten. Jeder Koch und jede Köchin schwören, ihre Art, Reis zuzubereiten, sei die beste. Ich mache es so:
Ich bringe gesalzenes Wasser zum Kochen, streue den gewaschenen Reis hinein, lasse ihn fertiggaren. Umrühren höchstens mal mit der Gabel. Schon vor Ablauf der 45 Minuten immer wieder probieren, eine Minute zuviel, und der Reis ist nicht mehr körnig.
Ich schütte den Reis in ein Sieb, spüle ihn kurz unter fließendem Wasser ab und verwende ihn weiter. Das Kochwasser wird bei mir nicht weggeschüttet, es wäre schade drum. Ich benutze es zu Suppen und Saucen, deshalb wird es auch nur milde gesalzen.

Reis mit Gemüse

2–3 Zwiebeln
2 EL Öl
Gemüse nach Wahl, insgesamt ca. 750 g: Möhren, Kohlrabi, Blumekohl, Sellerie, Lauch, Petersilienwurzel etc.
¼ l Gemüsebrühe
Kräuter und Gewürze nach Geschmack: 1 Lorbeerblatt, Salbei, Rosmarin, Pfefferkörner, Curry, Safran
Außerdem:
400 g Reis
1 Stich Butter
Sahne nach Geschmack
Knoblauch

Kleingehackte Zwiebel in Öl golden dünsten. Das in Stücke geschnittene Gemüse kurz mitdünsten. Brühe zufügen und fertig garen (ca. 20 Minuten). Den Reis in sprudelndem Salzwasser garen (ca. 45 Minuten) und abgießen. Das Gemüse mit dem Reis mischen. Einen Stich Butter zugeben und noch etwas Sahne. Nach Geschmack durch die Presse gedrückten Knoblauch unterziehen. Evtl. noch mit Kräutersalz nachwürzen und mit gehackter Petersilie und Schnittlauch bestreuen.

Orientalisches Reisgericht

2 Tassen Reis
4 Tassen Wasser
½ TL Kräutersalz
2 EL Weizenschrot
4 Möhren
4 Kartoffeln
je 1 Handvoll kleingeschnittene, getrocknete Bananen
Äpfel und Aprikosen
1 Handvoll Rosinen
1 Prise Safran, Pfeffer
je 2 EL Kürbiskerne, Pinienkerne, Sonnenblumenkerne
Sojaöl
frisch geriebene Ingwerwurzel (oder gemahlener Ingwer)
gemahlener Kümmel
1 EL Sesamsamen
1 Handvoll Ananasstücke

Reis in das kochende Salzwasser einstreuen, Hitze herunterstellen und ca. 20 Minuten köcheln lassen. Dann Weizenschrot, die kleingeschnittenen Möhren und Kartoffeln, Trokkenfrüchte, Rosinen, Safran, Pfeffer und die Samenkerne zugeben, fertig garen. In einer Pfanne das Sojaöl erhitzen, frisch gemahlenen Ingwer zugeben, den gemahlenen Kümmel, Sesamsamen und die Ananasstücke. Alles heiß werden lassen und zu dem fertigen Reis geben.

Risotto

1 Zwiebel
2 EL Öl
400 g Reis
ca. ¾ l Gemüsebrühe
Knoblauch
Curry
geriebener Käse
Petersilie

Die Zwiebel fein hacken und in Öl golden dünsten. Den nicht gewaschenen, nur trocken mit einem Tuch abgeriebenen Reis dazugeben, golden werden lassen, dann die Brühe zugießen und den Reis bei kleiner Hitze garen. Durch die Presse gedrückten Knoblauch und Curry untermischen, mit Käse und gehackter Petersilie bestreuen.
Risotto kann auch mit Erbsen, Spargelstückchen, Pilzen, grünen Bohnen und (oder) abgezogenen gewürfelten Tomaten gemischt werden. Reste schmecken wunderbar als Reissalat, mit ein paar Löffeln einer Salatsauce angemacht. Oder Sie bereiten aus so einem Rest ein neues Mittagessen, indem Sie ein paar verquirlte Eier drübergießen und bei kleiner Hitze stocken lassen.
Mit pikant abgeschmecktem Risotto können Sie Tomaten, Paprikaschoten, Auberginen, Gurken oder Kohlrouladen füllen. Eventuell noch mit etwas Tomatenmark nachwürzen.

Weizenspeise aus Marokko

2 Tassen Weizenkörner
1½ l Wasser
2–3 TL Kräutersalz
1 TL schwarzer Pfeffer
1 TL gemahlener Kümmel
1 TL (oder weniger) Chilipfeffer
3 EL Öl
4 Tomaten
Basilikum
Butterflöckchen

Die ganzen Weizenkörner in dem Wasser über Nacht einweichen. Weizenkörner im Einweichwasser zum Kochen bringen (evtl. etwas Wasser zugeben, es soll 2 Fingerbreit über dem Weizen stehen). Hitze drosseln, auf kleiner Flamme eine halbe Stunde garen. Nun Kräutersalz, Pfeffer, Kümmel, Chilipfeffer (Vorsicht, ist sehr scharf!) und das Öl zugeben. Auf kleiner Flamme noch ca. 15 Minuten schmoren. Der Weizen soll knackig sein. Nun die halbierten Tomaten auf die Oberfläche der Weizenspeise setzen. Tomaten mit Kräutersalz, Pfeffer und Basilikum bestreuen, Butterflöckchen draufsetzen. Deckel draufgeben. Bei niedriger Hitze ziehen lassen, bis die Tomaten gar sind.

Mein Brot mit allem Drum & Drauf

... und andere kernige Brote, Brötchen und Fladen

»Wer einen Bäcker erschlägt, muß dreimal soviel Strafe zahlen wie jemand, der einen anderen erschlägt.« So drakonisch dieser Urteilsspruch aus dem »Gesetzbuch des Sachsenspiegels« auch klingt, so zeigt er doch, welcher Wertschätzung sich die Zunft der Bäcker bereits im Deutschland des Jahres 1220 n. Christus erfreute. Denn in unseren nördlichen Gefilden hielt das Brot verhältnismäßig spät Einzug – von Karl dem Großen wird erzählt, er habe gern Weizenbrot gegessen. Die Ägypter dagegen buken schon vor 5000 Jahren mehr als 30 Sorten Brot, berichten die Geschichtsschreiber. Ob aber feines Weizenbrot für den Pharao, grobes Brot für die Bürger oder Körnerbrei für die Sklaven zubereitet wurde: immer war's Vollkorn!
Das erste Brot überhaupt nach der reinen Breinahrung dürfte der Fladen gewesen sein: ein mit Wasser angerührter, auf einen heißen Stein gestrichener und getrockneter Körnerbrei, Vorläufer der arabischen, israelischen und indischen Pitta oder Chapaties, der türkischen Pide, der italienischen Pizza. Aus Nilschlamm baute man die ersten kugelförmigen Öfen. Der Ofen wurde geheizt, die Glut herausgenommen und das Brot auf den heißen Steinen gebacken. 200 Jahre v. Chr. soll das erste Hefebrot verzehrt worden sein – der beim Bierbrauen entstehende Schaum wurde mit Mehl verknetet und ergab ein besonders lockeres Brot. Die Entstehung des Sauerteiges vermutet die Fama um das Jahr 500 v. Chr. Eine faule Hausfrau (oder ein fauler Hausmann?) hat vielleicht den Brotteig zu lange stehen und sauer werden lassen und siehe da – das daraus gebackene Brot war besonders köstlich.

Und die Moral von der Geschicht?
Faulheit ist (manchmal) so schlecht beileibe nicht!

Kleine Mehl-Kunde

Was bedeutet eigentlich das Wort »Mehltype«?
Die meisten wissen bereits: je höher die Typenzahl, desto gesünder, vollwertiger ist das Mehl, desto mehr Vitalstoffe enthält es. Type 1700 ist also besser als Type 405. Wie aber kam diese Typenbezeichnung zustande?
Wenn Sie Mehl verbrennen, bleibt Asche zurück. Diese Asche enthält Mineralstoffe. Verbrennen Sie Vollkornmehl, bleiben mehr Mineralstoffe in der Asche zurück, als wenn Sie »normales« Mehl verbrennen von Korn, dessen Randschichten mit Keim und Kleie bereits entfernt worden sind. Die Typenzahl sagt an, wieviel Milligramm Mineralstoffe sich in 100 g Mehl (Trockensubstanz) befinden.

- Weizenmehl Type 405 enthält also in 100 g Mehl 405 Milligramm Mineralstoffe
- Weizenmehl (-schrot) Type 1700 enthält in 100 g Mehl 1700 Milligramm Mineralstoffe.

Noch ein paar interessante Zahlen:

- in »normalem« Weißmehl (Auszugsmehl) ist der Gehalt an Vitamin B_1 pro Kilo 0,7 Milligramm
- Vollkornmehl enthält dagegen 5,1 Milligramm B_1.

1,5 Milligramm Vitamin B 1 pro Tag ist unerläßlich, wenn man gesund und vital sein möchte. Der größte Teil der Bevölkerung leidet an Unterversorgung mit diesem für die Nerven so wichtigen Vitamin und begnügt sich mit nur 0,5 Milligramm pro Tag.
Zum Vergleich: Ehe man daran ging, Keim und Kleie zu entfernen, also etwa bis vor 150 Jahren, nahmen die Menschen durchschnittlich 3–5 Milligramm Vitamin B_1 täglich zu sich – das wäre das vier- bis fünffache der heutigen Menge! Die Losung muß also heißen: Vollkorn essen! 2–3 Eßlöffel rohes Getreide täglich, und Ihr Vitamin B_1-Bedarf ist gedeckt. Geradezu gewaltig ist der Unterschied zwischen Vollkorn-

mehl und Industriemehl, was Eisen, Magnesium, Kalium und Calcium betrifft:

1 kg Vollkornmehl enthält:		1 kg »normales« Industriemehl enthält:
Eisen	44 Milligramm	7 Milligramm
Magnesium	250 Milligramm	120 Milligramm
Kalium	4730 Milligramm	1150 Milligramm
Calcium	120 Milligramm	60 Milligramm
Vitamin B 1	5,1 Milligramm	0,7 Milligramm
Vitamin B 6	4,4 Milligramm	2,2 Milligramm
Provitamin A (Vorstufe des Vitamin A)	3,3 Milligramm	0,0 Milligramm
Vitamin E	24 Milligramm	0,0 Milligramm

(entnommen: »Unsere Nahrung – unser Schicksal« Dr. M. O. Bruker)

Sind Sie noch ungeübt im Brotbacken, beginnen Sie am besten mit einem einfachen Hefebrot (Seite 131). Aus dem gleichen Teig können Sie auch Brötchen backen. Ein Sauerteigbrot braucht etwas mehr Erfahrung, besonders wenn Sie den Ehrgeiz haben, Ihren Sauerteig selbst herzustellen. Er gelingt leider nicht immer, es kann sein, daß Ihre Küche zu kalt ist oder nicht gleichmäßig warm, und Sie die falschen Bakterien züchten. Ich mußte einmal einen Sauerteig wegwerfen, weil er zwar wie wunderschönes grünes Moos aussah, aber eben nicht mehr wie Sauerteig.

Die Zubereitung von Sauerteig gibt immer wieder Anlaß zu lebhaften Diskussionen, wenn Vollkornbäcker und -bäckerinnen zusammenkommen. Die einen setzen Zwiebeln zu, die anderen Kümmel, die einen rühren den Teig täglich um, die anderen füllen ihn in ein Schraubglas und stellen das in den Kühlschrank – ich habe alles ausprobiert und festgestellt: am zuverlässigsten ist der Sauerteig vom Bäcker – wenn es Ihnen gelingt, einmal einen aufzutreiben, sind Sie gerettet: Sie kneten mit dem Sauerteig vom Bäcker Ihren Brotteig, lassen ihn gehen und nehmen dann, bevor Sie Gewürze und Salz drangeben, die nötige Portion (also etwa 400 bis 500 g) vom gut gesäuerten Brotteig ab, füllen ihn in eine kleine Schüssel, verschließen sie mit Folie und bewahren sie bis zum nächsten Brotbacken in der Tiefkühltruhe auf. Bei Bedarf holen Sie Ihren gefrorenen Teig heraus, tauen ihn auf, verrühren ihn mit lauwarmem Wasser und ein paar Löffeln frisch gemahlenem Weizen- oder Roggenmehl – fertig ist der neue Sauerteig zur Weiterverarbeitung.

Die Reformhäuser führen übrigens alle möglichen Backfermente und auch einen Sauerteig, vakuumverpackt; tüfteln Sie selbst aus, welche Methode für sie die beste ist.

Der Ordnung halber führe ich auf Seite 132 aber einige Methoden der Sauerteig-Zubereitung auf.

Und verzweifeln Sie nicht, wenn die ersten Backversuche nicht gleich zufriedenstellend gelingen. Ich habe für »Mein Brot« etwa ein Jahr Übung gebraucht, dann war es endlich so gut, wie ich es mir erträumte. Mein Mann hat allerdings auch die mißlungenen tapfer gegessen. Verbranntes haben wir mit dem Reibeisen abgerieben, Krümeliges zu Brotpudding verwendet, bei Klitschigem erinnerten wir uns an unsere Kinderzeit: Kinder lieben Klitschiges, auch wenn es schwer im Magen liegt. Geht mir ein Brot oder Kuchen daneben, sagt mein Mann: oh fein, eine Pastete!

Da habe ich schon Glück mit ihm.

Beim Brotbacken häufig vorkommende Fehler – und wie sie zu vermeiden sind

- Das Brot geht nicht auf, schmeckt zu sauer oder bröckelt:

der Sauerteig war zu alt oder Sie haben Teig oder Brot zu lange gehen lassen – es haben sich zuviel Essigsäurebakterien entwickelt im Verhältnis zur Milchsäure oder der Sauerteig hat zu heiß gestanden.

Die ideale Wärme für sowohl Hefe- wie Sauerteigbrote beim Gehen sind 25 Grad.

- Das Brot reißt auseinander oder hat einen klitschigen Streifen:

der Teig ist nicht lange und gut genug geknetet worden.

- Der Hefeteig ist nicht aufgegangen:

er hat zu lange, zu heiß, gestanden, ist mit zu kalter Flüssigkeit angerührt worden, das Verhältnis Mehl zu Flüssigkeit hat nicht gestimmt. Vollkornmehl braucht übrigens mehr Flüssigkeit als Auszugsmehl, je nach dem Feuchtigkeitsgehalt des Korns manchmal fast bis zu einem Drittel mehr!

- Das Brot ist nach dem Backen zusammengefallen:

der Teig hat beim Gehen zu warm gestanden oder zu lange oder beides.

- Das Brot bröckelt:

Sie haben zuviel Hefe verwendet.

1 Würfel Hefe (= 42 g) oder ein Päckchen Trockenhefe reicht für 500 g Mehl!

- Ihr Roggenbrot ist nicht aufgegangen:
Sie haben sich nicht an die Regel gehalten, daß Roggenmehl nur mit Sauerteig »geht«. Sie können Hefe zusetzen, müssen aber nicht. Weizenbrot können Sie mit Hefe oder Sauerteig backen.
- Und nicht vergessen: Einen Topf mit Wasser auf den Boden des Ofens stellen, und auch die Brötchen vor dem Backen mit Wasser bepinseln!

»Mein Brot«

Das Roggenvollkornbrot, genannt »Mein Brot«, ist inzwischen richtig berühmt geworden. So vielen verstopften Zeitgenossen hat es zu einer besseren Verdauung und damit mehr Lebensfreude verholfen, daß ich ganz stolz darauf bin. Inzwischen habe ich das Rezept noch verbessert. Die Zugabe von Weizenmehl verleiht dem Brot mehr Volumen und einen lieblicheren Geschmack, auch habe ich die Gewürzmenge erhöht und knete am Schluß noch eine Handvoll Sonnenblumenkerne unter den Teig. Das Rezept sieht nun so aus:

1 kg Roggen, halb grob / halb fein gemahlen
1 kg Weizen, halb grob / halb fein gemahlen
300 g Sauerteig
1 ¼ l lauwarmes Wasser
1 EL Vollmeersalz
2 EL Fenchel
2 EL Leinsamen
2 EL Kümmel
2 EL Koriander – von allem die ganzen Körner!
1 Handvoll Sonnenblumenkerne

Mehl/Schrot in eine große Schüssel geben, in die Mitte den Sauerteig. Mit einem Drittel des Wassers den Sauerteig und ⅓ des Mehls verrühren, an warmem Ort gehen lassen. Nach einigen Stunden das 2. Drittel Wasser zugeben, mit mehr vom Mehl verrühren, wieder warmstellen.
Wieder nach einigen Stunden das restliche Wasser zugeben, alles miteinander verrühren, nochmal warmstellen und (am

besten über Nacht) mit einem feuchten Tuch bedeckt gehen lassen.
Am nächsten Morgen riecht der Teig angenehm säuerlich. Eine Portion (500 g) Sauerteig vom Teig abnehmen und für das nächste Backen einfrieren.

Salz und Gewürze zugeben, eventuell noch etwas Wasser, und gründlich kneten (da hilft mir auch mal mein Mann), bis sich ein glänzender Kloß bildet. Sie können nun den Kloß, wenn Sie wollen, teilen und 2 Brote aus der Menge formen. Brot auf einem gefetteten Blech 2 Stunden gehen lassen. Mit einem Messer kreuzweise einschneiden. Dann bei 200 Grad backen – 1 großes Brot 1 ½ Stunden, 2 kleine Brote 1 Stunde. Wenn Sie mit dem Knöchel gegen die Brote klopfen, muß es hohl klingen, dann sind sie fertig.

Ein paar Tricks, wie »Mein Brot« weniger hart wird, verrate ich Ihnen auch:
Trick 1: Teig beim Gehen, und später das Brot beim Gehen, mit einem feuchten Tuch bedecken.
Trick 2: eine Schüssel mit Wasser in den Ofen stellen, bevor Sie das Brot hineinschieben.
Trick 3: vor dem Gehen, und noch einmal vor dem Backen, das Brot mit nasser Hand »abwaschen«.
Trick 4: das gebackene, dampfend aus dem Ofen kommende Brot noch einmal mit einer Hand voll Wasser »abwaschen«. Die Feuchtigkeit dringt in das Brot ein und macht es saftiger. Es läßt sich so auch besser schneiden, ohne zu krümeln. Wer es ganz fachmännisch/-frauisch machen will, fährt mit einer nassen Bürste drüber.

Wenn Sie »Mein Brot« backen, behalten Sie mal, nachdem der Teig gewürzt ist, eine Portion zurück und backen Sie damit Gemüsefladen. Super! Für 4 Leute mit großem Hunger brauchen Sie eine Menge etwa so groß wie 2 Tennisbälle. Ein feines Abendessen, das Sie z.B. in den Ofen schieben, während die eigentlichen Brote noch gehen. Der säuerliche Roggenbrotteig und die herrlichen Gewürze verbinden sich mit dem käseüberbackenen Gemüse zu einer betörenden Geschmackskomposition.

Brotteig
dazu: insgesamt etwa 1 kg
Gemüse: Möhren, Kohl, Sellerie, Kohlrabi, Lauch
Pflanzenöl
Kräutersalz und Pfeffer
Knoblauch
100 g geriebener Käse
Butterflöckchen

Vier gleich große Teigstücke flachrollen (wie für eine Pizza), das Gemüse fein hobeln bzw. in feine Streifen schneiden (Schnitzelwerk). Gemüse in Öl kurz andünsten, wirklich nur ein paar Minuten, mit Kräutersalz, Pfeffer und Knoblauch abschmecken. Auf den Fladen verteilen, mit Käse bestreuen, Butterflöckchen draufsetzen. Im Ofen bei 200 Grad 20–30 Minuten backen.

Gut zum Einüben, wenn Sie noch unerfahren im Brotbacken sind!

Mein einfaches Weizenbrot mit Hefe

1 kg Weizenmehl
2 Päckchen Hefe (80 g)
1 TL Honig
¼ l Milch
¼ l Wasser
1 EL Vollmeersalz

Mehl in die Rührschüssel geben, in die Mitte die Hefe krümeln, mit dem Honig und ein paar Löffeln der erwärmten Milch und etwas vom Mehl zu einem »Vorteig« kneten, mit einem Tuch zudecken und an einem warmen Ort ½ Stunde gehen lassen.
Restliche Zutaten zugeben und 10 Minuten kneten. Brot formen – einen Laib oder auch ein längliches Baguette – mehrmals quer einschneiden. Brot auf ein gefettetes Backblech setzen und noch einmal etwa 1 Stunde gehen lassen. Bei 200 Grad 45 Minuten backen. Noch warm mit zerlassener Butter bepinseln.

Mein einfaches Weizenbrot wird zu einem

Weizentoastbrot

500 g Weizenmehl
1 Päckchen Hefe
1 TL Honig
½ l Milch
½–1 TL Vollmeersalz

Einen Hefeteig bereiten. Teig gut gehen lassen, dann in eine gut gefettete Kastenform füllen. Teig noch einmal 30 Minuten gehen lassen. Bei 200 Grad 1 Stunde backen. Sie nehmen also nur die Hälfte Mehl und Hefe, aber die gleiche Menge Flüssigkeit. Das Toastbrot läßt sich gut einfrieren.

Wenn Sie unter den Teig dieses delikaten Toastbrots noch 200 g zerlassene Butter kneten (eventuell etwas weniger Milch nehmen), können sie *Zwiebäcke machen:*
Das in der Kastenform gut gegangene Brot mit dem Messer quer einkerben (in Abständen von etwa 2 cm), backen wie oben angegeben. Kurz abkühlen und aus der Form lösen. Mit einem scharfen Messer an den Kerbstellen in Scheiben schneiden. Die Scheiben auf ein gefettetes Backblech legen und bei kleinster Hitze mehr trocknen als backen. Der Zwieback – der zwiefach Gebackene – muß goldgelb sein. Wollen Sie fettärmeren Zwieback, nehmen Sie nur 2 Eßlöffel Butter, dann brauchen Sie jedoch die gesamte Milchmenge von ½ Liter. Probieren geht über Studieren!

Weizenbrötchen

Teig wie »Mein einfaches Weizenbrot mit Hefe«. Aus dem gut gekneteten und gegangenen Teig golfballgroße Brötchen formen, einkerben. Auf ein gefettetes Blech setzen. 30 Minuten gehen lassen. Bei 200 Grad 30 Minuten backen. Bestreichen Sie die Brötchen vor dem Backen mit Wasser. Sie können auch Mohn, Sesam oder Kümmel draufstreuen.

Gefüllte Brötchen
(Restverwertung!)

8 Brötchen
100 g Butter
knapp 1 EL frisch geriebener Meerrettich
⅛ l Sahne
200 g Camembert oder Roquefort oder Blue Castello
Kräutersalz und Pfeffer
Knoblauch, Schnittlauch

Von den Brötchen längs oder quer einen Deckel abschneiden, Brötchen aushöhlen. Die weiche Butter mit Meerrettich verrühren, Sahne schlagen und unterziehen. Den Käse zerkrümeln und dazugeben, alles mit Kräutersalz, Pfeffer und durch die Presse gedrücktem Knoblauch abschmecken. Masse in die Brötchen füllen, mit gehacktem Schnittlauch bestreuen, Brötchendeckel draufsetzen und im Ofen bei 180 Grad überbacken, so daß der Käse schmilzt.

Variation: Statt Käse Quark nehmen, nach Lust und Laune mit Kapern und Oliven anmachen.
Ein Baguette, aus dem Teig für Weizenbrot mit Hefe (Seite 131) gebacken, füllt man folgendermaßen: Baguette längs aufschneiden, beide Hälften etwas aushöhlen, die Füllung hineingeben, Hälften wieder zusammenklappen, in den Ofen schieben und überbacken.

Schnelle Quarkbrötchen

500 g Weizenmehl	1 knapper EL Honig
2 TL Backpulver	500 g Quark
2 TL Meersalz	2 Eier

Das frisch gemahlene Weizenmehl mit dem Backpulver, Salz und Honig mischen, den Quark und die Eier drunterkneten. Ist der Quark sehr trocken, evtl. mit etwas Milch sämig machen. Brötchen bei 180 Grad im vorgeheizten Backofen 20–30 Minuten backen.

Was Sie über Brot noch wissen sollten:
- Roggenbrote werden nicht so schnell alt wie Misch- oder Weizenbrote.
- Brot schimmelt am ehesten bei Wärme und hoher Luftfeuchtigkeit, also Brot kühl und trocken aufbewahren und nicht von der Luft abschließen. Brot muß »atmen« können.
- Angeschnittene Brotlaibe mit der Schnittfläche auf Holzbrettchen stellen.
- Brotbehälter mit Holzrosten auslegen, das Brot kann dann besser atmen.
- Brot nicht im Kühlschrank aufbewahren, es trocknet schneller aus (dann in Wachspapier).
- Verschimmeltes oder angeschimmeltes Brot nicht essen! – Manche Schimmelpilze sind sehr gesundheitsschädlich. Beim Backen zerstört ein langer, mäßiger Erhitzungsprozeß mehr Vitamin B_1 als eine kurze hohe Backtemperatur. (Vitaminverlust bei Pumpernickel ist daher besonders hoch.)
- Hefeteig muß sich beim Gehen verdoppeln, mit Sauerteig angesetzter Teig dagegen vergrößert sich nur um ca. ⅓. Wenn man leicht mit dem Finger auf den Teig drückt, muß sich die Delle sofort wieder glätten (gilt für beide Teigarten).
- Ihr Brot ist gar, wenn sich beim Dagegenklopfen mit den Fingerknöcheln ein hohles Geräusch ergibt.

Gandhi schrieb: »Wo Leinsamen Volksnahrungsmittel geworden sein wird, werden die Menschen gesünder sein!« Leinsamen ist ganz besonders reich an essentiellen Fettsäuren, sein wohltuender Einfluß auf Magen und Darm ist bekannt. Neuerdings ist er in Verruf geraten, giftig zu sein. Wahr ist, daß im Leinsamen eine Substanz enthalten ist, Linamarin genannt, die Blausäure chemisch gebunden enthält. Es entstehen aber, wenn überhaupt, nur unbedeutende Spuren an Blausäure, die man auch mit Mandeln aufnehmen könnte.

Und nun zum Sauerteig-Selbermachen – sofern Sie den Ehrgeiz haben.

Sauerteig 1

Für 2 kg Brot:	2 TL gemahlener Kümmel oder
500 g Roggenmehl (feingemahlen)	2 TL geriebene Zwiebel
knapp ½ l lauwarmes Wasser	oder 2 EL Buttermilch

Roggenmehl mit dem lauwarmen Wasser und entweder Kümmel, Zwiebel oder Buttermilch (jede Hausfrau schwört auf ihr eigenes Patent) in einem Topf verrühren. An einem warmen Ort (ca. 30 Grad) 3 Tage stehen lassen.

Sauerteig 2

1 TL Honig (kein Tannenhonig)	50 g Mehl
1 TL Öl	50 g Mineralwasser (30 Grad warm)

Zutaten gut vermengen und in ein vorher 15 Minuten sterilisiertes Gefäß geben, das man luftdicht abschließen kann.

48 Stunden bei 25–30 Grad stehen lassen. Nach diesen 48 Stunden 30 g Wasser (30 Grad warm) und 30 g Mehl zugeben. Gut vermengen und 3 Tage stehen lassen bei 25–30 Grad. Dann ist der Sauerteig fertig.

Sauerteig 3

1 Würfel Hefe	1 EL Honig
1 l lauwarmes Wasser	500 g Weizenmehl

Hefe mit Wasser und Honig verrühren, nach und nach das Mehl unterrühren. Zugedeckt an einem warmen Ort 24–48 Stunden stehen lassen; nach 24 Stunden einmal umrühren. Nach 48 Stunden sollte der Sauerteig fertig sein. Er ist gut, wenn er angenehm säuerlich riecht. Riecht er scharf und unangenehm sauer, haben sich zuviele Essigbakterien entwickelt, warum auch immer – dann nicht verwenden, sondern leider wegwerfen.

Roggen-Weizen-Brot

1 kg Roggen	1 l lauwarmes Wasser
1 kg Weizen	1 EL Vollmeersalz
ca. 500 g Sauerteig	

Am Abend vor dem Backen Roggen und Weizen fein mahlen. Mehl in eine Schüssel schütten. In die Mitte eine Mulde machen, da hinein den Sauerteig geben. Zwei Drittel des lauwarmen Wassers zugießen. Sauerteig mit dem Wasser und so viel von dem Mehl verrühren, daß ein noch flüssiger Teig entsteht. An warmem Ort über Nacht gehen lassen. Am nächsten Morgen den Rest des Wassers zugeben und das Salz. Gut kneten, bis sich der Teig von der Schüssel löst. Ein längliches Brot formen. Das Brot auf einem gefetteten Blech 2 Stunden gehen lassen. Im vorgeheizten Ofen bei 220 Grad 1½ Stunden backen.
Es sieht hübsch aus, wenn man das Brot vor dem Gehen mit einem Messer rautenförmig an der Oberfläche einritzt.

Roggen-Weizen-Brötchen

Teig wie Roggen-Weizen-Brot bereiten (evtl. nur die Hälfte nehmen, ergibt 25 Stück). Golfballgroße Bälle formen, auf ein geöltes Backblech setzen und Kerben einritzen. 1 Stunde gehen lassen, dann bei 220 Grad 25–30 Minuten backen.

Übrigens: Beim Verzehr von 100 g Vollkornbrot nehmen wir 40 Kalorien weniger zu uns als beim Verzehr von 100 g »normalen« Brötchen (Semmeln); dafür aber mehr als doppelt soviel Kalium, mehr als dreimal soviel Eisen!

Israelische Pitta

4 Tassen Weizenmehl
1–2 TL Meersalz
1½ Tassen Wasser

Das frisch und sehr fein gemahlene Mehl in eine Schüssel geben, Salz zufügen und vorsichtig mit Wasser verkneten. Es hängt vom Mehl ab, wieviel Wasser man braucht. Der Teig muß so fest sein, daß man ihn ausrollen kann. Teig 30 Minuten ruhen lassen. In 8 Stücke teilen, aus jedem Teigstück einen Ball formen und diesen auf einem bemehlten Brett dünn ausrollen, ca. 2 mm dick. Die Fladen auf der heißen Herdplatte oder in der heißen Pfanne ohne Fett unter Schütteln und mehrmaligem Wenden ca. 10 Minuten backen. Für diese Fladen eignet sich auch Hafer- oder Roggenmehl.

Variation: Ein paar Eßlöffel zerlassene Butter an den Teig geben, ruhen lassen, dann backen.

Leider nur möglich an einem freien Wochenende oder im Urlaub:

Knoblauchbrot

8 dünne Brotscheiben (Weizen- oder Roggenbrot)	1 Knolle (!) Knoblauch
Butter	Kräutersalz

Brotscheiben rösten, mit Butter bestreichen, gehackten Knoblauch dick daraufstreuen, mit Kräutersalz würzen, nochmals in den Ofen legen, knusprig backen.
Ein paar Gläschen Rot- oder Weißwein dazu, und Sie wähnen sich im Paradies!

Hab' ich nur immer gutes Brod: Hat's mit dem Hunger keine Noth; so heißt es im Noth- und Hülfsbüchlein des Dorfes Mildheim aus dem Jahr 1814. Im Kapitel »Was beym Brodbacken zu beobachten ist« erfahren wir auf vergnügliche Weise, was man dabei alles falsch machen kann – auch heute noch!

Das müssen ja gar grausige Weiberleut in Mildheim gewesen sein, hören Sie nur:

»Eine säuerte zu kalt ein: da gab es klümpichtes Brod; die andere zu heiß, da wurde es blasig, eine nahm zu wenig Wasser: das gab zu festes Brod, das wie Bley im Magen lag; die anderen zuviel Wasser, da wurde es glitschig und blieb zwischen den Zähnen kleben. Mit dem Sauerteige wußten sie es noch weniger zu treffen. Eine frischte ihn nicht oft genug auf; da wurde er stinkend, und verdarb das Brod. Eine nahm zu wenig, da blieb das Brod sitzen; und eine andere zu viel, daß es schwammigt wurde. Daß man ein wenig Salz in den Teig thun muß, wußte eine nicht; die andere nahm zu viel Salz. Beym Einmengen und Kneten war diese und jene zu ungeschickt oder zu faul, den Teig so lange durchzuarbeiten, bis er nicht mehr an den Händen kleben blieb. Manche schliefen zu lange, wenn sie des Abends gesäuert hatten; da versauerte der Teig, und machte hernach den Leuten Bauchgrimmen. Auch konntens die wenigsten mit der Hitze im Backofen recht treffen. Entweder war er zu heiß; da verbrannte es auswendig, und blieb inwendig teigig und wasserstreifig; oder nicht heiß genug: da wurde das Brod ausgedörrt, verlor alle Kraft, und blieb in der Mitte doch klebrig. Manche Frau schob die Brode, wenn sie den Teig kaum ausgewirkt hatte, flugs in den Ofen, um bald fertig zu seyn: da bläserte sich die Rinde und löste sich ab. Daher kam es denn, daß in dem Dorfe Magendrücken, Leibweh und Verstopfung kein Ende nahmen, und die Kinder vor Würmern nicht zu bleiben wußten; woran allein das schlechte Brod Schuld war.«

Der Verfasser (das muß ein echter Chauvi gewesen sein!) wettert in diesem Stile fort gegen die Weiber: da bricht kurz hintereinander »zweymal Feuer beim Backen aus, und etliche Häuser brannten ab«. Irgendwann kommt dann ein Meister Conrad vorbei, der auf seiner Wanderschaft in Westfalen auch Pumpernickel backen gelernt hat. Der Fürst läßt die Haus-Backöfen alle einreißen und auf Kosten der Gemeinde ein Gemeinde-Backhaus aufrichten, welches auf einen von den Häusern abgesonderten Platz gebaut wird. Meister Conrad – auch sonst »ein kluger und braver Mann – lehrte nun die dummen Weiber das Brodbacken, und da das Gemeinde-Backhaus alle Tage geheizt wurde, hatte es auch noch den Nutzen, daß die Weiber einen Topf mit Fleisch, Sauerkraut, Erbsen, Linsen, Hirse und dergleichen dahin gaben, wo es für etliche Pfennige gar gekocht wurde, wobey sie Holz und Zeit ersparten.«

170 Jahre ist das erst her...

Roggenbrötchen

30 g Hefe
150 g Sauerteig
gut ¼ l Wasser
400 g Roggenmehl (frisch gemahlen)
1 TL Vollmeersalz

Hefe und Sauerteig mit etwas Wasser verrühren, nach und nach das Mehl, restliches Wasser und das Salz zugeben, gut verkneten. Teig zugedeckt 30–40 Minuten gehen lassen. Kleine runde Teigstückchen formen, gehen lassen. Im Ofen bei 220 Grad backen.

Traumschiff MS Astor auf großer Fahrt von Manaus nach Rio. Eine Traumreise à la Hollywood. Ein kühnes Schiff, entzückende Besatzung, liebenswerte Schauspieler, nette Mitpassagiere. 29 Grad Wärme in der Luft, 29 Grad Wärme im Swimmingpool an Deck, der ununterbrochen mit frischem Salzwasser direkt aus dem türkisblauen Meer versorgt wird. Februar ist es – und zu Hause, hören wir über Funk, liegt Schnee.

Unser Käpt'n Krüger ist ein toller Hecht (in meiner Seemannssprache ausgedrückt). Das macht ihm keiner nach; die 164 Meter lange Astor steuert er durch enge Amazonasseitenarme, so daß die Lianen uns Steuer- wie Backbord fast das Bullauge kitzeln.

Holzhütten auf Pfählen, winkende Indio-Familien, viele Kinder, Hunde, Katzen, Hühner und Enten auf den schmalen Holzstegen; Männer, Frauen, Kinder in Einbäumen rudernd, Affen- und Papageiengeschrei.

Ein kurzer Sehnsuchtsanfall: so leben können, weit weg von Zeitungen mit ihren Horrormeldungen, weit weg von Umweltverschmutzung und Kernkraftwerken – so leben können, nur mit einer Hängematte, ein paar Kokosnüssen, Mangos und Bananen!

Dagegen dieser Luxus an Bord: das fabelhafte Essen in einem klimatisierten Raum; schön angezogene ausgeruhte Menschen, Gelächter, Wein, Musik. »Ist Dialektik«, würde der

Hahn in Stefan Schütz' gleichnamigem Theaterstück sagen. Küchenchef Lohmann, nicht nur Träger der »Chaine des Rotisseurs«, sondern überdies noch ein wahrer Einkaufsstratege, läßt mich die Küche besichtigen. Wir haben eine eigene Schlachterei an Bord (einer der Metzger hat sich gerade einen Finger gebrochen beim Fleischeinladen), und wir haben eine eigene Bäckerei. In der chromblitzenden Küche brodelt die Suppe in 150-Liter-Töpfen. 32 Mann arbeiten bei (trotz Klimaanlage) 48 Grad Hitze 11–13 Stunden pro Tag. Ein Tag- und zwei Nacht-Bäcker (davon kurioserweise einer aus unserem österreichischen Nachbarort Schleedorf) kneten 3mal täglich frisches Backwerk, allein 2500 Brötchen zum Frühstück. Die sind natürlich aus »normalem« Mehl, aber zur Freude aller Passagiere liefert die Bäckerei auch ein herzhaftes, mit Natursauerteig angesetztes Vollkornbrot. Drei Konditoren wetteifern bei der Zubereitung von Kuchen, Torten und Plunderstücken – für die Frühaufsteher mit einem Kaffee bereits morgens um 7 Uhr an Deck serviert. Bäckermeister Reinknecht, ebenfalls Österreicher, begutachtete gerade einen mächtigen rosinenäugigen Teig-Haifisch, bevor er ihn im Ofen seinem Schicksal überläßt.
Meine Bitte um die schönsten Rezepte findet Gehör. Hier ein Bananenbrot und auf Seite 177 eine tolle Ostertorte. Spaßeshalber habe ich zuerst Chef de Cuisine Lohmanns Mengenangaben angeführt – er bäckt natürlich mit »normalem« Mehl und Zucker – später folgt die Vollwert-Variante.

Bananenbrot »Traumschiff MS Astor«

(Originalrezept)

2500 g Bananen	700 g Korn-Öl
2000 g brauner Zucker	2000 g Weizenmehl
18 ganze Eier	80 g Natron
600 g Milch	40 g Bananencompound

Was ein Bananencompound ist, habe ich nicht mehr erfahren, genausowenig, was Kornöl sein mag, ich vermute Maisöl. Umfunktioniert auf die Vollwertküche, also ohne den braunen Zucker, statt dessen Honig, und natürlich Weizenvollkornmehl, sieht das Rezept nun so aus:

850 g Bananen	250 g Maisöl
3 EL Honig	700 g Weizenmehl
6 Eier	1 Backpulver
200 g Milch	

Die Bananen mit dem Honig pürieren, dann die Eier mit der Bananenmasse vermischen. Milch mit dem Maisöl verquirlen, das Mehl mit dem Backpulver mischen. Alle Zutaten langsam nach und nach in der Küchenmaschine miteinander verrühren. Eine längliche Form mit Backfolie ausschlagen, diese einölen und den Teig hineinfüllen, 30 Minuten ruhen lassen. Bei 190 Grad auf mittlerer Schien 50–60 Minuten backen.
Ein Rezept aus Manaus empfiehlt statt Maisöl Butter – gewürzt wird noch mit Muskatnuß. Kinder mögen es, wenn man ganze Bananen mit einbäckt (die legt man natürlich längs in die Form).

Der Vater der Salem-Kinderdörfer ist Gottfried Müller. Er hat lange Sozialarbeit mit Obdachlosen betrieben und erkannt, daß besonders Heimkinder dazu neigten, später kriminell zu werden. Aus dieser Erkenntnis heraus gründete er das Kinder- und Jugendhilfswerk Salem. Die Kinder werden dort mit Vollwertkost ernährt und sind überdurchschnittlich gesund.
Bei einem Symposium gegen Tierversuche lernte ich Gottfried Müller kennen. Er hatte leckere Fladenbrote als Kostprobe mitgebracht und erlaubte mir, das Rezept in meinem Kochbuch zu veröffentlichen.

Fladen

wie sie in den Salem-Kinderdörfern gebacken werden.

600 g Weizenmehl (etwas gröber gemahlen)	1 EL ganzer Leinsamen
1 TL Vollmeersalz	½ l kaltes Wasser
2 EL ganzer Kümmel	4 EL kaltgeschlagenes Öl

Mehl mit Salz und Gewürzen gut vermischen. ⅔ davon mit dem Wasser mischen, das Öl einarbeiten. Das restliche Mehl mit den Händen unterkneten. Teig 10 Minuten ruhen lassen, danach in 4 Teile reißen. Auf ein leicht gefettetes Backblech legen und mit befeuchteten Händen 1–1½ cm hoch plattdrücken. Ofen auf 200 Grad vorheizen, in die Fettpfanne ⅛ Liter kochendes Wasser geben. Über die Fettpfanne das Blech mit den Fladen einschieben und ungefähr 50 Minuten backen.

Rohes Früchtebrot nach Eckart Radzom

1000 g frisch geschroteter Roggen
330 g gemahlene Sonnenblumenkerne
200 g mittelfein gemahlene Haselnußkerne
1 gehäufter EL Anis
½ EL Nelken
1 gehäufter EL Koriander (alles gemahlen)
200 g gehackte Rosinen
400 g zerkleinerte Datteln
400 ccm Wasser
einige Walnußhälften zum Belegen

Alle Zutaten zu einem Teig verarbeiten. Daraus einen großen oder zwei kleine Laibe formen. Diese mit Walnußhälften bestücken. Das Brot trocknen lassen.

Eine hübsche Anekdote muß ich Ihnen erzählen über die Entstehung des Namens Pumpernickel.
Napoleon besaß bekanntlich einen fidelen Bruder, Herr Lustig genannt. Dessen an »feines« Weißbrot gewöhnter Zunge muß das schwere dunkle deutsche Brot geradezu barbarisch vorgekommen sein. Er soll ausgerufen haben: »c'est bon pour Nickel!« (das ist gut für Nickel!) Nickel war – sein Pferd.
Ich habe lange Zeit geglaubt, Pumpernickel sei besonders gesund, weil er so dunkel ist. Stimmt nicht, es wird nur besonders lange gebacken, 6 Stunden oder mehr!
Überhaupt ist die dunkle Farbe kein Zeichen für ein »gutes« gesundes Vollkornbrot. Sie kann z. B. von Färbemitteln, wie Malz, herrühren. Ein in der Bevölkerung weit verbreiteter Irrtum ist: dunkles Brot ist gesund, helles ungesund.
Wahr ist: Roggenmehl ist immer etwas dunkler als Weizenmehl.
Noch ein verbreiteter Irrtum: daß die Grob- bzw. Feinkörnigkeit eines Brotes etwas mit Voll-Korn zu tun hat. Wahr ist: Sie können jedes Vollkorn sowohl grob mahlen (dann heißt es Schrot) und Sie können es zu allerfeinstem Mehl mahlen.

Kokosnußbrot aus Afrika

250 g Weizenmehl
1 Päckchen Backpulver
1 Prise Salz
1 Prise Nelkenpulver
½ TL Zimt
¼ l Milch
1 EL zerlassene Butter
2–3 EL Honig
250 g Kokosraspeln
Semmelbrösel für die Form

Alle Zutaten mit dem Knethaken gut verrühren. In eine gefettete, mit Semmelbröseln ausgestreute Kastenform füllen. Bei 180 Grad 1 Stunde backen.

Nachbarin Marias Sommerholzer Milchbrot

500 g Weizenmehl
20 g Hefe
2 EL Honig
1 Ei
100 g Butter
knapp ¼ l lauwarme Milch
1 Handvoll Rosinen
die abgeriebene Schale von 3 Zitronen
1 Ei zum Bepinseln
blättrig geschnittene Haselnüsse zum Bestreuen

Aus den Zutaten (außer dem zweiten Ei und den Nüssen) einen Hefeteig bereiten. ½ Stunde gehen lassen. Teig in drei Teile teilen, diese zu langen Würsten rollen und zu einem Zopf flechten. Zopf auf einem gebuttertem Blech nochmal ½ Stunde gehen lassen. Dann mit verquirltem Ei bepinseln, Haselnüsse draufstreuen. Bei 200 Grad etwa ½ Stunde backen.
Vater Hans, Mutter Maria und die Kinder Maria, Christine und Hansi mögen dieses Milchbrot gern an Sonn- und Feiertagen mit Butter drauf zum Kaffee oder Tee. Maria bäckt leider immer noch mit Fabrikmehl und Zucker – seit ich ihr eine Getreidemühle geschenkt habe, gibt's aber immerhin schon Frischkornbrei bei Auers – ab und zu …

Beim Brot ist's wie bei der Sonnenbräune: früher galt Blässe als vornehm, war doch der »niedere Arbeiter« der, dem bei der Feldarbeit die Sonne das Gesicht braun gerbte.
Heute sitzt der Arbeiter in der Fabrik und ist blaß – wer vornehm ist und Geld hat, jettet mal kurz auf die Seychellen und holt sich dort die Bräune der Schickeria, oder er tut jedenfalls, als sei er dort gewesen und verschafft sich seine Bräune auf der Sonnenbank.
So war lange Zeit das »feine« (denaturierte) Weißbrot den sozial höher stehenden Schichten vorbehalten. Die Mittelschicht aß das Vollkornbrot, und die Armen löffelten Brei aus zerdrückten gekochten Körnern. Das Blatt hat sich gewendet. Immer mehr der oberen Zehntausend kehren zum Vollkorn zurück – mit dem sozialen Status steigt auch das Gesundheitsbewußtsein. Je aufgeklärter, desto mehr Körndlesser!

Eckart Radzoms Sonnenbrot

1000 g grob gemahlener Weizen
je 2 gehäufte TL Koriander, Kümmel, Anis, Sesam (alles gemahlen)
3 gehäufte TL Buchweizen (ganz)
1 gestr. TL Kräutersalz
330 g Sonnenblumenkerne (gemahlen)
2 EL Pinienkerne
ca. 550 ccm handwarmes Wasser

Die trockenen Zutaten miteinander mischen, dann mit dem Wasser gut verkneten und zu einem Brotlaib formen (dabei öfter die Hände naß machen). 30 Minuten warmstellen, dünne Scheiben abschneiden, die Scheiben auf einem Gitterrost in der Sonne trocknen lassen. Im Winter trocknet man sie bei 50 Grad im Backofen (ebenso, wenn die Sonne nicht scheint!).
Sie können auch Brötchen aus dem Teig formen, dann brauchen Sie etwa ⅛ l Wasser mehr, weil die Brötchen mehr Oberfläche haben.
So unwahrscheinlich es lautet: das rohe Brot läßt sich wunderbar schneiden!

Schlauchbootfahrt auf einem Seitenarm des Amazonas. Während der ganzen Amazonasreise betreut uns ein Indio, Mocair Fortez, kurz Mo genannt. Er weiß mit der Machete umzugehen, schlägt uns einen Pfad durch den dichten Dschungel, um uns die nistenden Webervögel zu zeigen, die Gummibäume mit ihren Schnittwunden, aus denen Gummi milchig in kleine, am Stamm aufgehängte Blechdosen tropft. Mo führt uns auf einen Indiofriedhof mitten im Urwald. Fahler weißer Sand in all dem Grün, Reste von verwehten Grabhügeln, einfache, zum Teil umgestürzte Holzkreuze, auf einigen hängen mit weißen verwitterten Papierrosen besteckte Bambusmarkringe. Feuchte Hitze um 35 Grad, Stille, die nur hin und wieder vom Gekreisch der Papageien durchschnitten wird; Mangobäume voller Früchte, riesige gelbe Trompetenblumen schaukeln zwischen Lianen.
Mo fängt Piranhas, die er am Swimmingpool an Deck den sich gruselnden Passagieren präsentieren wird – zarte todbringende Miniaturhaifischgebisse – und ein Krokodilbaby, das er Gottseidank später wieder frei läßt. Ich sah den kleinen Kerl schon als Handtasche enden.
Da ich Mo von meiner Leidenschaft für originelle Rezepte erzählt habe, arrangiert er einen Besuch bei einer Familie in der brasilianischen Hafenstadt Belem. Obwohl der deutsche Konsul abwinkt: brasilianische Rezepte können Sie vergessen!, bin ich gespannt.
Donna Judith da Cruz Palma und ihrem Mann gehört ein kleines Haus, in dem sich insgesamt 17 Personen tummeln. Alle weiblichen Wesen sind am Kochen und Brutzeln. Donna Judiths Stolz aber ist ihre Großküche gegenüber. Von dort beliefert sie die vielen Straßenhändler. Es ist kaum zu glauben, aber alles, was die drei Angestellten in den finsteren Kellergewölben zubereiten, wird aus Manioca gewonnen, einer kartoffelartigen Knolle. Geschält und in einer Art primitiven Moulinette gerieben wird daraus:

1. so etwas Ähnliches wie Quark,
2. eine Paste namens Tapioca, die, getrocknet, Mehl ergibt,
3. eine gelatineartige Flüssigkeit, die aussieht wie das Kartoffelmehl, in dem Mutter früher Vaters Hemden stärkte,
4. Alkohol destilliert,
5. aus den Blättern der Knolle Spinat gekocht – und wenn immer noch irgend etwas übrig bleibt, fressen das die Schweine.

Ein Beweis großer kulinarischer Phantasie!
Wir bekommen eine Kostprobe serviert: kleine Pfannkuchen aus Maniocamehl. Das ziemlich geschmacksneutrale Mehl wird einfach in die kleine, ohne Fett erhitzte Pfanne gestreut, ein bißchen geschüttelt – und irgendwie pappt es zusammen, bildet sich ein Pfannkuchen, den man mit Kokosraspeln bestreut.
Dazu trinken wir Guajava, einen Saft aus der gleichnamigen Frucht. Übrigens: Zuckerrohr, wie der liebe Gott es hat wachsen lassen, gekaut so wie es ist, macht keine Karies! Die Einheimischen bieten Zuckerrohr in kleinen Ständen längs den Landstraßen an, und sie haben alle blendende Zähne, obwohl sie reichlich davon essen. Der Kunde kann das Zuckerrohr kauen und auslutschen – oder sich gleich an Ort und Stelle einen Saft daraus pressen lassen. Und der ist natürlich nicht annähernd so süß (und so schädlich) wie unser isolierter Fabrikzucker.
Und dann kann man, wenn man will, sich einen »cachassa«, einen Zuckerrohrschnaps, zu Gemüte führen. Ich hab's einmal versucht, und nie wieder. Er schmeckt, wie ich mir Fusel vorstelle.
Das Zuckerrohr, sagen die Einheimischen, die Cariocas, hat der liebe Gott erfunden – den »cachassa« aber, den Zuckerrohrschnaps, der Teufel.

Mürbes Käsegebäck

125 g Weizenmehl	5–6 EL saure Sahne
100 g geriebener Käse (am besten Parmesan)	1 MSP Paprika
	1 MSP Kräutersalz
75 g Butter	1 MSP Honig

Alle Zutaten zu einem glatten Teig verkneten. Teig auf bemehltem Backbrett messerrückendick ausrollen. 1 cm breite und 10 cm lange Streifen abschneiden und zu Locken drehen. Bei 170 Grad auf einem gefettetem Blech 10–15 Minuten goldgelb backen.

In fast jeder Familie gibt es zumindest vom Hörensagen den berühmten Großvater, der geraucht hat wie ein Schlot, wüst getrunken und alles denkbar Falsche gegessen sein Lebenlang, und der trotzdem quietschvergnügt 80 oder gar 90 Jahre alt geworden ist. Wie ist nun das wieder möglich?

Erstens sind manche Menschen von Natur aus sozusagen mit besserem Material ausgestattet als andere, sie vertragen mehr, ehe sie leiden. Alle sind gleich, aber manche sind halt gleicher als andere, wie es in Österreich so schön heißt. Zu den ernährungsbedingten Krankheitsursachen kommen natürlich auch noch die umweltbedingten und psychosozialen krankmachenden Faktoren. Und schließlich und endlich gehören wir zur 3. und 4. Generation der Fehlernährten. Denn was die Eltern säen, ernten die Kinder. Heute erkranken auffällig viele Kinder an Diabetes und Leukämie. Wenn die Mutter sich während der Schwangerschaft falsch ernährt, raucht oder trinkt oder andere Zellgifte zu sich nimmt, legt sie bereits den Keim für die künftigen Krankheiten ihres Kindes.

Der zielstrebige Weg in die Fehlernährung begann vor etwas mehr als hundert Jahren – mit einer Entdeckung, die als großer Fortschritt gefeiert wurde und wie soviele andere zunächst glückverheißende Entdeckungen sich als unglücksbringender Bumerang erwies. Auf Grund des Siegeszuges von Physik und Chemie glaubte man nämlich, daß alle Nahrungsmittel nur aus drei Grundstoffen bestehen: aus Fett, Eiweiß und Kohlenhydraten. Von diesen Dreien würde man pro Tag eine bestimmte Menge benötigen, in Wärmeeinheiten ausgedrückt Kalorien oder heute »Joule«, als sei der Mensch nichts weiter als eine Verbrennungsmaschine. Vitamine, Mineralstoffe, Spurenelemente waren damals unbekannt. Man nahm ferner an, pflanzliches Eiweiß sei unvollständig, nicht ausreichend für die Ernährung, der Mensch benötige tierisches Eiweiß, um zu überleben.

Beide Ansichten sind nicht nur überholt – sie waren von Anfang an falsch – aber immer noch so festverwurzelt auch bei einem großen Teil der Schulmediziner, daß sie einfach nicht wegzubringen sind.

Die Folge dieser Irrlehren war weiterhin, daß man alles, was nicht Fett, Eiweiß und Kohlenhydrat ist, als lästige Ballaststoffe abtat, gerade gut genug, um Schweine damit zu füttern. Das beste bzw. schlimmste Beispiel. Die Folge davon: eine immer stärker zunehmende Fehlernährung in der ganzen Welt, die sich z. B. in einer katastrophalen Unterversorgung mit Vitamin B_1 äußert.

Vitamin B_1 aber wird zur Verwertung der Kohlenhydrate im Körper unbedingt gebraucht. Ein Mangel an Vitamin B_1 führt zunächst zu Störungen im Kohlenhydratstoffwechsel und damit auch zur Störung des Fett- und Eiweißstoffwechsels. Womit der Mangel an Vitamin B_1 die Hauptschuld hätte an allen Stoffwechselstörungen, die es überhaupt gibt.

Man kann es gar nicht oft genug betonen: die Weltgesundheitsorganisation schlägt eine Tagesmenge von 1,5 Milligramm Vitamin B_1 pro Tag vor – der Durchschnittsmensch nimmt aber nur etwa die Hälfte, um 0,8 Milligramm, täglich zu sich. So entsteht allmählich ein chronisches Defizit an Vitamin B_1, das sich zunächst in scheinbar harmlosen Symptomen äußert: man ist müde, schläft schlecht, hat schlechte Laune, ist gereizt, unkonzentriert, deprimiert usw.

Soviel zum berühmten Großvater, der sein Lebenlang geraucht, getrunken und alles denkbar Falsche gegessen hat und trotzdem 100 Jahre alt geworden ist...

> »Einer neuen Wahrheit ist nichts schädlicher
> als ein alter Irrtum.« *Goethe*

Maisfladen

500 g Maismehl	1 Ei
1 l Gemüsebrühe	Knoblauch nach Geschmack
1 Lorbeerblatt	1 EL kleingezupfte frische oder getrocknete Salbeiblätter
½ TL Majoran und/oder Rosmarin (gemahlen)	
1 TL grob zerstoßener Koriander	100 g frisch geriebener Käse (Parmesan)
Muskatblüte (oder geriebene Muskatnuß)	Butterflöckchen

Maismehl mit der Gemüsebrühe, Lorbeerblatt, Majoran, Koriander und Muskatblüte aufkochen, 20 Minuten ausquellen lassen. Das Ei, den durch die Presse gedrückten Knoblauch und die Salbeiblättchen unterrühren. Die abgekühlte Masse auf ein gebuttertes Blech streichen, etwa ½ cm dick, mit Käse bestreuen und mit Butterflöckchen belegen. Bei 220 Grad 25–30 Minuten knusprig backen.
Das Maismehl nicht zu fein mahlen. So ein warmer Maisfladen, gebuttert und von einem gartenfrischen Salat begleitet, ist ein wunderbares Mittagessen an einem warmen Sommertag. Er eignet sich nur leider nicht zum Aufbewahren, da wird er hart.

Eine Pizza ist eigentlich nichts anderes als ein Brotteig. Nicht sehr viel anders als heute dürfte man den Brotteig auch vor 2000 Jahren schon in Italien gebacken haben, als Fladen, ohne Hefe – und dadurch natürlich härter.
Warm mit Butter bestrichen schmeckt so ein Fladen wunderbar zu Salaten und allen Gerichten mit Saucen. Sie können ihn aber auch mit Tomaten belegen oder mit Käse, mit Oregano bestreuen und Zwiebeln oder mit gehacktem Knoblauch – oder eine Variante versuchen, die ich in Genua gegessen habe:

Focaccia

20 g Hefe (½ Würfel)	etwa ¼ l lauwarmes Wasser
500 g Weizenvollkornmehl (in Italien ist's natürlich Mehl des niedrigen Type, wahrscheinlich 405)	etwa 100 g Mehl zum Ausrollen
1–2 EL Olivenöl	Fett für das Blech
1 TL Salz	Olivenöl zum Bepinseln
	Fenchelkörner

Hefe mit etwas Mehl und Wasser verrühren und an warmem Ort zugedeckt 10 Minuten gehen lassen. Restliche Zutaten hinzufügen und alles kneten, bis sich der Teig von der Schüssel löst. Zudecken und 1 Stunde gehen lassen. Teig auf einer reichlich bemehlten Backfläche zu handtellergroßen Fladen ausrollen, mit Olivenöl bepinseln und mit Fenchel dick bestreuen. Bei 220 Grad 10 Minuten backen.
Statt Fladen können Sie natürlich auch Brötchen oder Brote formen. Die Brötchen backen etwa 30 Minuten, die Brote 1 Stunde. Stricknadelprobe machen!

In Indien hatten wir das Glück, von zwei Brüdern, die beide mit Antiquitäten handelten, zu ihrer Familie aufs Land eingeladen zu werden.
Die alte Mutter, wunderschön und gelassen in einem blaßlila Sari, hatte gekocht. Ich habe mir natürlich sofort Rezepte geben lassen, und nach vielem Hin- und Herfragen erfuhr ich auch endlich den Namen des Gewürzes, das mir in indischen Gerichten schon mehrmals aufgefallen war: ich meine den Kreuzkümmel. Sein charakteristischer Geschmack, nicht bei allen beliebt, ist schwer zu beschreiben. Viele Reformhäuser führen ihn gar nicht, eher indische und türkische Läden. Da ich ihn so mag, nehme ich immer zuviel davon, sehr zum Leidwesen meines Mannes, dessen subtiler Zunge meine Art des Würzens häufig barbarisch erscheint. Also vorsichtig mit dem Kreuzkümmel anfreunden.
Familie Kumar lebt streng vegetarisch und verschmäht jeden Alkohol. Zum Gemüsegericht Dhal-Sambar (Seite 77) mit Chapaties tranken wir das indische Nationalgetränk Jay, das wie Tschai ausgesprochen wird, und sicher eine gemeinsame Wurzel mit dem russischen Tschai und wiederum mit unserem Wort Tee hat.

So wird Jay bereitet:

1 l Wasser	1–2 TL schwarzer Tee
Zimt, Ingwer und Kardamom nach Geschmack	½ l Milch
	Honig

Wasser zum Kochen bringen, gemahlene Gewürze hineinschütten, Tee und die Milch. Wenn der Jay kocht, vom Feuer nehmen, umrühren, noch einmal aufkochen, zugedeckt einige Minuten ziehen lassen und durchsieben. Mit Honig süßen.
Ma Kumar besitzt einen Spezialtopf extra für den Jay (er ist sehr geschmacksempfindlich) und bereitet ihn mit Ziegenmilch zu. Ein sehr belebendes Getränk, es erfrischt, ohne aufzuputschen.

Ma Kumars Gerstenbrot

150 g Gerstenmehl	1½ Tl Meersalz
500 g Weizenmehl	2 EL Sesamöl
60 g geröstete Sonnenblumenkerne oder Sesam	2 EL Maisöl
	350 g heißes Wasser

Das frisch gemahlene Gerstenmehl in einer Pfanne ohne Fett unter Schütteln goldgelb rösten. Weizenmehl, Sonnenblumenkerne oder Sesam, Salz und beide Ölsorten untermischen, zum Schluß mit dem heißen Wasser verkneten. Teig in eine gut geölte längliche Form (Kastenform) geben, mindestens 2 Stunden oder über Nacht stehen lassen. Bei 180 Grad 1½ Stunden backen.

Noch eine Spezialität von Ma Kumar:

Prana-Brot

Gekeimte Weizenkörner im Mörser zu Brei mahlen, golfballgroße Bälle daraus formen und diese zu flachen Fladen drücken. Die Fladen auf einem Rost in der Sonne trocknen lassen, bis sie knusprig sind. Ma Kumar nahm weder Salz noch sonst ein Gewürz für dieses Prana-Brot und verkündete uns fröhlich, wir hätten den Atem Gottes (Prana) genossen...

Grannys Loaf

heißt soviel wie Omas Brot-Laib.

170 g Butter
3 EL Honig
3 Eier
220 g Weizenmehl
2 TL Backpulver
abgeriebene Schale 1 Zitrone oder Orange
1 Banane (in feine Scheiben geschnitten)
50 g gemahlene Mandeln
50 g gehackte Nüsse
50 g Kokosraspeln

Butter mit dem Honig schaumig rühren. Eier zugeben und weiter schaumig rühren. Das mit dem Backpulver gemischte Mehl unterrühren und die übrigen Zutaten. Teig in eine gefettete Kastenform füllen. Bei 200 Grad 1 Stunde und 15 Minuten backen. Grannys Loaf wird in Scheiben geschnitten und mit Butter bestrichen serviert.

Aus Australien haben wir dieses Rezept mitgebracht:

Muffins aus Gerstenmehl

250 g Gerstenmehl
2 TL Backpulver
½ TL Vollmeersalz
½ TL Naturvanille
1–2 EL Honig
⅜ l Milch
2–3 EL Sonnenblumenöl

Alle trockenen Zutaten schnell miteinander vermischen, alle feuchten Zutaten ebenfalls, dann beides mischen. Mit einem Löffel Häufchen auf ein geöltes Blech setzen. Bei 200 Grad 20 Minuten backen.

Muffin ist eine in allen englischsprechenden Ländern beliebte Teesemmel – leicht zu machen und gut schmekkend. Die Muffins werden warm oder kalt durchgeschnitten, mit Butter und Marmelade oder Honig bestrichen. In Australien gab's noch einen dicken Klacks honiggesüßte Schlagsahne dazu – und einen starken Tee.

In den »goldenen 50er Jahren«, als wir die Filme mit den leidenschaftlichen Frauenrollen drehten, war ich in Cork, Irland, zu einem Filmfestival eingeladen. Die Iren sind die entzückendsten Gastgeber, die man sich vorstellen kann. Es wurde viel gelacht und geredet und gesungen und ungeheuer viel Whisky konsumiert, abends in den Pubs, aber auch morgens in den Pubs, und auch abends und morgens außerhalb der Pubs. Ob es am Whisky lag oder am irischen Nebel – sie waren alle Poeten in dem kleinen Ort, ob Bürgermeister oder Briefträger oder Priester.

Pater James, mit einem Kopf wie Bernard Shaw, neben seiner seelsorgerischen Tätigkeit auch noch passionierter Limerickforscher und als solcher sogar bei Aristophanes fündig geworden, hat mir einen herrlichen Limerick zugeeignet, in dem es doch tatsächlich um Teig und um Hefe geht:

These rhymes were designed by a priest
to affect your religion like yeast.
If they help it to grow
like the yeast in the dough
there'll be one better Christian at least.

In den irischen Brötchen, die mich an die wilde Zeit in Cork erinnern, finden Sie denn auch einen Schuß Whisky.

Und hier die

Irischen Brötchen

¼ l Milch
2 durch die Presse gedrückte Pellkartoffeln
500 g Weizenmehl
½ TL Meersalz
1 Päckchen Hefe
1 TL Honig
1 mehr oder weniger großer Schuß Whisky

Milch mit den zerdrückten Kartoffeln aufkochen und abkühlen lassen. Übrige Zutaten unterkneten, Teig gehen lassen. Noch einmal durchkneten und Brötchen formen. Auf dem gefetteten Backblech noch einmal gehen lassen. Bei 200 Grad 20 Minuten backen. Aus dem Ofen nehmen und mit Whisky einpinseln.

Irische Rosinenbrötchen

500 g Weizenmehl
1 Prise Meersalz
¼ l Milch
60 g Butter
1 Päckchen Hefe
1 EL Honig
1 Ei
½ gestr. TL Zimt
½ gestr. TL Muskat
100 g Rosinen
abgeriebene Schale 1 Zitrone
1 mehr oder weniger großer Schuß Whisky (dementsprechend eventuell bei der Milch sparen)

Alle Zutaten zu einem Hefekloß kneten, gehen lassen. Teig noch einmal durchkneten, Brötchen formen, mit etwas Milch bepinseln. Auf ein gut gefettetes Backblech setzen, noch einmal gehen lassen. Bei 200 Grad im vorgeheizten Ofen 20 Minuten backen.
Noch warm mit Butter und Honig schmecken sie am besten – oder mit Nußmus und Honig.

Eine üppige Angelegenheit – aber phantastisch und kinderleicht zu machen:

Quark-Butter-Weizen-Stangen

Man nehme:
gleichviel Quark wie Butter wie Weizenmehl, also je etwa 250 oder 500 Gramm, plus Kräutersalz

Zutaten verkneten. Teig ½ Stunde ruhen lassen. Auf bemehlter Arbeitsfläche zu einer Wurst rollen, von der Wurst Scheiben abschneiden. Jede Scheibe formen: zu einer Stange, einem Taler, einer Brezel oder einem Hörnchen. Bei 180 Grad 20 Minuten backen.
Sie können die Brezeln oder Hörnchen oder Stangen vor dem Backen mit Milch bepinseln und mit geriebenem Käse bestreuen oder mit Kümmel, Sesam oder Mohn. Da dieses Gebäck sehr fett ist, braucht es keinen Aufstrich.

Salzstangen

100 g Butter
250 g Weizenmehl
25 g Hefe (in etwas lauwarmer Milch aufgelöst)
½ TL Meersalz
lauwarme Milch

Außerdem:
1 Eigelb
grobes Meersalz und Kümmel

Butter schaumig rühren. Restliche Teigzutaten zugeben (soviel Milch, daß ein ziemlich fester Hefeteig entsteht). Den Teig schlagen, bis er Blasen wirft, gehen lassen. Kleine Stangen von dem Teig ausrollen, auf ein gebuttertes Blech legen, wieder gehen lassen. Stangen mit verquirltem Eigelb bestreichen, mit grobem Salz und Kümmel bestreuen. Bei 180 Grad etwa 20 Minuten im Ofen backen.
Die etwas abgekühlten Salzstangen durchschneiden und mit reichlich Butter bestreichen – köstlich!

Griechisches Brot gefüllt

250 g Roggenmehl
250 g Weizenmehl
1 TL Kräutersalz
½ Becher Joghurt oder saure Milch
½ Becher saure Sahne
1 Würfel Hefe
1 TL Honig
1 EL Pflanzenöl

Füllung:
5 hartgekochte Eier
eine Handvoll grüne oder schwarze Oliven (gefüllt)
Kräutersalz und Pfeffer
frische oder getrocknete Kräuter nach Geschmack: Salbei, Oregano, Estragon
1–2 Knoblauchzehen
ca. 150 g gewürfelter Schafskäse (kann auch mehr sein)
Öl zum Beträufeln

Aus den Teigzutaten einen Hefeteig kneten, zur Kugel formen und zugedeckt gut 30 Minuten gehen lassen. Teig auf einer bemehlten Fläche zu einem Rechteck ausrollen, darauf die geschälten Eier längs hintereinander sowie Oliven, Gewürze, Knoblauch und den Schafskäse gleichmäßig verteilen. Alles mit Öl beträufeln. Teig an den Seiten etwas einschlagen, dann zu einer Rolle formen. Auf ein gebuttertes Blech legen, nochmals etwas gehen lassen. Bei 200 Grad etwa 45 Minuten im Ofen backen.

Variation: Den Teig nur aus Weizenmehl bereiten, zu einem runden oder ovalen Laib formen, diesen 40 Minuten vorbacken. Dann die Oberfläche mit Eigelb einpinseln, die Oliven und Käsewürfel hineindrücken, Kräuter drüberstreuen und das Brot nochmal 10 Minuten in den Ofen schieben. Wunderbar – zum Wein!

Stockbrot
(beim Picknick im offenen Feuer zu backen)

500 g Weizenmehl
½ Päckchen Hefe
1 TL Honig
1 TL Meersalz
350 g lauwarmes Wasser

Aus den Zutaten einen gut gekneteten Hefeteig bereiten, zugedeckt neben dem Feuer gehen lassen, bis der Teig sich verdoppelt hat. Teig noch einmal gründlich durchkneten, zu einer Rolle drehen und die Rolle um einen ungefähr 3 cm dicken, abgeschälten Stock wickeln. Stockbrot über starker Glut unter ständigem Drehen ungefähr 30 Minuten backen. Den gleichen Teig können Sie auch in einem Tongefäß, zum Beispiel in einem Blumentopf, backen. Der Topf muß so groß sein, daß sich der Teig verdoppeln kann. Zugedeckt warm stellen und gehen lassen (30 Minuten). Dann den Topf in die Glut stellen, so daß er rundherum von Glut eingehüllt ist. Etwa 30 Minuten backen.

Die Kärtner Küche hat lustigste Namen erfunden. Probieren Sie mal

Verheiratetes Brot

½ Teigrezept einfaches Weizenbrot (Seite 131)
½ Teigrezept Roggenbrötchen (Seite 134)
Milch zum Bepinseln
Fenchel- oder Kümmelkörner (im Mörser zerstoßen)

Beide Teige getrennt auf bemehlter Arbeitsfläche ausrollen. Die Teige aufeinanderlegen, zu einer Wurst rollen und gehen lassen. Die Wurst mit Milch bepinseln und in den Körnern wälzen. Auf gefettetem Backblech bei 200 Grad ¾ Stunde backen.

Griechisches Brot, gefüllt mit Eiern und Oliven

Das »verheiratete« Brot wird erst nach 3 Tagen angeschnitten und mit Butter bestrichen gegessen. In armen Familien galt es früher als Festtagsgebäck.

Pikante und süße Brotaufstriche

Mitverantwortlich für die Entstehung dieses Buches ist übrigens der Chefredakteur des »Zeit-Magazins«. Er sei nach dem Barbara-Rütting-Brot süchtig geworden, sagte mir Freund Jochen Steinmayr eines Tages – »aber schreib doch mal auf, was man auf dein Brot so alles drauftun kann, ein Büchlein nur – ich wette, das geht weg wie warme Semmeln!«
Nur ein paar Seiten sollten es werden, von guten Dingen, außer Fleisch und Wurst, die man auf »mein« Brot draufstreichen kann, wie Wildkräuter-, Tomaten- und Champignonbutter, Grünkernpastete und ähnliche Köstlichkeiten. Denn es sich mit Schmalz und Leberwurst und Katenschinken zu Gemüte zu führen, darauf kommt ja jeder. Im Münchner Feinschmeckerlokal »Käfer« hat es sogar mit Rentierschinken auf der Speisekarte gestanden.
Aber dann ist doch wieder ein ganzes Buch draus geworden – denn ich kann Ihnen doch nicht vorenthalten, daß ein Lebkuchen betörend auf einem gebutterten Stück Roggenvollkornbrot schmeckt, wie man »Knabbeln« aus Weizen macht und in ein »Kümpken«, das ist eine große Tasse ohne Henkel, mit Milchkaffee taucht – eine Sitte, die mein westfälischer Mann mit in die (wilde) Ehe gebracht hat; daß eine Mohnsemmel, zum Frühstück in Leinöl gestippt und mit Salz bestreut, eine Wonne sein kann – das fand jedenfalls meine Großmutter aus dem Spreewald.
Sollte Freund Steinmayrs Prophezeiung sich erfüllen, und das Buch wirklich weggehen wie warme Semmeln – dann doch aber, bitte sehr, wie warme Vollkornsemmeln!

Eckart Radzoms pikanter Brotaufstrich

2 Tomaten (auch eingeweckte)
200 g Weizenmehl
200 g fein gemahlener Sesam
4 EL Tamari-Sojasauce
1 feingehackte Zwiebel
Muskatnuß
Curry
Kräutersalz

Die Tomaten pürieren, mit den übrigen Zutaten zu einer steifen Masse verrühren.
Ein phänomenaler Brotaufstrich – nicht nur für Vegans! Und vollwertiger geht's wirklich nicht: rein pflanzliche Zutaten, alles frisch gemahlen bzw. frisch geerntet – und die Tomaten sind hoffentlich auch biologisch-dynamisch gezogen?
Achtung beim Sesam – sehr fetthaltig! Wird er von Ihrer Getreidemühle vertragen? Ich mahle den Sesam mit der Handmühle (etwas strapaziös, macht aber einen schlanken Oberarm!).

Grünkernpaste

3 Tassen Grünkern (fein gemahlen)
3 ½ Tassen Wasser
Kräutersalz
Pfeffer
1–2 Lorbeerblätter
Thymian
Olivenöl (etwa 1 Tasse)
Knoblauch
Majoran oder Oregano

Grünkern mit Wasser, Salz, Pfeffer, Lorbeerblättern und Thymian 5 Minuten kochen und auf der ausgeschalteten Herdplatte ausquellen lassen. Mit Olivenöl, dem durch die Presse gedrückten Knoblauch und Majoran abschmecken und im Mixer cremig rühren (evtl. noch etwas Wasser zugeben).
Schmeckt wunderbar auf einem getoasteten Weizenbrot oder Fladen. Erinnert im Geschmack an feinste Leberwurst, ist also ideal für »Umsteiger« vom Fleischesser zum Lactovegetabilisten.

Gomasio

Gomasio gibt es fertig zu kaufen – oder man stellt es selbst her: Gemahlenen Sesam in der Pfanne ohne Fett rösten, Meersalz in einer anderen Pfanne rösten, beides vermischen und im Mörser zerstampfen oder im Mixer zerkleinern (etwa 10 Teile Sesam, 1 Teil Meersalz).

Leider hat noch niemand (ich hab' mich schon einmal beklagt) eine kleine Haushalts-Ölmühle konstruiert – wir können uns also unser tägliches Öl noch nicht selbst pressen. Als ich das einmal in einem Reformhaus beklagte, teilte mir eine ebenfalls dort anwesende Kundin ihr eigenes Rezept zur Herstellung von Nußmus mit:

Nußmus

1 Hälfte Haselnüsse
1 Hälfte Nackthafer
Honig nach Geschmack
Carob nach Geschmack

Nüsse fein pürieren (Mixer). Hafer fein mahlen (Getreidemühle). Beides mit Honig und Carob gut verkneten.
Das Nußmus hält sich im Schraubglas im Kühlschrank wochenlang. Statt Hafer können Sie auch Weizenmehl nehmen.

Carob

ist das getrocknete und pulverisierte Fruchtfleisch des Johannisbrotbaumes ohne die Wirkstoffe Kakao und Coffein. Carob schmeckt ähnlich wie Kakao, aber nicht so bitter, verlangt also weniger Süße – verfügt außerdem über viel Vitamin A und B, Mineralien und Eiweiß – und ist, im Gegensatz zum Kakao, kein Säurebildner.

Vor kurzem fand man DDT in der Muttermilch von Frauen der Bundesrepublik, obwohl DDT in der Bundesrepublik verboten ist. DDT wird aber in den Entwicklungsländern auf die Kakaoplantagen gesprüht, so konnte es auf dem Umweg Kakao/Schokolade in die Muttermilch kommen. Die Gesetze zum Schutze der Menschen dürfen also nicht an den nationalen Grenzen haltmachen, sondern müssen weltweit durchgeführt werden. Noch einmal: wehrt Euch, Schwestern!

Trockenfrüchte-Brotaufstrich

250 g getrocknete Früchte: Äpfel, Birnen, Pflaumen, Aprikosen
Saft 1 Zitrone
Zimt
Naturvanille

Obst über Nacht mit Wasser bedeckt einweichen, mit der Flüssigkeit pürieren (eventuell etwas Flüssigkeit abgießen). Mit Zimt und Vanille abschmecken.
Hält sich im Kühlschrank wochenlang frisch!

Weitere interessante Brotaufstriche

- Mousse von Spinat und Paradeisern (s. Seite 52)
- Mousse von Champignons (s. Seite 48)
- Tomatenbutter: Tomaten mit Zwiebel und Knoblauch pürieren, dann mit etwas gehackter Peperoni, gehacktem Liebstöckel (frisch oder getrocknet), Kräutersalz und Paprika sowie mit weicher Butter gründlich verrühren, kühlstellen
- Kräuterbutter: 1 Handvoll frische gehackte Kräuter mit durch die Presse gedrücktem Knoblauch, Kräutersalz, Pfeffer und weicher Butter verrühren, kühlstellen
- Champignonbutter: Zwiebeln und Knoblauch goldgelb dünsten, blättrig geschnittene Champignons kurz mitdünsten, mit Kräutersalz und Pfeffer würzen, pürieren und mit weicher Butter verrühren, kühlstellen
- Salbeibutter: sehr fein geschnittene Salbeiblätter mit weicher Butter, Kräutersalz, Pfeffer und Zitronensaft verrühren, kühlstellen
- Quark pikant: mit Zwiebeln, Kümmel, Sahne, Kapern, Schnittlauch anmachen
- 2 hartgekochte Eigelb mit 1 EL Butter und geriebenem Parmesankäse verrühren
- dick Butter aufs Brot, darauf säuerliche Apfelscheiben und gerösteten Sesam
- Butter, obendrauf Kartoffelpuffer und Apfelkraut
- Nußmus und Gomasio oder Honig
- Nußmus und Honig
- Avocado, püriert mit Gorgonzola oder Roquefort oder Bavariablu, mit Zitronensaft und Pfeffer würzen
- Avocado, püriert mit Tomatenmark, Knoblauch, Zitronensaft, Kräutersalz, Pfeffer, Zwiebeln und Schnittlauch
- Butter oder Nußmus mit Honig, darauf Bananenscheiben und halbe Walnüsse und / oder Carob
- Nußmus, bestreut mit Kürbiskernen
- Nußmus mit Honig, bestreut mit geröstetem Sesam
- eine Scheibe Roquefort, darauf eine Schicht Johannisbeergelee
- Weizentoastbrotscheiben kurz rösten, mit Butter bestreichen, mit süßer Sahne verrührten Meerrettich draufstreichen, frische Pfirsichhälften in Scheiben schneiden, auf die Toastscheiben legen und darauf noch eine Scheibe Edelpilzkäse
- Käsebutter: Gorgonzola mit der Gabel zerdrücken, mit Butter, Salz und Pfeffer verrühren
- Gemüsebutter: Gervais mit Butter, geriebenen rohen Möhren, geriebenem rohen Sellerie, gehackter Petersilie, Kräutersalz und Pfeffer, einer Spur Honig und Tamari-Sojasauce verrühren
- Quarkbutter: Butter mit Quark, Kräutersalz und Pfeffer, Paprika und feingeschnittener Zwiebel gut verrühren
- der »Obatzte«: 1 Camembert mit der Gabel zerdrücken und mit weicher Butter, gehackter Zwiebel, zerstoßenem Kümmel, Pfeffer und Paprika verrühren
- Und hier die westfälischen »Knabbeln«: das heiße, frisch aus dem Ofen genommene Weizenbrot auseinanderbrechen und die Stücke auf dem Blech in den Ofen schieben, noch einmal 10 Minuten backen. Dann weicht man die Knabbeln in einem Kümpken – das ist die große Tasse ohne Henkel – in Milchkaffee ein, gibt etwas Honig drüber (im Original ist es Zucker), und löffelt die Knabbeln heraus.
- Hoummous aus Israel: pro Person 150 g Kichererbsen über Nacht einweichen, am nächsten Tag im Einweichwasser weichkochen, pürieren, mit Kräutersalz, Pfeffer, durch die Presse gedrücktem Knoblauch, dem Saft einer Zitrone und ein paar Eßlöffel Tahin abschmecken, alles gut verrühren, wenn nötig mit etwas Wasser verdünnen. In einen Teller füllen, Olivenöl drübergießen, mit Paprika und gehackter Petersilie bestreuen und mit Weizenbrot aufstippen.
- Felafel (gebratene Bällchen aus Kichererbsen oder Bohnen): Kichererbsen oder dicke Bohnen über Nacht in Wasser einweichen, mit Lorbeerblatt, gekörnter Brühe und Thymian weich kochen, pürieren und mit Thymian, Bohnenkraut und Majoran abschmecken. Aus der Masse Bällchen formen und in Öl backen. Um das viele heiße Fett zu vermeiden, drücke ich die Bällchen flach und brate sie in der Pfanne auf beiden Seiten in Pflanzenöl. Sie werden zu mit Tahin bestrichener Pitta gegessen.
- Das Leibgericht meiner Spreewälder Großmutter: Mohnbrötchen mit Leinöl. Zum Frühstück goß sie sich in einen tiefen Teller Leinöl, streute Salz (!) drüber, und stippte ihr Mohnbrötchen hinein. Dazu trank sie Milchkaffee.

Beim Leinöl scheiden sich die Geister. Entweder man mag es, oder man mag es nicht. Mein Vater träufelte Honig über das Leinöl – er war Lehrer und Imker, so hatten wir den herrlichsten selbstgeschleuderten Akazien-, Lindenblüten- und Wiesentrachthonig. Die ganze Familie, Vater, Mutter, Oma und 6 Kinder, aß aber auch häufig Leinöl zu Pellkartoffeln und Quark als Mittagessen. Das mochten wir alle.

Leinöl: Dem einen ist's ein Graus
der andre drob flippt aus.

LEONA

Geht weg wie warme (Vollkorn-)Semmeln

Crêpes, Nudeln, Pizza, Quiche & Co.

Nachdem Mann Lutz eineinhalb Jahre in Australien mit Fernsehaufnahmen verbracht hatte, holte ich ihn ab, und wir wollten noch einen Abstecher nach Japan machen.
Mit Sack und Pack auf dem Flughafen in Sidney angekommen, erfuhren wir, daß unsere Flugplätze bereits besetzt waren. Was nun? Weiter in Sidney zu bleiben, hatten wir keine Lust. Ob wir über Neuguinea und Hongkong nach Tokio wollten? Wir wollten. Auf diese Weise lernten wir Neuguinea kennen und verbrachten fast eine Woche in Hongkong, bis es eine Möglichkeit zum Weiterfliegen gab, auf Kosten der Fluggesellschaft in einem 1. Klasse-Hotel einquartiert mit Blick über den Hafen weit über die Bergketten Rotchinas. Und da gerade Weihnachten war, baumelte vor dieser Kulisse auch noch ein großer Weihnachtsstern.
Es soll gerissene Globetrotter geben, die sich ein regelrechtes System ausgetüftelt haben und mit Hilfe schlampiger Flugbuchungszentralen so gut wie kostenlos um die Welt gondeln. Wir hatten dieses Glück – leider nur einmal.
An der chinesischen Küche gefällt mir, daß die Gemüse so kurz gedünstet werden, sie bleiben fast roh. Aber sonst: viel zuviel Schmalz, viel zuviel Schweinefleisch, ganz zu schweigen von den abgezogenen Hunden, die überall auf den Märkten zum Kauf feilgeboten werden, und vor denen man nie sicher sein kann, sie nicht in den ja meistens undefinierbaren Ragouts zu finden.
Ein mir bekannter Zoologe wunderte sich beim Genuß seiner Peking-Ente über das für eine Ente völlig atypische Schlüsselbein. Des anatomischen Rätsels Lösung: das Schlüsselbein gehörte – einer Ratte.
So etwas kann Ihnen nicht passieren, wenn Sie meine chinesischen Hefeklößchen auf Seite 152 versuchen.

Mein Crêpes-Rezept
(ergibt 8 Stück)

2 Eier
½ Tasse Weizenmehl
½ Tasse Milch
1 EL Wasser
1 Prise Salz
2 EL zerlassene, abgekühlte Butter
Außerdem:
Butter oder Öl zum Backen

Alle Zutaten im Mixer gut verrühren, durchseihen. Zwei Stunden kalt stellen. Butter oder Öl in einer Pfanne erhitzen. Eine halbe Schöpfkelle voll für jede Crêpe in die Pfanne geben. Sehr dünn zerlaufen lassen. Auf jeder Seite eine Minute backen.

Während meine Crêpes in der Pfanne sich langsam golden färben, mache ich eine Übung zur Straffung der Gesichtsmuskeln:

Den Mund weit öffnen,
dann trotzdem die Lippen über die Zähne stülpen (!),
dabei Halsmuskeln ebenfalls anspannen,
die Spannung muß bis hinter die Ohren reichen.
Stellung so halten, bis es nicht mehr geht.

Mund und Augen soweit aufreißen wie möglich,
Stellung solange wie möglich halten.
Dann genau das Gegenteil:
Mund und Augen zusammenkneifen,
als hätten Sie in eine Zitrone gebissen.
Diese Stellung auch so lange wie möglich halten.
Übung wiederholen, solange Sie Spaß dran haben!
(Vorsicht, daß die Crêpes nicht anbrennen!)

Wie klingt das: *Crêpes, gefüllt mit Mozzarella und Knoblauchspinat, begossen mit Tomatensauce, überbacken mit Parmesan?* – so, wie es klingt, schmeckt es auch!

1 Rezept Crêpes
1 Rezept fertig gegarter Spinat (fein gehackt), Seite 93
100 g Mozzarella (gewürfelt)
1 Rezept Tomatensauce (Seite 40)
100 g geriebener Parmesan
Butterflöckchen

Die Crêpes backen. Mit Spinat und Mozzarella füllen und zusammenrollen. Je 2 Crêpes in gebutterte feuerfeste Förmchen setzen, mit der Tomatensauce übergießen, mit Parmesan bestreuen, Butterflöckchen draufsetzen. Im Ofen bei 200 Grad etwa 20 Minuten überbacken.
In Italien waren diese Crêpes außer mit Spinat und Mozzarella auch noch mit Auberginenpüree gefüllt, was mir allerdings nicht geschmeckt hat. Muß also nicht sein.

Mein Grundrezept für Eierkuchen

3 Eier
½ TL Meersalz
je ¼ l Milch und Wasser
250 g Weizenmehl
100 g Butter

Eier, Salz, Milch und Wasser verquirlen, in das Mehl rühren. Teig 30 Minuten ruhen lassen. In einer Pfanne etwas Butter erhitzen, für jeden Eierkuchen eine Schöpfkelle voll Teig hineingeben. Sobald die Unterseite goldgelb gebacken ist, den Eierkuchen wenden, auf der anderen Seite ebenfalls goldgelb backen. Die fertigen Eierkuchen warmhalten, bis alle gebacken sind.

Eierkuchen mit Champignons und Staudensellerie

1 Rezept Eierkuchen
Butter zum Backen
100 g Champignons (in Scheiben geschnitten)
1 Staudensellerie (in Scheiben geschnitten)
Kräutersalz und Pfeffer

Eierkuchenteig vorbereiten. Butter in einer großen Pfanne erhitzen, die Hälfte des Teiges hineingießen. Die Hälfte Champignons und Staudensellerie darauf verteilen. Deckel auf die Pfanne setzen und Eierkuchen 5 Minuten backen. Eierkuchen wenden und ohne Deckel fertigbacken, warmstellen. Mit den restlichen Zutaten den zweiten Eierkuchen backen. Mit der Sahne-Joghurt-Knoblauch-Sauce von Seite 36 servieren.
Wenn Sie gerade keinen Staudensellerie zur Hand haben, tut's auch Lauch. – und wenn Sie's nicht ganz so roh mögen, können Sie das Gemüse auch kurz in Butter mit Kräutersalz andünsten.

Ein raffiniertes Festessen, allerdings arbeitsaufwendig – läßt sich aber gut vorbereiten:

Gefüllte Eierkuchen auf Blattspinat

1 Rezept Eierkuchen
1 Rezept fertig gegarter Blattspinat oder Mangold (Seite 93)
1 Rezept Holländische Sauce (Seite 38)

Füllung:
1 Lauchstengel
2 EL Sonnenblumenöl
100 g frische Champignons
50 g frische Pfifferlinge
Kräutersalz und Pfeffer
4 große Tomaten
2 hartgekochte Eier
Majoran, Thymian, Rosmarin
2 EL geriebener Parmesan
Salbei
gehackte Petersilie

Eierkuchen backen und warmstellen. Spinat oder Mangold in eine Auflaufform geben. Für die Füllung feingeschnittenen Lauch in Sonnenblumenöl andünsten, die feingeschnittenen Champignons und Pfifferlinge zugeben, alles ein paar Minuten dünsten. Mit Kräutersalz und Pfeffer abschmecken. Die überbrühten, abgezogenen, gewürfelten Tomaten zugeben, die gehackten Eier und die gehackten oder gerebelten Kräuter (außer Salbei und Petersilie). Auf jeden Eierkuchen Parmesan streuen, einen Teil der Füllung draufgeben, Eierkuchen zusammenrollen und auf den Spinat legen. Mit zerpflückten Salbeiblättern und gehackter Petersilie bestreuen und mit Holländischer Sauce übergießen. Im Ofen bei 200 Grad 20–30 Minuten überbacken (je nachdem, ob die Zutaten kalt oder warm sind).

Weitere Füllungen für zarte Crêpes und Eierkuchen

Champignon-Füllung: Blättrig geschnittene Champignons in Butter mit Kräutersalz und Pfeffer kurz dünsten, mit Sahne verrühren, abschmecken mit Knoblauch und gehackter Petersilie. Auf die Crêpes oder Eierkuchen verteilen, ca. 50 g Parmesan darüberstreuen, aufrollen, in eine gebutterte Auflaufform legen. Rollen mit Parmesan bestreuen, Butterflöckchen draufsetzen. Im Ofen bei 200 Grad 30 Minuten backen.

Hüttenkäse-Füllung: Hüttenkäse pikant mit feingehackter Zwiebel, Kräutersalz und Pfeffer anmachen, mit gedünstetem, gehackten Spinat und gedünsteten Champignons vermischen. Füllung auf die Crêpes oder Eierkuchen verteilen, aufrollen und auf einer Platte im Ofen heiß halten. Frische Salbeiblätter in Butter knusprig braten, über die Crêpes oder Eierkuchen verteilen, mit ein paar Tropfen Zitronensaft bespritzen.

Mangold-Füllung: 1 Rezept Mangold gedünstet, fein gehackt, vermischt mit süßer Sahne. Dann verfahren wie bei Champignon-Füllung.

Füllung »Napoletanine« (für Eierkuchen): 200 g in Scheiben geschnittenen Mozzarella auf den Eierkuchen verteilen (zur Not tut's auch Hüttenkäse), zusammenrollen und in eine gebutterte Auflaufform legen. Tomatensoße (mit Basilikum gewürzt) drübergießen, dick mit Parmesan bestreuen. Im Ofen bei 200 Grad 30 Minuten backen.

Quark-Füllung: 1 Joghurt und 150 g Quark vermischen, mit Kräutersalz, Pfeffer, Basilikum, Thymian und durch die Presse gedrücktem Knoblauch abschmecken. Masse auf die Crêpes oder Eierkuchen verteilen, zusammenrollen, in eine gebutterte Auflaufform legen. 4 Tomaten abziehen, würfeln. Würfel über die Crêpes bzw. Eierkuchen geben, geriebenen Käse drüberstreuen. Im Ofen bei 250 Grad 10–15 Minuten überbacken.

Spargel-Füllung: Knackig gekochten, möglichst grünen Spargel auf die Crêpes oder Eierkuchen verteilen, Parmesan drüberstreuen und flüssige Butter drübergießen, aufrollen, mit Butterflöckchen belegen. Im Ofen bei 250 Grad 10–15 Minuten backen.

Eierkuchen-Gemüse-Gratin

1 Rezept Eierkuchen
Butter zum Ausbacken
Für die Füllung:
250 g Pilze (nach Wahl)
250 g Lauch
3 EL Butter
1 Knoblauchzehe
Kräutersalz und Pfeffer
gehackte Petersilie
4 EL süße Sahne
1 EL Senf
100 g Mozzarella (oder ein anderer milder Käse)
100 g saure Sahne

Dünne Eierkuchen backen und warmstellen. Für die Füllung Pilze blättrig schneiden, Lauch in 2 cm lange Stücke. Pilze in der Hälfte Butter mit gehacktem Knoblauch, Kräutersalz, Pfeffer und Petersilie kurz dünsten. Lauch getrennt in der restlichen Butter mit Kräutersalz und Pfeffer andünsten. Süße Sahne mit Senf und etwas Kräutersalz verrühren, an den Lauch geben. In eine gebutterte Auflaufform einen Eierkuchen legen, darauf eine Lage Pilze, wieder einen Eierkuchen, darauf eine Lage Lauch und Scheiben von Mozzarella und so fort; obendrauf kommt ein Eierkuchen. Die saure Sahne (eventuell mit etwas süßer Sahne verdünnt) drübergießen und die restlichen Mozzarellascheiben drauflegen. Gratin im Ofen bei 220 Grad 10 Minuten backen.

Variante: Die Füllung aus Lagen von fertig gegartem Mangold oder Spinat sowie mit Knoblauch und Salbeiblättern gedünsteten Tomaten bereiten.

Eierkuchen-Käse-Gratin

1 Rezept Eierkuchen
Butter zum Ausbacken

Füllung:
1 Becher süße Sahne
2 Eigelb
125 g geriebener Käse
Kräutersalz und Pfeffer
Paprikapulver

Nach dem Grundrezept von Seite 149 die Eierkuchen backen. Diese einzeln zwischen gefettetes Pergamentpapier legen, damit sie nicht zusammenkleben.
Für die Füllung Sahne mit Eigelb, Käse (gut 2 Eßlöffel davon aufbewahren) und Gewürzen schaumig rühren. Eine feuer-

Eierkuchen-Käse-Gratin

feste Form einfetten. Den ersten Eierkuchen hineinlegen, mit etwas Füllung bestreichen, dann den nächsten Eierkuchen drauflegen, wieder mit Füllung bestreichen usw., bis alles aufgebraucht ist. Mit einem Eierkuchen abschließen, diesen mit dem restlichen geriebenen Käse und etwas Paprika bestreuen. Im Backofen bei 200 Grad etwa 15 Minuten backen.

Schmankerl aus dem Romantikhotel »Schwarzer Adler« in Innsbruck – Küchenchef Ultsch empfiehlt:

Flaumige Buchweizenpalatschinken mit Spinat-Schafskäse-Fülle – überbacken mit Béchamelsauce

Palatschinkenteig:
100 g Weizenmehl
40 g Buchweizenmehl
2 Eier
35 g Milch
½ TL Meersalz
Pflanzenöl zum Backen

Sämtliche Zutaten zu einem Palatschinkenteig verrühren. 5 Minuten stehen lassen. Eisenpfanne gut erhitzen, mit wenig Öl einfetten. Palatschinkenteig dünn eingießen, auf beiden Seiten goldgelb backen.

Fülle:
1000 g frischer Spinat
160 g Zwiebel
3 Knoblauchzehen
40 g Butter
200 g milder Schafskäse (in Würfeln)
Meersalz
geriebene Muskatnuß
1 gehäufter EL Basilikum
½ TL Oregano
1 gehäufter EL gehackte Petersilie
Außerdem:
1 Rezept Béchamelsauce (Seite 38)
2 EL geriebener Parmesan

Gut gewaschene Spinatblätter in reichlich Salzwasser blanchieren und gut abtropfen lassen. Feingehackte Zwiebel und Knoblauch in Butter glasig dünsten, abgetropften Spinat und gewürfelten Schafskäse dazugeben, würzen. Masse auf die Palatschinken füllen, zusammenrollen und in der Mitte halbieren. Palatschinken in eine gebutterte feuerfeste Form legen. Béchamelsauce drübergießen, mit geriebenem Parmesan bestreuen. Im Ofen bei 200 Grad etwa 20 Minuten überbacken.

Gefüllte chinesische Hefeklöße

1 Rezept Hefeteig (wie für die Piroggen Seite 161)
Füllung:
fertig gegarter Lauch oder Spinat oder Pilze oder Weißkohl oder Möhren oder Brokkoli etc.
Sojasauce
kleingehacktes milchsaures Gemüse
Sambal olek
Weizenmehl

Hefeteig zubereiten und gehen lassen. Teig zu einer Wurst rollen und Scheiben abschneiden, jede Scheibe flachdrükken. Je 1 Eßlöffel der gut abgeschmeckten Füllung draufgeben und zu einem Kloß zusammendrücken. Auf bemehltem Brett noch einmal gehen lassen. In reichlich Salzwasser garen (Klöße in das kochende Wasser gleiten lassen – Garprobe mit der Stricknadel machen).
Mit der Curry-Rosinen-Sauce (Seite 38) servieren. In Hongkong tranken wir Jasmintee dazu.
Die Kochbrühe vom Gemüse wird selbstverständlich für Suppen etc. weiterverwendet. Bin ich sehr in Eile, mache ich die Klöße ungefüllt und serviere das Gemüse extra dazu.

Müssen Sie darüber lachen? (Ich mußte!) »Wie hat Ihnen denn das chinesische Essen geschmeckt?« »Ganz gut, nur die Stäbchen liegen etwas schwer im Magen!«
Das ist und bleibt der einzige Witz im ganzen Buch, ich schwöre es!

Kasnockn

350 g Weizenmehl
¼ l Wasser
1 Ei
½ TL Vollmeersalz
Außerdem:
50 g Butter
Kräutersalz und Pfeffer
100 g Pinzgauer Käse (in Würfeln)
viel Schnittlauch

Aus Mehl, Wasser, Ei und Salz einen festen Teig herstellen, dann durch ein Spätzlesieb in kochendes Salzwasser drükken. Einige Minuten kochen lassen, die Nockn mit dem Schaumlöffel rausnehmen und kalt abschrecken. In einer Eisenpfanne Butter heiß, aber nicht braun werden lassen. Die Nockn dazugeben und würzen. Wenn alles schön heiß ist, nach etwa 5 Minuten, den Käse untermengen und schmelzen lassen. Mit viel Schnittlauch bestreut auftragen Dazu schmeckt am besten frische unpasteurisierte Milch!

Variation: Nockn wie oben vorbereiten. 2–3 Zwiebeln in Ringe schneiden und in Butter glasig dünsten. Unter die Nockn mischen, außerdem frisch geriebenen Emmentaler. Alles mit Pfeffer und Kräutersalz abschmecken. In eine gebutterte Auflaufform füllen und bei 200 Grad kurz im Ofen backen.

Käsenockerl

¼ l Milch	Kräutersalz
40 g Butter	Muskat
150 g Weizenmehl	100 g geriebener Käse (Emmentaler, Bergkäse)
3 Eier (getrennt)	

Milch (einige Löffel zurückbehalten) mit der Butter erhitzen. Das Mehl mit der restlichen Milch verrühren, unter Rühren in die Milch geben. Nach und nach die Eigelbe unterrühren und die Gewürze. Zum Schluß das steifgeschlagene Eiweiß unterheben und die Hälfte des Käses. In einem zweiten Topf genügend leicht gesalzenes Wasser zum Kochen bringen. Mit Hilfe von 2 Löffeln kleine Nockerl von der Masse abstechen und in das kochende Salzwasser gleiten lassen, etwa 10 Minuten ziehen lassen. Käsenockerl auf eine vorgewärmte Platte häufen und mit dem Rest des geriebenen Käses servieren.
Käsenockerl passen zu Gemüse wie Brokkoli oder Möhren oder Zucchini, schmecken aber auch hervorragend in einer klaren Gemüsebrühe.

Pepes grüne Gnocchi

500 g Blattspinat	Weizenmehl nach Bedarf
2 Eier	Kräutersalz
150 g frisch geriebener Parmesan	

Spinat blanchieren, abtropfen lassen und ganz fein hacken. Spinat mit Eiern, Parmesan und soviel Mehl vermengen, daß sich aus dem Teig eine Rolle formen läßt. Von der Rolle kleine Scheiben abschneiden, die Scheibchen zu kleinen Röllchen formen (etwa 1 cm Durchmesser mit 2–3 cm Länge). Die Röllchen in der Mitte mit dem Daumen eindrükken – so werden sie schneller gar. Die fertig geformten Gnocchi auf einem Tuch 20 Minuten ruhen lassen. In einem hohen Topf reichlich Wasser mit Kräutersalz zum Kochen bringen. Gnocchi hineinschütten und in ca. 5 Minuten gar ziehen lassen. Dann mit der Schaumkelle herausheben und in einer vorgewärmten Schüssel mit Pepes Gorgonzolasauce von Seite 39 übergießen.

Fettuccine Alfredo

nach dem berühmten Koch Alfredo in Rom

500 g gegarte Bandnudeln	200 g frisch geriebener Parmesan
3 EL Butter	Schnittlauch und/oder Petersilie
⅛ l Sahne	Pfeffer
Kräutersalz und Pfeffer	
Knoblauch (ich nehme 3 Zehen)	

Abgetropfte Nudeln in die zerlassene Butter geben. Sahne zugießen, mit Salz und Pfeffer abschmecken, durch die Presse gedrückten Knoblauch untermischen. Alles noch einmal erhitzen, kurz vor dem Servieren den geriebenen Parmesan und die gehackten Kräuter untermengen, die Pfeffermühle drüberdrehen.

Lasagne verde – selbstgemacht

100 g Spinat	Kräutersalz
etwas Butter	ca. 300 g Weizenmehl
2 Eier	

Spinat kurz in Butter dünsten, hacken und ausdrücken. Mit den Eiern, Salz und soviel Mehl vermischen, daß ein ausrollbarer Teig entsteht, also eventuell etwas mehr Mehl als angegeben nehmen. Das hängt davon ab, wie feucht der Spinat ist (übrigens geht auch aufgetauter Tiefkühlspinat). Teig 1 Stunde ruhen lassen, dann auf bemehltem Brett dünn ausrollen, Quadrate von 10 × 10 oder 8 × 8 cm schneiden. Nochmals 1–2 Stunden ruhen lassen. Dabei etwas vom Brett

Foto Seite 154: *Pepes grüne Gnocchi*
Seite 155: *Fettuccine Alfredo*

abheben, damit die Lasagne trocknen können. Dann in sprudelndes Salzwasser schütten (nicht zu viel auf einmal, damit sie nicht zusammenkleben) und bißfest garen. Anschließend kalt abschrecken.

Italienische Gemüse-Lasagne

je 300 g Möhren und Sellerie oder Bleichsellerie
300 g Lauch
2 Zwiebeln
Knoblauch nach Geschmack
2–3 EL Tomatenmark
1 TL Curry
Kräutersalz und Pfeffer
1 Prise zerstoßene Nelken
Muskat
1 Lorbeerblatt
¼ l Gemüsebrühe
⅛ l Weißwein
500 g fertiggekochte grüne Lasagne
Béchamelsauce (Seite 38)
geriebener Parmesan
Butterflöckchen

Das Gemüse, Zwiebeln und Knoblauch fein hacken, in dem Öl andünsten. Tomatenmark und die Gewürze zugeben, Brühe und Weißwein zugießen, 20 Minuten dünsten. Abschmecken. In eine gebutterte Auflaufform schichtweise Lasagne, Gemüsemasse, Béchamelsauce und geriebenen Käse geben, als oberste Schicht Lasagne. Darauf noch einmal Käse streuen und Butterflöckchen setzen. Bei 200 Grad im vorgeheizten Backofen ca. 30 Minuten backen.

Lasagne mit Mozzarella und Grünkernklößchen

½ Rezept gekochter Grünkern (aus feingemahlenem Grünkern), Seite 118
1 Ei
gehackte Petersilie
2 EL Semmelbrösel
Pflanzenöl
1 Rezept fertig gekochte Lasagne
200 g Mozzarella (in dünnen Scheiben)
1 Rezept dicke Tomatensauce (Seite 40)
3 hartgekochte Eier
100 g frisch geriebener Parmesan
Butterflöckchen

Gekochten Grünkern mit Ei, Petersilie und Semmelbröseln vermischen, nochmal abschmecken. Etwa haselnußgroße Klößchen formen und diese im Pflanzenöl von allen Seiten braten. Eine gebuttert Auflaufform folgendermaßen füllen: 1 Schicht Lasagne, 1 Schicht Grünkernklößchen, 1 Schicht Mozzarellascheiben, Tomatensauce, Eierscheiben, Grünkernklößchen, und das Ganze wieder von vorn, bis alles aufgebraucht ist – oberste Schicht: Lasagne. Mit Parmesan bestreuen. Butterflöckchen draufsetzen. Im vorgeheizten Ofen bei 200 Grad 30 Minuten überbacken; wenn die Zutaten kalt sind, 50–60 Minuten.

Einfache Variation:

1 Rezept gekochte Lasagne
1 Rezept Tomatensauce
½ Rezept gekochter Grünkern
Petersilie
Basilikum
Kräutersalz und Pfeffer
Knoblauch
1 Rezept Béchamelsauce
Mozzarella oder Butterkäse

In eine gebutterte feuerfeste Form eine Schicht Lasagne legen, Tomatensauce mit Grünkern mischen, mit den gehackten Kräutern, Kräutersalz, Pfeffer und Knoblauch abschmecken und über die Lasagne gießen. Zweite Schicht Lasagne draufgeben, darauf die Béchamelsauce gießen. Scheiben vom Mozzarella oder Butterkäse drauflegen. Im Ofen bei 200 Grad 30–40 Minuten überbacken.

Wenn Sie häufig selbst Nudeln – selbstverständlich Vollkornnudeln – herstellen, lohnt es, eine Nudelmaschine zu kaufen. Sie produziert Nudeln aller Arten, dicke und dünne, schmale und breite – Sie brauchen nur den Teig hineinzugeben und die Kurbel zu drehen – heraus kommen die entzückendsten Nudelkreationen.

Selbstgemachter Nudelteig

500 g Weizenmehl
5 Eier
5 EL Wasser oder Milch
1 TL Meersalz

Mehl in eine Schüssel schütten, in die Mitte die Eier geben und das Wasser (oder Milch) und das Salz. Alles verkneten. Der anfangs dünnflüssige Teig wird dabei immer fester. Ordentlich mit dem Handballen bearbeiten und schlagen, bis der Teig ganz elastisch ist und nichts mehr an der Schüssel klebt. Dann auf einem bemehlten Brett dünn ausrollen (einige Millimeter dick). Den ausgerollten Teig kurz trocknen lassen, dann zu einer Rolle zusammenrollen und von dieser quer die Nudeln abschneiden (oder den ausgerollten Teig portionsweise durch die Nudelmaschine drehen). Nudeln anschließend 30 Minuten ausgebreitet trocknen lassen.

Und so werden Nudeln gekocht: In einem großen Topf reichlich Salzwasser zum Kochen bringen (eventuell etwas Öl dazugeben), die Nudeln hineinschütten. Am besten machen Sie nach 8–10 Minuten eine Garprobe (je nach Dicke der Nudeln). Sie sollen »al dente«, also bißfest, sein. Schmeckt die Nudel, obwohl noch knackig, nicht mehr roh, ist sie auch schon richtig.

Nudel-Champignon-Auflauf

500 g fertiggegarte Nudeln
2 EL Tomatenmark
1 EL Sahne
Kräutersalz
500 g Champignons
1 Zwiebel
2 EL Öl
Pfeffer
Muskat
Liebstöckel
Petersilie
Knoblauch
geriebener Käse
Butterflöckchen

Nudeln mit Tomatenmark und Sahne und evtl. Kräutersalz abschmecken. Die geputzten Champignons in dicke Scheiben schneiden, gehackte Zwiebel in dem Öl golden dünsten. Champignons dazugeben, mit Kräutersalz, Pfeffer, Muskat und Liebstöckel abschmecken. Die gehackte Petersilie und den durch die Presse gedrückten Knoblauch zugeben, alles kurz dünsten (5–10 Minuten). In eine gebutterte Auflaufform eine Schicht Nudeln legen, darauf Champignons, wieder Nudeln, oberste Schicht Nudeln. Obenauf geriebenen Käse streuen. Butterflöckchen draufsetzen. Im vorgeheizten Ofen (200 Grad) 30 Minuten überbacken.

Nudel-Käse-Gratin

500 g fertiggegarte Nudeln
Butterflöckchen zum Überbacken
Sauce:
50 g Vollkornmehl
¼ l Sahne
250 g geriebener Käse
3 Eier (getrennt)
frische Salbeiblätter

Für die Sauce das Mehl in der heißen Pfanne ohne Fett kurz rösten, abkühlen lassen. Dann Sahne unterrühren und kurz aufkochen. Käse und die Eigelb unterrühren sowie die in Stücke gezupften Salbeiblätter. Eiweiß steif schlagen. Nudeln, Sahne-Käse-Sauce und Eischnee mischen. In eine gebutterte Auflaufform füllen, Butterflöckchen draufsetzen und im vorgeheizten Ofen bei 220 Grad 20 Minuten gratinieren.

Nudelauflauf mit Auberginen und Zucchini

für 8 hungrige Esser!

500 g gegarte breite Nudeln
2 Eier
1 Rezept fertig gekochter Grünkern, Seite 118 (mittelfein gemahlen), pikant mit Majoran und Knoblauch abgeschmeckt
2–3 mittelgroße Auberginen
3–4 Zucchini
10 frische Tomaten (können auch eingeweckte sein)
Kräutersalz und Pfeffer
Rosmarin
Thymian
Basilikum (möglichst frisches)
Guß:
250 g Gouda
2 Eier
1 Becher Sahne

Unter die gegarten Nudeln die verquirlten Eier mischen. Gekochten Grünkern unter häufigem Wenden in Butter anbraten; er sollte krümelig werden. Auberginen in ½ cm dicke Scheiben, Zucchini in 1 cm dicke Scheiben schneiden. Tomaten überbrühen, abziehen und halbieren (eingeweckte abtropfen lassen). Eine feuerfeste, gebutterte Form folgendermaßen füllen: ⅓ der Nudeln einschichten, Auberginen darauf verteilen, mit Salz, Pfeffer und Rosmarin bestreuen. Grünkernmasse drauffüllen, dann das 2. Drittel Nudeln. Zucchinischeiben drauflegen, mit Salz, Pfeffer und Tymian würzen. Restliche Nudeln draufgeben. Dann die Tomaten mit der Rundung nach oben draufsetzen, mit Kräutersalz und Basilikum bestreuen. Gouda würfeln, mit Eiern und Sahne verquirlen. Über den Auflauf gießen. Im Ofen bei 200 Grad 60 Minuten backen.

Nudeln auf polnische Art

500 g fertiggegarte Nudeln
100 g Butter
2 hartgekochte Eier
60 g Semmelbrösel
gehackte Petersilie

Nudeln in der Hälfte der geschmolzenen Butter schwenken. Eier schälen und hacken. Restliche Butter schmelzen, Brösel und Eier unter Rühren darin rösten. Mit der Petersilie über die Nudeln verteilen. Sofort servieren.

Spinatnudeln

400–500 g breite Bandnudeln
1 Becher Sahne
1 Eigelb
500 g fertig gegarter Spinat (Rezept Seite 93)
100 g geriebener Käse (Parmesan, Bergkäse)

Die Nudeln in Salzwasser garen. Sahne in einem weiten flachen Topf cremig kochen, das Eigelb unterrühren, dann Spinat und die Hälfte vom Käse. Sauce mit den Nudeln vermischen. Spinatnudeln in eine flache Schüssel füllen und im Ofen erhitzen. Mit dem restlichen Käse bestreut servieren.

Bei Nudeln dürfen natürlich nicht fehlen die

Ravioli

500 g Weizenmehl
3 Eier
5–6 EL Wasser
2–3 EL Olivenöl
Kräutersalz
zerlassene Butter zum Bepinseln

Alle Zutaten zu einem Teig verkneten. Teig ½ Stunde ruhen lassen. Auf einem bemehlten Backbrett dünn ausrollen. In längliche oder quadratische handgroße Stücke schneiden, trocknen lassen.
Inzwischen eine der folgenden Füllungen bereiten.
Teigstücke mit zerlassener Butter bepinseln. Füllung in die Mitte setzen, zweites Teigstück drauflegen, an den Rändern fest zusammendrücken. Ravioli in kochendes Salzwasser geben, nach dem Hochkommen 1–2 Minuten ziehen, aber nicht kochen lassen. Fertige Ravioli auf einer vorgewärmten Platte anrichten. Mit zerlassener Butter begossen servieren. Außerdem eine dicke Tomatensauce dazureichen.

Füllung 1:
1 Rezept fertig gegarter Spinat (oder Mangold oder Pilze, gehackt); ein Ei zugeben und soviel Mehl, daß eine feste Masse entsteht. Gut mit Knoblauch, Kräutersalz, Pfeffer und Muskat abschmecken.

Füllung 2:
250 g Quark (möglichst trockener) oder Hüttenkäse mit 2 durch die Presse gedrückten Pellkartoffeln, 1 EL Butter, 1 Ei, 1 feingehackte Zwiebel und ⅛ l Sahne vermischen, mit viel Schnittlauch, Knoblauch nach Geschmack sowie Salz und Pfeffer kräftig abschmecken.
Diese quarkgefüllten Ravioli können Sie hervorragend im Hotel Post, im österreichischen Gmünden, essen. Dort heißen sie Topfennockerl, und die Wirtin mischt noch eine Handvoll Pfefferminzblätter in die Füllung.

Und nun zu Pizza und Piroggen. Als erstes ein Rezept für Vegans:

Rohe Gemüse-Pizza von Eckart Radzom

Boden:
600 g Weizenmehl
200 g gemahlene Sonnenblumenkerne
1 TL Kräutersalz
2 gehäufte EL gerebelter Majoran
250 ccm Wasser
50 g Weizenmehl zum Bestreuen des Teiges

Belag:
je 1 rote, grüne und gelbe Paprikaschote
7 Tomaten
200 Pilze
1 große Zwiebel

Kräutermarinade:
Pizzagewürz oder Curry
weißer Pfeffer
Oregano
etwas Paprikapulver
100 g Weizenmehl
3 TL Sojasauce (Tamari)
150 ccm Wasser
3 EL Öl
100 g gemahlener Sesam

Die Zutaten für den Boden miteinander verkneten. Den Teig auf einem eingeölten Backblech ausrollen und mit dem Weizenmehl bestreuen (damit der Belag den Boden nicht aufweicht). Boden in der Sonne trocknen lassen (in Abwesenheit von Sonne bei 50 Grad im Backofen). Die Zutaten für den Belag fein hacken oder schneiden. Dann auf dem getrockneten Boden verteilen. Alle Zutaten für die Marinade gut miteinander verrühren und über die Pizza gießen. Die Pizza im Ofen bei ca. 35 Grad anwärmen.
Da der »Engel der Sonne« in unseren Breitengraden wohl nicht so häufig zur Verfügung steht, wie dies in Israel sicher der Fall ist, behelfen wir uns halt mit dem Backofen!

Rohe Gemüse-Pizza von Eckart Radzom

Pizzaboden

500 g Weizenmehl
20 g Hefe
½ TL Honig
¼ l Milch
2 Eier
1 TL Kräutersalz
60 g Butter oder Öl (mit Öl wird der Teig geschmeidiger)

Eine gute Pizza braucht ihre Zeit. So wird der Teig gemacht: das frisch gemahlene Mehl in eine Schüssel schütten, in die Mitte eine Mulde machen, dahinein die Hefe bröckeln und den Honig, verrührt mit ein paar Eßlöffeln lauwarmer Milch (die Sie von dem Viertelliter abnehmen), zugießen, mit wenig vom Mehl zu einem geschmeidigen Vorteig verrühren. Mit einem Tuch zudecken und ½ Stunde an warmem Plätzchen gehen lassen.
Dann langsam die restliche Milch unterrühren, Eier, Salz und das Öl (oder die etwas angewärmte Butter). Nun kräftig mit dem Knethaken schlagen, bis der Teig Blasen wirft und nicht mehr an der Schüssel klebt. Teig nochmals zugedeckt gehen lassen, bis er sich verdoppelt hat (1 Stunde).
Auf einem bemehlten Brett mit einer Nudelrolle entweder tellergroße Scheiben ausrollen (oder kleinere von 15 cm) oder, noch einfacher, den Pizzaboden so ausrollen, daß er wie ein Blechkuchen gebacken werden kann. Da er noch aufgeht, möglichst nicht dicker als 3 Millimeter ausrollen. Den Rand etwas hochdrücken und die Pizza reichlich mit Öl bepinseln. Für den *Belag* schlage ich vor:
Tomaten in Scheiben, Paprikaschoten in Streifen, Champignons, gedünstete Artischockenhälften, grüne Peperonischoten, viel, viel gehackten Knoblauch, Käse in dünnen Streifen (ideal ist Mozzarella), Oliven (ganz lassen!), Kapern, viel Oregano oder Majoran, Thymian. Außerdem: Kräutersalz und evtl. etwas Pfeffer zum Würzen, Öl.
Und nun tun Sie von den angegebenen Zutaten drauf, was Ihnen Spaß macht. Es darf kein leeres Plätzchen mehr hervorlugen, eine Pizza muß üppig sein! Verschwenderisch Oregano oder Majoran und Thymian drüberstreuen und etwas Öl drübersprenkeln. Und dann hinein in den vorgeheizten Ofen. Auf der unteren Schiene bei 250 Grad 20 Minuten backen (evtl. am Schluß Folie drüberdecken, damit die Pizza nicht austrocknet).
Wenn Sie einzelne runde Pizzas backen, diese so auf das gefettete Blech legen, daß sie sich nicht berühren.
Die kleinen Pizzas sind schneller gar, eventuell bereits nach 10 Minuten.

Pizza mit Quark

1 Rezept Pizzaboden
500 g Quark
1 Zwiebel
Knoblauch
Oliven
2 Eier
Kräutersalz und Pfeffer
Kapern
Petersilie
⅛ l süße Sahne

Quark mit der gehackten Zwiebel, gehacktem Knoblauch und entsteinten, gehackten Oliven, den Eiern, Salz und Pfeffer, Kapern und gehackter Petersilie mischen. Die geschlagene Sahne unterziehen. Die Masse auf den ausgerollten Pizzaboden streichen und bei 200 Grad im vorgeheizten Ofen 30 Minuten backen.

Spinatpizza

1 Rezept Pizzaboden
500 g Tomaten
Olivenöl
Kräutersalz
Pfeffer
Basilikum
1000–1500 g gedünsteter Spinat
200 g Käse

Die Tomaten in Scheiben schneiden, auf dem geölten Pizzaboden auslegen, mit Kräutersalz, Pfeffer und Basilikum bestreuen. Eine Lage Spinat drübergeben (den Sie mit einer Spur Knoblauch und Muskat gewürzt haben). Obendrauf kommen die Käsewürfel – oder auch Käse gerieben, wenn man das lieber hat. Im vorgeheizten Backofen bei 200 Grad 20 Minuten backen.
Übrigens wird eine Pizza auch sehr gut, wenn man ⅔ Hefeteig nimmt und ⅓ heiß durch die Presse gedrückte Pellkartoffeln. Wenn Hefeteig und heiße Kartoffeln gut verknetet sind, muß der Teig noch einmal 1 Stunde Ruhe haben (an einem warmen Ort natürlich). Dann nicht zu dünn ausrollen, mit Öl bepinseln und den Belag draufgeben.

Die echte russische Pirogge wird aus Hefeteig zubereitet und in schwimmendem Fett ausgebacken wie Berliner Pfannkuchen. Man kann sie aber genauso gut aus Nudelteig herstellen und in Salzwasser kochen. Oder, ganz fein, aber auch zeitraubend: einen Blätterteig für die Hülle verwenden und die Piroggen auf einem mit kalten Wasser abgespülten Blech im Ofen backen.

Russische Piroggen

500 g Weizenmehl	2 EL Butter
20 g Hefe	1 Ei
½ EL Honig	Kräutersalz
¼ l Milch (knapp bemessen) oder Wasser	Fett zum Ausbacken

Aus den Zutaten einen Hefeteig bereiten und ihn gut gehen lassen. Dann golfballgroße Bällchen formen und daraus runde Plätzchen ausrollen (½ cm dick). Darauf eine der folgenden Füllungen streichen, ein zweites Plätzchen obenauf legen, Ränder zusammendrücken und das Ganze zu einer ovalen Form drücken. Noch einmal 15 Minuten gehen lassen. Dann in schwimmendem Fett knusprig backen.

Variation: Piroggen mit Eigelb bestreichen und im vorgeheizten Ofen in ca. 20 Minuten goldbraun backen. Noch heiß mit Butter bestreichen. Heiß oder kalt essen.
Oder: Hefeteig in 2 Hälften teilen und zu zwei runden Platten ausrollen. Die eine auf ein gefettetes Blech legen, die Fülle drauftun, die zweite Platte drauflegen und an den Seiten festdrücken. Mit Eigelb bepinseln und mit einer Stricknadel einstechen, damit der Dampf entweichen kann. In heißem Ofen bei 200 Grad 30–45 Minuten backen. Mit zerlassener Butter begießen, heiß essen.

Pilzfüllung für Piroggen

1 Zwiebel	Kräutersalz
1 EL Butter	Pfeffer
500 g Pilze (Steinpilze, Pfifferlinge, Champignons)	2 EL saure Sahne
	Petersilie und Dill

Die feingehackte Zwiebel in der Butter golden dünsten, die in Scheiben geschnittenen Pilze dazugeben und 5 Minuten köcheln lassen. Dann mit Salz und Pfeffer abschmecken, die saure Sahne und die feingehackten Kräuter zugeben.

Weißkohlfüllung für Piroggen

375 g Weißkohl	Kräutersalz und Pfeffer
1–2 EL Butter	1 MSP Honig
2–3 Eier	Schnittlauch und Dill

Kraut feinschneiden, mit kochendem Wasser überbrühen, ausdrücken. Das Kraut in der zerlassenen Butter 10–15 Minuten garen. Die Eier hartkochen, feinhacken, unter das Kraut mischen. Mit Salz, Pfeffer, Honig und feingehackten Kräutern abschmecken.

Weitere Vorschläge, was Sie in Piroggen füllen können:
- Reis, gedünstet oder gebraten, mit hartgekochten, kleingehackten Eiern gemischt.
- Möhren, grob gerieben, kurz in Butter geschwenkt und mit Kräutersalz, Pfeffer, Honig, hartgekochten, gehackten Eiern, gehackter Petersilie, Dill und Schnittlauch gemischt.
- Lauch, in Sahne gedünstet und kleingehackt.
- Spinat, gedünstet, mit Knoblauch und Muskat gewürzt, mit geriebenem Käse gemischt.

Schnelle Quarkpiroggen

250 g Weizenmehl	250 g Quark
2 TL Backpulver	1 Eigelb zum Bepinseln
½ TL Kräutersalz	
250 g Butter (oder weniger, dann etwas Wasser zugeben)	

Alle Zutaten außer dem Eigelb gut miteinander verkneten, Teig 1 Stunde kaltstellen. Dünn ausrollen, in Quadrate schneiden. Diese mit einer beliebigen Füllung belegen. Die Vierecke zu Dreiecken zusammenschlagen, Ränder zusammendrücken und mit verquirltem Eigelb bepinseln. Bei 200 Grad 20 Minuten im Ofen backen. Mit saurer Sahne und zerlassener Butter servieren.

Piroggen-Zopf »Traumschiff Astor«

1 Rezept Piroggenteig (Rezept siehe oben)	200 g blättrig geschnittene Champignons
zerlassene Butter zum Bepinseln	1 EL frische Brotkrumen (oder Semmelbrösel)
Milch oder verquirltes Ei zum Bepinseln	Kräutersalz und Pfeffer
Füllung:	¼ TL Senfpulver (Senfsamen im Mörser zerstoßen)
1 gewürfelte Zwiebel	½ TL Sojasauce
1 EL Butter	1 Ei

Für die Füllung Zwiebelwürfel in der Butter kurz andünsten, Pilze dazugeben, kurz mitdünsten. Brotkrumen, die Gewürze und das Ei untermischen. Füllung abkühlen lassen. Den gut gegangenen Piroggenteig auf einer bemehlten Arbeitsfläche zu einem Rechteck ausrollen, dann auf ein gefettetes Backblech legen und mit zerlassener Butter bestreichen. Füllung in der Mitte von oben nach unten verteilen. Die freigebliebenen Teigstreifen mit einem scharfen Messer rechts und links im Abstand von 5 cm waagerecht einschneiden, dann die Streifen abwechselnd von rechts und links übereinander schlagen, so daß es wie geflochten aussieht. Zopf mit einem Tuch bedecken und an einem warmen Ort 30 Minuten gehen lassen. Mit Milch oder Ei bepinseln. Im Ofen bei 190 Grad 30 Minuten backen.

Um allen Belehrungen von »Kennern» zuvorzukommen: natürlich bildet den Boden einer anständigen Quiche *eigentlich* kein Mürbeteig, sondern ein zarter Blätterteig (und wenn schon Mürbeteig, dann wenigstens einer mit einem Mischungsverhältnis von 200 g Butter auf 300 g Weizenmehl) – und *eigentlich* bekommt eine Quiche weder Käse noch Zwiebeln noch Tomaten als Belag je zu Gesicht. Nein, Räucherspeck, Eier, Sahne, Salz und Pfeffer machen ihren Charme aus – *eigentlich!*
200 g Butter auf 300 g Mehl ist aber sehr fett. Ich nehme weniger und gebe etwas mehr Wasser oder Sahne zu (100–150 g Butter auf 250 g Weizenmehl). Auch hat ein normaler Zeitgenosse selten Zeit und Lust, sich mit der komplizierten Zubereitung eines Blätterteiges abzuplagen. Ich gebe Ihnen dennoch das Rezept (auf Seite 177), vielleicht haben Sie Lust, es mal zu einem ganz besonderen Anlaß, zum Beispiel Ihrer eisernen Hochzeit, zu probieren. Ein Mürbeteigboden schmeckt aber (fast) genauso gut und braucht unvergleichlich weniger Zeitaufwand.

3 Muß bei der Zubereitung von Blätterteig:

- sehr trockenes Mehl
- sehr frische Butter
- kühles Nudelholz
- kühle Küche, kühle Hände (öfter in kaltes Wasser tauchen).
- Auch der Kopf sollte kühl sein, damit man bei dieser Prozedur die Nerven behält!

Und zum Belag: ich tue drauf, was mir gefällt – frei nach Shakespeare: »Wie es euch schmeckt!«

Und hier der einfache

Salzige Mürbeteig für Quiches

250 g Weizenmehl
100 g kalte Butter (Sie können auch 150 g nehmen)
1 Ei
2–3 EL Wasser oder Sahne (ist von der Buttermenge abhängig)
1 TL Kräutersalz
etwas Paprikapulver

Mehl auf ein Brett sieben, die Butter in Stücke drauf verteilen. Mit Ei, Wasser oder Sahne und Salz schnell zu einem Teig verkneten. Teig gut 30 Minuten kühlgestellt ruhen lassen. Dann eine Springform einfetten. Teig ausrollen und die Form damit auskleiden. Je nach Belag den Teigboden im Ofen 10 Minuten »blindbacken«, d.h. man bestreut ihn mit Trockenerbsen (damit er sich nicht wölbt), gießt dann die Füllung drauf und bäckt die Quiche zu Ende. Oder: Auf den rohen Teig eine der folgenden Füllungen geben und die Quiche je nach Art des Belages zwischen 35 und 60 Minuten bei 200 Grad backen.
Ist der Mürbeteig sehr fett, braucht die Form nicht eingefettet zu werden.
Wenn Sie die Quiche aus dem Ofen nehmen, etwas abkühlen lassen, bevor Sie sie anschneiden.

Teigvariationen:

- 2 Eigelb oder 1 weiteres Ei zugeben, dafür 1 EL Wasser weniger; der Teig wird dann etwas fester
- die Eiweiß steifschlagen und am Schluß unter den Teig heben; der Teig wird dann luftiger
- statt des Wassers Weißwein nehmen
- 50 g geriebenen Käse unter den Teig kneten.

Fenchel-Quiche

1 Quicheboden
1 kg Fenchelknollen
2 Orangen
1 EL Rosinen
frischgemahlener Pfeffer
300 g Mozzarella
Öl zum Beträufeln

Quiche-Variationen:
Tomaten-, Lauch-, Fenchel- und Frühlings-Quiche

Fenchel in Streifen schneiden, ein paar Minuten in kochendem Salzwasser garen, dann abtropfen lassen. Orangen schälen und die einzelnen Spalten würfeln. Orangen, Fenchel und Rosinen mischen, mit Pfeffer würzen und dann zwei Drittel des gewürfelten Mozzarella druntermischen. Die Füllung auf den Quicheboden geben, den restlichen Mozzarella in Scheiben drauf verteilen, mit Öl beträufeln und die Quiche bei 200 Grad ca. 40 Minuten backen.

Frühlings-Quiche

1 Quicheboden
1 kg Gemüse: Erbsen, Kohlrabi, Mangold, Wirsing, Spinat
1 Zwiebel
2–3 EL Öl
Basilikum, Salbei
1 Knoblauchzehe

Guß:
3 Eier
¼ l Sahne
Kräutersalz und Pfeffer
Muskat
100 g geriebener Käse (z. B. Emmentaler oder Parmesan)

Mürbeteigboden 10 Minuten »blind« vorbacken. Die geputzten Gemüse kurz mit der gehackten Zwiebel in Öl andünsten. Mit den Kräutern und Knoblauch würzen, dann auf den vorgebackenen Quicheboden füllen. Alle Zutaten für den Guß verrühren, über das Gemüse gießen und die Quiche bei 200 Grad ca. 40 Minuten backen.

Lauch-Quiche

1 Quicheboden
1 kg Lauch
2 EL Olivenöl
Kräutersalz und Pfeffer
3 EL Sahne
3 Eier
2 TL Curry
4 EL geriebener Gruyère oder Bergkäse
Butterflöckchen

Lauch in fingergliedlange Stücke schneiden und in Öl kurz andünsten (ca. 5 Minuten), dann würzen. Sahne, Eier, Curry und Käse verrühren, mit dem etwas abgekühlten Lauch mischen. Die Füllung auf den Quicheboden geben, Butterflöckchen darauf setzen und die Quiche bei 200 Grad 30 Minuten backen.
Mein Clou: Einen gewaschenen, nicht zu langen Lauchstengel oben wie eine Palme ausfransen und vor dem Servieren in die Mitte der Quiche »pflanzen«!

Mangold-Quiche

1 Quicheboden
750 g Mangold
⅛ l Sahne
Kräutersalz und Pfeffer
2 Zwiebeln
2 EL Butter oder Öl

Guß:
4 Eier
400 g Sahne (oder halb Sahne, halb Milch)
Muskat und Pfeffer
100 g geriebener Gruyère

Quicheboden 10 Minuten »blind« vorbacken. Mangold putzen, in fingergliedlange Stücke schneiden, 5 Minuten blanchieren, dann in der Sahne mit Kräutersalz und Pfeffer dünsten. Die gehackte Zwiebel kurz in der Butter dünsten, unter den Mangold mischen. Gemüse auf den vorgebackenen Quicheboden füllen. Alle Zutaten für den Guß verquirlen, drübergießen. Bei 200 Grad auf der mittleren Schiene im Ofen 30–40 Minuten backen.
Statt Mangold kann man auch die Blätter von jungen roten Rüben oder Radieschenblätter nehmen.

Quiche mit Mittelmeer-Gemüse

1 Quicheboden
insgesamt 1 kg Gemüse: Auberginen, Zucchini, Fenchel, Tomaten
etwas Zitronensaft
Kräutersalz und Pfeffer
Öl zum Braten
Knoblauch nach Geschmack
100 g Semmelbrösel
2–3 EL Sonnenblumen- oder Olivenöl
Zitronensaft
Butterflöckchen

Auberginen und Zucchini ungeschält in Scheiben schneiden, sofort mit Zitronensaft und Kräutersalz bestreuen. Fenchel putzen, ebenfalls in Scheiben schneiden, Tomaten überbrühen, Haut abziehen und in Scheiben schneiden. Auberginen und Zucchini in heißem Öl auf beiden Seiten 3 Minuten braten, Fenchelscheiben ebenfalls. Quicheteig ausrollen und in die Form legen, mit Öl bepinseln. Semmelbrösel mit Öl mischen, 2 Eßlöffel davon auf den Teigboden streuen. Gemüse drauf verteilen, salzen und pfeffern und mit durchgedrücktem Knoblauch würzen. Zitronensaft drüberträufeln und die restlichen Brösel drüberstreuen. Butterflöckchen draufsetzen. Im vorgeheizten Ofen bei 220 Grad etwa 40 Minuten backen.
Die Quiche heiß oder lauwarm essen. Betörend dazu schmeckt die Sahne-Joghurt-Knoblauch-Sauce von Seite 36.

Tomaten-Quiche

1 Quicheboden
1 kg Tomaten
1 Zwiebel
Oregano, Thymian, Basilikum und Salbei (frisch oder gerebelt)
Kräutersalz und Pfeffer
3 Eier
150 g geriebener Käse (Parmesan oder Bergkäse)
1 TL Paprika

Teig ausrollen, eine Springform damit auskleiden. Die Tomaten in Scheiben schneiden und diese rosettenartig drauflegen, mit der gewürfelten Zwiebel und den gehackten oder gerebelten Kräutern sowie Kräutersalz und Pfeffer bestreuen. Eier und Käse mit Paprika und etwas Kräutersalz verrühren und über die Tomaten gleichmäßig verteilen. Die Quiche bei 200 Grad 30 Minuten im Backofen backen.

Bei meinen Theatertourneen waren die Gastspiele in der Schweiz besonders beliebt: auch in dem kleinsten Gasthof kann man hervorragend speisen. Schauspieler essen nicht vor, sondern nach der Vorstellung, sonst werden sie faul und spielen nicht anständig (Ausnahmen bestätigen die Regel). So sausten wir, kaum hatte ich mir als Fräulein Julie die Kehle durchgeschnitten, jeweils in das vorher ausfindig gemachte Lokal, in dem Käsewähen auf der Speisekarte standen. Dazu der Schweizer Wein – aber leider war die Zeit immer knapp, denn Punkt 12 erschien der unerbittliche »Weibl« sprich Polizist – und verkündete den Zapfenstreich.
Der Boden für die Käsewähe ist ein Mürbeteig mit Käse oder Hefeteig, den man entweder in Tortenform bäckt oder als Torteletts oder einfach auf dem Blech. Obendrauf kommt ein Guß aus Eiern-Sahne-Käse, auch Gemüse, wenn Sie mögen, und das Ganze wird im Ofen überbacken.
Pro Person rechne ich 100 g Teig und 125 g Belag.
Für 6–8 Personen nehmen Sie am liebsten ein Kuchenblech, für 4 reicht eine Springform oder 1–2 Torteletts pro Person.

Käse-Wähe mit Hefeteig

Teig:
200 g Weizenmehl
1 Prise Meersalz
5 g Hefe
⅛ l lauwarme Milch
25 g flüssige Butter

Füllung:
¼ l Sahne
30 g Mehl
2 Eier, Pfeffer
300 geriebener Emmentaler
Fett für die Förmchen

Aus den Teigzutaten einen Hefeteig bereiten, 30 Minuten gehen lassen. Für die Füllung Sahne, Mehl und Eier verquirlen und unter Rühren erhitzen. Käse unterrühren und schmelzen lassen, Pfeffermühle drüberdrehen. Hefeteig entweder in einer Springform ausrollen oder in Tortelettförmchen drücken (reicht für 5 Torteletts, die Tortelettförmchen dicht nebeneinander stellen, den ausgerollten Teig drüberlegen, in die Förmchen drücken und um die Förmchen herum abschneiden). Die Füllung draufgeben. Bei 200 Grad im Ofen etwa 30 Minuten backen. Etwas abkühlen lassen, mit einem spitzen Messer die Wähen aus der Form lösen.
Sie können die Käsewähe auch mit Mürbeteigboden (siehe Quicheboden Seite 162) zubereiten.

Die Käse-Wähe können Sie auch füllen mit:
- blättrig geschnittenen Champignons (in Butter mit Kräutersalz, Pfeffer und ein paar Spritzern Zitronensaft gedünstet)
- gewürfelten Paprikaschoten und Tomaten (in Butter mit Kräutersalz, Pfeffer und Knoblauch kurz gedünstet)
- einer pikanten Quarkfüllung (Quark, angemacht mit gehackter Zwiebel, Kapern, Kräutersalz und Pfeffer, vermischt mit geriebenem Parmesan) und so weiter.

Über diese Füllungen dann entweder die Käse-Royale (Seite 40) gießen oder einfach geriebenen Käse drüberstreuen und Butterflöckchen draufsetzen.

Zwiebelkuchen

Reicht für 1 Blech, das sind 8–10 Portionen. Für eine Springform nehmen Sie die Hälfte der Zutaten.

1 Rezept Pizzaboden (Seite 160)
2 kg Zwiebeln (ist reichlich, eventuell weniger)
250 g Butter oder Pflanzenöl
8 Eier
1 Becher saure Sahne
Kräutersalz und Pfeffer
Kümmel nach Geschmack

Den Teig ausrollen und auf ein gefettetes Backblech geben, einen Rand drücken. Zwiebeln in Ringe schneiden und grob hacken, in der Butter oder im Öl golden dünsten, abkühlen lassen. Nach und nach Eier und Sahne unterrühren und mit den restlichen Zutaten abschmecken. Die Zwiebelmasse auf dem Teig verteilen. Im Ofen bei 200–225 Grad 40–50 Minuten backen. Der Zwiebelkuchen soll goldgelb bis zartbräunlich aussehen. Er wird heiß gegessen mit jungem Wein.

Aus meiner Backstube

Es geht auch ohne Zucker: Kuchen, Torten und Kleingebäck

»Zucker sparen grundverkehrt –
der Körper braucht ihn, Zucker nährt!«

Mit diesem Slogan wirbt die Zuckerindustrie für noch mehr Zuckergenuß – obwohl, wie sie selbst zugibt, der durchschnittliche Tagesverbrauch bei etwa 110 g pro Person liegt! Eine typische und gefährliche Halbwahrheit.
Denn den natürlichen Zucker, den der menschliche Organismus aus der Vollwertkost wie Vollkorn, Reis, Kartoffeln, Obst und Gemüse selbst erzeugt, braucht der Mensch durchaus. Der Grundstoff jeder Zelle ist Zucker. Den künstlich hergestellten Fabrikzucker jedoch braucht der Mensch ganz und gar nicht, im Gegenteil: er sollte ihn meiden wie die Pest, denn er ist ein ganz schlimmer Kalk- und Vitamin-Räuber.
Welcher Methoden die Zuckerindustrie sich befleißigt, um die Aufklärung der Bevölkerung über die Schädlichkeit des Zuckers zu verhindern, beweist der Fall Dr. Knellecken, den Lesern der Zeitschrift »Der Naturarzt« bereits bekannt. Dr. Knellecken, Zahnarzt und ehemaliger Vorsitzender des Vorstandes der Kassenzahnärztlichen Vereinigung Nordrhein, war es gelungen, durch Aufklärung besonders in den Schulen den Zuckerkonsum zu senken und damit auch die Fälle von Karies bedeutend zu reduzieren. Die Zuckerindustrie versuchte daraufhin, zunächst in Gesprächen und, als das nichts half, mit riesigen finanziellen Geldangeboten Dr. Knellecken (und über ihn die Kassenzahnärztliche Vereinigung) auf die Werbe- und Informationslinie der Zuckerwirtschaft zu ziehen, in dem Sinn: Zucker ja – denn Zähneputzen und Fluoride schützen vor Karies.
Als Dr. Knellecken diesen Standpunkt als wissenschaftlich unvertretbar und gesundheitsgefährdend ablehnte, wurde beschlossen, ihn »physisch, psychisch und wirtschaftlich« fertigzumachen (wörtlich überlieferter Ausspruch). Es setzte eine infame Verleumdungskampagne gegen Dr. Knellecken ein mit einer Flut anonymer Briefe, die Gegner scheuten nicht einmal davor zurück, sein Haus unter Wasser zu setzen. Dr. Knellecken wurde aus seinem Amt als Vorsitzender der KZV gedrängt – wenige Wochen später wurden an den nordrheinischen Schulen Verkaufs-Pavillons für Süßigkeiten zugelassen, deren Einrichtung die KZV Nordrhein unter Dr. Knellecken zuvor verhindert hatte. Der Zuckerkonsum stieg sprunghaft an, die Zuckerindustrie konnte sich die Hände reiben.
Dr. Knellecken hat den gegen ihn angestrengten Prozeß aber zunächst doch einmal gewonnen. Der Mann, der bereits als »gebrochen« abgeschrieben war, ist wieder da und kämpft weiter – nicht zuletzt dank der Hilfe und Unterstützung seiner vielen unbekannten Freunde, die ein Spendenkonto für ihn eingerichtet haben, und auch seine Praxis läuft wieder. Wenn Sie sich über diesen Fall gründlicher informieren wollen – im Anhang finden Sie die Adresse von »Der Naturarzt«.
Und bitte Sie, unbedingt das Buch von Dr. Max Otto Bruker zu lesen »Unsere Nahrung – unser Schicksal«, ebenso »Biologischer Ratgeber für Mutter und Kind«. Dort erfahren Sie auch alles über die Zusammenarbeit zwischen der Zuckerindustrie und den an der Fluoridierung des Trinkwassers interessierten Wirtschaftszweigen.
Doch zurück zur Praxis!
Trauben- und Fruchtzucker werden nicht etwa aus Trauben und Früchten hergestellt, wie der Name irreführend vermuten läßt – sie sind ebenfalls Industrie-Produkte und deshalb ebenfalls abzulehnen, ebenso der braune Zucker, eine Vorstufe des Haushaltszuckers. Auch bei Succanat handelt es sich um ein Konzentrat. »Das Problem, daß durch Zuckerkonzentrate eine überkalorische Ernährung ermöglicht wird, ist für Succanat dasselbe wie für jeden braunen und

weißen industriell hergestellten Zucker, und ebenso bleibt das Problem bestehen, daß Zuckerkonzentrate Unverträglichkeiten erzeugen, wenn gleichzeitig Frischkost und Vollkornprodukte verzehrt werden.« (Dr. Bruker)
Ein ganz wichtiger Punkt! Neben seiner Eigenschaft als Vitamin- und Kalkräuber macht der industriell hergestellte Zucker Vollkornprodukte und Frischkost unverträglich. Wer also meint, Vollkornprodukte nicht zu vertragen, muß nicht *diese* meiden, sondern industriell gezuckerte Dinge wie Marmeladen und andere Süßigkeiten, Säfte etc. weglassen, dann verträgt er plötzlich durchaus die Vollkornprodukte und die Frischkost.
Und was ist mit dem Süßstoff? Er ist nicht schädlich wie der Industriezucker, er ist praktisch neutral, gehört aber dennoch nicht in die Vollwertküche, weil er verhindert, daß wir von den abnormen Süßigkeitsgraden, an die wir uns gewöhnt haben, herunterkommen. Hat sich die Zunge erst einmal umgestellt, empfindet sie »normal« gesüßtes Gebäck geradezu als unangenehm süß.
Also auch die Honigmengen sollte man immer mehr reduzieren. Außerdem: wenn immer mehr Menschen immer mehr Honig verzehren würden, hätten die fleißigen Bienen bald selbst keine Nahrung mehr. Daher möchte ich Ihnen empfehlen, möglichst mit Trockenobst, Birnenmehl, Birnendicksaft etc. zu süßen.
Ich habe einen alten Birnbaum, mit dessen riesigen Birnen nie jemand etwas anzufangen wußte. Sie waren entweder steinhart oder sofort »molsch«, matschig. Letztes Jahr habe ich sie geschält (ausnahmsweise), in Scheiben geschnitten und getrocknet, einen ganzen Zentner, immer mal so zwischen dem Essenzubereiten. Die getrockneten Birnen lassen sich, etwas zerschnitten, wunderbar zu Birnenmehl vermahlen, das jedem Kuchen einen makronenartigen Geschmack verleiht.

Die Tränen des Sonnengottes Ra fielen auf die Erde, und wo sie niederfielen, wurden aus ihnen Bienen, die sich Häuser bauten und in die Blüten flogen. Da entstand Wachs und Honig. –
So wird in einem ägyptischen Papyrus aus dem 12. Jahrhundert v. Chr. die Entstehung der Biene geschildert.
Es waren sicher Freudentränen, die der Gott Ra geweint hat – ein Labsal wie der Honig kann nur einem Freuden-Rausch seinen Ursprung verdanken. Honig ist nicht nur ein ideales Süßungsmittel, sondern auch ein Kraftspender für Herz und Nerven. Auf Grund seines konzentrierten Nährwertes sollte man ihn allerdings möglichst in verdünnter Form genießen, Karies kann er genauso erzeugen wie Zucker – und wenn er über 40 Grad erhitzt wird, büßt er viele seiner Vitalstoffe ein, wirkt aber nie so schädlich wie der Zucker (zum Backen können Sie billigeren, bereits erhitzten Honig verwenden, zum Rohessen dagegen immer Wert legen auf garantiert nicht über 40 Grad erhitzte Ware).
Die Skala der Honigsorten geht durch das ganze Alphabet: von Akazien- über Eukalyptus- und Rosmarin- bis Tannenhonig. Er kommt uns lieblich als Linden- und herb als Salbeihonig. Für jeden Geschmack ist etwas dabei. Manche Sorten kristallisieren leicht – wie Wiesenblüten- und Lavendelhonig. Akazienhonig dagegen ist eher zu flüssig (will man ihn aufs Brot streichen, im Kühlschrank aufbewahren). Zu festen Honig in warmem – nie heißem! – Wasserbad leicht erwärmen; zum Backen, zu Desserts, Obstsalaten etc. in etwas warmem Wasser auflösen.
Wie schnell ein Honig kristallisiert, hängt von seinem Trauben- und Fruchtzuckergehalt ab. Enthält er hauptsächlich Traubenzucker, kristallisiert er schneller, überwiegt dagegen der Fruchtzuckeranteil, kristallisiert er langsamer oder gar nicht.

Aber nun zu meinen Backrezepten. Unvergeßlich ist

Mutters einfacher Apfelkuchen
(für 1 Blech)

Teig:
400 g Weizenmehl
200 g Butter
2 Eier
abgeriebene Schale 1 Zitrone
1 MSP Meersalz
2 TL Backpulver
1 EL Honig

Belag:
etwa 1½ kg Äpfel
100 g Korinthen
100 g Sultaninen
1–2 EL Rum
50 grob gehackte Mandeln
Zimt und gemahlene Nelken

Alle Zutaten für den Teig gut verkneten, dann auf einem eingefetteten Backblech ausrollen.
Für den Belag die Äpfel mit der Schale in dicke Scheiben schneiden und mit den Korinthen, Sultaninen und Rum vorsichtig dünsten – die Äpfel dürfen nicht zerfallen. Die abgekühlten Äpfel auf den Teigboden geben, gehackte Man-

deln drüberstreuen, mit Zimt und Nelken nach Geschmack bestreuen. Kuchen bei 180 Grad 25–30 Minuten backen. Noch warm mit Honigschlagsahne servieren.

Variation: Statt mit Äpfel können Sie den Kuchenboden auch mit Himbeeren, Erdbeeren, entkernten Kirschen, Pflaumen oder Aprikosen belegen.
Dann kommt noch ein Guß drüber aus: 3 Eigelb, 2 EL Honig, 2 EL saurer Sahne, 50 g feingeriebenen Mandeln, Schnee von 3 Eiweiß.
Auf die Fülle Semmelbrösel streuen und den Kuchen wie oben backen.

Ananastorte

Teig:
200 g Weizenmehl
100 g Butter
2 EL Eiswasser
1 Prise Salz
Trockenerbsen zum Blindbacken

Belag:
½ l Milch
½ TL Naturvanille
50 g Weizenmehl
2–3 EL Honig
1 Prise Meersalz
6 Eigelb
2 EL Kirschwasser
1 frische Ananas (oder eine kleine Dose Ananas, netto 400 g)

Alle Zutaten für den Teig miteinander verkneten und 1 Stunde kaltstellen. Teig ausrollen und eine gebutterte Springform damit auskleiden, einen Rand hochziehen. Teig dicht mit Trockenerbsen belegen (etwa 2 Finger hoch, damit die Ränder nicht einfallen). Bei 200 Grad 20 Minuten hellgelb backen (dann Erbsen entfernen, sie können beim nächsten Backen wieder verwendet werden).
Für die Füllung Milch mit Vanille und Mehl verrühren, aufkochen. Honig, Salz und Eigelb schaumig rühren, die Schüssel in einen Topf mit kochendem Wasser stellen und schlagen, bis die Masse dicklich wird (darf aber nicht kochen!). Creme abkühlen lassen, dann Kirschwasser zugeben, und mit der Milchmasse vermischen. Auf den vorgebakkenen Boden füllen, Ananasscheiben drauflegen. Den Kuchen wieder bei 200 Grad in den Ofen geben und backen, bis die Creme goldgelb ist (etwa 20 Minuten).
Schmeckt warm und kalt!

Aprikosentorte

1 süßer Mürbeteigboden (Seite 175)
1 kg Aprikosen (oder mehr, je nach Größe)
2–3 EL Aprikosenmarmelade
1 EL Rum
1 Handvoll Mandeln

Gebutterte Tortenform mit dem Mürbeteig auslegen, einen Rand lassen. Boden mit der Gabel einstechen, die entkernten, halbierten Aprikosen rosettenartig auf dem Boden anordnen. Bei 200 Grad 20 Minuten backen. Die in Rum aufgelöste Marmelade über die Torte gießen, grob gehackte Mandeln drüberstreuen. Noch 10 Minuten weiterbacken. Die Torte schmeckt warm und kalt. Sie können auch tiefgefrorene Aprikosen verwenden. Dazu: Honigschlagsahne.

Einfacher Butterbiskuit

4 Eier
3 EL Honig
4 EL kaltes Wasser
200 g Weizenmehl
½ TL Backpulver
30 g zerlassene Butter

Eier trennen. Eigelb mit Honig und Wasser schaumig schlagen. Eiweiß steif schlagen. Mehl und Backpulver mischen und abwechselnd mit dem Eischnee unter die Eigelbmasse heben. Teig in eine mit gefettetem Pergamentpapier ausgelegte Form füllen. Bei 175 Grad im Ofen 25 Minuten backen.

Himbeer-Biskuit-Rolle

4 große Eier
3 EL kaltes Wasser (eventuell etwas mehr)
3 EL Honig
150 g Weizenmehl
1 gestr. TL Backpulver
abgeriebene Schale 1 Zitrone
1 Prise Meersalz

Füllung:
500 g Himbeeren (frisch oder tiefgekühlt)
2 EL Honig
½ TL Naturvanille
½ l eiskalte Sahne

Eier trennen. Eigelb mit Honig und Wasser schaumig schlagen. Mehl mit Backpulver mischen und zusammen mit der

Himbeer-Biskuit-Rolle

Zitronenschale unter die Eigelbmasse rühren. Eiweiß mit einer Prise Salz schnittfest schlagen und ebenfalls unterheben. Gefettetes Backblech mit gefettetem Pergamentpapier auslegen, Biskuitteig darauf streichen. Bei 225 Grad im Backofen 15 Minuten backen. Dann sofort auf ein Küchentuch stürzen, das daran haftende Pergamentpapier mit kaltem Wasser bespinseln und schnell abziehen. Biskuitplatte mit Hilfe des Küchentuchs (wie bei einem Strudel) zusammenrollen. Die Rolle abkühlen lassen.
Für die Füllung die Himbeeren (einige zum Verzieren zurückbehalten) mit Honig, Vanille und der Hälfte der sehr steif geschlagenen Sahne verrühren. Biskuit wieder aufrollen, die Füllung gleichmäßig daraufstreichen, wieder zusammenrollen und kaltstellen. Vor dem Servieren den Rest der Sahne auf die Rolle streichen oder spritzen und mit den restlichen Beeren verzieren. Die Biskuitrolle in ca. 3 cm dicke Scheiben schneiden.

Variation: Statt Himbeeren können Sie auch Erdbeeren, Blaubeeren oder entsteinte Sauerkirschen nehmen. Oder die Sahne, statt sie über die Rolle zu streichen, getrennt dazu reichen.

Bananen-Kokos-Torte

Rezept von Ilse Gutjahr

Teig:	Belag:
250 g Weizenmehl	1½ kg Bananen
80 g Honig	1 Zitrone
1 Ei	100–200 g Himbeeren
1 Prise Vollmeersalz	2 Eiweiß
1 MSP Delifrut oder Zimt und/oder Naturvanille	50 g Honig
1 gestr. TL Backpulver	125 g Kokosraspeln
70 g Butter	

Mehl mit allen Zutaten zu einem Mürbeteig verkneten. 30 Minuten ruhen lassen. Bei 200 Grad ca. 20 Minuten vorbacken.
Für den Belag Bananen schälen und in ca. 3 cm lange Stücke schneiden. Mit Zitronensaft beträufeln, dicht nebeneinander auf den Tortenboden legen. Himbeeren zwischen den Bananenstücken verteilen. Eiweiß steifschlagen, Honig am Schluß zugeben. Kokosraspeln unter den Eischnee heben und auf die Bananen streichen.
Nochmals im Backofen bei 200 Grad ca. 10 Minuten hellbraun abbacken.

Bananen-Zitronen-Torte aus Spanien

- 250 g Weizenmehl
- 100 g Butter
- ½ Glas Wasser
- 2 Eier
- 1 TL Honig
- 1 Prise Meersalz
- 8 Zitronen
- 4 EL Rum
- 4 Löffelbiskuits (übrig gebliebener Biskuitkuchen, auch anderer Kuchen)
- 4 EL Rum
- 3 Bananen

Für den Teig Mehl mit Butter, Wasser, Eiern, Honig und Salz verkneten. 2 Stunden ruhen lassen. 2 Zitronen waschen und möglichst dünn schälen, Schale in etwas Wasser 5 Minuten kochen und in dünne Streifen schneiden. 3 Zitronen auspressen, die restlichen 3 Zitronen in Scheiben schneiden. Zitronensaft mit Zitronenscheiben und Zitronenstreifen und dem Honig 20 Minuten auf kleiner Flamme kochen. Biskuits zerkrümeln, den Rum drübergießen. Zitronenscheiben und -streifen aus dem Zitronensaft nehmen, den Saft unter die Biskuitbrösel mischen. Teig in einer gebutterten Springform 1 cm dick ausrollen, mit einer Gabel einstechen. Das abgekühlte Biskuitgemisch darauf verteilen. Bananen in Scheiben schneiden und abwechselnd mit den Zitronenscheiben auf dem Boden verteilen, eventuell noch mit etwas Honig beträufeln. Torte bei 200 Grad etwa 30 Minuten backen.

Bienenstich

- 1 Rezept Hefeteig (Seite 173)
- 150 g Mandeln und 5 Bittermandeln
- 150 g Butter
- 150 g Honig
- 3–4 EL Milch (oder Wasser)
- abgeriebene Schale von 1 Zitrone
- 1 EL Zimt
- 1 TL Rum

Beide Mandelsorten mit kochendem Wasser überbrühen, Haut abrubbeln, Mandeln stifteln oder grob hacken. Butter mit Mandeln und Honig kurz aufkochen, mit der Milch verrühren und die Masse abkühlen lassen. Dann Zitronenschale, Zimt und Rum untermischen. Gut gegangenen Hefeteig auf einem gefetteten Backblech ausrollen, Masse draufstreichen. Im vorgeheizten Backofen bei 200 Grad 30 Minuten backen.

Eckart Radzoms roher Fruchtkuchen

für 2 Springformen

250 g Hafermehl
350 g Weizenmehl
75 g Buchweizenmehl
200 g gemahlene Sonnenblumenkerne
1 TL Zimt
1 gehäufter TL gemahlener Fenchel
abgeriebene Schale ½ Zitrone
1 EL Honig
300 ccm Wasser
Öl für die Formen
Früchte nach Wahl für den Belag

Alle Zutaten verkneten. In einer geölten Springform ausrollen. Mit Früchten der Jahreszeit (oder tiefgekühlten Früchten) belegen. Darüber eine sahnig geschlagene Creme aus Bananen, Haselnußmus und Honig geben.
Am besten schmeckt der Kuchen, wenn er einen Tag alt ist. Dieser rohe Kuchen ist etwas für Vegans. Er enthält überhaupt nichts vom Tier, kein Ei, keine Butter.

Kennen Sie Christl Kurz? Nein? Dann müssen Sie sie kennenlernen! Sie leitet in der Nähe von Berchtesgaden ein biologisches Kurheim. Sie kocht und bäckt phantastisch. Gehen Sie mal bei ihr essen, wenn Sie in der Nähe oder auf der Durchreise sind. Genausogut können Sie bei ihr einen Kochkursus in Vollwerternährung mitmachen und Sie können auch fasten. Christls unerschütterliche – in Zen-Meditationen erworbene – Gelassenheit und Fröhlichkeit hat schon manchen Depressiven zu einem optimistischeren Weltbild verholfen. Christl hat über mein erstes Kochbuch zur lactovegetabilen Ernährung gefunden. Inzwischen eine Kochkünstlerin hohen Ranges, hat sie mir einige ihrer eigenen Rezepte für mein neues Buch überlassen.

Christls Grundrezept für Hefeteig

600 g Weizenmehl
350 g lauwarmes Wasser
1 Würfel Hefe
1 EL Honig
1 TL Meersalz
60 g geschmolzene Butter

Mehl in eine Schüssel geben. Hefe in Wasser mit Salz und Honig auflösen. Mit dem Mehl vermischen und den Teig 10 Minuten kräftig kneten, bis er Blasen wirft und sich vom Schüsselrand löst. Teig 15 Minuten zugedeckt ruhen lassen, dann die Butter zugeben und nochmals kurz durchkneten. Je nach Belieben formen. Im vorgeheizten Ofen bei 200 Grad ca. 20–30 Minuten backen.

Christl schüttet einfach alle Zutaten wie sie sind, ob kalt oder warm, in die Küchenmaschine, stellt den Knethaken an – nach 10–15 Minuten hat sie den plustrigsten, zartesten Hefeteig. Ich habe ihn »Christl Zauberteig« getauft, man kann praktisch alles daraus zubereiten:

- ein Früchtebrot – indem Sie unter den Teig eingeweichte getrocknete Aprikosen und Walnüsse mischen
- einen Sesamring – eine lange Wurst formen, zu einem Ring drehen, mit kaltem Wasser bespinseln und dick mit Sesam bestreuen
- einen Kräuterkranz – das heißt: der Teig wird mit frischen gehackten Kräutern wie Thymian, Dill, Petersilie, Schnittlauch etc. durchgewalkt, in 3 gleichmäßig lange und dicke Würste geteilt, die Würste wie ein Zopf geflochten und zu einem Kranz gelegt. In den Kranz Lorbeerblätter stecken (natürlich vor dem Backen).
- ein Zwiebelbrot – unter den Teig in Sonnenblumenöl mit etwas Kräutersalz kurz gedünstete, gehackte Zwiebeln kneten und frisch geriebenen Käse
- frische, in Scheiben geschnittene Bananen oder Aprikosen oder Apfelwürfel, Sesam und Nüsse druntergemischt geben dem Ganzen einen orientalischen Touch – wenn Sie schon mehr Mut haben, würzen Sie noch mit etwas Curry und zerstoßenem Kreuzkümmel
- den Teig zu kleinen Würstchen/Stangen drehen, diese mit Wasser bepinseln und dann in Mohn, Sesam, Kümmel, Fenchel, geriebenen Nüssen oder geriebenem Käse wenden
- den Teig zu einem Rechteck ausrollen, dieses mit zerlassener Butter bepinseln und mit frischen gehackten Kräuter bestreuen (Petersilie, Schnittlauch, Dill, Borretsch, Sauerampfer, Kresse, Liebstöckel, Thymian und Majoran) sowie Knoblauch; Teig von allen Seiten etwas einschlagen, zu einer Rolle formen, diese in eine gebutterte Kastenform legen, gehen lassen, mit einer Gabel einstechen, mit Eigelb bepinseln und bei 200 Grad 60 Min. backen.
- Sie können Brezeln daraus formen oder Hörnchen oder einen langen Zopf flechten, und zu Ostern einen Ostereierkranz backen: den Zopf in eine Form legen, vor dem Backen mit einem Ei so viele Dellen in den Teig drücken, wie Sie ihn später mit Eiern schmücken wollen – inzwischen die Eier hart kochen und mit Pflanzenfarben färben. (Rote-Rüben-Saft gibt ein leuchtendes Rot und Spinatsaft ein saftiges Grün,

Zwiebelschalen färben bräunlich). Nach dem Backen die Eier in die Dellen setzen.

- Sie können eine Zahl aus dem Teig formen, zum 6ten Geburtstag zum Beispiel, die Zahl mit Bananenscheiben, Weintrauben, Beeren etc. belegen und mit zerlassener Honigbutter begießen, bevor Sie die »Zahl« in den Ofen schieben.
- Fix gemacht ist ein Blechkuchen: frische Äpfel mit der Schale in Scheiben schneiden, fächerartig auf dem Kuchen verteilen, eine Mischung aus zerlassener Butter und Honig drübergießen, grob gehackte Walnüsse drüberstreuen.
- Auch ein Zwetschgenkuchen aus diesem Teig schmeckt wunderbar, mit gehackten Walnüssen bestreut.
- Ebenso eignet sich jedes Obst aus der Tiefkühltruhe oder auch eingeweichtes, abgetropftes Dörrobst.
- Wenn Sie den Teig mit frischen oder eingemachten oder tiefgekühlten abgetropften Beeren belegen, können Sie entweder die warme Butter-Honig-Sauce drübergießen oder einen Guß aus Sahne, Honig und Eiern (3–4 Eier, ½ l Sahne, 2 EL Honig).

Ihrer Phantasie sind keine Grenzen gesetzt. Da der Teig sehr mager ist und nicht süß, können wir obendrauf prassen.

Den Zopf-, Ring-, Rosen- oder Schneckenformen der Brote und Brötchen liegt eine religiöse Bedeutung zu Grunde. Statt wie das früher gang und gäbe war, den Frauen zur Versöhnung der Götter die Haare abzuschneiden, ging man offenbar in einer Anwandlung von Humanismus dazu über, Zöpfe aus Brot zu opfern. Man buk diese Zöpfe aus den Körnern der letzten beim Ernten gebundenen Garbe, um die magische Wirkung der Opfergabe noch zu verstärken.

Norberts Hirsecreme-Kirschkuchen

1 Rezept Hefeteig (Seite 173)

Hirsecreme:
1 Tasse fein gemahlene Hirse
2 Tassen Milch
1 Prise Meersalz
1 EL Honig

Außerdem:
Kirschen (frisch oder tiefgekühlt, entsteint)

Guß:
2 EL saure Sahne
2 Eigelb
Honig
Zimt
Naturvanille
1 Prise Salz
1 EL Quark
½ EL Weizenmehl

Hefeteig in eine gefettete Springform geben. Hirse in der Milch mit Salz aufkochen und ausquellen lassen, Honig unterrühren. Die Hälfte der Creme auf den Hefeboden streichen, darauf die Kirschen verteilen. Restliche Hirsecreme drüberstreichen. Darauf den Guß geben (alle Zutaten miteinander verquirlen). Bei 200 Grad 30 Minuten backen.

Norbert ist lange als Konditor auf hoher See gefahren. Er hat den Kuchen mit »normalem Mehl und Grieß« zubereitet, wollte sich aber auf Vollwertkost umstellen. Ich schlug Hirse vor statt Grieß – das Ergebnis war super. Funktioniert natürlich auch mit anderem Obst.

»Oft großer Flamm von Fünklein kam«
Ulrich von Hutten

Kastanien-Kirsch-Torte

500 g Eßkastanien
6 Eigelb
3–4 EL Honig
6 Eiweiß (zu Schnee geschlagen)
Butter und Weizenmehl für die Form
eingemachte Kirschen (etwa 1 kg)

Kastanien kreuzweise einschneiden und in Wasser weichkochen. Kastanien aus der Schale nehmen und pürieren. Püree mit Eigelb und dem Honig gut verrühren, den Eischnee unterziehen. Die Hälfte der Masse in eine eingefettete, mit Mehl bestäubte Springform füllen. Die eingemachten, abgetropften Kirschen dicht darauf verteilen, restliche Kastanienmasse drauffüllen und glattstreichen. Bei 200 Grad etwa 25 Minuten backen. Erkaltet mit einer Mischung aus Honig und Zitronensaft bepinseln.

Mutters Käsetorte

1 Rezept süßer Mürbeteig (siehe nächste Seite)

Füllung:
150 g Butter
3–4 Eigelb
3 EL Honig
1 kg Quark
Saft 1 Zitrone
1 TL Naturvanille
2 EL Karoffelmehl
1 TL Backpulver
3–4 Eiweiß (zu Schnee geschlagen)

Mürbeteig in einer gefetteten Springform ausrollen, dabei einen kleinen Rand lassen. Für die Füllung Butter schaumig rühren, nach und nach die Eigelb und den Honig unterrühren, dann die restlichen Zutaten. Zum Schluß vorsichtig den Eischnee unterziehen. Masse auf den Teigboden füllen. Bei 180 Grad 1 Stunde backen.

Süßer Mürbeteig

250 g Weizenmehl	Naturvanille
2 gestr. TL Backpulver	abgeriebene Schale 1 Zitrone
1 Ei	1–2 EL Rum oder Cointreau
1 EL Honig	
100 g Butter	

Alle Zutaten miteinander verkneten. Teig ½ Stunde ruhen lassen. Dann ausrollen und eine Springform damit auskleiden, dabei einen Rand stehen lassen. Oder Tortelettförmchen damit auskleiden (reicht für 5 Förmchen). Bei 200 Grad 20–30 Minuten im Ofen backen, je nachdem ob Sie den Tortenboden »leer« oder bereits belegt backen.
Dieser Mürbeteig ist eine Wucht. *Die* Lösung, wenn überraschend Besuch kommt. Sie können ihn mit allem Obst belegen, das gerade zur Hand ist, frisch oder tiefgekühlt, und dazu gibt es Honigschlagsahne.
Für ein Blech nehme ich einfach die doppelte Menge.

Varianten:
Einige Eßlöffel Carob unter den Teig kneten oder
1 Handvoll Kokosflocken;
oder 1 Handvoll gehackte Nüsse oder Mandeln oder
einige Eßlöffel Apfelmus oder Quark.

Was Sie aus dem Mürbeteig alles machen können:
1. Den Teig zu einem Rechteck ausrollen, das Rechteck in 2 gleiche Teile teilen, auf den ersten Teigteil eine Füllung streichen aus: geriebenen Mandeln (etwa 150 g), Honig, abgeriebener Schale von 2 unbehandelten Orangen, Saft einer Orange.
Die zweite Teighälfte drauflegen, gut andrücken. Bei 180 Grad 20 Minuten backen. Danach mit warmer Marmelade bestreichen etwa: Erdbeer-, Holunder-, Aprikosenmarmelade – und mit grob gehackten Mandeln bestreuen, dann in Würfel schneiden.
2. Unter den Mürbeteig Carob kneten, zu einer Wurst formen. Etwa 5 cm große Scheiben abschneiden und aus jeder Scheibe wieder eine dünne Wurst formen, diese zu einer Brezel drehen. Brezeln auf gefettetem Blech bei 180 Grad 20 Minuten backen, abkühlen lassen. Brezeln in einer Mischung aus zerlassener Butter und Carob tauchen (eventuell mit etwas Milch oder Sahne verdünnen), mit gehackten Pistazien bestreuen und auf einem Rost abkühlen lassen.

Mürbeteigtorte mit Birnen

1 süßer Mürbeteigboden (siehe links)	Zitronensaft
Belag:	2 Eier (getrennt)
1 kg Birnen	2 EL Honig
	⅛ l Sahne

Den Tortenboden bei 200 Grad 20 Minuten vorbacken. Birnen schälen, vierteln und mit Zitronensaft beträufeln, auf dem Tortenboden rosettenförmig anordnen. Eigelb und Honig schaumig rühren. Sahne steifschlagen und mit der Eier-Honig-Masse mischen. Eiweiß steifschlagen und unterziehen. Masse auf die Birnen füllen und glattstreichen. Torte nochmal im heißen Ofen überbacken, bis die Masse fest ist. Haben Sie sehr harte Birnen, dünsten Sie die geschälten Birnen in einer Mischung aus Wasser-Butter-Honig weich, lassen Sie abtropfen und geben sie auf den Tortenboden.

Feine Mürbeteigtörtchen mit Himbeeren

1 Rezept süßer Mürbeteig (siehe links)	Honigschlagsahne
	etwa 500 g Himbeeren

Mürbeteig ausrollen. Teigplatten in der Größe von Tortelettförmchen ausstechen, in die gebutterten Formen drücken, mehrmals mit einer Gabel einstechen. Bei 180 Grad etwa 15 Minuten im Ofen goldbraun backen, herausnehmen, auf einen Rost stürzen. Die Törtchen mit Honigschlagsahne bestreichen, Himbeeren draufsetzen (eventuell noch mit etwas Honig beträufeln), einen Kranz von Honigschlagsahne drumherum spritzen.
Sie können auch einen Guß aus Johannisbeer- oder Holundergelee über die Himbeeren geben: 100 g Gelee unter Rühren erhitzen, bis es flüssig ist, mit Himbeergeist nach Geschmack (etwa 1 Schnapsglas) mischen und die Masse

über die Himbeeren verteilen. Und statt der Himbeeren können Sie natürlich Erdbeeren oder Blaubeeren nehmen, auch tiefgefrorene.

Mandelkuchen

250 g Mandeln
250 g Kartoffeln
3 EL Honig
5 Eier
1 Prise Meersalz
Butter zum Einfetten der Form
50 g Mandelblättchen

Die Mandeln mit der Schale mahlen. Kartoffeln kochen, pellen und durch die Kartoffelpresse drücken. Mit Mandeln und Honig verkneten. Die Eier trennen, Eigelb unter den Teig mischen, Eiweiß mit der Prise Salz sehr steif schlagen und unter den Teig heben. Eine Springform von 22 cm gründlich einfetten und mit den Mandelblättchen ausstreuen, Teig einfüllen und glattstreichen. Im vorgeheizten Backofen bei 180 Grad ungefähr 1 Stunde backen.
Schmeckt sehr gut warm oder kalt mit Honig-Schlagsahne oder mit Vanillesauce.

Mohntorte

Teig:
200 g Weizenmehl
½ TL Backpulver
100 g Butter
2 EL Honig
1 Prise Meersalz
abgeriebene Schale 1 Zitrone
2 EL Sahne
1 Eigelb
Fett zum Einfetten des Blechs

Füllung:
½ l Milch
125 g Butter
100 g Rosinen
400 g gemahlener Mohn
100 g Semmelbrösel
4 EL Rum

Alle Zutaten für den Teig verkneten und daraus einen Kloß machen. Teig 30 Minuten kalt stellen, dann in einer gefetteten Springform ausrollen, mit einer Gabel einstechen. Bei 180 Grad 15 Minuten vorbacken.
Inzwischen die Füllung bereiten: Milch mit Butter und Rosinen zum Kochen bringen, übrige Zutaten zugeben und alles unter Rühren so lange auf dem Feuer lassen, bis die Masse dick wird. Die Füllung auf den vorgebackenen Teig streichen und nochmal 15 Minuten backen.

Mohn- und Nußhörnchen

In Österreich heißen sie Kipferl!

Teig:
150 g Butter
320 g Weizenmehl
1 EL Honig
20 g Hefe
⅛ l lauwarme Milch
1–2 verquirlte Eigelb

Mohnfülle:
125 g gemahlener Mohn
¼ l Milch
½ EL Honig
abgeriebene Schale 1 Zitrone
1 EL Butter

Nußfülle:
250 g geriebene Nüsse
¼ l Milch
1 EL Honig
2 EL starker schwarzer Kaffee

Für die Füllungen Mohn mit Milch oder Nüsse mit Milch kurz aufkochen und dann mit den restlichen Zutaten vermischen. Teigzutaten zu einem Hefeteig verarbeiten. Teig 20 Minuten gehen lassen, dann messerrückendick ausrollen, in Dreiecke schneiden und mit je 1 Eßlöffel der Fülle belegen. Teigstücke zu einem Würstchen rollen und Hörnchen daraus formen. Mit verquirltem Eigelb bespinseln. Auf eingefettetem Backblech bei 180 Grad etwa ½ Stunde backen.

Mutters Mohnrolle

Teig:
200 g Weizenmehl
½ Päckchen Backpulver
1 Ei
3 EL Wasser
1 Prise Meersalz
60 g Butter

Füllung:
250 g gemahlener Mohn
¼ l Milch
1 Prise Meersalz
1 EL Honig
1 gestr. EL Weizenmehl
Saft 1 Zitrone
50 g Semmelbrösel
50 g Rosinen
1 Eiweiß zum Bepinseln

Alle Zutaten für den Teig miteinander verkneten. Auf bemehltem Küchentuch rechteckig ausrollen. Füllung bereiten: Mohn mit Milch kurz aufkochen, dann mit allen anderen Zutaten vermischen. Füllung auf dem Teigrechteck verteilen, dabei die Ränder freilassen und etwas einschlagen, damit die Füllung nicht herausläuft. Teig zu einer Rolle drehen. Rolle mit verquirltem Eiweiß bestreichen. Auf gefettetem Blech bei 180 Grad 30–40 Minuten backen.

Nougattorte

3 Eier (getrennt)
3–4 EL Honig
½ TL Naturvanille
5 EL Wasser
100 g Weizenmehl
½ Päckchen Backpulver
100 g Kartoffelmehl
25 g Carob
1 Prise Meersalz
75 g Butter
Füllung:
2 Eier, 1 EL Honig
½ TL Naturvanille
125 g geriebene Schokolade
60 g mit der Schale geriebene Mandeln
100 g Kokosfett
Guß:
2 EL Honig
2 EL Kokosflocken (fein gerieben)
30 g Carob
1 EL heißes Wasser
30 g Kokosfett
abgezogene halbierte Mandeln zum Verzieren

Die Eigelb mit Honig, Vanille und Wasser mit dem Handrührgerät zu einer schaumigen Masse schlagen. Nacheinander in kleinen Portionen das mit dem Backpulver gemischte Mehl, Kartoffelmehl, Carob und Salz unterrühren. Butter zerlassen, etwas abkühlen lassen und untermischen. Steifgeschlagenes Eiweiß unterziehen. Teig in gefettete Springform füllen und bei 180 Grad 45 Minuten backen.
Für die Füllung Eier mit Honig und Vanille schaumig rühren, löffelweise Schokolade und Mandeln zugeben und zuletzt das flüssige handwarme Kokosfett.
Guß: Honig mit Kokosflocken, Carob, heißem Wasser und zerlassenem Kokosfett verrühren. Erkalteten Tortenboden waagerecht in drei Böden schneiden, jeden mit der Nougatmasse bestreichen. Böden aufeinander legen und mit dem Guß überziehen. Mit den Mandeln verzieren.

Ostertorte »Traumschiff MS Astor«

Fertiger Blätterteig
1 Handvoll Korinthen
1 Handvoll Sultaninen
Butter zum Bepinseln
2 EL gemahlene Kokosflokken zum Bestreuen
Füllung:
250 g abgezogene Mandeln
4 Eier (getrennt)
3 EL Honig
1 Tl Naturvanille
250 g gekochter Milchreis
125 g flüssige Butter

Für die Füllung Mandeln fein mahlen, mit Eigelb schaumig schlagen, Honig und Vanille unterrühren, dabei den Knethaken benutzen. Milchreis zugeben und die flüssige Butter untermischen. Vorsichtig das steifgeschlagene Eiweiß unterheben. Blätterteig ausrollen und eine Springform damit auskleiden. Den Boden mit den Korinthen und Sultaninen bestreuen, die Füllung daraufgeben. Bei 225 Grad auf der 2. Schiene von unten 15–20 Minuten backen, dann mit zerlassener Butter bepinseln und mit den Kokosflocken bestreuen.
Im Originalrezept wurde natürlich weißes, »normales« Mehl verwendet und Industriezucker, ebenso kein Naturreis, sondern »normaler« Reis – und schließlich mit Puderzucker bestreut statt meiner Kokosraspel. Ich bin sicher, Chefkoch Lohmann würde mir zustimmen: auch mit Vollkornzutaten schmeckt die Ostertorte phantastisch!

Hier noch das Rezept für Blätterteig. – Blätterteig ist eine eher umständliche Angelegenheit – aber schließlich ist ja auch nur einmal im Jahr Ostern!
Bei der Zubereitung sehr wichtig: Raumtemperatur, Backbrett und Nudelholz sowie die Butter müssen kalt sein!

Blätterteig

250 g Weizenmehl
170 g kaltes Wasser
1 Prise Vollmeersalz
250 g kalte Butter

Mehl, Wasser und Salz zu einem Teig verkneten. Teig 30 Minuten in den Kühlschrank stellen. Die kalte Butter zwischen zwei Pergemantpapieren flachrollen und wieder kaltstellen. Den gekühlten Teig kreuzweise einschneiden und zu einem Rechteck ausrollen, das dreimal so lang wie das Butterstück sein muß und etwas breiter. Gekühlte Butter in die Mitte des Teiges legen, Teig von allen Seiten drüberschlagen und die Ränder zusammendrücken. Das Teigstück mit einem feuchten Tuch bedecken und 20 Minuten in den Kühlschrank stellen. Dann auf bemehltem Backbrett vorsichtig ausrollen, und zwar immer nur in einer Richtung (nicht hin und her!). Teig so zusammenschlagen, daß sich die Teigenden in der Mitte berühren. Teig zusammenklappen (wie ein Taschentuch gefaltet wird), so daß jetzt 4 Schichten aufeinanderliegen. Ränder zusammendrücken und wieder der Länge nach vorsichtig ausrollen. Teig dreifach überein-

anderschlagen, 30 Minuten im Kühlschrank kaltstellen. Noch einmal wie oben ausrollen, übereinanderschlagen und 30 Minuten im Kühlschrank kaltstellen. Noch einmal wie oben ausrollen, übereinanderschlagen und wieder 30 Minuten kaltstellen. Teig 1 cm dick ausrollen und auf mit kaltem Wasser abgespültes Blech (bzw. andere Form) geben.
Uff! Bei uns zu Hause macht solche Feinarbeit mein Mann, ich bin zu ungeduldig.
Das Backblech für Blätterteig wird nicht gefettet, weil der Teig eh' schon so fett ist, sondern nur mit kaltem Wasser abgespült. Gebacken wird Blätterteig bei 225 Grad auf der 2. Schiene von unten etwa 15–20 Minuten.
Und wenn Sie sich die Mühe mit dem Blätterteig sparen wollen, nehmen Sie einfach süßen Mürbeteig (Seite 175).

Einfacher zuzubereiten ist

Quarkblätterteig

250 g Weizenmehl
250 g Quark
250 g kalte Butter
2 Prisen Meersalz

Alle Zutaten gut miteinander verkneten und kaltstellen (möglichst erst am nächsten Tag weiterverwenden). Auf bemehlter Backfläche zu einem langen Rechteck ausrollen, von allen Seiten so zusammenschlagen, daß die Teigenden in der Mitte zusammenstoßen. Wie ein Taschentuch zusammenfalten und 30 Minuten kaltstellen, wieder ausrollen und verfahren wie bei Blätterteig bereits angegeben, insgesamt 4mal!

Wichtig: Alle Zutaten, auch das Nudelholz, müssen kalt sein. Gerollt wird auch bei diesem Blätterteig immer nur in einer Richtung, also von unten nach oben oder umgekehrt. Backblech nicht einfetten, sondern nur mit kaltem Wasser abspülen. Im Ofen bei 210–225 Grad 15–20 Minuten backen.

Italienische Pfirsichtorte

4 große Pfirsische
1 Zitrone
200 g Butter
3 EL Honig
3 EL gehackte Mandeln
½ TL Zimt
½ TL Naturvanille
2 Eigelb
2 TL Backpulver
2 Prisen Meersalz
200 g Weizenmehl
4 EL Wasser
2 Eiweiß

Pfirsische mit kochendem Wasser übergießen, dann kalt abschrecken, Haut abziehen, halbieren und mit Zitronensaft beträufeln, damit sie nicht braun werden. In einer viereckigen Kuchenform 3 Eßlöffel von der Butter schmelzen, 1 Eßlöffel des erwärmten Honigs und die gehackten Mandeln gleichmäßig darüber verteilen. Pfirsischhälften mit der Schnittfläche drauflegen, die restliche Butter schaumig rühren, nach und nach die übrigen Zutaten, einschließlich dem Mehl und Wasser unterrühren. Am Schluß steifgeschlagenes Eiweiß unterziehen. Teig über die Pfirsiche füllen. Bei 180 Grad 30 Minuten backen. In der Form 15 Minuten abkühlen lassen, dann stürzen. Kann man warm oder kalt essen – mit Honigschlagsahne oder einer Fruchtsauce.

Pflaumentorte mit Quark

1 süßer Mürbeteigboden (Seite 175)

Quarkmasse:
500 g Quark
2 Eigelb
abgeriebene Schale und Saft einer unbehandelten Orange
1 EL Weizenmehl
2 Eiweiß

Belag:
500 g entsteinte Pflaumen (auch tiefgefroren)
1–2 EL angewärmter Honig

Quark mit Eigelb, Orangenschale und -saft und dem Mehl verrühren. Eiweiß steifschlagen und unterheben. Eine gebutterte Springform mit Mürbeteig auskleiden, die Pflaumen drauflegen und mit dem Honig besprenkeln, Quarkmasse drüberstreichen. Bei 200 Grad etwa 45 Minuten backen.

Quarkring mit Rosinen-Nuß-Fülle

Teig:
500 g Weizenmehl
1 Päckchen Backpulver
1 TL Kardamom
250 g Quark
150 g Butter
2 Eier
2 EL Rum
2 EL Honig
2 Prisen Meersalz
abgeriebene Schale 1 Zitrone
2 EL zerlassene Butter zum Bepinseln

Füllung:
2 EL Honig
200 g Rosinen
200 g grob gehackte Mandeln

Außerdem:
2–3 EL Butter
1 EL Honig
½ TL Naturvanille
gemahlene Kokosflocken

Mehl mit Backpulver und Kardamom mischen. Restliche Zutaten zugeben und alles verkneten. Teig auf bemehltem Küchentuch zu einem Rechteck ausrollen, mit zerlassener Butter bepinseln.
Zutaten für die Füllung gut mischen und etwa 8 cm breit von oben nach unten auf das Teigrechteck streichen. Den rechts und links frei gebliebenen Teig mit einem scharfen Messer waagerecht in 1 bis 1½ cm breite Streifen schneiden, die Streifen abwechselnd von links und rechts zopfartig über die Füllung flechten und etwas andrücken. Den Zopf vom Tuch in eine gut gebutterte Kranzform gleiten lassen und auf der untersten Schiene (erhabene Seite des Rostes nach oben) bei 180 Grad etwa ½ Stunde goldbraun backen. In der Form 15 Minuten abkühlen lassen, dann mit einem Messer lösen und herausnehmen. Butter mit Honig und Vanille erwärmen, damit den Kranz bepinseln. Mit gemahlenen Kokosflocken bestreuen.

Rhabarberkuchen

500 g Rhabarber
180 g Butter
3 Eier (getrennt)
2 EL Honig
180 g Weizenmehl
2 TL Backpulver
1 Prise Meersalz
1 EL Rum

Rhabarber abziehen und in etwa ½ cm breite Stücke schneiden. Butter schaumig rühren. Eigelb und Honig unterrühren, vorsichtig mit den restlichen Zutaten, einschließlich Rhabarber, mischen, dann den vorher steifgeschlagenen Eischnee unterziehen. Teig in eine gut gefettete Springform füllen. Bei 200 Grad 30 Minuten backen.
Die Säure des Rhabarbers wird hier angenehm gemildert. Auch Johannisbeeren sind geeignet.

Rustikaler Savarin mit Beeren

Hefeteig:
250 g Weizenmehl
½ Würfel Hefe
½ Tasse lauwarme Milch
100 g flüssige Butter
3 Eier
1 Prise Meersalz

Sirup zum Tränken:
4 EL Honig
8 EL Oragensaft
1 El Zitronensaft
3 EL Rum oder Cointreau
Mus von 3 EL getrockneten, eingeweichten Aprikosen (einmal aufgekocht)

Füllung:
¼ l geschlagene Sahne
250 g Beeren nach Wahl (oder Rumtopffrüchte)

Aus den Teigzutaten einen Hefeteig herstellen, in eine gefettete Ringform geben. Teig zudecken und gehen lassen. Dann ca. 30 Minuten bei 200 Grad backen.
Inzwischen alle Zutaten für den Sirup verrühren. Savarin aus dem Ofen nehmen, stürzen und noch heiß mit dem Sirup tränken. Abkühlen lassen, dann mit den Früchten und Schlagsahne füllen.

Einfacher Vollkorn-Sandkuchen

170 g Butter
2–3 EL Honig
4 Eier
abgeriebene Schale ½ Zitrone
1 Prise Meersalz
250 g Weizenmehl
1 gestr. TL Backpulver

Guß:
20 g Kokosfett
1–2 EL heißes Wasser
20 g Carob
2 EL Honig

Butter mit dem Honig schaumig rühren, nach und nach Eier und Gewürze zugeben. Das mit dem Backpulver gemischte Mehl unterrühren. Teig in eine gefettete, mit Pergamentpapier ausgelegte Kastenform füllen. Bei 180 Grad 50 Minuten backen. 10 Minuten abkühlen, dann stürzen.
Guß bereiten: Alle Zutaten miteinander vermischen und den Kuchen nach dem Erkalten damit überziehen.
Mit dem gleichen Teig können Sie einen Marmorkuchen bereiten. ⅓ des Teiges in die gebutterte Form füllen, das 2. Drittel mit 2 EL Carob und 1 EL Rum mischen, und auf die erste Schicht in der Form füllen, obendrauf den Rest des Teiges geben. Eine Gabel spiralenförmig durch den Teig ziehen. Kuchen backen wie oben.

Schlesischer Streuselkuchen

Teig:
500 g Weizenmehl
¼ l Milch
1 Päckchen Hefe
1–2 Eier
120 g zerlassene Butter
2 EL Honig
1 MSP abgeriebene Zitronenschale
1 Prise Meersalz

Streusel:
450 g Weizenmehl
3 EL Honig
1 TL Zimt
225 g Butter
50 g gemahlene süße Mandeln

Mehl in eine Schüssel geben, in die Mitte die in der erwärmten Milch aufgelöste Hefe. Mit wenig Mehl einen Vorteig herstellen. Vorteig ½ Stunde gehen lassen. Die übrigen Zutaten zugeben, alles verkneten. Teig schlagen, bis er sich von der Schüssel löst. Teig 1 Stunde gehen lassen, dann auf gefettetem Blech ausrollen, ringsum einen Rand drücken. Teig nochmals 10 Minuten gehen lassen.
Für die Streusel alle Zutaten mischen und zwischen den Händen zu Streuseln reiben. Streusel auf den gut gegangenen Kuchen verteilen. Bei 180 Grad 60 Minuten backen.

Wenn Sie auf den Teig eine Quarkmasse geben, haben Sie

Schlesischen Käsekuchen

Hefeteig wie Streuselkuchen
Käsemasse:
100 g Butter
3 EL Honig
4 Eigelb oder 2–3 ganze Eier
2 kg Quark
6–8 bittere Mandeln
125 g Korinthen
abgeriebene Schale 1 Zitrone

Butter schaumig rühren, Honig und Eier hinzufügen. Dann unter Rühren die restlichen Zutaten zugeben (verwendet man ganze Eier, vorher das Eiweiß zu Schnee schlagen). Käsemasse auf den gutgegangenen Hefeteig streichen. Bei 180 Grad 60 Minuten backen.

Apfelstrudel

Teig:
200 g Weizenmehl
50 g Butter
1 Ei
1 Prise Meersalz
4 EL warmes Wasser
Zum Backen:
100 g Butter
½ l Milch

Füllung:
100 g geschmolzene Butter
⅛ l saure Sahne
1 Tasse Rosinen
1 kg Äpfel
Honig und Zimt nach Geschmack

Aus den Teigzutaten einen nicht zu festen Teig kneten; er muß sich von der Schüssel lösen und Blasen werfen (evtl. etwas mehr Wasser nehmen). Teig in eine bemehlte Schüssel legen und zugedeckt ½ Stunde ruhen lassen. Dann auf einem mehlbestäubten Küchentuch ausrollen und hauchdünn mit den Händen ausziehen. Teigoberfläche mit geschmolzener Butter und saurer Sahne bestreichen, drauf die mit der Schale in dünne Scheiben geschnittenen Äpfel, vermischt mit Rosinen, Honig und Zimt, verteilen. An einer Seite das Tuch vorsichtig anheben und mit Hilfe des Tuches den Teig aufrollen. In einer feuerfesten Form Butter in der Milch zergehen lassen (die Flüssigkeit sollte etwa fingerdick hoch sein). Strudel hineinsetzen. Bei 180 Grad etwa 40 Minuten backen. Dabei öfter mit der Butter-Milch-Mischung begießen.

Variationen (dann Rosinen weglassen): Strudelteig mit Kirschen belegen; entsteinte, halbierte Pflaumen auf den Teig legen; den Teig dicht mit Weintrauben belegen.

Topfenstrudel

Strudelteig (wie für Apfelstrudel)
60 g zerlassene Butter
2–3 EL geröstete Semmelbrösel
1 Handvoll Rosinen

Füllung:
300 g Topfen (Quark)
¼ l saure Sahne
3 Eigelb
1 Prise Meersalz
1 EL Honig
½ TL Naturvanille
Schnee von 3 Eiweiß

Zum Backen:
100 g Butter
½ l Milch
etwas Butter zum Bepinseln

Für die Füllung alle Zutaten gut vermischen (Eischnee zum Schluß unterheben). Den ausgezogenen Strudelteig mit der zerlassenen Butter bepinseln, mit Semmelbröseln und Rosinen bestreuen. Füllung draufgeben, Teig aufrollen, zu einer Schnecke drehen. Die Butter in Milch in einer feuerfesten Form zergehen lassen. Strudel hineinlegen, mit etwas Butter bepinseln. Bei 180–200 Grad 40 Minuten backen.

Strudel mit Trockenfrüchten

300 g Weizenmehl
150 g Milch
1 Ei
2 EL Öl
1 MSP Meersalz

Füllung:
100 g geschmolzene Butter
150 g gemahlene Mandeln
300–400 g gemischte Trokkenfrüchte, z. B. Äpfel, Birnen, Zwetschgen, Aprikosen (10 Stunden vorher einweichen)
2 EL Honig
Saft von ½ Zitrone

Außerdem:
etwas Sonnenblumenöl fürs Blech
Butter und 150 g Sahne zum Bepinseln
Kokosflocken zum Bestreuen

Mehl mit Milch, Ei, Öl und Salz verkneten, bis ein glatter Kloß entsteht. An einem warmen Ort etwa 2 Stunden ruhen lassen. Teig auf einem bemehlten Küchentuch 2 mm dünn ausrollen. Füllung: Teig mit Butter bespinseln, dann mit den Mandeln bestreuen. Die abgetropften, kleingeschnittenen Trockenfrüchte mit dem Honig mischen, auf dem Strudelteig verteilen und mit Zitronensaft beträufeln. Die freigelassenen Randseiten des Teiges einschlagen und mit Hilfe des Küchentuches einrollen. Strudel auf ein geöltes Backblech legen, mit etwas Butter und Sahne bepinseln. Im vorgeheizten Ofen bei 200 Grad etwa 45 Minuten backen. Etwa alle 10 Minuten den Strudel mit flüssiger Butter und Sahne einpinseln. Mit gemahlenen Kokosflocken bestreut servieren.

Torte mit getrockneten rohen Früchten

1 süßer Mürbeteigboden, gebacken (Seite 175)

Belag:
500 g getrocknete Früchte (Zwetschgen, Äpfel, Birnen, Aprikosen)
100 g Nüsse
1 EL Honig
Saft und abgeriebene Schale 1 Zitrone
400 g Sahne
100 g Milch
1 gestr. EL Agar-Agar
½ TL Naturvanille
1 EL Honig

Die entsteinten Trockenfrüchte 10 Stunden einweichen. Abgießen und ⅔ davon pürieren. Gehackte Nüsse, Honig, Saft und Schale der Zitrone zugeben. Die Sahne steifschlagen. Die Milch mit dem Agar-Agar nach Vorschrift erhitzen, etwas abkühlen lassen und mit den übrigen Zutaten mischen. Die Masse auf den gebackenen Mürbeteigboden in die Springform füllen und mit den restlichen Trockenfrüchten garnieren. Im Kühlschrank fest werden lassen.

Silvias Topfen-Zopf-Kranz

500 g Weizenmehl
1 Päckchen Backpulver
175 g Butter
3 EL Honig
125 g mit der Schale geriebene Mandeln
½ TL Naturvanille
1 EL Rum
abgeriebene Schale 1 Zitrone
1 Prise Meersalz
2 Eier
250 g Topfen (Quark)
50 g Butter zum Bepinseln

Mehl mit dem Backpulver vermischen, mit den übrigen

Zutaten zu einem Mürbeteig verarbeiten. Teig ½ Stunde kalt stellen. Teig in 3 Hälften teilen, jeden zu einer möglichst gleich langen und gleich dicken Wurst rollen. Die drei Teile zu einem Zopf flechten und den Zopf zu einem Kranz gedreht auf ein gefettetes Backblech legen. Bei 200 Grad 60 Minuten backen. Noch warm mit zerlassener Butter bestreichen oder aus einem Gemisch aus zerlassener Butter und Honig.
Der Topfen-Zopf-Kranz (gute Sprechübung) verträgt es durchaus, mit Butter bestrichen und mit Holundergelee verzehrt zu werden.

Mein Lieblingsrezept für Waffeln ist immer noch das einfachste: frisch gemahlenen Vollkornweizen mit Milch verrühren, 1 Prise Salz zugeben, 5–10 Minuten stehen lassen und dann im Waffeleisen bei mittlerer Hitze backen. Alles, was Sie vor dem Backen in die Waffel tun, geht geschmacklich unter, sei es Käse, Gewürze, oder seien es Kräuter. Packen Sie die guten Dinge lieber nach dem Backen verschwenderisch drauf. Die frische kalte Butter schmiegt sich gar köstlich in das warme Waffelmuster.
Dazu Johannisbeermarmelade oder Pflaumenmus, oder Sie kombinieren Nußmus mit Honig und einer Spur Carob oder geröstetem Sesam drüber. Wollen Sie's salzig, bestreichen Sie die gebackene Waffel mit einer pikanten Kräuterbutter, bestreuen sie mit geriebenem Parmesan oder legen eine Käsescheibe drauf und schieben die Waffeln zum Überbacken in den vorgeheizten Ofen.

Weizenvollkornwaffeln

200 g feingemahlener Weizen
¼ l Milch (reichlich, der Teig muß von der Schöpfkelle laufen)
1–2 Prisen Meersalz
Butter zum Ausfetten des Waffeleisens

Weizenmehl mit Milch und Salz gut verquirlen, Teig mindestens 10 Min. ruhen lassen. Waffeleisen erhitzen, mit dem Pinsel das Eisen leicht einfetten. Je eine Schöpfkelle voll Teig in das Waffeleisen füllen, nach Vorschrift backen. Waffeln warmhalten (auf einem Rost im Ofen) oder abkühlen lassen. Je nach Waffeleisen ist die Backdauer verschieden. Bei den automatischen können Sie zwischen »weich« und »knusprig« wählen. Ich backe die Waffeln knusprig auf Stufe 4. Beim beschichteten Eisen braucht man nur gelegentlich leicht mit einem gebutterten Pinsel drüber zu fahren. Übrigens: Die Waffeleisenhersteller behaupten, daß Teflonbeschichtung nur gesundheitsgefährdend ist, wenn sie bis auf 400 Grad (versehentlich) erhitzt wird.

Maiswaffeln

200 g Maismehl
20 g Weizenmehl
100 g gehackte Mandeln
3 Eier
50 g Butter
200–250 ccm Wasser
2 EL Honig
1 Schuß Rum

Alle Zutaten miteinander vermischen, 20 Minuten ruhen lassen. Im Waffeleisen portionsweise Waffeln backen.

Kartoffelwaffeln

500 g Kartoffeln
2 Zwiebeln
4 Eier
75 g Weizenmehl
1 Prise Kräutersalz

Rohe Kartoffeln und Zwiebeln reiben, restliche Zutaten zugeben. Waffeln wie üblich backen.
Die Waffeln erinnern an Kartoffelpuffer. Wir bestreichen sie mit Honig und essen Apfelmus dazu.

Schwedischer Weihnachtskranz

250 g Butter
6 Eier
500 g Weizenmehl
2 TL Backpulver
1 TL Meersalz
1 TL Zimt
¼ TL geriebene Muskatnuß
¼ TL gemahlene Nelken
600 Rosinen
je 200 g Walnüsse, Mandeln, Feigen, Aprikosen (alles grob gehackt)
400 g in Honig gewendete Ananasstücke
250 g Honig

Butter mit den Eiern schaumig rühren, mit Mehl, Backpulver,

Weizenvollkornwaffeln

Salz und Gewürzen verkneten. Alle Früchte unterkneten und den Honig. Eine Springform (mit Kranzeinsatz) mit eingefettetem Pergamentpapier auslegen und den Teig hineinfüllen. Bei 200 Grad im vorgeheizten Ofen 1 bis 1½ Stunden backen. Gegen Ende die Temperatur drosseln, eventuell mit Pergament abdecken. Wie beim Brotbacken ein Gefäß mit heißem Wasser in den Ofen stellen, so bleibt der Weihnachtskranz saftig.
Og nu: glädelig jul! Das heißt: frohe Weihnachten! Jedenfalls auf dänisch, aber schwedisch ist sehr ähnlich. Ich habe diesen Weihnachtskranz backen und lieben gelernt, als ich nach dem Krieg in einer dänischen Familie als Dienstmädchen Unterschlupf fand.

Eine alpenländische Weihnachtsspezialität ist das

Kletzenbrot

auch Früchtebrot oder Hutzelbrot genannt.

- 500 g getrocknete Kletzen (Birnen)
- 500 g getrocknete Zwetschgen
- 400 g Rosinen
- 500 g getrocknete Feigen
- 50 g Hefe
- 500 g Weizenmehl
- 100 g Honig (etwa 7 EL)
- 1 EL Zimt
- 1 EL gemahlene Nelken
- 1 EL Anis
- 2 EL Kirschwasser oder Rum oder Cointreau
- 250 g gehackte Haselnüsse
- 250 g grob gehackte Mandeln
- 30 g Zitronat
- 30 g Orangeat
- fein gehackte Schale einer Zitrone

Birnen über Nacht in genügend Wasser einweichen. Zwetschgen, Rosinen und Feigen getrennt in Wasser einweichen. Die Birnen etwa 20 Minuten aufkochen, dann über die Zwetschgen, Rosinen und Feigen gießen. Einige Stunden abkühlen lassen, dann alles abtropfen lassen (Flüssigkeit auffangen) und in Würfel schneiden. Mehl in die Rührschüssel geben. Hefe mit etwas von dem Früchtewasser (warm) anrühren und in der Mitte des Mehls ein Hefestück bereiten. Zugedeckt warmstellen und ½ Stunde gehenlassen. Restliche Zutaten zugeben, ebenfalls die Fruchtwürfel und alles zu einem festen Teig kneten. Falls der Teig zu bröckelig ist, etwas mehr von dem Früchtewasser zugeben. Den Teig nochmal gehen lassen. Einen oder mehrere Laibe formen und über Nacht stehen lassen. Bei 200 Grad 1–1½ Stunden backen. Nach dem Backen noch warm mit Früchtewasser bestreichen.
Das Kletzenbrot sollte einige Tage alt sein, bevor Sie es anschneiden. Hübsch sieht es aus, wenn Sie vor dem Backen ganze abgezogene Mandeln in das Brot drücken oder halbierte Walnüsse.

Weihnachtsstollen

- 100 g Hefe
- 3 EL warme Milch
- 1 Tl Honig
- 1000 g Weizenmehl
- 100 g flüssiger Honig
- 500 g Butter
- 1 gestr. TL Kardamom
- 1 gestr. TL geriebene Muskatnuß
- 1 TL Vollmeersalz
- 500 g Sultaninen
- 150 g Korinthen
- 20 g Zitronat
- 100 g Orangeat
- 200 g grob gehackte Mandeln
- 50 g zerlassene Butter
- 3 EL fein gemahlene Kokosflocken

Hefe in der warmen Milch mit dem 1 TL Honig gut verrühren und 10 Minuten gehen lassen. Mehl in die Rührschüssel geben, in die Mitte die Hefe-Honig-Milch, dazu den flüssigen Honig, die Butter in Flöckchen und die Gewürze. Alles gut verkneten (evtl. noch warme Milch zugeben) und gehen lassen. Sultaninen, Korinthen, Zitronat, Orangeat und Mandeln unter den Teig kneten, nochmal gehen lassen. Auf einem bemehlten Backbrett einen Stollen formen und auf das gefettete Backblech setzen. Bei 190 Grad etwa 80 Minuten backen. Noch heiß mit der geschmolzenen Butter bespinseln und mit den Kokosflocken bestreuen.
Falls keine Kinder mitschmausen, können Sie die Rosinen und Korinthen über Nacht in Rum einweichen. Der Stollen wird dann besonders saftig. Auch Marzipan können Sie einarbeiten.

Windbeutel

Die Menge gibt ca. 20 Stück

- ¼ l Wasser
- 50 g Butter
- 150 g Weizenmehl
- 4–6 Eier
- 1 gestr. TL Backpulver

Wasser und Butter zum Kochen bringen, vom Feuer neh-

men. Unter Rühren das Mehl hinzugeben. Auf dem Feuer rühren, bis sich die Masse vom Topf löst. Nach und nach 3 ganze Eier unterrühren, dann sehr vorsichtig das 4. und 5. Ei. Hat der Teig dann Hochglanz, erübrigt sich das 6. Ei. Andernfalls zuerst das 6. Eigelb zugeben und nur wenn nötig das 6. Eiweiß. Backpulver untermengen. Mit einem Teelöffel kleine Bällchen auf leicht gefettetes, mit Mehl bestäubtes Backblech setzen. Bei 180 Grad ungefähr 30 Minuten goldgelb backen (während des Backens nicht öffnen! Danach bei geöffnetem Ofen 5–10 Minuten stehen lassen).
Windbeutel aufschneiden und mit Honigschlagsahne füllen.

Zimtrolle aus Christls Zauberteig

1 Rezept Hefeteig (Seite 173)
zerlassene Butter
2 EL Honig
100 g Rosinen
1 TL Zimt
1 Ei und ⅛ l Milch oder Wasser (verquirlt) zum Bepinseln

Teig ungefähr 5 mm dick zu einem Rechteck ausrollen, mit zerlassener Butter bespinseln. Honig, Rosinen und Zimt mischen, auf dem Teig verteilen. Teig aufrollen und auf ein gefettetes Backblech legen. 20 Minuten gehen lassen. Mit dem verquirlten Ei bespinseln. Bei 180 Grad ungefähr 20 Minuten backen.
Die Rosinen kann man über Nacht in Rum einweichen!

Agar-Agar-Tortenguß

¼ l Saft (Erdbeer- oder Himbeer- oder Holunder etc.)
1 gestr. Teelöffel Agar-Agar
1 EL Honig
1 MSP Naturvanille
1 MSP Zimt
1 TL Zitronensaft

Alles zusammen kurz aufkochen. In kleinen Portionen über eine vorbereitete Torte gießen, sozusagen lagenweise. Eine Lage erkalten lassen, Agar-Agar-Masse inzwischen warmstellen, 2. Schicht Agar-Agar draufgeben und so fort.
Variante: 250 g getrocknete Zwetschgen über Nacht in Wasser einweichen. ¼ l dieses Einweichwassers verwenden (wie oben angegeben) und eine Prise Nelkenpulver dazugeben.

Kleingebäck

Aprikosenplätzchen

250 g getrocknete Aprikosen
250 g Kokosraspel
Zitronensaft nach Geschmack
etwas abgeriebene Zitronenschale
fester Honig
gehackte Nüsse

Die getrockneten Aprikosen ganz kurz im Wasserbad erhitzen und mit den Kokosflocken pürieren. Mit Zitronensaft und abgeriebener Zitronenschale abschmecken. Soviel Honig zugeben, daß eine feste Masse entsteht. Eine ca. 5 Zentimeter dicke Wurst formen und diese in Scheiben schneiden. Die Scheiben in gehackten Nüssen wälzen.

Backpflaumenplätzchen

12 eingeweichte Backpflaumen
2 EL Sonnenblumenöl
2 EL Leinsamenschrot
1 TL Honig
1 TL Nußmus
1 MSP Agar-Agar
Saft einer halben Zitrone

Die eingeweichten Backpflaumen entsteinen und fein hakken. Mit den übrigen Zutaten verkneten. Die Masse ausrollen und Plätzchen ausstechen. Die Plätzchen auf gefettetem Blech 10–15 Minuten bei ca. 180 Grad backen.

Dattelkonfekt

250 g getrocknete Datteln
50 g Pistazienkerne
Naturvanille
Honig

Die Datteln der Länge nach aufschneiden, Kern herausnehmen. Pistazien fein hacken, mit den übrigen Zutaten zu einer Paste verkneten. Paste in die Datteln füllen.

Früchtekugeln mit Sesam

Trockenfrüchte wie:
Aprikosen, Birnen, Äpfel, Rosinen
Mandeln
Nüsse
Honig
Sesam

Die Trockenfrüchte hacken und im Mixer pürieren. Nüsse und Mandeln fein mahlen. Früchte und Nüsse mit Honig nach Geschmack vermischen (evtl. etwas Wasser zugeben). Sesam in der Pfanne ohne Fett kurz rösten. Aus der Früchte-Nuß-Honig-Masse Kugeln formen und die Kugeln in den Sesamkörnern wälzen.
Sie können auch eine Prise Naturvanille an die Masse geben oder einen Teelöffel Carob.

Jedesmal, wenn Freund Steinmayr vom Irrsee herauf über den Hügel zu Besuch spaziert kommt, sagt er: Du hattest da mal so gute Kekse, so gar nicht süß...
Diese guten Kekse sind sozusagen als Abfallprodukt entstanden. Vom Mürbeteig (Seite 175) war ein Rest übrig geblieben, ich rollte ihn aus, stach mit einem Glas runde Plätzchen ab und buk sie bei 180 Grad etwa 15–20 Minuten goldgelb. Inzwischen habe ich diese Plätzchen verfeinert: Ich bepinsele sie nach dem Backen mit einer Mischung aus zerlassener Butter, Honig und einem Spritzer Cointreau, und streue darauf gemahlenen Sesam oder Carob oder Zimt oder geriebenen Parmesan – ja, den Parmesan auf den Honig drauf, schmeckt apart!

Honigkekse

Die Menge ergibt 2 Backbleche Kekse

3 EL Honig
2 EL Sonnenblumenöl (oder Butter)
2 EL Wasser
1 Prise Meersalz
2 Eigelb
1 TL Zimt
1 Prise gemahlene Nelken
abgeriebene Schale 1 Zitrone
1 EL Zitronensaft
250 g Weizenmehl
3 gestr. TL Backpulver
100 g getrocknete Aprikosen
100 g gemahlene Mandeln oder andere Nüsse
etwas Mehl zum Bestäuben der Backfläche

Honig, Sonnenblumenöl oder Butter, Wasser und Salz im Kochtopf erwärmen und in die Rührschüssel gießen. Etwas abkühlen lassen, dann die Gewürze, Eigelb und Zitronenschale und -saft unterrühren. Das mit dem Backpulver gemischte Mehl dazugeben und alles gut verkneten. Aprikosen fein hacken, mit den gemahlenen Mandeln unter den Teig kneten, 1 Stunde kaltstellen. Teig auf bemehlter Backfläche etwa ½ cm dick ausrollen. Beliebige Formen ausstechen. Kekse auf gefettetem Blech bei 180 Grad 15 Minuten backen.

Die Kekse können mit Milch oder verquirltem Eigelb bepinselt und mit Pistazien oder halben Nüssen oder Mandeln verziert werden (vor dem Backen).

Löffelbiskuit

3 Eier
1 EL Honig
100 g Weizenmehl
abgeriebene Schale 1 Zitrone
½ TL Naturvanille
½ gestr. TL Backpulver

Die Eier mit Honig schaumig schlagen, die übrigen Zutaten miteinander vermischen und mit der Eiermasse verrühren. Teig in einen Spritzbeutel füllen. Auf ein gefettetes und bemehltes Blech schuhlöffelartige Teigstränge spritzen. Bei 200 Grad 10–15 Minuten backen.

Wenn Eiweiß übrig geblieben ist, backe ich

Makronen

3 Eiweiß
1 Prise Meersalz
3 EL Honig
250 g feingemahlene Mandeln oder andere Nüsse
3 gemahlene bittere Mandeln

Eiweiß mit der Prise Salz sehr steif schlagen, Honig zugeben und weiterschlagen.Die feingemahlenen Nüsse unterrühren. Mit einem Löffel kleine Häufchen von der Masse auf ein gefettetes Blech setzen. Bei 150–180 Grad im Ofen mehr trocknen als backen.
Statt der Nüsse lassen sich auch Kokosraspel verwenden. Will ich die Makronen würziger, wie z.B. für die Markronensauce, nehme ich mehr bittere Mandeln.

Marzipan

200 g Mandeln
15 bittere Mandeln
3 EL Honig
3 EL Rosenwasser (aus der Apotheke)

Mandeln mit kochendem Wasser überbrühen, Schalen abrubbeln, so fein wie möglich mahlen. Mit Honig und Rosenwasser verkneten (eventuell mehr Rosenwasser zugeben). Am besten über Nacht zugedeckt ruhen lassen. Dann weiterverarbeiten: zu Kugeln, Talern, usw.

Trockenfrüchte-Pralinen

gleiche Menge getrocknete Pflaumen, getrocknete Birnen, getrocknete Aprikosen (oder Rosinen)
Nach Geschmack:
abgeriebene Schale von unbehandelten Zitronen und/oder Orangen
Zitronensaft
Orangensaft
Rum oder Cointreau
gemahlene Nelken (sparsam)
Naturvanille
Zimt
geriebene Haselnüsse
geriebene Mandeln (auch ein paar bittere)
Kokosraspeln zum Wälzen

Pflaumen, Birnen und Aprikosen fein hacken bzw. pürieren, mit den übrigen Zutaten verkneten. Teig ½ Stunde ruhen lassen. Dann zu Kugeln oder länglichen Pralinen formen, die Sie in Kokosraspel wälzen oder mit folgendem überziehen:

Carob-Glasur
2 EL Butter
1 EL Honig
Natuvanille
2–3 EL Carob

Alle Zutaten erhitzen und die Pralinen mit dem Guß überziehen (entweder bepinseln oder sie mit Hilfe eines Siebes in den Guß halten, dann auf einem Rost zum Abtropfen legen). Sie können auch die mit Carob glasierten Pralinen zusätzlich mit Kokosraspeln bestreuen!

Wußten Sie, daß das Wort »Lebkuchen« soviel heißt wie »Lebenskuchen«? Der Kuchen, der Leben gibt! Die Nelken zum Beispiel haben eine bakterientötende Wirkung, Anis regt die Gallenproduktion an, hilft also bei der Fettverdauung.
Wenn Mutter zu Weihnachten Lebkuchen buk, schickte sie mich zum Kaufmann, um so geheimnisvolle Dinge wie Hirschhornsalz und Pottasche zu holen. Jedesmal, wenn ich später beim Backen auf diese Namen stieß, nahm ich mir vor, endlich herauszufinden, was sich dahinter verbirgt. Eben

nun habe ich den Brockhaus aufgeschlagen – welch eine Ernüchterung!
Unter »Hirschhornsalz« steht desillusionierend: siehe Ammoniumverbindungen. Ich schlage dort nach und finde eine ganze Seite fürchterlich klingender Verbindungen wie »eine Mischung von Ammoniumnitrat mit kohlenstoffhaltigen Substanzen, im Bergbau als Sicherheitssprengstoffe verwendet« – daneben folgt gleich die Salpetersäure – mit der Salpetersäure hat das was zu tun? O jeh! Sogar mit Düngemitteln wie »Guano«! Das sind doch die Exkremente der Vögel auf den Galapagos-Inseln?
Na endlich: »Ammoniumkarbonat, ein weißes Salz, Treibmittel für Backwaren, spaltet sich in der Wärme in Ammoniak, Kohlendioxyd und Wasserdampf auf. Wird meist noch unter dem Namen Hirschhornsalz gehandelt, weil es früher in unreinem Zustand durch trockene Destillation stickstoffhaltiger tierischer Stoffe, wie Hörner und Klauen, gewonnen wurde.«
Puh!
Nun will ich aber auch wissen, was es mit der Pottasche auf sich hat. Also: »Pottasche, Holzasche, siehe Kaliumverbindung«. »Kaliumbromid, ein weißes Salz, verwendet man zur Herstellung der lichtempfindlichen photographischen Bromsilbergelatine-Schichten auf Platten, Filmen und Papieren«. »Kaliumchlorat ist ein starkes Oxydationsmittel. Mit leicht brennbaren Stoffen wie gepulvertem Schwefel oder Phosphor bildet es leicht explosive Mischungen, die sich schon durch Reiben entzünden und heftig detonieren können (!). Kaliumchlorat wird für Sprengstoffe, Zündhölzer und Feuerwerkskörper verwendet (du lieber Himmel!). Auf Organismen wirkt es giftig; früher gebrauchte man es daher zum Gurgeln. Kalilauge wird bei der Seifenherstellung verwendet.« (Dies ist in der Tat ein sehr alter Brockhaus, aus dem Jahr 1955, muß mir bei Gelegenheit einen neuen besorgen!) Ah, und jetzt endlich haben wir's:
»Durch Eindampfen der Kalilauge, der wäßrigen Lösung von Kaliumhydroxyd, erhält man festes Kaliumhydroxyd = Kaliumkarbonat = Pottasche = kohlensaures Kalium = Kalium carbonicum = K_2CO_3, ein weißes, körniges Pulver. Pottasche wurde seit dem Altertum durch Auslaugen von Pflanzenasche mit Wasser und Eindampfen dieser Lösungen in Töpfen (»Pötten«) gewonnen. Auch aus den Verbrennungsrückständen von Weinstein, Zuckerrübenschlempe und Schafwollschweiß (!?!) wird Kaliumkarbonat erhalten. (Du meine Güte!) Heute erzeugt man es in großem Maß durch Einleiten von Kohlendioxyd in Kalilauge (karbonisieren)« usw. usw.
Also kein Schafwollschweiß mehr. Da bin ich ja beruhigt.

Lebkuchen

750 g Weizenmehl
½ TL gemahlene Nelken (oder mehr)
1 TL Zimt
1 MSP Kardamom
1 MSP Muskat
1 EL Anis
1 TL Carob (oder mehr)
abgeriebene Schale 1 Zitrone
125 g Butter
500 g Honig
10 g Pottasche
2 Eier
5 EL Milch (eventuell etwas mehr)
10 g Hirschhornsalz
verquirltes Eigelb zum Bepinseln

Mehl in die Rührschüssel geben und mit den Gewürzen mischen. Butter mit Honig schmelzen, Pottasche dazugeben und die Masse mit dem Mehl verkneten. Die Eier zugeben und das in der lauwarmen Milch aufgelöste Hirschhornsalz. Teig kneten, bis er glatt ist, dann 30 Minuten ruhen lassen. Backblech einfetten und mit Mehl bestäuben. Teig auf bemehltem Backbrett 1 cm dick ausrollen und auf das Backblech legen. Über Nacht kühl stellen. Am nächsten Tag Muster in den Teig einritzen, mit verquirltem Eigelb bepinseln. Bei 180 Grad etwa 60 Minuten backen. Die Teigplatte noch warm mit einem scharfen Messer, das immer wieder in kaltes Wasser getaucht wird, in Rechtecke schneiden. Mit einer Glasur aus Carob überziehen (siehe Seite 187).

Genausogut können Sie alle möglichen Formen und Figuren ausstechen, diese mit verquirltem Eigelb bepinseln und mit geschälten Mandeln, halbierten Walnüssen oder Haselnüssen, Pistazien, Rosinen oder Korinthen verzieren und dann backen.

Noch eine Geschichte: Während der Dreharbeiten zu dem Fernsehspiel »Der schwarze Graf« habe ich – und zwar in Ungarisch – den wichtigsten Satz meines Lebens gelernt. In Lautsprache sieht das so aus: lehet de nem bistosch. Sie können mit diesem Satz einen ganzen Abend in einer Gesellschaft bestreiten und werden als besonders geistreicher und gern gesehener Gast in Erinnerung bleiben. Sie müssen nur so tun, als ob Sie gut zuhören, wenn die anderen reden – und sollte wirklich mal einer eine Pause machen, sagen Sie gedankenvoll: lehet de nem bistosch – es ist möglich, aber nicht sicher.

Paßt immer! Und funktioniert auch in anderen Sprachen. Ich hab's bisher ausprobiert auf:

italienisch: possibile – ma non securo!
französisch: c'est possible – mais pas sur!
englisch: possible, but not certain!
dänisch (verstehen auch die Schweden, die Norweger und meistens – die Finnen): det er muligt men ikke sikkert!
jugoslawisch: moguce je ali nije sigurno
russisch (besonders schön): nje wasmojna no werajàtna

Und da ich Kalauer liebe: wenn Sie »nje wasmojna no werajàtna« in die Unterhaltung eingeworfen haben und einer fragt: ach, Sie sprechen russisch? Können Sie antworten: was, russisch spreche ich auch?
Noch ein Anwendungsvorschlag. Wenn Ihr Partner fragt: ob der Sauerteig oder der Kuchen gelungen ist, antworten Sie: es ist möglich aber … usw. usw.

Genuß
ohne Reue

Meine Mehlspeisen und Schlemmerdesserts

Nichts geht über ein luftiges Dessert oder eine deftige Mehlspeise – auch für Vollwertköstler. Da darf nochmal geschwelgt werden, ohne Angst um die Hüftgegend. Denn auch hier werden nur möglichst erntefrisches Obst und andere kerngesunde Zutaten verwendet. Lassen Sie sich also getrost verführen.

Mehlspeisen

Apfeleierkuchen

250 g Äpfel
1 EL Rosinen
1 EL Honig
Zimt nach Geschmack
4 Eier (getrennt)
knapp ½ l Milch
125 g Weizenmehl
1 Prise Meersalz
Butter zum Backen

Die Äpfel in dünne Scheiben schneiden (Vollwert-Bewußte lassen Schale dran und Kerne drin). Rosinen, Honig und Zimt zugeben und zugedeckt ziehen lassen. Eigelb, Milch und Mehl mit einer Prise Salz verquirlen. Eiweiß zu Schnee schlagen und unterheben. Die Apfelscheiben abtropfen lassen und unter die Eierkuchenmasse heben. In heißer Butter etwa 4–6 Eierkuchen backen, übereinander auf eine vorgewärmte Platte schichten und wie eine Torte aufschneiden. Dazu schmeckt eine heiße oder kalte Fruchtsauce.

Brotauflauf

250 g Weizenbrot
250 g Roggenbrot
4 Eier (getrennt)
2–3 EL Honig (je nach der Säure der Beeren)
½ TL Naturvanille
abgeriebene Schale 1 Zitrone
1 Prise Meersalz
500 g Johannis- oder Stachelbeeren (auch tiefgefroren)
Außerdem:
Butter zum Einfetten der Form
Semmelbrösel
Butterflöckchen
Honig und Zimt nach Geschmack

Brot würfeln. Eigelb und Honig schaumig rühren. Mit den restlichen Zutaten und dem Brot verrühren, am Schluß das steifgeschlagene Eiweiß unterziehen. Masse in die gefettete, mit Semmelbröseln ausgestreute Form füllen, Butterflöckchen darüber verteilen. Bei 200 Grad (Gas Stufe 3) etwa 45 Minuten backen. Den heißen Auflauf mit Honig beträufeln und mit Zimt bestreuen.

Tip für süße Aufläufe: Soll der Auflauf eine knusprige Kruste bekommen, stellen Sie ihn auf die mittlere Schiene und backen bei 220 Grad (Gas Stufe 4). Soll der Auflauf aber kuchenteigartiger ausfallen, kommt er auf die unterste Schiene (erhabene Seite des Rostes zeigt nach oben).
Servieren Sie einen süßen Auflauf doch einmal brennend! Familie und Gäste jauchzen vor Entzücken. Immer den Schnaps verwenden, der dem im Auflauf verwendeten Obst entspricht: also Kirschwasser zu Kirschen usw.
2 Schnapsgläser Schnaps in einer Schöpfkelle über dem Rechaud erhitzen, sofort über den heißen Auflauf gießen und anzünden (nur hochprozentige Schnäpse brennen anständig!).

Brot-Apfel-Auflauf mit Eier-Honig-Sauce

3 Weizensemmeln (oder entsprechend viel altbackenes Weizenbrot)
200 g Milch (1 Tasse)
1–2 EL Honig
30 g zerlassene Butter
250 g Äpfel
500 g Quark
2 Eigelb
1 TL Naturvanille
1 Prise Meersalz
1 EL Agar-Agar
Saft und abgeriebene Schale 1 Zitrone
2 Eiweiß

Außerdem:
Butter zum Einfetten der Form
Butterflöckchen
1 EL Honig zum Drüberträufeln

Sauce:
2 Eier
1 EL Honig
¼ l Apfelwein oder Apfelsaft oder Apfelmost

Semmeln oder Brot würfeln, mit der kochenden Milch übergießen. Honig und Butter untermischen, 20 Minuten ziehen lassen. Die kleingeschnittenen Äpfel (mit der Schale) und die restlichen Zutaten miteinander verrühren, am Schluß steifgeschlagenes Eiweiß unterziehen. In die gefettete Auflaufform die Hälfte der Brotmischung füllen, darauf die Quark-Apfel-Masse, obendrauf restliche Brotmasse. Die Butterflöckchen draufsetzen und mit Honig beträufeln. Bei 220 Grad 45 Minuten backen.
Für die Sauce alle Zutaten im Topf bei niedriger Hitze so lange schlagen, bis die Sauce dick wird. Sie darf nicht kochen!

Buchteln

bei uns auf dem Land sagen die Bauern auch Wuchteln!

400 g Weizenmehl
1 Prise Meersalz
2 dl Wasser (2 Deziliter sind 200 g)
1 Päckchen Hefe
1 TL Honig
1 Ei

Außerdem:
Butter für die Form
Milch zum Bepinseln

Alle Zutaten zu einem Hefeteig kneten, gehen lassen. Teig noch einmal durchkneten. Dann zu einer Wurst rollen, gleichgroße Stücke abschneiden (ca. 12 Stück) und diese zu Nudeln formen. So dicht, daß sie einander berühren, in eine gefettete Form setzen, noch einmal gehen lassen, mit Milch bepinseln. Bei 200 Grad 20 Minuten backen.
Die Buchteln werden warm gegessen, entweder mit Butter und Marmelade bestrichen – oder mit heißer Vanillesauce. Auf dem Land ist das ein Mittagessen.

Dampfnudeln

Die Menge ergibt pro Person 4 Stück, genug für ein Hauptgericht – als Nachspeise reicht die Hälfte.

500 g Weizenmehl
abgeriebene Schale 1 Zitrone
¼ l Milch
1 Päckchen Hefe
2 EL Honig
1 Ei
1 Prise Meersalz
2 EL Butter

Außerdem:
⅛ l Milch

Aus Mehl, Zitronenschale, angewärmter Milch, Hefe, Honig, Salz und der angewärmten Butter einen Hefeteig bereiten, mit dem Knethaken bearbeiten, bis der Teig sich von der Schüssel löst. Mit einem Tuch bedeckt an warmem Ort 1 Stunde gehen lassen. Teig noch einmal durchkneten und zu einer Wurst rollen. Von der Wurst 16 möglichst gleich große Stücke abschneiden, jedes Stück zu einer runden Nudel (Kloß) formen. Die Nudeln noch einmal zugedeckt 20 Minuten gehen lassen. Das ⅛ Milch in einen weiten Topf gießen und erhitzen. Die Nudeln nebeneinander hineinlegen, Deckel draufsetzen und mit einem Tuch bedecken, damit kein Dampf entweicht. Bei mäßiger Hitze auf dem Herd 20–25 Minuten garen.
Dazu paßt jede Fruchtsauce oder eingeweichtes, kurz angewärmtes Trockenobst.

Süße Hefeklöße gefüllt

Hefeteig:
350 g Weizenmehl
½ Würfel Hefe
1 Tasse lauwarmes Wasser
1 EL Honig

Fülle:
2 EL gehackte Mandeln
2 EL gehackte Walnüsse
Honig nach Geschmack (alles vermischt)

Hefeteig zubereiten und gehen lassen. Zu einer Rolle formen und Scheiben abschneiden. Jede Scheibe flachdrücken, je 1 Eßlöffel Fülle draufgeben und zu einem Kloß zusammendrücken und noch einmal gehenlassen. Die Klöße in

Einhängegitter 1 oben
Umluft 200°
2/5 Min 3/25 Min

kochendes Salzwasser legen und 20 Minuten ziehen lassen. Dazu paßt eine Vanille- oder Fruchtsauce, oder Sie servieren die Klöße mit zerlassener Butter übergossen und mit Mohn bestreut.

Kaiserschmarrn mit Aprikosen und geeister Vanillecreme

Für den Schmarrn:
75 g Rosinen
4 EL Rum
4 Eier (getrennt)
2 EL Honig
1 Prise Meersalz
150 g Weizenmehl
½ l Milch
Pflanzenöl zum Backen
250 g Aprikosen (auch tiefgefrorene oder getrocknete (diese über Nacht in Wasser einweichen)

Für die Vanillecreme:
¼ l Sahne
1 Eigelb
½ EL Honig
Naturvanille

Für die Creme die Sahne steifschlagen. Eigelb, Honig und Naturvanille im Wasserbad zu einer dicken Creme schlagen. Gut mit der Sahne vermischen und 30 Minuten ins Gefriergerät stellen.
Für den Schmarrn Rosinen in Rum einweichen. Eigelb mit Honig und Salz cremig schlagen, das Mehl dazurühren sowie Rosinen und Milch; am Schluß das steifgeschlagene Eiweiß unterheben. In einer großen Pfanne Öl erhitzen, Teig einfüllen und auf einer Seite backen. Den Pfannkuchen dann mit der Gabel in Stücke reißen. Sofort mit den in Stücke geschnittenen Aprikosen und der geeisten Vanillecreme servieren.

Kirschauflauf

5 EL Weizenmehl
4 Eier
100 g Walnüsse oder Haselnüsse (grob gehackt)
1 EL Honig
1 Prise Meersalz
abgeriebene Schale 1 Zitrone
½ l Milch
500 g möglichst frische Kirschen (sonst tiefgefroren)
2 EL Honig
Zimt
ein paar Schnapsgläschen Kirschwasser
Butterflöckchen

Mehl, Eier, Nüsse, Honig, Salz und Zitronenschale gut miteinander vermischen, die Milch unterrühren. Die Kirschen in eine gut gebutterte Auflaufform legen, mit Honig beträufeln, Zimt drüberstreuen und das Kirschwasser drübergießen. Den Teig drauffüllen, Butterflöckchen draufsetzen. Im Ofen bei 220 Grad 60 Minuten backen.
Statt der Kirschen können Sie auch Pflaumen, Aprikosen oder Äpfel verwenden, auch Rhabarber – dann muß die Honigmenge erhöht werden.

Roggenbrot-Kirsch-Auflauf

400 g Roggenbrot
⅛ l Obstsaft
3 Eigelb
2–3 EL Honig
1 TL Naturvanille
100 g Carob
1 MSP gemahlene Nelken
1 Prise Meersalz
100 g gehackte Haselnüsse
2 EL Semmelbrösel
500 g Schattenmorellen, auch eingemachte oder tiefgefrorene (entsteint)
3 Eiweiß
Butter zum Einfetten der Form

Eierschaumhaube:
1 Eiweiß
½ EL Honig
1 Eigelb

Sauce:
1 Eiweiß
1 EL Honig
1 Tasse Kirschsaft

Brot würfeln und in dem Obstsaft 20 Minuten einweichen. Eigelb, Honig und Vanille schaumig rühren, Brot und die übrigen Zutaten unterrühren (von den Kirschen einige zurückbehalten), am Schluß das steifgeschlagene Eiweiß unterheben. Masse in eine gebutterte Auflaufform füllen. Bei 220 Grad 30 Minuten im Ofen backen. Inzwischen für die Eierschaumhaube das Eiweiß steifschlagen, Honig zufügen und noch einmal schlagen, dann das Eigelb dazuführen. Die Eiermasse auf dem Auflauf verstreichen. Noch einmal in den Ofen schieben und etwa 15 Minuten goldgelb backen.
Dazu gibt es die Kirschsaftschaum-Sauce: Dafür das Eiweiß schaumig schlagen, Honig zugeben und noch einmal schlagen, mit dem Kirschsaft mischen.

Das Rezept enthält verhältnismäßig viele Eier. Die Eierschaumhaube kann natürlich auch weggelassen werden – und Sie können eine Fruchtsauce zum Auflauf servieren statt der Kirschschaumsauce.
Mehr als 2–3 Eier pro Woche sollte man nicht zu sich nehmen. 1 Ei enthält 280 Milligramm Cholesterin, soviel wie 100 g Butter.

Kletzennudeln aus Österreich

1 Rezept Nudel- oder Pizzateig (Seite 156 oder 160)
500 g Kletzen (getrocknete Birnen), über Nacht in Wasser eingeweicht
170 g Bröseltopfen (trockner Quark, also Schichtkäse oder Cottage)
1–2 EL Honig
1 Prise Meersalz
1 Ei
1–2 Zimtstangen
Nelken

Nudelteig (oder Pizzateig) auf bemehlter Arbeitsfläche ausrollen und Quadarate oder Rechtecke schneiden. Die eingeweichten Kletzen abtropfen lassen und zerstampfen. Kletzen mit Bröseltopfen, Honig, Salz und dem Ei verkneten. Etwa 1 Eßlöffel der Masse auf je ein Teigstück geben, ein zweites drauflegen und die beiden zusammendrücken.
Salzwasser mit Zimstangen und Nelken zum Kochen bringen, die Nudeln hineingeben und 20 Minuten ziehen lassen. Mit warmer Butter-Honig-Sauce servieren.
Ich bevorzuge den Pizzateig, die Nudeln werden luftiger!
Habe ich das Einweichen der Kletzen vergessen, hacke ich sie einfach in Stücke und püriere sie zu Birnenmehl. Dann mit dem Topfen mischen etc. und wie oben weiterverarbeiten.

Von einer Kärntner Freundin stammt das Rezept

Nackter Pua

was soviel heißt wie »nackter Bube« (»P« ist übrigens kein Druckfehler)!

4 Scheiben Weizenbrot (ruhig altbackenes)
4 Eier
1 Prise Meersalz
1 EL Honig
¼ l Sahne
getrocknete Preiselbeeren (zur Not frische, haha!)
Zitronenmelisse (frisch oder getrocknet)
Außerdem:
Gewürznelken und/oder Rosinen zum Draufstecken
Schnaps nach Wahl zum Anzünden

Weizenbrot in dünne Scheibchen schneiden, restliche Zutaten unterrühren. Masse in ein viereckiges Tuch einbinden (z.B. eine saubere Windel), über ein Gefäß mit kochendem Wasser mittels eines Kochlöffels aufhängen und die Angelegenheit 1 Stunde dünsten. Aus dem Tuch auf einen Teller befördern, die Nelken und/oder Rosinen draufstecken, den Schnaps drübergießen und anzünden. Brennend servieren!!! Der Schnaps muß natürlich hochprozentig sein. Gut ist Barack palinka – ungarischer Aprikosenbranntwein. Wenn Sie den nackten Pua unalkoholisch genießen wollen, können Sie auch eine Butter-Honig-Sauce drübergießen oder aufgekochten Gewürzmost oder gewürzten Apfelsaft.

Es gibt wohl nichts, was nicht irgendein Wissenschaftler gutzuheißen bereit ist.
Eben gelesen: Alkohol ist gesund, er fördert die Durchblutung, besonders des Gehirns (wieviel Gläser, stand allerdings nicht dabei, ebenso wenig, wieviel Gläser die Durchblutung wieder beenden!), und er behebt Kontaktschwierigkeiten, besonders bei alten Menschen.
Wat et nich all jibbt! pflegte man in meinem Heimatdörfchen Wietstock an der Nuthe zu sagen – was soviel heißt wie: was es nicht alles gibt!

Mein Palatschinkenrezept

2 Eier
1 Eigelb
1 Tasse Milch
½ Tasse Wasser
1 TL Honig
1 Prise Meersalz
150 g Weizenmehl
Pflanzenöl zum Backen
Erdbeer-, Himbeer- oder Marillenmarmelade oder Honig zum Bestreichen

Eier und Eigelb mit Milch und Wasser verrühren. Honig, Salz und das Mehl zugeben, Teig 30 Minuten ruhen lassen. Öl in der Pfanne erhitzen und aus dem Teig 12 Palatschinken backen. Die Palatschinken mit Marmelade oder Honig bestreichen, zusammenrollen und mit flüssigem Honig bepinseln, evtl. Kokosraspel drüberstreuen.

Variation: Die mit Marmelade bestrichenen Palatschinken zusammenrollen und in heißer zerlassener Butter wenden, mit grob geriebenen Mandeln bestreuen. Dazu die heiße Carob-Sauce (Seite 211).

Die Palatschinken haben nichts mit Schinken zu tun – es heißt eigentlich nämlich »*die* Palatschinke«.
Mein Palatschinkenrezept hat bewirkt, daß in einer Familie

der Haussegen nicht länger schief hing – ein Ehemann hat sie im Urlaub gebacken und siehe da – es waren die lang vermißten Omeletts seiner Kindheit! Ich muß Ihnen den witzigen Brief von Herrn Kiefer zitieren:

»... Ich esse furchtbar gerne Omletts. Kenne sie so, wie Muttern sie machte. Leider waren die Versuche meiner Frau in dieser Hinsicht für mich unbefriedigend, das Ergebnis wohl auch nach norddeutschem Rezept zustande kam. Meine Frau ist Hamburgerin! Für mich waren diese Omeletts immer nur Bretter und Anlaß für manche ernst-lustige Diskussion. Was tut man in solch hoffnungslosen Fällen? Die Omeletts wurden immer seltener und seltener!!

Nun hab ich nichtsahnend die Palatschinken aus Ihrem Kochbuch ausprobiert ... und siehe da, das waren die vertrauten, mütterlichen Omeletts!! Nun hängt der Haussegen wieder völlig gerade, denn notfalls hab' ich es ja jetzt gelernt, mir meine Omeletts selbst zu backen. Hinzufügen darf ich noch, daß ich bisher nie einen Kochlöffel angerührt habe ...

Ihr Albert Kiefer u. Familie«

Pflaumen-Quark-Auflauf

500 g Pflaumen (auch tiefgefroren)
2 EL Honig
60 g Butter
2 EL Honig
1 Prise Meersalz
3 Eier (getrennt)
abgeriebene Schale 1 Zitrone
Saft 1 Orange
500 g Quark
2 EL Weizenmehl
2 TL Backpulver
1 Handvoll gemahlene Nüsse oder Mandeln

Höhe 1
Umluft 200°
2/5 Min } offen
3/25 Min }

Entsteinte Pflaumen in eine gebutterte Auflaufform legen , mit 1 Eßlöffel Honig beträufeln. Butter, restlichen Honig mit Salz schaumig rühren, Eigelb drunterrühren und die restlichen Zutaten. Zum Schluß das steifgeschlagene Eiweiß unterziehen. Masse auf die Pflaumen füllen. Im Ofen bei 180 Grad 60 Minuten backen.

Gustls Rahmsuppn

Roggenbrot (kann ruhig alt sein)
heißes Wasser
Salz
Honig nach Geschmack
süßer Rahm (Sahne)

Jeder brockt sich Brot in seinen Suppentelller, gießt heißes Wasser drauf, gibt eine Prise Salz und Honig nach Geschmack dazu, und übergießt mit frischer Sahne.

Diese Rahmsuppn ist ein beliebtes Abendessen bei uns in Sommerholz. Sie können natürlich auch einen feurigen Obstler hineinkippen, besonders an einem kalten Wintertag. Die Rahmsuppn war in der Zeit der Armut durchaus etwas Kostbares – als Sahne ein Luxus war, denn die Butter, die man selbst bereitete, wurde – selbstverständlich – verkauft. Für einen ganzen Jahreslohn als Knecht konnte sich unser heute 75 Jahre alter Nachbarbauer Brandstätter-Hans ein Fahrrad kaufen! Und wenn er am Kirta, dem Kirchweihtag, seinem Mädchen ein Lebkuchenherz erstand, so war das ein großes Geschenk!

Aus dieser vielleicht gar nicht so schlechten guten alten Zeit stammt der Spruch:

Montag Knödeltag
Dienstag Nudeltag
Mittwoch Strudeltag
Donnerstag Fleischtag
Freitag Fasttag
Samstag Zahltag
Sonntag Lumpentag.

Überwiegend kamen Getreidegericht auf den Tisch, Fleisch gab's einmal die Woche – aber am Sonntag wurde gelumpt! Heute muß täglich ein Stück Fleisch im Topf sein, am liebsten fettes Schweinefleisch, das Brot so weiß wie möglich, und gefastet wird auch nicht mehr. Der Magenkrebs nimmt zu und das Übergewicht, und unser 28jähriger Briefträger stand neulich ohne Zähne vor der Tür. Mit 40 hat hier so gut wie jeder ein künstliches Gebiß, viele bereits Mitte zwanzig.

Jaja: in Deutschland ist die Lage ernst – aber nicht hoffnungslos – in Österreich ist die Lage hoffnungslos, aber nicht ernst.

Carob-Reis

1 Rezept Milchreis
Dazu:
100 g Carob
1 EL Honig
Naturvanille
1 Prise Meersalz
100 g Mandeln

In den heißen Milchreis Carob, Honig, Vanille, Salz und die feingemahlenen Mandeln geben. Servieren Sie dazu Pfirsisch-, Pflaumen- oder Birnenkompott.
Was man mit übriggebliebenem Milchreis tut: im Waffeleisen zu Waffeln ausbacken oder in Scheiben schneiden und in heißem Pflanzenöl von beiden Seiten goldgelb braten.

Reisküchlein

1 Rezept fertiggegarter Milchreis	Honig
	Zimt

Den Milchreis noch warm auf ein mit kaltem Wasser abgespültes Blech streichen, erkalten lassen. Platte in Rechtecke oder Rauten schneiden. Im Ofen bei 200 Grad goldgelb backen. Mit Honig beträufeln und mit Zimt bestreuen.
Dazu eine Fruchtsauce.

Variation: Sie können die Reisküchlein auch in Butter oder Öl von beiden Seiten in der Pfanne goldgelb backen.
Oder Sie legen Tortelettsförmchen mit einem Mürbeteigboden aus und backen Reistörtchen: Dafür übriggebliebenen Milchreis mit Rum, abgeriebener Zitronenschale, Honig, Zimt und Naturvanille abschmecken, 2–3 Eigelb unterrühren, am Schluß steifgeschlagenes Eiweiß unterziehen. – Reis auf die Mürbeteigböden füllen und im Ofen bei 200 Grad auf der untersten Schiene 20 Minuten backen. Dann mit einer Mischung aus zerlassener Butter und Honig bepinseln und mit gemahlenen Kokosflocken bestreuen. Die Reistörtchen schmecken warm und kalt, und sind – eigentlich – ein arme-Leute-Essen aus der Eifel.

Die Kärntner Küche ist noch verhältnismäßig ursprünglich mit viel Mais und Buchweizen (der Mais wird »Türken« genannt und der Buchweizen »Heiden oder Hadn«). Und der aus beiden gekochte Brei ist der Sterz.

Türkensterz

1 l Milch	60 g Butter
1 Prise Meersalz	150 g Apfelschnitten (»Apfelgschrä«)
½ Türkenmehl (= 250 g Maismehl)	1 Handvoll Rosinen
Honig nach Geschmack	

In die kochende Milch mit der Prise Salz unter Rühren das Maismehl einstreuen, Hitze abstellen und den Mais ausquellen lassen. Dann Honig zugeben. Die Butter in eine Auflaufform geben, die Hälfte der Maismasse darauf streichen, darüber die Apfelscheiben verteilen und die Rosinen. Restliche Maismasse drübergeben. Bei 200 Grad ½ Stunde im Ofen backen. Mit Honig beträufeln und mit Zimt bestreut servieren.

Variante: ½ Würfel Hefe (in etwas warmer Milch aufgelöst) und saure Sahne an die Masse geben – dann muß sie aber gut gehen, bevor sie gebacken wird.

Fruchtige, luftige Desserts

Ananas gegrillt

1 kleine frische Ananas	4 EL Rum
50 g Butter	Zimt

Ananas schälen und in Scheiben schneiden. Ananasscheiben mit Butterflocken belegen und grillen. Dann mit warmem Rum beträufeln und anzünden. Mit Zimt bestreut servieren. Dazu Honigschlagsahne.

Äpfel mit Mandel-Reis

10 Äpfel	50 g Mandeln oder Nüsse (gehackt)
½ Tasse Rundkornreis	50 g Rosinen
1 Tasse Milch	2 EL Butter
1 Prise Meersalz	1–2 EL Wasser
2 EL Honig	
1 Ei	

Die Äpfel waschen und das Kernhaus herausstechen. Aus Milch, Reis und Salz einen Milchreis kochen, mit den restlichen Zutaten (außer Wasser) gut vermischen. Den Brei in die ausgehöhlten Äpfel füllen. Die gefüllten Äpfel in eine gebutterte Auflaufform setzen, 1–2 EL Wasser drangeben, damit die Äpfel nicht anbrennen. Etwa 15 Minuten im vorgeheizten Ofen bei 200 Grad backen. Mit heißer Vanillesauce oder einer Fruchtsauce servieren.
Raffiniert schmeckt's mit einem Schuß Cointreau, über die Äpfel gegossen (vor dem Backen!).

Nach dem Krieg fand ich mich mit einem Rucksack als einziger Habe auf dem Marktplatz in Flensburg wieder. Was tun? Ich meldete mich beim Roten Kreuz, und wurde einer dänischen Familie als Dienstmädchen zugeteilt.
Bei Familie Mommsen erwarb ich mir meine ersten internationalen Kochkenntnisse, wie die

Dänische Rote Grütze mit Sahne

(die unaussprechliche »röd gröd med flöde« – wobei alle »d's«, ähnlich wie das englische »th« ausgesprochen werden, nur noch weicher!)

- 1 kg Beeren (z. B. Himbeeren, Johannisbeeren, Erdbeeren oder entsteinte Kirschen bzw. alles gemischt)
- 1 l Fruchtsaft (z. B. Holundersaft)
- 2 Päckchen Agar-Agar
- Honig nach Geschmack
- ½ TL Naturvanille
- flüssige Sahne zum Servieren

Die Beeren säubern, große eventuell teilen und in eine Schüssel geben. Fruchtsaft mit Agar-Agar nach Packungsaufschrift erhitzen. Die Früchte mit Honig und Vanille vermischen. Agar-Agar-Flüssigkeit darüber gießen. Die Grütze erstarren lassen. Mit Sahne servieren.

Feinere Variante: Die ganze Sache schichtweise machen. Eine Lage mit Honig gesüßte und mit Vanille abgeschmeckte Früchte in die mit kaltem Wasser ausgespülte Glasschüssel geben, Agar-Agar-Flüssigkeit drübergießen, in den Kühlschrank stellen, bis die Lage fest ist (restliche Agar-Agar-Flüssigkeit warmhalten). Nun die nächste Lage Früchte in die Schüssel geben, wieder eine Schicht Agar-Agar drübergeben und so weiter, bis Früchte und Agar-Agar aufgebraucht sind. Im Kühlschrank erstarren lassen. Vor dem Servieren die Form kurz in warmes Wasser stellen und stürzen.

Aprikosenauflauf

- 250 g Aprikosen (frische oder getrocknete)
- ½ l Wasser
- 1 EL Honig
- 1 Prise Meersalz
- 2 Eigelb
- 2 EL Sahne
- 5 Eiweiß

Getrocknete Aprikosen am Abend vorher in dem Wasser einweichen, frische entsteinen und in dem Wasser garen. Unter die abgetropften Früchte Honig, Salz, und die mit der Sahne schaumig gerührten Eigelb ziehen. Abkühlen lassen. Dann das steifgeschlagene Eiweiß unterziehen. In gefetteter Auflaufform bei 200 Grad 30 Minuten backen. Dazu Honigschlagsahne.

Aprikosensalat

- 8 Aprikosen
- Honig und Zimt (nach Geschmack)
- 1 Glas Weißwein

Aprikosen mit kochendem Wasser überbrühen, die Haut abziehen und entsteinen, in Scheiben schneiden. Honig mit Zimt und Weißwein verrühren, über die Aprikosenscheiben gießen. Gekühlt in Portionsgläsern servieren – mit einem Honigschlagsahne-Häubchen.

Aprikosen mit Sahne

- 250 g Aprikosen (frische oder getrocknete)
- ½ l Wasser
- 1 EL Honig
- ¼ l Sahne
- Naturvanillle

Getrocknete Aprikosen am Abend vorher in dem Wasser einweichen, frische entsteinen und in dem Wasser garen. Abgetropft mit Honig mischen. Sahne mit Vanille steifschlagen und unter die Aprikosen ziehen oder abwechselnd Aprikosen und Sahne in Gläser schichten.
Alle Rezepte mit Aprikosen lassen sich ebenso gut mit Pflaumen bzw. Zwetschgen zubereiten.

Kalte Aprikosencreme

- 500 g Aprikosen
- 1–2 EL Wasser
- 1 Schnapsglas Kirschwasser
- 6 Eigelb
- 2 EL Honig
- 1 TL Weißwein

Dänische Rote Grütze mit Sahne

Aprikosen mit kochendem Wasser überbrühen, Haut abziehen und entsteinen. In Stücke schneiden und mit dem Wasser zu Mus kochen, Kirschwasser zugeben und abkühlen lassen. Die Eigelb mit Honig und Wein schaumig rühren und zur Aprikosenmasse geben. Die Masse unter ständigem Schlagen mit dem Schneebesen erhitzen, bis sie dick wird, unter weiterem Schlagen abkühlen lassen.
Eisgekühlt servieren mit einem Honigschlagsahne-Häubchen.

Varianten: ¼ l steifgeschlagene Sahne unterziehen und die Masse in Portionsförmchen einfrieren – besonders gut als Halbgefrorenes
Die Aprikose stammt übrigens aus China. Sie soll bereits 2205 Jahre v. Chr. bekannt gewesen sein.

Mousse von Aprikosen

500 g Aprikosen	2 EL Honig
1 EL Wasser oder Weißwein	5 Eiweiß

Aprikosen mit heißem Wasser überbrühen, Haut abziehen, entsteinen und in Stücke schneiden. Mit Wasser oder Wein zu Mus kochen, pürieren und abkühlen lassen. Honig unterrühren. Eiweiß zu Schnee schlagen und unter das Mus heben. Masse in eine gefettete Auflaufform füllen. Im Ofen bei 200 Grad 10 Minuten backen.
Auch tiefgefrorene Aprikosen eignen sich hervorragend für diese feine Nachspeise. Toll mit einer Makronenhaube überbacken (zerbröselte Makronen mit steifgeschlagenem Eiweiß vermischt).

Aprikosenreis

500 g Aprikosen	1–2 EL Honig
1 oder 2 EL Wasser	Zimt nach Geschmack
1 Portion fertiger Milchreis	Butterflöckchen

Aprikosen mit kochendem Wasser überbrühen, abziehen und entsteinen. Mit dem Wasser zu Mus kochen, dann in eine gebutterte Auflaufform abwechselnd 1 Schicht Milchreis füllen – diesen mit Honig beträufeln und Zimt bestäuben – und 1 Schicht Aprikosenmus; mit Milchreis abschießen. Mit Zimt bestäuben und Butterflöckchen draufsetzen.
Im Ofen bei 200 Grad 20–30 Minuten backen, je nach dem, ob Reis und Aprikosenmus warm oder kalt waren.

Unser Traumschiff-Kapitän Krüger ist, ich wiederhole es, ein toller Hecht. Obwohl er dafür schon einmal eine Buße zahlen mußte, fuhr er uns zuliebe mit der »MS Astor« so dicht an dem berühmten Badestrand Copacabana vorbei, daß wir dachten: jetzt sitzen wir gleich fest. Noch dazu tutete er laut ins Horn, von allen Bergen schallte es zurück wie die Posaunen von Jericho beim jüngsten Gericht. Und als einmal dem Kameramann das richtige Licht für die Großaufnahme einer hübschen Schauspielerin fehlte, wendete Käptn Krüger kurzerhand mitten im Südatlantik um, bis die Sonne richtig stand!

Aus der Traumschiff-Küche der »MS Astor« hier das köstliche Rezept für

Bananen Copacabana

4 Bananen	2 EL in Stifte geschnittene Pistazien
Honig und Rum nach Geschmack	¼ l Schokoladensauce (die bereite ich mit Carob zu statt Kakao)
400 g Vanilleeis	

Bananen schälen, der Länge nach halbieren. In Honig und Rum erhitzen und darin erkalten lassen. Abgetropft auf dem Vanilleeis anrichten und mit den Pistazien bestreuen. Mit der Schokoladen-(Carob)-Sauce (Seite 211) übergießen.

Ein Blitz-Dessert:

Gebackene Bananen

4 Bananen	Zitronensaft
1 EL Butter	Naturvanille

Bananen waschen und der Länge nach aufschneiden. Jede Hälfte mit Butter bestreichen und im heißen Ofen bei 200 Grad 10–15 Minuten backen. Mit Zitronensaft beträufeln und mit Vanille bestreuen. Auf heißen Tellern servieren und aus der Schale löffeln.

Carobsuppe mit Schneebällchen

3 EL Weizenmehl
1 l Milch
2 EL Honig
3 Eigelb
Naturvanille
3 EL Carob
3 Eiweiß

Mehl in der Pfanne ohne Fett leicht rösten (muß hell bleiben!), abkühlen lassen. Nach und nach die kalte Milch unterrühren, unter Rühren aufkochen. Honig mit Eigelb und Vanille cremig rühren, Carob zugeben. Masse unter die heiße Suppe rühren, einmal kurz aufwallen lassen. Eiweiß steifschlagen, mit dem Löffel Bällchen abstechen und diese in kochendem Wasser kurz ziehen lassen. Bällchen auf die heiße Schokoladensuppe setzen.

Carob-Creme

2½ EL Weizenmehl
½ Tasse Carob
2–3 EL Honig
½ Tasse Wasser
1 l Milch

Weizenmehl in der Pfanne ohne Fett rösten, Carob und Honig zugeben, Wasser einrühren. Unter ständigem Schlagen langsam erhitzen und die Milch zufügen, aufkochen lassen und so lange rühren, bis eine glatte, dicksämige Creme entsteht.
Heiß servieren, eventuell mit gerösteten, gemahlenen Mandeln verzieren.
Diese Carob-Creme läßt sich wunderbar einfrieren und als Halbgefrorenes verspeisen (15 Minuten im Gefrierfach genügen).

Holundersuppe mit Hirseklößchen

1 l Holundersaft
3 Nelken
Zimt
Zitronensaft
Honig

Für die Hirseklößchen:
1 Rezept mit Milch gekochter Hirsebrei (Seite 116)
1 Ei
Honig (nach Geschmack)

Den Saft mit den Nelken erhitzen, mit Zimt, Zitronensaft und Honig abschmecken.
Hirsebrei mit Ei und Honig vermischen. Kleine Klößchen abstechen und in der heißen Suppe ziehen lassen.

Erdbeer-Sahne-Mousse

700 g Erdbeeren
2–3 EL Honig
1 Schnapsglas Kirschwasser
¼ l Sahne
2 Pfirsiche

Erdbeeren pürieren, mit Honig und Kirschgeist vermischen. Die steifgeschlagene Sahne unterziehen (etwas Sahne zum Verzieren zurückbehalten), kaltstellen.
Pfirsiche mit kochendem Wasser überbrühen, abziehen und würfeln. Das Erdbeerpüree in Portionsgläser füllen, obendrauf die Pfirsichwürfel geben. Mit der restlichen Sahne verzieren.
Schmeckt ebenso gut mit Himbeeren.

Im Kochbuch meiner Oma Minna Loth finde ich einen vergilbten Zeitungsausschnitt:
»Erdbeeren sind, wie wohl schon bekannt und begründet, ein gutes Mittel gegen Gicht, und geeignet, die harnsauren Salze, welche sich in den Gelenken ablagern und große Schmerzen verursachen, aufzulösen und auszuscheiden. Schon Homer, Plinius und Virgil erwähnen die Erdbeeren in diesem Sinne. Aus jung geschnittenen Erdbeerblättern läßt sich übrigens ein sehr angenehm schmeckender Tee bereiten, dem man außerdem Brombeerblätter und Waldmeister beigeben kann.« Dem möchte ich noch hinzufügen: ganz unvergleichlich wird das Aroma des Tees, wenn Sie ihm einige getrocknete Walderdbeeren opfern.

Hirsecreme mit Himbeeren

150 g Hirse (fein gemahlen)
400 g ungesüßter Fruchtsaft (oder das Wasser von über Nacht eingeweichten getrockneten Pflaumen)
¼ l Sahne
2 EL Honig
frische Himbeeren

Die Hirse mit dem Fruchtsaft verrühren, unter Rühren aufkochen und auf der ausgeschalteten Herdplatte ausquellen lassen. Sahne mit Honig steifschlagen, unter die ausgekühlte Masse geben. Vorsichtig die Himbeeren unterheben.
Wenn nicht viel Himbeeren aufzutreiben sind, eventuell noch eine kalte oder heiße Fruchtsauce dazu servieren, oder einfach heißen, mit Honig gesüßten Holundersaft.

Kastanienpüree

1 kg Eßkastanien
½ l Milch
1 Prise Meersalz
1 EL Honig
1 Vanilleschote
¼ l Sahne
1 TL Honig
Naturvanille

Kastanien auf der runden Seite kreuzweise einschneiden. Im heißen Ofen erhitzen, bis die Schale sich entfernen läßt (oder sie in kochendes Wasser legen). Schale ablösen. Kastanien in kochendes Wasser legen, bis sich auch die innere Haut löst. Kastanien in der Milch mit Salz, Honig und der Vanilleschote in ca. 20 Minuten weich kochen. Durch den Fleischwolf drehen, und zwar möglichst gleich auf die Dessertteller, auf denen das Kastanienpüree serviert wird.
Sahne mit Honig und Vanille steif schlagen. Mit dem Spritzbeutel einen Kranz von Sahne um die »Kastanienwürstchen« spritzen.

Gefüllte Melone

1 Honigmelone
100 g Himbeeren oder Erdbeeren
2 Pfirsiche oder Bananen
2 EL grobgehackte Nüsse oder Mandeln
1 EL Honig
Zitronensaft

Von der Melone einen Deckel abschneiden. Fruchtfleisch mit einem Löffel herauslösen und würfeln (Kerne entfernen). Melonenwürfel mit den Beeren, den in Stücke geschnittenen Pfirsichen (bzw. Bananen) und Nüssen mischen. Honig mit Zitronensaft verrühren und drübergießen. Alles in die ausgehöhlte Melone füllen, gekühlt servieren.

Mohnpielen waren in meinem Heimatdorf Wietstock an der Nuthe der Silvester-Schmaus. Der Mohn stammte selbstverständlich aus dem eigenen Garten.

Mohnpielen

250 g gemahlener Mohn
½ l Milch
1 Prise Meersalz
etwa 3 EL Honig
50 g Rosinen
40 g gehackte Mandeln
12 Vollkornzwiebäcke

Gemahlenen Mohn in die Rührschüssel schütten. Milch mit Salz im Kochtopf erwärmen, mit dem Honig gut verrühren und die Hälfte der Honigmilch über den Mohn gießen. Rosinen und Mandeln unterrühren. Zwiebäcke in einer zweiten Schüssel zerbröseln, die andere Hälfte Honigmilch drübergießen. In eine Glasschüssel immer abwechselnd eine Schicht Zwiebackmasse und eine Schicht Mohnbrei füllen; die oberste Schicht ist Mohnbrei. Schüssel in den Kühlschrank stellen und die Mohnpielen gut durchziehen lassen. Mit Honigschlagsahne servieren.
Variation: Sie können die Mohnpielen auch gleich in Portionsgläser füllen, darin abkühlen lassen und mit einem Honigschlagsahne-Häubchen servieren.

Wer hat sich nicht schon über die Schwemme an Kalendern geärgert, die der Briefträger bei jedem Jahreswechsel ins Haus schleppt! Tankstellen, Drogerien, Verlage, Lebensmittelhändler – jeder liefert Kalender mit mehr oder weniger dummen Sprüchen.
Den Höhepunkt bildete diesmal ein Kalender, den uns der Huf-Schmied übersandte. Auf der Vorderseite wunderschön fotografierte Heilpflanzen der Alpenwelt – Leinsamen und Habichtkraut erzählen, was sie Gutes für den Menschen tun – und auf der Rückseite wird alles wieder ruiniert: da erfährt der geneigte Leser, wie er sich am besten krank ißt. Die vorgeschlagenen Menüs strotzen von Zucker, Auszugsmehl und Fleischportionen, die einem die Haare zu Berge stehenlassen, Rindslungenbraten, fritierten Krapfen und Schweinebraten.
Aber auch in Österreich gibt's Lichtblicke!
Einer dieser Lichtblicke ist der junge Küchenchef des Innsbrucker Hotels »Schwarzer Adler«. In diesem Hotel hat unser Filmteam gewohnt, als wir »Die Geierwally« drehten, fast 30 Jahre ist es her. Es gehört neuerdings der Romantikhotel-Kette an, deren Hotels sich alle durch eine besonders schöne Lage und Ausstattung auszeichnen sowie durch hervorragendes Essen.
Küchenchef Werner Ultsch, Vorsitzender der Arbeitsgemeinschaft »Bund Österreichischer Naturküche Tirol« ist einer von den fortschrittlichen Kochkünstlern, die mit ihren Rezepten überall immer mehr Anhänger gewinnen. Die österreichische Naturküche ist eine auf der Basis lactovegeta-

Mohnpielen

biler Vollwertkost konzipierte Ernährungsform – also eine vorwiegend auf Getreide und Gemüse, ergänzt mit Milchprodukten, aufgebaute Kost, in der »Fleisch und dessen Erzeugnisse eine untergeordnete Rolle spielen. Jedoch ist Frischfisch aus den heimischen Gewässern, ansonsten eben importiert, sicherlich eine empfehlenswerte Bereicherung.«
Der ehrgeizige Plan ist, zunächst in etwa 50 österreichischen Restaurants und Gastbetrieben die Naturküche einzuführen – nicht als »Zwangsbeglückung« der Gäste, sondern als Zusatzangebot. Wenn das klappt, werden sich Urlauber in Österreich bald in Reisebüros und Fremdenverkehrsvereinigungen über die Kette der Naturküche-Restaurants informieren können.

Hier eine Kreation von Küchenchef Werner Ultsch – ein g'schmackiges

Mohnsoufflé mit Powidl-Soße

50 g ungehärtete Pflanzenmargarine
60 g Weizenmehl
3 dl Milch
40 g Honig
1 TL Naturvanille
5 Eigelb
40 g gemahlener Mohn
2 cl Kirsch oder Rum
40 g Ahornsirup
6 Eiweiß

Soße:
80 g Dörrzwetschgen
60 g Honig oder Birnendicksaft
2 cl Rum
¼ l Wasser
½ TL gemahlener Zimt (alle Soßenzutaten zusammen 7 Minuten kochen und heiß im Mixer pürieren)

Von Margarine und Mehl eine weiße Mehlschwitze (!!) bereiten und erkalten lassen. Milch, Honig und Vanille in einer Kasserolle zum Kochen bringen und unter kräftigem Rühren über die Mehlschwitze gießen, bis die Masse glatt ist. Gemahlenen Mohn beifügen, unter ständigem Rühren aufkochen. Vom Feuer nehmen, Eigelb unterrühren und nach kurzem Abkühlen den Kirsch oder Rum und den Sirup. Zum Schluß das steifgeschlagene Eiweiß sehr locker und sorgfältig unterheben. Die Masse ¾ hoch in eine gebutterte, mit Weizenmehl bestäubte Auflaufform einfüllen. Im Ofen bei 120 Grad ca. 25 Minuten backen. Nach dem Herausnehmen sofort servieren. Die Powidl-Soße getrennt dazu reichen.
Der einzige Schönheitsfehler bei diesem Rezept ist für mich die Mehlschwitze; ich röste das Mehl – Sie wissen es bereits – lieber in der Pfanne ohne Fett, bis es würzig duftet, lasse es abkühlen, füge dann unter Rühren die Milch zu und erst danach anstelle von Margarine Butter.
Aber sonst: das Rezept ist Spitze! Wenn Sie also nach Innsbruck kommen: unbedingt im »Schwarzen Adler« bei Werner Ultsch essen gehen!

Russische Paßcha

ist so gut, daß ich sie aus dem ersten Kochbuch übernehmen muß!

500 g Quark
3 Eier
100 g Butter
200 g saure Sahne
1 Prise Meersalz
3–4 EL Honig
Naturvanille
125 g Mandeln

Quark schaumig rühren. Die Eier, Butter und saure Sahne zugeben, unter Rühren erwärmen, aber nicht kochen. Sobald sich Blasen bilden, vom Herd nehmen, unter Rühren abkühlen lassen. Salz, Honig, Vanille und die geriebenen Mandeln unterrühren. In eine Glasschale füllen und erkalten lassen.

Pfirsich-Creme-Töpfchen

¼ l Sahne
4 Eier
2 EL Honig
1 TL Naturvanille
250 g Pfirsiche
1 EL Butter
2 EL gehackte Pistazien

Sahne, Eier und Honig mit Vanille verschlagen. Pfirsiche in kleine Würfel schneiden. Soufflèförmchen buttern. Creme und ⅔ der Pfirsiche mischen und in die Förmchen füllen. Bei 200 Grad 10–15 Minuten im Ofen backen. Mit Pistazien und den restlichen Pfirsichwürfeln bestreut sofort servieren.

Pfirsiche mit Nußcreme

200 g Mandeln
200 g Nüsse (Hasel- oder Walnüsse)
3 EL Wasser
3 EL Honig
6 EL Cognac
½–¾ l Sahne
6 Pfirsiche
12 TL Johannisbeergelee (oder Holundergelee)

Mandeln mit kochendem Wasser überbrühen und abziehen. Nüsse in der Pfanne ohne Fett rösten, bis die Haut platzt; Haut abreiben. Mandeln und Nüsse 2 Stunden in frischem Wasser einweichen und pürieren. Honig und Cognac zu den Nüssen geben. Sahne steifschlagen und unterziehen, alles gut vermischen. Die Masse in eine flache, eingeölte Form füllen, abkühlen und mindestens 1 Stunde im Kühlschrank kaltstellen. Pfirsiche halbieren, Steine herausnehmen und mit Gelee füllen. Pfirsiche auf ein Backblech legen und bei 180 Grad 15 Minuten im Ofen backen. Die Nußcreme stürzen und mit den heißen Pfirsichen garnieren.

Und nun zum Pudding:
Nicht nur ein Kindertraum ist

Pudding aus rohen Früchten

1 Päckchen Agar-Agar (8 g)
½ l Wasser oder Traubensaft
1 EL Honig
Naturvanille
frische Früchte: z. B. Erdbeeren, Himbeeren, Heidelbeeren, Weintrauben etc.

Agar-Agar in dem Wasser oder Traubensaft auflösen und heiß werden, aber nicht kochen lassen. Honig und Vanille zugeben. Die Früchte, wenn nötig, zerkleinern, in eine Glasschale oder in Portionsgläser füllen. Die Agar-Agar-Masse drübergießen. Kalt stellen.

Brotpudding

2–3 EL Honig
5 Eigelb
200 g fein geriebenes Roggenbrot
abgeriebene Schale 1 Zitrone
1 TL Zimt
1 Prise gemahlene Nelken
50 g fein geschnittenes Zitronat
Schnee von 5 Eiweiß
Butter für die Form
Semmelbrösel

Guß:
Saft von 2–3 Orangen
¼ l Weißwein
1 EL Honig

Honig mit Eigelb schaumig rühren, die übrigen Zutaten zugeben, am Schluß den Eischnee unterziehen. Eine Puddingform mit Butter einfetten, mit Semmelbröseln gründlich ausstreuen. Die Masse hineinfüllen und ¾ Stunde im Wasserbad kochen. Für den Guß Orangensaft und Wein aufkochen, dann den Honig zufügen. Den Pudding stürzen und den Guß drübergießen.

Susans Bread-and-butter-pudding aus England

Dieses sehr schnell gemachte delikate und billige Puddingrezept habe ich von einer englischen Tänzerin namens Susan.
Tänzerinnen haben meist nicht viel Zeit zum Kochen und dürfen auch nicht dick werden. Dieser Pudding ist im Nu verdaut; Sie werden es merken. Wir haben uns ja längst abgewöhnt, in Kalorien oder Joule zu denken – das müssen wir nicht, wenn wir naturbelassene Vollkornprodukte verwenden.

8 dünne Scheiben entrindetes Weizenbrot (Sie können ruhig altes Weizenbrot nehmen)
Butter
1 Handvoll Backobst (oder auch nur Rosinen)
1 Ei
1 EL Honig
¼ l Milch
1 Prise Meersalz
etwas geriebene Muskatnuß

Brotscheiben buttern, die Hälfte davon in eine gebutterte Puddingform legen, das Backobst oder die Rosinen drüberstreuen, die restlichen Brotscheiben drüberlegen, etwas festdrücken. Ei mit Honig und Milch und dem Salz verquirlen. Mischung über den Pudding gießen, geriebene Muskatnuß drüberstreuen. Pudding im Ofen bei 170 Grad 20–30 Minuten backen.
Dieser Pudding ist nicht zum Stürzen geeignet. Sie können ihn, wenn Sie wollen, mit einer warmen Butter-Honig-Sauce servieren oder mit einer Carobsauce, einer Fruchtsauce oder mit einer Weinschaumsauce – oder auch eine mit Honig und einer Spur Ingwer gesüßte Schlagsahne dazu geben.
Kinder mögen es nicht, Erwachsene schon: die Rosinen oder das Backobst einige Stunden vorher in Rum oder Cointreau einweichen!

Nun eine Sommerholzer Kreation, paßt zwar nicht in das Dessertkapitel, aber dennoch!

Susans Brot-und-Butter-Pudding auf salzige Art

8 dünne Scheiben Weizen- oder Roggenbrot (es kann ruhig ein gewürztes Brot sein, wie »Mein Brot«)
Butter
Käserestchen (gewürfelt)
geriebene Muskatnuß
Rest von gekochtem Gemüse: z. B. Möhren, Erbsen, grüne Bohnen, Blumenkohlröschen, Lauchstückchen, Zucchinischeiben, Selleriestückchen etc. (fein abgeschmeckt mit durch die Presse gedrücktem Knoblauch, evtl. etwas Curry)
1–2 Eier
¼ l Milch (evtl. etwas mehr)
evtl. etwas Sahne
1 TL Kräutersalz
2 EL geriebener Parmesan

Brotscheiben buttern. Die Hälfte davon in eine gebutterte Pudding- oder Auflaufform schichten. Käserestchen darauf verteilen, das Gemüse draufgeben. Die restlichen Brotscheiben drüberlegen. Eier mit Milch, Sahne, Kräutersalz und Parmesan verrühren. Die Mischung über den Pudding gießen, mit Muskatnuß bestreuen. Pudding im Ofen bei 170 Grad 20–30 Minuten backen.
Vorher ein knackiger Salat, anschließend der Pudding, mit etwas zerlassener Butter begossen – ein herrliches Abendessen.

Susan spricht phantastisch deutsch, fast ohne Akzent und nur ganz gelegentlich unterläuft ihr ein grammatikalischer Fehler. So wollte sie das Mehl nicht mahlen, sondern »mehlen«, eigentlich ganz logisch.
Wie alles ständig im Wandel begriffen ist, so auch die Sprache. »Der-die-das« macht allen Ausländern am meisten Schwierigkeiten. Ich halte diese ganze Artikel-Frage für eine reine Schikane. Warum soll einer nicht »der« Butter sagen oder »der« Zwiebel? In Österreich tun sie's sowieso. Da wird der Lohn auf das Gehalte-Konto (mit »e« am Ende) überwiesen, und das nicht etwa jeden Monat, sondern jedes Monat. Und mehrere Kartoffeln sind Kartoffel, basta!
Wenn ich mich auch damit abgefunden habe, daß der Maul-

wurf »Scher« heißt und der Handfeger »Bartwisch«: darüber, daß wir Deutschen »Piefkes« sind – darüber bin ich sauer, nach wie vor. Sie erinnern sich vielleicht an den nie geschlichteten Streit zwischen dem Deutschen Dieter Hildebrandt und dem Österreicher Werner Schneyder – ob denn das Kabarett nun »rett« ausgesprochen wird wie »Brett« – oder »Kabaräh«. Schneyder wird wahnsinnig, wenn einer »nee« sagt – Hildebrandt vermutlich beim österreichischen »naaaaaa«.
Unsere nette kleine Praline hingegen sprechen die Österreicher »Pralinée« aus. Warum heißt das Ding wohl Praline oder Pralinée? Nach dem französischen Marschall du Plessis-Praslin (Lautschrift: dü pläßi praläng): eine kleine schokoladenüberzogene Süßigkeit.
Die Franzosen haben die österreichische Sprache mit einer ganzen Reihe interessanter Wörter bereichert: so auch mit dem »Pottschamperl«, will soviel heißen wie Pot-de-chambre = Nachttopf.
Und da fällt mir siedendheiß die einzige (?) wirkliche Schurkerei meiner Kinderzeit ein. Eine Freundin hatte in ihrer Puppenstube einen Nachttopf stehen, den man auch für eine große Tasse halten konnte – jedenfalls stand mit deutlichen Lettern darauf geschrieben »pfui wie das schmeckt«. Offenbar war das der Witz. Der Nachttopf gefiel mir so sehr, daß ich ihn kurzerhand einsteckte und in meine eigene Puppenstube stellte. Ich besaß sogar die Frechheit, diese Freundin zum Puppenstubenspielen zu mir einzuladen, wo sie den Nachttopf natürlich entdeckte. Noch schlimmer: ich habe den Diebstahl auch noch geleugnet. Pfui!

Mandelpudding

500 g süße Mandeln	1 Prise Meersalz
3 bittere Mandeln	2 Päckchen Agar-Agar (16 g)
1 Schnapsglas Kirschwasser	¾ l Milch
3 EL Honig	¾ l Sahne

Die Mandeln mit kochendem Wasser überbrühen, abziehen und mahlen, mit dem Kirschwasser begießen. Honig, Salz und Agar-Agar in der Milch verrühren, mit der Mandelmasse mischen. Nach Vorschrift erhitzen, etwas abkühlen lassen. Wenn die Creme beginnt fest zu werden, die steifgeschlagene Sahne unterziehen. Pudding in eine mit kaltem Wasser ausgespülte Form füllen, im Kühlschrank erstarren lassen. Vor dem Servieren stürzen.

Göttlich schmeckt der Mandelpudding mit Orangensauce (Seite 212) oder einer anderen Fruchtsauce.

Köstliche Sauermilchspeise

2 Becher Sauermilch
Honig
2 ganze Fenchelkörner

Alles miteinander vermischen, kühlstellen, bis die Fenchelkörner aufgeweicht sind.

Mango-Tee-Creme

2 EL Rosinen	1 Prise Meersalz
2–3 EL Rum	1–2 EL Honig
5 gehäufte TL Mango-Tee	2 Eigelb
⅜ l Wasser	¼ l Sahne
1 gestr. EL Agar-Agar	Naturvanille

Die Rosinen mit dem angewärmten Rum begießen und über Nacht darin marinieren. Tee mit dem kochenden Wasser aufbrühen, 2 Minuten ziehen und etwas abkühlen lassen, dann mit Agar-Agar, Salz und Honig verrühren und nach Vorschrift erhitzen. Das Eigelb unterrühren. Sahne mit der Vanille steifschlagen, die Hälfte der Sahne unter die abgekühlte Creme heben, die Rosinen unterrühren (einige davon zurückbehalten). Die Creme in Portionsgläser füllen, restliche Sahne als Häubchen draufsetzen und mit Rosinen sprenkeln.
Sie können natürlich jeden beliebigen Tee für diese Creme verwenden, auch einen übriggebliebenen Rest. Uns ist Mango-Tee der liebste (natürlich der echte), oder der Früchtetee aus Orangen-Zitronenschalen, gemischt mit getrockneten Walderdbeeren, den unsere Salzburger Kräuterstube führt. Wenn Sie diesen Tee aufbrühen, duftet das ganze Haus nach frischen Walderdbeeren.

Zwetschgen-Wein-Gelee

250 g Zwetschgen	1 Zimtstange
1 gestr. TL Agar-Agar	1 EL Honig
je ⅛ l Wasser und Rotwein	1 EL Walnußkerne

Zwetschgen entkernen, in Stücke schneiden und in Gläser geben. Agar-Agar in Wasser anrühren. Angerührte Flüssigkeit mit Wein und Zimtstange einmal unter Rühren aufkochen, mit Honig süßen. Walnußkerne auf die Zwetschgen geben, die heiße Flüssigkeit drübergießen, abkühlen lassen und z. B. mit Honigschlagsahne verzieren.

Schmeckt nicht nur im Sommer:

Eis und Halbgefrorenes

Das übliche, industriell hergestellte Eis hat in der Vollwertküche natürlich nichts zu suchen. Ein Eishersteller hat mir, selbst nicht ganz glücklich darüber, verraten, wie er sein Eis fabriziert: aus pasteurisierter Milch, Zucker, einem Bindemittel und künstlichen Aromastoffen. Da hat das Erdbeereis von einer Erdbeere höchstens mal geträumt.
Wenn Sie mal selbst Eis oder Halbgefrorenes aus frischer Sahne, Honig, frischen oder tiefgefrorenen Früchten, Nüssen, Mandeln, Mohn, Zimt und Naturvanille usw. zubereitet haben, rührt Ihre Familie das Industrie-Eis nicht mehr an.
Man kann Eigelb verwenden, muß aber nicht. Ich finde, Sahne genügt – davon aber reichlich. Eindicken mit Agar-Agar ist eine weitere Möglichkeit. Sie können die einzufrierende Masse entweder in Portionsförmchen füllen, in eine Schüssel oder in eine Kastenform, und davon dann jeweils Scheiben abschneiden.
Die Formen werden mit kaltem Wasser ausgespült, bevor die Masse hineingefüllt wird.
Halbgefrorenes braucht 15–20 Minuten im Gefrierfach. Festes Eis braucht bis zu 3 Stunden im Gefrierfach. Eis herausnehmen, kurz in heißes Wasser stellen, stürzen, mit oder ohne Sauce servieren. Beim Schneiden das Messer jedesmal in heißes Wasser tauchen.

Aprikoseneis

500 g entkernte Aprikosen	¼ l Sahne
2–3 EL Honig	1 Schuß Rum

Aprikosen pürieren, mit Honig süßen, steifgeschlagene Sahne unterheben, mit einem Schuß Rum abschmecken. In eine Schüssel geben und 1½–2 Stunden frieren lassen.

Brombeereis mit Schlagsahnehäubchen

500 g Brombeeren (frisch oder tiefgekühlt)	Agar-Agar (für ½ l Masse 1 Päckchen)
¼ l Johannisbeersaft oder anderer Obstsaft	3 EL Honig
	¼ l Schlagsahne

Die Brombeeren mit der Gabel zerdrücken, ein paar besonders schöne zum Garnieren zurückbehalten. Den Obstsaft mit Agar-Agar erhitzen, etwas abkühlen lassen, 2 Eßlöffel Honig unterrühren. Die Sahne mit dem restlichen Honig steifschlagen, kurz vor dem Festwerden unter die Brombeermasse ziehen (etwas von der Sahne zurückbehalten). Brombeermasse in Portionsgläser füllen, im Kühlschrank kaltstellen. Vor dem Servieren restliche Schlagsahne als Häubchen draufsetzen und mit den ganzen Brombeeren verzieren.
Man kann das Brombeereis auch ohne Sahne machen und die Sahne nur als Häubchen drübergeben – man kann auch das Agar-Agar weglassen und einfach Brombeeren und gesüßte Honigsahne mischen und einfrieren. Halbgefroren schmeckt's am besten!

Mohn-Nuß-Zimt-Eis

2 EL gemahlener Mohn	1 Prise Meersalz
2 EL grob gehackte Walnüsse (oder Haselnüsse oder Mandeln)	1–2 TL Zimt
	Saft 1 Orange und 1 Zitrone
	1 EL Rum oder Cointreau
1 EL Honig	¼ l Sahne

Alle Zutaten außer der Sahne miteinander vermischen. Sahne steifschlagen und unterheben. Kaltstellen.

Obsteis aus rohen Früchten

500 g rohes Obst (Beeren etc.)	Agar-Agar entsprechend der Gesamtflüssigkeit (8 g = 1 gestr. EL mit ½ l Flüssigkeit gibt ein festes Eis)
Honig nach Geschmack	

Das rohe Obst zerdrücken, Honig zugeben. Mit der entsprechenden Menge Agar-Agar mischen. Im Wasserbad nach Vorschrift erwärmen. Masse in eine mit kaltem Wasser ausge-

spülte Form oder in Portionsförmchen füllen, abkühlen lassen. Im Gefrierfach 15 Minuten kaltstellen.
Dazu schmeckt Bananensauce (siehe diese Seite).

Orangen-Zitronen-Halbgefrorenes (Foto S. 210)

¼ l Sahne
abgeriebene Schale von je
einer unbehandelten
Orange und Zitrone
1 EL Honig

Sahne steifschlagen, abgeriebene Orangen- und Zitronenschale und Honig unterheben. Noch einmal steifschlagen, in Portionsförmchen oder Gläser füllen und 20 Minuten ins Gefrierfach stellen. Servieren Sie dazu die Mohn-Nuß-Sauce von Seite 212.
Schmeckt wahnsinnig gut!

Schokoladen-Nuß-Eis

100 g Haselnüsse
2 Eiweiß
3 EL Honig
400 g Sahne
3 EL Carob
2 EL Rum

Haselnüsse in der Pfanne ohne Fett kurz rösten, bis die Haut springt, fein mahlen. Eiweiß mit Honig steif schlagen, Sahne steif schlagen. Alle Zutaten vorsichtig untereinanderheben und einfrieren.

Walnußeis

2 Eigelb
Honig (nach Belieben)
Vanille
½ l Sahne
2 Eiweiß
gehackte Walnüsse

Eigelb mit Honig und Vanille schaumig schlagen, Sahne steifschlagen, Eiweiß steifschlagen. Beides zusammen mit den Walnüssen unter die Eigelbmasse heben. In einer Schüssel einfrieren.
Dazu paßt eine Aprikosensauce: Aprikosen pürieren und mit Honig, Vanille und Cointreau abschmecken, evtl. mit Schlagsahne verfeinern.

Weitere meiner Eisspezialitäten:
Die Mengenangaben entsprechen den vorhergehenden Rezepten: bei Früchten jeweils 500 g, 3 EL Honig, evtl. Zitronensaft, je nach Säuregrad, ½ l steifgeschlagene Sahne.
Ananas-Eis: Ananas in kleine Stücke geschnitten oder püriert, mit Zitronensaft und Honigschlagsahne, Naturvanille und Kirschwasser.
Pfirsich-Eis: Pfirsiche püriert, mit Zitronensaft, geriebenen Mandeln und Honigschlagsahne.
Stachelbeer-Eis: Stachelbeeren püriert mit Zitronensaft, Honigschlagsahne (ebenso Erdbeer-, Himbeer-, Heidelbeer-Eis).

Süße Saucen

Zu Aufläufen, süßen Getreidegerichten, Mehlspeisen, Puddingen und Desserts.

Rohe Aprikosensauce

500 g Aprikosen
etwas Wasser oder Aprikosensaft oder Saft 1 Zitrone
1 EL Honig

Aprikosen pürieren, mit den übrigen Zutaten mischen. Wenn Sie getrocknete Aprikosen nehmen, am Abend vorher in soviel Wasser einweichen, daß sie bedeckt sind, und das Einweichwasser verwenden.

Apfelmus-Sauce

Apfelmus mit Apfelsaft verdünnen, mit Zimt und Naturvanille abschmecken.
Auch heiß sehr gut zu Eierkuchen, Reisküchlein und Kartoffelwaffeln.

Bananensauce

4 Bananen
1–2 EL Honig
1–2 EL Zitronensaft
Naturvanille
¼ l Sahne

Bananen pürieren, mit den übrigen Zutaten verrühren, zuletzt die steifgeschlagene Sahne unterheben.

Variation:

2 EL Butter
4 Bananen (oder mehr, je nach Größe)
Zitronensaft
1 EL Honig
1 TL Curry
1 Knoblauchzehe (jawohl!)
1 MSP Naturvanille
⅛ l Sahne

Butter in der Pfanne zergehen lassen. Bananen mit der Gabel zu Mus zerdrücken und zugeben. Köcheln lassen und die übrigen Zutaten zugeben. Zum Schluß die steifgeschlagene Sahne unterziehen.

Warme Butter-Honig-Sauce

2 EL Butter
2 EL Honig
Cointreau oder Rum nach Geschmack

Butter zerlassen, Honig dazugeben. Gut verrühren, evtl. noch mit Cointreau oder Rum abschmecken oder mit Naturvanille oder Zimt.

Carob-Sauce

2–3 EL Carob
¼ l Milch
2 Eigelb
1 EL Honig
1 Prise Meersalz
⅛ l Sahne
Naturvanille
3 EL Rum

Carob in der Milch verrühren und erhitzen. Eigelb, Honig, Salz, Sahne und Vanille verrühren und unter ständigem Rühren an die Carobmilch geben und erhitzen, bis die Sauce dick wird – sie darf nicht kochen!
Mit Rum abschmecken (oder mit dem ungarischen Aprikosenschnaps Barack Palinka).

Orangen-Zitronen-Halbgefrorenes (Rezept Seite 209)

Dörrpflaumensauce

250 g Dörrpflaumen
¼ l Wasser
1 TL Weizenmehl
1 TL Butter
abgeriebene Schale 1 Zitrone
½ TL Zimt
1 Prise gemahlene Nelken
1 EL Honig
1 Schnapsglas Pflaumenschnaps (wenn Sie mögen)

Pflaumen über Nacht in Wasser einweichen. In dem Einweichwasser weichkochen, herausnehmen, entsteinen und fein schneiden. Pflaumensaft und Mehl verrühren, aufkochen, Butter dazugeben und die übrigen Zutaten. Pflaumen dazugeben, evtl. mit Schnaps abschmecken.
Sehr gut schmeckt die Sauce auch aus getrockneten Aprikosen. Genau so zubereiten, aber mit Aprikosenschnaps.

Erdbeersauce

500 g Erdbeeren
etwas Wasser oder Erdbeersaft oder Cointreau
1 EL Honig
Saft ½ Zitrone

Erdbeeren pürieren und mit den übrigen Zutaten mischen. Ebenso wird eine rohe Sauce von Himbeeren oder Johannisbeeren bereitet, letztere braucht etwas mehr Honig, und für beide Saucen nehme ich einen Schuß Himbeergeist.

Eischaumsauce

4 Eigelb
2 EL Honig
⅛ l Weißwein
¼ l Sherry
1 EL Zitronensaft
1 kleine Flasche Sekt

Außer dem Sekt alle Zutaten in einem Topf verrühren und mit dem Schneebesen im Wasserbad so lange schlagen, bis die Sauce dick wird. Dann weiterrühren, bis sie kalt ist (Topf in eine Schüssel mit kaltem Wasser stellen). Vor dem Servieren den Sekt unterrühren.
Diese Sauce paßt vor allem zu Brot-Pudding und Aufläufen, die wenig Eier enthalten. Für einen eierreichen Pudding oder Auflauf lieber nur eine Fruchtsauce nehmen oder eingeweichtes und aufgekochtes Backobst oder die Dörrpflaumensauce.

Heiße Fruchtsauce

2 EL Honig
1 EL Wasser (oder weniger, hängt von der Feuchtigkeit der Früchte ab)
200 g Früchte (Erdbeeren, Himbeeren, Pfirsiche, Bananen, Ananas, einzeln oder gemischt)
1 Glas Rum oder Cognac, Kirschwasser oder Barack Palinka

Honig mit dem Wasser erhitzen. Die in Stücke oder Scheiben geschnittenen Früchte zugeben und bei kleinster Hitze 5–10 Minuten dünsten, wenn man mag, noch pürieren. Zum Schluß mit dem Schnäpschen ablöschen!
Heiß zu Eis servieren.

Makronensauce

100 g bittere Makronen
ca. 1 EL Honig
¼ l Sahne
2 Eigelb

Die Makronen zerstoßen, mit dem Honig und der Sahne aufkochen. Die Eigelb runterrühren.

Mohn-Nuß-Sauce

2 EL Butter
2 EL gemahlener Mohn
2 EL grob gehackte Walnüsse (oder Haselnüsse oder Mandeln)
1 EL Honig
1 Prise Meersalz
Zimt nach Geschmack
Saft 1 Zitrone und 1 Orange
1 EL Rum oder Cointreau

Alle Zutaten miteinander verrühren und erhitzen.
Phantastisch zu Eis, Aufläufen und süßen Getreidegerichten.

Orangensauce

4 Orangen
etwas abgeriebene Orangenschale
2 MSP Agar-Agar
¼ l Wasser
Honig nach Geschmack
1–2 EL Cointreau

Das kleingeschnittene Orangenfleisch mit etwas abgeriebener Orangenschale pürieren. Agar-Agar in dem Wasser anrühren. Orangenpüree zugeben, bis zum Siedepunkt erhitzen. Mit Honig süßen, mit Cointreau abschmecken.

Quarkschaumsauce

125 g Quark
2 Eigelb
3 EL Milch (oder halb Milch halb Sahne)
1 EL Zitronensaft
abgeriebene Schale ½ Zitrone
1 EL Honig
½ TL Naturvanille

Alle Zutaten mit dem Schneebesen schaumig rühren.
1 Eßlöffel Cointreau verfeinert die Sache noch!

Rosinensauce

¼ l Rotwein
Saft von 2–3 Orangen
2 Scheiben Zitrone
3 Nelken
Zimt nach Geschmack
100 g Rosinen
1 EL Weizenmehl
2 EL Honig
1 EL Rum

Wein, Orangensaft, Zitronenscheiben, Nelken, Zimt und Rosinen mischen. Das Mehl unterrühren, alles einmal aufkochen lassen. Nelken und Zitronenscheiben herausnehmen. Sauce mit Honig und Rum abschmecken.
Paßt gut zu Eierkuchen, Hirse-, Mais- oder Reisspeisen.

> »Wer es verschmäht, der Ordnung dieser Welt durch seine Arbeit beizustehn und nur an seinen Vorteil denkt, der lebt umsonst.«
> *Bhagavad Gita* (wahrscheinlich 300 Jahre v. Christus)

Vanillesauce

¼ l Milch
3 Prisen Naturvanille
2 Eigelb
2 EL Honig
1 Prise Meersalz

Im Kochtopf Milch und Vanille erhitzen. Eigelb mit dem Schneebesen unterrühren und weiterschlagen, bis alles dicklich wird – dann den Topf vom Herd nehmen, die Masse darf nicht kochen! Honig und Salz zufügen.

Weinschaumsauce

2 Eier
1 EL Honig
½ l Weißwein
Saft und abgeriebene Schale 1 Zitrone
1–2 MSP Agar-Agar

Alle Zutaten mischen, im Wasserbad erhitzen und schaumig schlagen, bis die Sauce dick wird. Sie darf nicht kochen! Heiß zu Obstsalat, ein Traum!

Selbstversorgers Vorratskammer

Vorratswirtschaft macht unabhängig

Manchem mag es altmodisch vorkommen: mir macht es einen umheimlichen Spaß, wenn Keller und Speisekammer bei Winteranfang prall mit Vorräten gefüllt sind. Dank meiner Vorratswirtschaft spare ich unglaublich viel Zeit und Geld. Ich brauche den ganzen Winter über kaum einzukaufen – einmal die Woche Sahne, Butter, Quark und Käse – gelegentlich Tee, Öl und Gewürze – das ist alles.

Bei mir stapeln sich Gärtöpfe mit Sauerkraut, Zucchini und Gewürzgurken, Gläser mit milchsauer eingelegten Tomaten, Zwiebeln, Gurken und Pilzen, auch Marmeladen und Gelees aus Holunder, Hagebutten, Himbeeren – natürlich ohne Zucker zubereitet – Flaschen mit Holunder- und Apfelsaft, ein großes Faß mit Apfelmost – alles selbstgemacht (mehr darüber Seite 221). Der Clou: die Miete von roten Rüben, Möhren und Sellerie, auf Stroh gebettet, mit Moospolstern zugedeckt – dazu die Augenweide von Kohlrabi, Lauch, roten und weißen Kohlköpfen.

Sie haben leicht reden, wird mir gelegentlich entgegengehalten – Sie leben auf dem Land und haben einen richtigen Keller, aber wo und wie sollen wir in der Stadt, in einer Neubauwohnung, biologisch gezogenes Gemüse für den Winter einlagern?

Ich behaupte: es ist zwar schwieriger – aber mit ein wenig Phantasie durchaus möglich. In immer mehr Städten schließen sich Menschen zu Einkaufsgemeinschaften zusammen. Ein Paradebeispiel ist die Verbraucher-Erzeuger-Genossenschaft »Wurzelwerk« in Gütersloh (Kontaktadresse im Anhang). 50 Familien und 5 Bauern haben sich zu dieser Genossenschaft zusammengetan. Die Familien nehmen »ihren« Bauern vertraglich regelmäßig soviel Gemüse, Obst, Milch, Eier, Getreide, Kartoffeln etc. ab, daß der Bauer sicher sein kann, seine Produkte auch wirklich loszuwerden. Die Öko-Bauern brauchen einen sicheren Markt, um zu überleben, auch und besonders diejenigen, die erst dabei sind, sich umzustellen, und das werden immer mehr. Die Kleinbauern sind am ehesten bereit, auf Bio-Landbau umzusteigen; sie verwenden heute schon weniger chemische Düngemittel und -präparate als die industrialisierte Landwirtschaft.

Das Gütersloher Beispiel sollte Schule machen. Wenn gar keine der sich zusammenschließenden Familien über genügend Platz zum Lagern der Vorräte verfügt, ist sicher ein Bauer bereit, ein Eckchen in der Scheune freizumachen. Abwechselnd oder gemeinsam wird dann am Wochenende auf's Land gefahren – das macht auch noch allen Spaß – und die Wochenration für die anderen mit abgeholt.

Wie findige Köpfe sogar mitten in Berlin-Kreuzberg über die Runden kommen, zeigt ein Bericht in »Natürlich und Gesund« von Allessandro Vasella:

»In Berlin hat sich eine aktive Schar von ›Permakulturellen‹ gebildet, die sich in Selbstbefreiung von großstädterischen Zwängen der alternativen Bewegung zugesellte und inzwischen über einige gute Beispiele berichten kann. Einmal gelang es ihr, städtisches Brachland zu kultivieren und für die Nahrungsmittelproduktion bzw. für die Naherholung der Wohnbevölkerung zu nutzen. In Berlin-Kreuzberg gibt es eine Stadtfarm namens ›Kinder-Bauernhof‹, auf der produktive Haustiere gehalten werden (Gänse, Hühner, Schweine, Schafe und Ziegen). Diese Kinderfarm liegt unmittelbar an der Mauer...

Auf nahegelegenen, ungenutzten Flächen sind Kräuterwiesen entstanden. Und an der Mauer, wo früher einmal ein Haus stand, wächst unter einer dicken Mulchschicht die nächste Kartoffelernte...

Im gleichen Stadtviertel wurde die spekulative Schließung einer Baulücke verhindert, was die Entstehung eines Nutzgartens, der gleichzeitig Naherholungsraum für die Anwohner ist, möglich machte... Eine ganz andere, aber ebenso sinnvolle Einrichtung sind die (bereits erwähnten) Erzeuger-Verbraucher-Genossenschaften, die jeglichen Zwischenhandel überflüssig machen. Gruppen von Stadtbewohnern schließen sich zusammen und vereinbaren mit einem Bauern in Stadtnähe die Abnahme seiner Erzeugnisse. Der Bauer erzielt höhere Einnahmen, weil er direkt verkaufen kann. Er legt auch mehr Wert auf gute Qualität, da er die Verbraucher persönlich kennt. Die Verbraucher zahlen weniger und ernten ihre Lebensmittel teilweise selber in ihrer Freizeit, was für sie gleichzeitig Erholung ist; sie wissen, woher die Ware kommt und können Wünsche bezüglich Art und Qualität äußern.«

Es gibt also keine Ausreden mehr, wenn das System sogar mitten in Kreuzberg funktioniert!

Meine pfiffige Freundin Halo hat eine ausgediente Kühltruhe mit Sand gefüllt und überwintert ihr Gemüse auf diese Weise.

Wie ich meine Lebens-mittel über den Winter konserviere – damit sie keine Todes-mittel werden

Was gelagert wird, verliert im allgemeinen an Wert.

Trotzdem gibt es auch beim Konservieren gewaltige Unterschiede. Grob gesagt: Kälte schadet weniger als Wärme – einfrieren schadet weniger als einkochen. Deshalb friere ich Äpfel, Pflaumen, Aprikosen, Himbeeren für Obstkuchen und Aufläufe ein – ebenso wie Blattgemüse, also Spinat, Mangold, Petersilie etc.

Kompott aus Obst gibt es bei mir überhaupt nicht. Abgesehen davon, daß es ungesund ist, schmeckt es uns auch nicht. Da mein Garten aber im Herbst von Äpfeln überquillt, bereite ich Apfelsaft – wohl wissend, daß Saft ein Teilnahrungsmittel ist. Es leuchtet ein: wenn ich 1 Möhre gründlich kaue, dauert das etwa so lange wie ich brauche, um den Saft von 10 Möhren zu trinken – weil dem Saft ein wesentlicher Teil des ursprünglichen Ganzen fehlt.

Prof. Kollath zum Beispiel hat nachgewiesen, daß bei der Saftherstellung zwar die wasserlöslichen Vitamine in den Saft gelangen, daß aber andere wichtige biologische Stoffe (er nannte sie Auxone) in den Rückständen, im Trester, zurückbleiben.

Das wirklich Schlimme ist aber, daß Säfte, egal ob gekauft oder selbstgemacht, genau wie Fabrikzucker oder gekochtes oder eingemachtes Obst, Unverträglichkeiten in Kombination mit Vollkorn und Frischkost bewirken – Sie also Ihren Frischkornbrei womöglich nicht vertragen, wenn Sie Saft trinken.

Dennoch gehe ich beim Apfelsaft diesen Kompromiß ein. Ich habe viel Kinderbesuch, darunter auch eingefleischte Coca-Cola- und Limo-Trinker. Bei denen blitze ich ab, wenn ich ihnen Kräutertee anbiete. Da ist ein selbstgepreßter, naturtrüber Apfelsaft ohne Konservierungsstoffe, möglichst mit Wasser verdünnt, immer noch besser als Cola; den trinken sie alle mit Wonne. Ebenso die Gäste, die gern von ihrem Alkoholkonsum herunterwollen.

Auch bei der Marmelade bin ich zu einem (winzigen) Kompromiß bereit. Einen Teil rühre ich roh an, aber einen Teil koche ich, wenn auch mit Honig statt mit Zucker, ein. Diese Marmeladen müssen bei 115–130 Grad sterilisiert werden, wenn sie haltbar sein sollen.

Konservendosen kommen in meinem Haushalt so gut wie gar nicht vor. Weißblechdosen, die innen nicht lackiert sind, können durch die Säuren der Nahrungsmittel bei längerem Stehen angegriffen werden und Eisen und Zinn abgeben. Zinn über 100 mg/kg muß als gesundheitlich bedenklich angesehen werden, Eisen führt zu Verfärbungen des Einmachgutes. Darüber hinaus bedeutet Konservieren in Dosen eine ungeheure Verschwendung von kostbaren Rohstoffen.

Bei meiner Vorratswirtschaft unterscheide ich zwischen den Lebensmitteln, die einen kühlen feuchten Keller brauchen, und denen, die trocken gelagert werden müssen.

Meine Kellervorräte

Der Keller ist verhältnismäßig klein, ich muß Äpfel und Kartoffeln gemeinsam unterbringen, was ungünstig ist, da die Äpfel die Kartoffeln zum Keimen anregen. Unsere Bauernäpfel halten sich aber sowieso nicht lange, so trockne ich die meisten, und nur die schönsten bewahre ich im Keller auf. Als beste Methode hat sich bewährt: jeden Apfel einzeln in Seidenpapier wickeln und in einer Pappschachtel stapeln.

Die Kartoffeln liegen in Steigen, luftig übereinandergestellt.

Eine Super-Aufbewahrungsmethode fanden wir für das Gemüse. In einer Kellerecke haben wir einen Bretterverschlag gebaut, auf den Holzboden eine Lage Stroh geschichtet, darauf die Gemüse; je ein Haufen rote Rüben, Möhren, Sellerie. Alles wird abgedeckt mit einer Lage Moos – Namensschildchen in das Moos stecken, damit man nicht herumwühlen muß, um das jeweilige Gemüse zu finden. Das

Moos wird durch gelegentliches Besprühen mit Wasser aus der Gießkanne feucht gehalten. *Die* Methode überhaupt – bis spät in den Frühling hinein habe ich frische Knollen.
Lauchstengel und Kohlrabi werden mit der Wurzel aus der Erde gezogen und in Steigen voller Kompost »wieder eingepflanzt«. Ebenfalls gelegentlich die Erde mit Wasser besprühen.
Krautköpfe, rote und weiße, liegen auf Holzregalen nebeneinander. Sie müssen ab und zu umgedreht werden, damit sie nicht schimmeln.
Zum Einlegen von Sauerkraut und Gurken benutze ich Gärtöpfe. Sie sind in verschiedenen Größen in Reformhäusern und Naturkostläden erhältlich. Wenn die Wasserrinne immer sorgsam mit Wasser gefüllt ist, können keine unerwünschten Bakterien von außen in den Gärtopf dringen. Sie ersparen sich das leidige Abschöpfen der obersten Lage des eingelegten Gutes sowie das Nachfüllen von Wasser in den Topf. Nach meiner Erfahrung ist es praktischer, mehrere kleine Gärtöpfe zu nehmen als zu große; die Haltbarkeit der eingelegten Produkte, nachdem man den Topf einmal angebrochen hat, ist besser.
Pilze und milchsaures Gemüse lege ich noch lieber in Twist-off-Gläsern ein. Gerade von Pilzen werden erfahrungsgemäß nur geringe Mengen auf einmal gegessen. In kleinen Gläsern säuert das Eingelegte nicht so stark nach wie in größeren. Außerdem können Sie immer nebenbei mal eine kleine Portion einsäuern, wenn Sie gerade ein paar Tomaten übrig haben, eine Zucchini, dazu eine halbe Zwiebel.
Auch hier mein Rat: wenn Sie selbst nicht über genügend Raum verfügen, planen Sie eine Vorratshaltung mit Freunden. Einer wird genügend Platz haben, für die anderen mit, um all die Kostbarkeiten bis zum Verbrauch zu horten. Das Einkaufen, Putzen von Gemüse, Stampfen von Sauerkraut, Sammeln von Pilzen und Beeren, Einkochen von Marmeladen macht einen Heidenspaß, wenn man es gemeinsam tut. Ein Wochenende ist dafür nicht zu schade.
Ich gebe hier die Mengen an, die ich im letzten Winter bei »unserem« Bio-Bauern für unseren 2-Personen-Haushalt erworben habe (Kostenpunkt etwa 400 DM). Dafür brauche ich den ganzen Winter über kein einziges Stück Gemüse oder Salat einzukaufen. Wir essen extrem viel rote Rüben, Kohl und Sellerie, vor allem als Frischkost, ab und zu kriegen auch die Pferde etwas davon ab. Es kann also sein, daß die gleiche Menge in einem anderen Haushalt für 4 Personen reicht. Mit der Zeit werden Sie heraus finden, wieviel Sie für Ihre Familie brauchen.

Für 2 Personen (und Freunde zu Besuch) horte ich für den Winter in meinem Keller:

2 Zentner Kartoffeln
20 kg Möhren
20 kg Sellerieknollen
20 kg rote Rüben
20 kg Lauchstengel
40 Stück Kohlrabi
20 Kohlköpfe – Weiß- und Rotkohl

Äpfel je nach Ernte
25 kg Sauerkraut in Gärtöpfen
25 kg Gewürzgurken in Gärtöpfen
15 kg Senfgurken in Steintöpfen
60 Flaschen Apfelsaft
60 Flaschen Holunder-Apfel-Saft
ein 50 Liter-Faß Apfel-Birnen-Most

Daneben jede Menge in Twist-off-Gläsern eingesäuerte Tomaten, Kürbis, Gurken, Pilze – und Marmeladen von Erdbeeren, Himbeeren, Brombeeren, Hagebutten sowie Holunder- und Apfelgelee.

Die verschiedenen Konservierungsmethoden

Die Milchsäuregärung: Die beste Konservierungsmethode ist die uralte Form der Milchsäuregärung, in allen osteuropäischen Ländern seit eh und je beliebt. Nicht nur bleiben hierbei Vitamin A und C zur Gänze erhalten – der Vitamin C-Gehalt nimmt sogar zu, ebenso der Gehalt an Vitaminen der B-Gruppe. Neben der Milchsäure bildet sich auch Vitamin B_{12}!
Milchsauer eingelegtes Gemüse wird bei vielen Krankheiten mit Erfolg eingesetzt, vor allem in der Krebsdiät. Milchsäure verhindert das Aufkommen von Fäulnisbakterien sowohl im eingelegten Gemüse wie auch in unserem Darm. Sie ist rechtsdrehend, wie die körpereigene Milchsäure (rechtsdrehend wird durch +, linksdrehend durch ÷ gekennzeichnet). Bei jeder Krankheit entsteht linksdrehende Milchsäure, die jedoch ein abwehrbereiter Körper durch rechtsdrehende Milchsäure neutralisiert.
Wir bekommen manchmal geradezu einen Heißhunger, wenn uns im Keller die milchsauer eingelegten Tomaten, Zwiebeln und Zucchini anlachen. Da kommt es vor, daß ein riesiges Glas an einem einzigen Abend verputzt wird.

Das Einfrieren ist nach dem milchsauer Einlegen die nächstbeste Konservierungsmethode. Es entstehen kaum Vit-

aminverluste, vor allem wenn Gemüse und Obst knackfrisch sind, 'können die Vitalstoffverluste geringer sein als bei unsachgemäßer und zu langer Lagerung.
Ich friere ein: Mangold, Spinat, Petersilie, Dill und Schnittlauch. An Obst: Äpfel, Pflaumen, Aprikosen, Himbeeren, Kirschen, Erdbeeren und Rhabarber. Pflaumen, Zwetschgen, Aprikosen und Kirschen entsteinen, nebeneinander ausgebreitet vorfrieren, dann in Beuteln einschweißen. Ebenso friere ich Erdbeeren, Himbeeren etc. vor. Rhabarberstengel ziehe ich ab und schneide sie in Stücke, bevor ich sie in Beuteln einschweiße. Äpfel für Apfelkuchen schneide ich mit der Schale in dicke Scheiben, schmore sie kurz mit Rosinen und Rum, lasse sie abkühlen und schweiße sie dann in Beuteln ein.
Bei Gebrauch werden sie aufgetaut, auf dem rohen Kuchenboden verteilt und mit etwas Nelkenpulver und Zimt bestreut gebacken.
Die Blattgemüse waschen und kurz mit kochendem Wasser überbrühen, abtropfen und abkühlen lassen, in Folie einschweißen.
Bei Petersilie, Dill und Schnittlauch: waschen und trockentupfen, Blätter von den Stengeln zupfen, im Ganzen vorfrieren und auch im Ganzen in Beuteln einschweißen. Bei Bedarf aus den Beuteln nehmen, noch gefroren zwischen den Händen zerrebeln bzw. Schnittlauch mit der Schere zu Röllchen schneiden, und sofort verwenden. Bei dieser Methode wird das Aroma optimal erhalten, während es mehr oder weniger verlorengeht, wenn das Gut vor dem Einfrieren zerkleinert wird.
Kleine, gebrauchsfertige Portionen friere ich auch einfach in Joghurt- oder Quarkbechern ein.

Das Einsalzen: Suppengrün – also Lauch, Möhren, Knollensellerie und Petersilienwurzel – eignet sich zum Einsalzen. Auf 100 g gewaschenes, gut abgetropftes, feingehacktes Suppengrün gebe ich 30 g Vollmeersalz, vermische alles gut und fülle die Mischung in Joghurtbecher oder Quarkschalen. Läßt sich auch gut einfrieren. Bei Bedarf mit dem Löffel die entsprechende Menge herausschaben und unaufgetaut in die Suppe geben.
Längere Haltbarkeit erziele ich, wenn ich die gehackten Gemüse kurz in Pflanzenöl andünste und erst dann mit dem Salz vermische.

Das Dörren von Obst und Gemüse bedeutet immer einen

Verlust an Vitalstoffen, ist aber andererseits einer langen, vor allem einer unsachgemäßen Lagerung vorzuziehen.
Ich habe mir den *Dörr-ex*-Trockenapparat gekauft (s. Anhang) und bin damit sehr zufrieden. Dieser Apparat besteht aus Drahtsieben, die, übereinandergestellt, von einem elektrisch betriebenen Ventilator von unten mit milder Hitze versorgt werden. Sie können bis zu 7 Siebe übereinander stapeln, und Kräuter z.B. auch ohne Strom trocknen. Eine fabelhafte Methode zum Dörren von Aprikosen, Pflaumen, Birnen- und Apfelschnitzen etc. Bei sehr saftigen Früchten eventuell Seidenpapier auf die Siebe legen, damit sie nicht klebrig werden.
Das Dörren von Gemüse habe ich zwar probiert, aber wieder aufgegeben. Gedörrte Möhren, in Gläsern aufbewahrt, sind mir schimmelig geworden – und warum soll ich sie dörren, bis sie knochentrocken sind, wenn ich sie im Keller im Moosbett lagern kann. Aber – probieren Sie selbst. Es trifft tatsächlich zu, daß gedörrte Möhren unwahrscheinlich süß schmecken und nach dem Einweichen nur noch eine ganz geringe Garzeit brauchen.
Das Vitamin C wird natürlich beim Dörren geschädigt, aber die Mineralstoffe, wie Kalium etc., bleiben erhalten, sehr intensiv ist der Zuckergehalt.

Wie ich meine Kostbarkeiten dörre oder trockne:
- Pflaumen im *Dörr-ex* vortrocknen (etwa 3 Tage), dann die Kerne entfernen und nachtrocknen.
- Aprikosen entsteinen, dann trocknen.
- Äpfel und Birnen mit Schale in dicke Scheiben schneiden (ich lasse das Kernhaus drin) und mit Zimt bestreuen.

● Kirschen 1 Tag vortrocknen, dann die Kerne herausdrükken und fertigtrocknen.
● Erdbeeren – auch Walderdbeeren – auf Seidenpapier trocknen (wunderbar als Beigabe in Teemischungen).
● Pilze geputzt, möglichst ungewaschen, in Scheiben schneiden.
● Kräuter wie Melisse, Pfefferminze, Erdbeer- und Brombeerblätter, Salbei und Rosmarin etc. ernte ich vor der Blüte nach dem Morgentau an einem trockenen Tag und hänge sie entweder zu Sträußen gebündelt an einem staubfreien, schattigen Platz auf – oder ich trockne abgezupfte Blätter und Stengel getrennt auf den Sieben des *Dörr-ex* – ohne Hitze, ohne Strom, an einem warmen, schattigen Platz. Erst wenn alles wirklich knochentrocken ist, bewahre ich die Kräuter in beschrifteten Mullbeuteln auf; sie müssen staubfrei und luftig hängen. Das Beschriften ist sehr zu empfehlen, weil einige Blätter im Laufe des Winters ihr spezifisches Aussehen und manchmal auch ihren Duft verlieren und dann kaum noch voneinander zu unterscheiden sind.

In Beuteln luftig aufgehängt ist die Gefahr der Schimmelbildung geringer als bei der Aufbewahrung in Gläsern, allerdings verfliegt das Aroma schneller. Am besten selbst die günstigste Methode ausprobieren.

Meine Trockenvorräte

Trocken aufbewahrt werden
- alle Getreidesorten
- getrocknete Tees
- Zwiebeln
- alle getrockneten Früchte

Ideal ist ein luftiger Dachboden. Nie Plastik verwenden, alles muß atmen können. Getreide hänge ich in Jutesäcken an großen Haken an der Decke auf – ab und zu das Getreide »umrühren«. Kleinere Mengen stehen trocken im Küchenschrank.

Die Tees hängen ebenfalls, wie gesagt, in Mullbeuteln, Zwiebeln, zu Zöpfen geflochten, an Haken oder Nägeln, ebenso Knoblauch.

Die getrockneten Birnen, Äpfel, Aprikosen, Pflaumen lasse ich in Bastkörbchen nachtrocknen – öfter mal wenden. Wenn sie ganz trocken sind, werden sie ebenfalls in Mullbeuteln aufgehängt. Auch Pappschachteln mit Luftlöchern eignen sich.

Für 2 Personen (und Freunde zu Besuch) sehen meine Trockenvorräte so aus:

100 kg Weizen	10 kg Buchweizen
100 kg Roggen	20 kg Grünkern
20 kg Hafer	10 kg Reis
20 kg Hirse	10 kg Honig

1 Sack Walnüsse (unbehandelt, im Herbst beim Bauern gekauft oder vom Grünmarkt),
10 kg Haselnüsse (unbehandelt, vom Grünmarkt),
getrocknete Pflaumen, Apfelscheiben und Birnenscheiben (je nach Ernte),
20 kg Zwiebeln.

Bei der Umstellung auf Vollwertkost tauchte ein Problem auf: Was wird aus dem geliebten Rumtopf? Funktioniert der denn auch, wenn ich Honig nehme statt des Zuckers? Er funktioniert! Und ob!

Ich nehme alles an Früchten, was Garten und Wald bieten: Erdbeeren und Himbeeren, Kirschen, Brombeeren, Aprikosen und Pflaumen, Pfirsiche und Weintrauben.

Mein Honig-Rumtopf

Für einen 4-Liter-Rumtopf brauche ich:
4 kg Früchte (sie müssen frisch und absolut fehlerfrei sein)
2 l Rum (ich nehme den weißen)
1 kg Honig (möglichst einen geschmacksneutralen wie Blütenhonig)

Je nachdem, mit wie vielen Früchten Sie anfangen: einen Teil des Honigs mit einem Teil des Rums verrühren, bis der Honig sich völlig aufgelöst hat. Die ersten Früchte einlegen. Sie müssen gut mit Honig-Rum bedeckt sein.
Dann immer wieder Früchte zugeben und entsprechend Honig-Rum nachgießen.
Damit die Sache nicht etwa anfängt zu gären, können Sie abschließend jeweils ein paar Löffel reinen Alkohol aus der Apotheke drübergießen. Bisher ist mir der Rumtopf aber auch ohne diesen Alkohol gelungen, der Honig hat ja auch eine konservierende Wirkung. Ich binde den Topf mit Cellophan zu und bewahre ihn kühl im Keller auf.
Spätestens zu Weihnachten ist der Rumtopf »reif«.

Säfte, Marmeladen und Gelees ohne Zucker

Holundersekt

300 g Honig
4 l Wasser
¼ l Weinessig
2 Zitronen
etwa 7 Dolden Holunderblüten

Honig in Wasser und Essig auflösen und in ein großes Glas füllen, in Scheiben geschnittene Zitronen und die Holunderblüten zugeben. 5 Tage in der Sonne stehen lassen.
In sehr saubere dickwandige Flaschen (Sektflaschen) füllen, zukorken und am besten noch mit Draht zubinden, damit beim Gärungsprozeß der Korken nicht herausfliegt. Kühl liegend aufbewahren.
Nach 2 Wochen ist der Holundersekt fertig.

Das mögen Kinder:

Holundermilch

½ l Milch
2 Dolden Holunderblüten
2 EL Honig
Naturvanille nach Geschmack

Milch erwärmen – nicht über 40 Grad – und über die Holunderblüten gießen. 10 Minuten ziehen lassen und abseihen. Honig und Vanille unterrühren.
Schmeckt warm und kalt.

Variante für die Großen: an die abgekühlte Honig-Milch noch 4 verquirlte Eigelb geben und 4 Stamperl Obstler oder Kognak. Gut gekühlt servieren.

Holunder-Apfel-Saft

Gleiche Menge Holunderbeeren (grob von den Stielen gezupft) und Äpfel, auch Fallobst (mit Schale und Kerngehäuse, in Stücke geschnitten)

Holunder und Äpfel mischen, im Dampfentsafter entsaften. Heißen Saft sofort in sehr saubere, mit heißem Wasser ausgespülte Flaschen füllen. Sofort mit Gummikappen verschließen, die in Wasser ausgekocht sind.
Der Saft – ohne Zugabe von Zucker oder Honig – hält sich über Jahre. Sie können daraus mitten im Winter eine delikate rote Grütze zaubern.
Genauso bereite ich Apfelsaft.

Wie aktuell mein Buch ist, fällt mir immer besonders auf, wenn ich die Hiobsbotschaften aus den Hungerländern höre: die Polen hungern, kein Fleisch, kein Zucker in den Geschäften zu haben – russische Frauen wollen keine Kinder, weil sie ihnen »keine Vitamine bieten können, es gibt keine Orangen!« – in Afrika, wo 150 Millionen Menschen am Verhungern sind, will man dem Problem mit Milchpulver zu Leibe rücken ...
Ein bißchen Umdenken wäre nötig, und kein Mensch in der Welt brauchte zu hungern.
Ich möchte dazu ein Beispiel aus dem 1. Weltkrieg anführen. Der dänische Arzt Hindhede bewahrte die Dänen vor der

Hungersnot, obwohl ihnen prozentual weniger Lebensmittel zur Verfügung standen als den Deutschen. Hindhede hatte erkannt, daß die Ernährung des Menschen über den Umweg des Tieres einen erheblichen Nährwertverlust bedeutet und ordnete das Schlachten von vier Fünftel des Schweinebestandes an. Er ließ das »Schweinefutter« aus Kleie, Kartoffelschalen und Getreideresten für die Menschen verwenden. Auch der Bestand der Kühe wurde um ein Drittel verringert. So standen 800000 Tonnen Vollgetreide (!) vorwiegend für die Ernährung des Menschen zur Verfügung, die sonst zum größten Teil für die Viehfütterung verwendet worden wären (sinngemäß entnommen dem Buch »Unsere Nahrung – unser Schicksal«).

Holunderblütentrank

Holunderblüten über Nacht in Wasser ansetzen. Am nächsten Tag mit Zitronensaft und Honig abschmecken, frische Melisseblätter dazugeben. Gekühlt servieren.
Der Holunderblütentrank sieht entzückend aus in einer Glaskaraffe.

Sie erinnern sich an meine russische Freundin Tanja? Wenn sie im Sommer zu uns zu Besuch kommt, macht sie

Kwas

- 1 kg Roggenbrot
- 8–10 l Wasser
- 25 g Hefe
- 3 EL Honig (sie nahm – natürlich – Zucker, das habe ich ihr – natürlich – abgewöhnt)
- 25 g frische Pfefferminze
- 50 g Rosinen

Roggenbrot in dünne Scheiben schneiden, im Ofen rösten. Scheiben in einen Topf legen, kochendes Wasser drübergießen, Topf zudecken und 4 Stunden stehen lassen, dann pürieren (Pürierstab). Hefe und Honig zugeben. Topf zudecken und 6 Stunden gären lassen. Wenn der Kwas schäumt, durch ein Sieb gießen, in saubere Flaschen abfüllen; in jede Flasche etwas frische Pfefferminze und 3 Rosinen geben. Flaschen mit Korken oder Gummikappen verschließen. Im Keller lagern. Nach 3 Tagen können Sie den Kwas trinken. An einem heißen Juli-Sonntag unter Apfelbäumen in der Hängematte schaukelnd, ein Glas kellerkühlen Kwas in der Hand – und Sie kommen sich vor wie eine Figur aus einem Drama von Tchechow.

Holunderblütentrank

Wie bereitet man Marmelade ohne Zucker – aber so, daß sie sich auch hält? Das ist nach wie vor ein beliebtes Gesprächsthema unter Vollwertköstlern.
Unsere Mütter rechneten auf 1 Kilo Früchte 1 Kilo Zucker. Doch was tun wir Ernährungsbewußten, die wir um die Schädlichkeit des Zuckers wissen? Sollen wir aufs Marmeladekochen verzichten, wenn Bäume und Sträucher im Garten sich unter der Last der reifen Früchte biegen?
Die meisten von uns werden sich zu einem Kompromiß entschließen, zumal ja von Marmeladen und Gelees nur kleine Mengen verzehrt werden. Ich habe folgende Zubereitungsarten als empfehlenswert herausgefunden – danke auch allen Einsendern für ihre Vorschläge!

Rohmarmelade aus Dörrobst

Pflaumen oder Zwetschgen, Aprikosen, Kirschen etc. entsteinen bzw. entkernen und dörren. Dann jeweils soviel Marmelade zubereiten, wie Sie gerade kurzfristig verbrauchen werden. Dafür das entsprechende Dörrobst etwa 10 Stunden in Wasser einweichen (das Obst muß gerade bedeckt sein). Im Mixer pürieren – fertig. Eventuell mit etwas Honig oder Birnenmehl nachsüßen.
Diese Rohmarmelade ist natürlich nur kurze Zeit haltbar. Das Rezept hat mir übrigens ein Hobbykoch geschickt. Es funktioniert sogar mit Hagebutten, schreibt Herr Ernst Müller. Die Hagebutten werden vor dem Dörren entkernt. Weil mir das zu zeitraubend ist, habe ich es noch nicht versucht. Bei Bedarf werden die gedörrten Hagebutten in Wasser 10 Stunden eingeweicht, nach Geschmack mit Honig gesüßt und püriert. Ich würde sicher noch ein paar Spritzer Zitronensaft drangeben oder etwas Weißwein.
Und jetzt habe ich einen tollen Einfall: bei Zeitmangel könnte man bereits getrocknete Hagebutten natürlich auch kaufen!

Rohmarmelade mit Honig

Auf 500 g Früchte – Himbeeren, Brombeeren, Erdbeeren, Preiselbeeren, Pflaumen etc. – müssen Sie etwa 125 g Honig rechnen. Früchte im Mixer pürieren, Honig zugeben und weitermixen, bis sich der Honig aufgelöst hat – dauert 15 bis 20 Minuten. Ganz nach Geschmack können Sie mit Zimt, Nelkenpulver, Vanille, abgeriebener Zitronenschale würzen. Die Rohmarmelade in gut gewaschene Schraubgläser füllen und im Kühlschrank aufbewahren.
Benutzen Sie tiefgefrorene Früchte, können Sie sich jeweils die Portion zubereiten, die Sie gerade brauchen.
Die Haltbarkeit von Rohmarmelade hängt vom Flüssigkeitsgehalt der Früchte ab und von der Honigmenge. Bei einem Verhältnis 1:1, also gleiche Menge Früchte wie Honig, hält sich die Marmelade mehrere Monate an einem trockenen, kühlen Ort (öfter mal kontrollieren).
Ein Beispiel:

Rohe Pflaumenmarmelade

500 g entsteinte Pflaumen (so lange wie möglich am Baum reifen lassen, am besten bis sie schrumpelig und süß sind)
500 g Honig
abgeriebene Zitronenschale
Zitronensaft
Zimt
Nelkenpulver

Alle Zutaten (Gewürze nach Geschmack) im Mixer 15–20 Minuten pürieren. In Gläser oder kleine Steinguttöpfe füllen. Ich gieße etwas Rum drauf und binde sie mit Einmachhaut zu.

Variante: Marmelade aus Dörrobst mischen mit Rohmarmelade aus Früchten.

Marmelade mit Agar-Agar

500 g Früchte (nach Wahl)
125 g Honig
Saft 1 Zitrone
2 gestr. TL Agar-Agar

Die Früchte zerdrücken oder pürieren, mit dem Honig mixen. Unter Rühren aufkochen (evtl. etwas Wasser zugeben, damit nichts anbrennt), 5 Minuten brausend kochen lassen. Das in etwas Wasser und Zitronensaft aufgelöste Agar-Agar einrühren, einmal aufkochen. Marmelade in gut gesäuberte, heiß ausgespülte Schraubgläser füllen und sofort auf den Kopf stellen, damit etwaige Luft entweichen kann.
Agar-Agar möglichst nicht öfter als einmal aufkochen, und die Gläser unbedingt bis zum Erkalten ruhig stehen lassen, da sonst die Gelierfähigkeit des Agar-Agar beeinträchtigt wird.

Pflaumenmus, wie Mutter es machte

Die entsteinten Pflaumen ohne Zucker, nur mit gemahlenen Nelken und Zimt nach Geschmack, im Backofen bei offener Tür und gelinder Hitze in der Saftpfanne (oder einem dickbodigen weiten Topf) zu einem dicken Mus einköcheln lassen. Das dauert mindestens 6 Stunden, und leider hauchen dabei die Vitamine ihren Geist aus.
So heiß wie möglich in heiß ausgespülte Twist-off-Gläser oder Schraubgläser füllen. Das Pflaumenmus hält sich auch ausgezeichnet in kleinen Steinguttöpfen, mit Einmachhaut verschlossen.
Übrigens ein hübsches und beliebtes Mitbringsel!

Marmelade oder Gelee mit »Unigel«

Unigel hat nicht etwa, wie der Name nahelegt, mit »Unimog« zu tun. Unigel ist ein in der Schweiz fabriziertes Geliermittel, erst in wenigen Reformhäusern und Naturkostläden erhältlich. Unigel hat gegenüber dem Agar-Agar einen Vorteil: es nimmt fast nichts vom Geschmack der Speisen weg. Ein (geringer) Nachteil: wenn Sie die fertige Marmelade oder das Gelee ein zweites Mal aufkochen wollen, etwa weil Sie beim Marmeladekochen ans Telefon gerufen wurden, müssen Sie die gleiche Menge Unigel noch einmal zugeben, sonst wird die Marmelade oder das Gelee nicht wieder dick (im Gegensatz zu Agar-Agar).
Ganz wichtig: wie auch beim Agar-Agar die Gläser mit der eingefüllten Marmelade bzw. dem Gelee nicht bewegen, bis der Geliervorgang abgeschlossen ist.
Unigel wird aus Apfelpektin und Fruchtzucker hergestellt. Der Fruchtzuckeranteil ist aber so minimal, daß er kaum ins Gewicht fallen dürfte. Auf 1 kg Früchte oder Fruchtsaft rechnet man 30 g Unigel, dazu 200 g Honig oder Birnenmehl. Angebrochene Gläser im Kühlschrank aufbewahren.
Bezugsquelle für Unigel finden Sie im Anhang.

Holundergelee

2 l Saft (im Dampfentsafter gewonnen aus halb Holunder, halb Äpfeln, s. Holunder-Apfel-Saft Seite 221)	1 Schuß Rotwein (in den 2 Litern inbegriffen)
	Zimt, Nelkenpulver, Honig (nach Geschmack)
	3 gestr. EL Agar-Agar

Den frisch gewonnenen Saft mit den übrigen Zutaten aufkochen, in Twist-off-Gläser füllen (oder in Weckgläser).
Die Twist-off-Gläser stelle ich kurz auf den Kopf (1 Minute) und rühre sie während des Geliervorgangs nicht mehr an.
Ebenso bereite ich Apfelgelee.
Statt des Agar-Agar können Sie auch Unigel nehmen.

Pflaumenmarmelade

2 kg entsteinte Pflaumen	2 EL Honig
Zimt	60 g Unigel
Nelkenpulver	

Alle Zutaten zusammen aufkochen, 30 Sekunden durchkochen (große, feste Früchte, bis sie gar sind). Sofort heiß in vorgewärmte Gläser füllen, mit Deckel verschließen. Gläser 1 Minute auf den Kopf stellen, dann wieder wenden und während des Geliervorgangs nicht mehr bewegen.

Milchsauer Eingelegtes

Milchsaures Gemüse in Gläsern

Das Einlegen in Weck- oder Twist-off-Gläser ist eine fabelhafte Methode, milchsaures Gemüse für den Winter zu bereiten. Quasi nebenbei schneidet man ein paar Tomaten, Zucchini und Knoblauch, eine Zwiebel – ins Glas füllen, Salzwasser drüber gießen und Deckel drauf – fertig!
Die Faustregel für die Salzmenge: 15 g Vollmeersalz auf 1 l Wasser.
Ein paar wichtige Tips:

- 4–5 cm frei lassen für den Gärungsprozeß
- das Salzwasser wird aufgekocht, auf Handwärme abgekühlt und über das Gemüse gegossen
- ein frisches und unbehandeltes Weinblatt drauflegen, falls Sie ein solches auftreiben können
- ist das Glas gefüllt und ordentlich verschlossen (mit Twist-off-Deckel oder Gummiring und Weckglas-Deckel plus Klammer), an warmem Platz (bei 20–25 Grad) 8 bis 10 Tage stehen lassen
- die beginnende Gärung zeigt sich durch Aufsteigen von Bläschen bzw. Gluckern
- in einen kühleren Raum stellen mit 0 bis 10 Grad.

In etwa 6 Wochen ist ihr milchsaures Gemüse reif. Meine Erfahrung hat gezeigt, daß milchsauer Eingelegtes nachsäuert, in kleinen Gläsern aber weniger als in großen.
Nach der Entnahme der Gemüse: übriggebliebener Gärsaft hält sich in Flaschen gefüllt im dunklen Keller und kann zu Salatsaucen verwendet werden.

Beispiele für milchsaures Gemüse in Gläsern:

- Gurken (größere Gurken mit einem Zahnstocher einstechen), Zwiebeln, Knoblauch, Meerrettichscheiben, Dill, Senfkörner, Koriander, Estragon, Nelken
- Gurken in Stücke geschnitten, Paprikastreifen, Tomaten in Vierteln, Zwiebeln in Vierteln, Knoblauch, Gewürze wie oben oder nach Geschmack – z.B. Rosmarin und Lorbeerblätter, Salbeiblätter
- Kohlrabi in Scheiben, Estragon, Gewürzkörner, Dill
- Grüne Bohnen müssen vor dem Einsäuern gekocht werden (in Wasser ohne Salz etwa 15 Minuten), dann wie üblich einlegen – mit Zwiebelstücken, Knoblauch, Bohnenkraut
- Gurken gemischt mit Bohnen – Gewürze nach Belieben
- Gurken und Blumenkohlröschen (größere Gurken in Scheiben schneiden), Gewürze nach Geschmack
- Sellerie grob reiben und sofort mit Salzwasser vermischen, damit er nicht braun wird – Gewürze wie bei Gurken
- roter Paprika in Stücken – Gewürze wie bei Gurken

(siehe auch Broschüre *Die Milchsäuregärung* von Maria Lingenfelder, Waerland-Verlag).

Milchsaures Gemüse im Gärtopf

Der Gärtopf hat vor dem üblichen Steintopf den Vorteil, daß die mit Wasser gefüllte Rinne die im Topf freiwerdende Kohlensäure zurückhalt; diese Kohlensäure verhindert die Entstehung der Kahmhefe, die zum Schmierigwerden von Brettchen und Steinen führt. Wichtig auch hier: Gemüse und Steine müssen immer ausreichend, etwa 5 cm hoch, mit Gärbrühe bedeckt sein. Die Steine können gelegentlich mit heißem Wasser abgewaschen werden.

Wenn Gärtöpfe nicht kalt genug stehen (ideal ist 0 bis 10 Grad) und nicht zügig genug geleert werden, kann sich im Topfinnern ein Hefebelag bilden, der aber nicht schadet, sofern Gemüse und Steine ausreichend mit Brühe bedeckt sind. Ich wische diesen Belag mit einem sauberen Tuch ab. Der Gärsaft wird zu Salaten verwendet.
Die Bereitung von milchsaurem Gemüse im Gärtopf entspricht der bereits geschilderten in Gläsern.
Wichtig: zwischendurch kontrollieren, ob das Wasser in der Rinne verdunstet ist – eventuell nachfüllen!

Tips zum Einlegen von Gurken:

- Nur feste Gurken nehmen ohne die kleinste schadhafte Stelle
- alle Gefäße müssen gründlich gereinigt sein
- die Gurken mit einer weichen Bürste gründlich schrubben
- Gurkengläser oder Fässer (mit Ausnahme der Gärtöpfe) mit Klarsichtfolie zubinden
- Gläser und Fässer kühl und dunkel lagern.

Kürbis süß-sauer eingelegt

2 kg Kürbis (gewürfelt)
Sud:
1 l Apfelessig
500 g Honig
abgeschälte Schale einer Zitrone
2 Stangen Zimt
1 EL Gewürznelken
1 TL Kräutersalz

Für den Sud alle Zutaten aufkochen. Kürbiswürfel darin glasig kochen, abtropfen lassen und in Gläser füllen. Den Sud 8 Minuten einkochen, Zitronenschale herausnehmen. Den Sud über die Kürbiswürfel gießen. Nach 3 Tagen den Sud abseihen, noch einmal aufkochen und wieder über die Kürbiswürfel gießen. Die Gläser mit Einmachhaut verschließen und kühl lagern.
Genauso lassen sich Zucchini zubereiten.

Das Sauerkraut soll so alt sein wie die chinesische Mauer: und die wurde 200 Jahre v. Chr. gebaut. Die Mär erzählt, daß die Bauarbeiter, die Kulis, sich hauptsächlich von Reis und Sauerkraut ernährten – und als dann Dschingis-Khan etwa tausend Jahre später nach China kam, sollen er und seine Krieger das Sauerkraut auf ihren Kriegspfaden mit nach Europa gebracht haben, so gut hat es ihnen geschmeckt.
Griechen und Römer lobten es, Pfarrer Kneipp und Wilhelm Buschs Witwe Bolte. Manche Chronisten behaupten: Hätte Columbus auf seiner Fahrt nach Amerika nicht soviel Sauerkraut gehabt, hätte das Sauerkraut nicht seine Mannen vor Skorbut bewahrt und ihnen so das Leben gerettet, wäre Amerika vielleicht gar nicht entdeckt worden. Gar nicht auszudenken, wir hätten kein McDonalds!
Sauerkraut ist reich an Vitamin C, den Vitaminen der B-Gruppe, enthält Spurenelemente, Mineralstoffe, Milchsäurebakterien. In den Wintermonaten sollte es täglich auf dem Tisch stehen – am besten roh, eventuell leicht angewärmt.
Nur biologisch gezogenes Kraut verwenden, in chemisch gedüngtem sind die Milchsäurebakterien geschädigt, das Sauerkraut gärt nicht, sondern fault.
Wir borgen uns vom Nachbarn einen Krauthobel aus, kleinere Mengen kann man natürlich mit Messern schneiden. Am besten breitet man auf einem großen Tisch oder auf dem Fußboden ein Bettlaken aus – und dann gehts los! Das Schneiden, Stampfen und Einlegen von Sauerkraut ist eine richtige Gaudi.

Sauerkraut

20 kg Weißkohl (geputzt gewogen)
60 g Vollmeersalz
Wacholderbeeren (1 Handvoll)
Kümmel (etwa 2 EL)

Den geputzten Kohl ohne Strünke fein hobeln, mit dem Salz mischen. Je eine Lage Kraut in den Gärtopf geben, darauf Wacholder und Kümmel. Festdrücken oder stampfen (Holzstampfer). Jede Lage feststampfen, bis Saft austritt. Den Topf nur so voll füllen, daß Platz für die beiden Steine bleibt.

Wichtig: Kraut muß immer mit Flüssigkeit bedeckt sein – ist der Kohl sehr trocken, gießt man etwas abgekochtes, abgekühltes Wasser dazu. Der Saft muß mindestens 2 cm über den Steinen stehen. Deckel auflegen, Wasserrinne mit Wasser füllen und den Topf 8–10 Tage bei Zimmertemperatur stehen lassen, nach etwa 10 Tagen kommt der Topf an einen kühlen Ort, möglichst Keller. In 6 Wochen ist das Sauerkraut »reif«.
Ist der Topf erst einmal angebrochen, siedeln sich in seinem Inneren unter Umständen auch Schimmelbakterien an – es

ist ratsam, das freiliegende Innere mit einem sauberen Tuch jedesmal nach der Entnahme von Sauerkraut auszuputzen. Und das Sauerkraut möglichst zügig aufzuessen.

Variante: ½ l naturreinen Weißwein zugeben und eine Menge gehackten Knoblauch.

Fühlen Sie sich in Ihrem Beruf unbefriedigt, oder sind Sie arbeitslos und haben Sehnsucht, anderen Menschen beim Gesundwerden zu helfen?
Wenn der Gedanke der Vollwerternährung Sie überzeugt: werden Sie doch Gesundheitsberater/in! Die »Gesellschaft für Gesundheitsberatung e.V.« (Adresse im Anhang) sagt Ihnen gerne mehr darüber.
Die Menscheit: sprich Mannheit hat bisher so ausdauernd und offenbar mit Vergnügen an der Zerstörung unserer Erde gearbeitet, daß Frau/Mann/Mensch ja mal zur Abwechslung die gleiche Intensität zu ihrer Heilung aufbringen könnte.

Ideale Lösungen wenn in Ihrem Garten oder auf dem Biomarkt plötzlich eine Tomatenschwemme ausbricht:

Tomatenmark selbstgemacht

Vollreife Tomaten waschen, entstielen, in Stücke schneiden und im Mixer pürieren. Durch ein feines Sieb streichen, in dem Kerne und Haut zurückbleiben. Das gewonnene Mark in ein ausgekochtes Tuch gießen und über Nacht stehen lassen, bis aller Saft abgelaufen ist. Das Mark in kleine Gläser füllen, verschließen und auf einen Untersatz in ein kaltes Wasserbad setzen (Dampfdrucktopf ohne Deckel oder in die mit Wasser gefüllte Fettpfanne), langsam auf 85 Grad erhitzen und 30 Minuten pasteurisieren.

Tomaten tiefgefroren

Tomaten mit kochendem Wasser überbrühen, Haut abziehen, Tomaten vierteln, Stielansatz wegschneiden und mit dem Teelöffel die Kerne herauslösen. Das Fruchtfleisch so in Gefrierdosen drücken, daß möglichst keine Zwischenräume entstehen. Luftdicht verschließen und einfrieren.
Gefroren verwenden oder vorher auftauen – für Aufläufe, Suppen und Saucen.

Selbstgemachter Tomaten-Ketchup

(nachempfunden einem Rezept aus dem Kochbuch meiner Mutter, herausgegeben 1920 in Berlin)

vollreife Tomaten
gleiche Menge Sellerie
Gewürze nach Geschmack:
z. B. Muskatnuß, Ingwerpulver, schwarzer Pfeffer, Paprika
Weinessig
Honig

Tomaten und fein geraspelten Sellerie weichkochen, durch ein Sieb treiben. Den aufgefangenen Saft über Nacht durch ein Tuch seihen, das im Tuch aufgefangene Tomatenmark mit den Gewürzen abschmecken (den Honig etwas erwärmen).
In kleinen Portionen einfrieren, z. B. im Eiswürfelfach.
Mutter kochte ntürlich die Masse, bis sie dick wurde. Dann wurde sie in kleine Flaschen gefüllt, mit einem »Ölverschluß« versehen, das heißt Öl draufgegossen – und die Flaschen zugekorkt.

Sänger, Musiker und Komponisten waren und sind seit jeher den Gaumenfreuden besonders zugetan.
In Richard Strauss »Ariadne auf Naxos« kündigen die Lakeien folgende Gänge an:
1. einen Salmen vom Rhein, hiezu einen weißen Burgunder
2. eine Hammelkeule in italienischer Weis', hiezu ein Wein von Bordeaux
3. ein kleines Gericht von Drosseln und Lerchen (!) auf Salbei und Thymian, hiezu ein Wein aus Epernay
4. ein Omelette mit einer Überraschung, hiezu ein süßer Portugieserwein.

Manch einer dürfte eher ein Gourmand als ein Gourmet gewesen sein.
Beethoven soll gern, aber miserabel gekocht haben. Sein Freund Ignaz von Seyfried beschrieb einen solchen Versuch folgendermaßen:
»Nach einer Geduldsprobe von mehr denn anderthalb Stunden, nachdem des Magens ungestüme Forderungen kaum mehr durch kordiale Zwiegespräche beschwichtigt werden konnten, wurde endlich serviert. Die Suppe gemahnte an den in Gasthöfen der Bettlerzunft mild gespendeten Aufhub; das Rindfleisch war kaum zur Hälfte gargekocht und für eine

Straßennatur berechnet, und das Gemüse schwamm in Fett und Wasser. Nichtsdestoweniger sprach der Festgeber allen Schüsseln tüchtig zu, geriet durch den zu erwartenden Beifall in einen so rosafarbenen Humor, daß er sich selbst nach einer Person in der Burleske »Das lustige Beilager« den Koch »Mehlschöberl« titulierte.«

»Fressen, sauffen und lustig sein« wollte Christoph Willibald Gluck, wenn er nach 1780 erneut Paris sehen könnte.

Von Rossini stammt der Spruch:

»Was die Liebe für die Seele, ist der Appetit für den Leib. Der Magen ist der Kapellmeister, der das große Orchester unserer Leidenschaften dirigiert. Essen, Lieben, Singen, Verdauen sind die vier Akte der komischen Oper, die wir Leben nennen.«

Der Komponist, Erfinder der berühmt gewordenen »Tournedos Rossini«, soll, als ihm bei einer Bootsfahrt ein getrüffelter Truthahn ins Wasser fiel, in Tränen ausgebrochen sein.

Mein Obstessig

Obstessig mache ich (natürlich) auch selbst.

Ich lasse den frischgepreßten rohen Apfelsaft in Flaschen gefüllt so lange unverschlossen stehen, bis die Bakterien ihn in Essig verwandelt haben. So hat man es bereits im alten Rom gemacht, vermutlich schon vor 5000 Jahren, und so funktioniert es heute noch. Essig ist ja nichts als ein »verrufter, getödter Wein, der seinen guten Namen und Geschmack durch farlässige Zufäll verloren hat, welches offtermahls nicht des Weins, sondern des Hausherren schuld ist« – sagt ein Kräuterbuch aus dem Mittelalter.

Hat mein Apfelsaft sich in Essig verwandelt, decke ich ein Tuch über die offenen Flaschen und lasse sie im Keller stehen. Ab und zu kontrolliere ich, ob sich nicht falsche Bakterien angesiedelt haben, etwa Schimmel an der Flaschenöffnung.

In ein paar extra Fläschchen bereite ich meinen Spezialessig: in eine Flasche fülle ich gehackte Knoblauchzehen plus 1 Lorbeerblatt, eine andere Flasche wird mit frischen Blättern von Estragon, Thymian und Rosmarin aromatisiert. Ganz nach Lust und Laune können Sie auch Basilikum, Zitronenmelisse, Dill, Kerbel, Lorbeerblätter und Salbei in Ihren Essig tun. Diese Kräuteressige geben Salaten einen ganz besonderen Pfiff.

Wichtig: Zweige und Blätter müssen immer mit Essig bedeckt sein! Und nie zuviel des Guten tun!

Etwas zum Pilzesammeln: Pilze speichern besonders viel Schadstoffe (Cadmium), sozusagen wie ein Schwamm, deshalb heißen sie in manchen Gegenden ja auch »Schwammerl«. Also nicht zu viele Wildpilze essen (dieser Hinweis erübrigt sich fast, wo findet man heute noch Steinpilze oder Pfifferlinge?). Der Hallimasch, offenbar robuster, steht neuerdings nicht mehr auf der Liste der eßbaren Pilze, leider, er ist ein sehr delikater Pilz. Und es gibt ihn in Massen. Ich sammle zwei große Körbe voll und lege die Hallimasche milchsauer ein. Natürlich nur Pilze nehmen, die man genau kennt, notfalls vom Förster/Jäger oder der Biologielehrerin Ihrer Kinder oder sonst einem Pilzkenner begutachten lassen.

Wenn Sie Kräuter, Beeren, Pilze etc. sammeln, kommt unweigerlich der Einwand: und wenn nun alle Menschen losziehen und Kräuter, Beeren, Pilze etc. sammeln? Nun ziehen aber nicht alle Menschen auf einmal los um Kräuter, Beeren, Pilze etc. zu sammeln, genauso wie nicht die ganze Menschheit von heute auf morgen zu Vegetariern wird – sicher würde auch dann (zunächst einmal) die ganze Versorgung zusammenbrechen.

»Wenn das Wörtchen wenn nicht wär, wär mein Vater Millionär«, plapperten wir in der Schule. Ich möchte auf ähnliche Vorhaltungen mit einer Geschichte antworten, die ich einmal gelesen habe und die alle Spekulationen, was wäre wenn, auf eindrucksvolle Weise beantwortet: im Jahre 1898 machte man sich in Wien Sorgen um die Umwelt der Zukunft – es wurde befürchtet, man werde im Jahr 2000 nicht mehr wissen, wohin mit den vielen Pferdeäpfeln der Fiakerpferde!

Wie ich Pilze sammle und konserviere

Pilze mit dem Messer abschneiden oder vorsichtig herausdrehen, damit das Myzel nicht zerstört wird.

Am besten in luftdurchlässigen Behältern transportieren, Spankörbchen etc., nie in Plastiktüten.

Nur frische und feste Pilze ohne Würmer sammeln.

Gut waschen, gründlich abtropfen lassen und trockentupfen.

Übriggebliebene Pilze sofort putzen, in Scheiben schneiden, ungewaschen auf dem Drahtsieb des *Dörr-ex* oder einem anderen Sieb ausbreiten und an einem kühlen schattigen Platz trocknen. Getrocknete Pilze in Mullbeuteln aufhängen.

Eingelegte Hallimasche

1. Methode: *die Milchsäuregärung*
Geputzte und gewaschene Pilze in dicke Scheiben schneiden, einmal in Wasser aufkochen, das Wasser wegschütten. Pilze fingerdick in einen Steintopf füllen. Auf 1 kg Pilze etwa 15 g Meersalz mit etwa 10 g Honig vermischt darüber verteilen, wieder eine Schicht Pilze draufgeben, Honig-Salz und so fort, bis alle Pilze aufgebraucht sind. 1 Tasse saure Milch drübergießen, ein sauberes Tuch über die Pilze legen, darauf einen umgestülpten Teller und diesen mit einem sauberen Stein beschweren.
Die Lake muß über den Pilzen stehen, etwa 5 cm hoch, sonst etwas abgekochtes Salzwasser zugießen. Der Topf muß 10 Tage bei Zimmertemperatur gären, dann möglichst im kühlen Keller aufbewahrt werden; das Tuch wird gelegentlich in heißem Wasser ausgewaschen (etwa alle 4 Wochen).
Möglichst kleine Töpfe verwenden, angebrochene Töpfe zügig aufessen. Die Pilze entwickeln immer eine schleimige Substanz; ich spüle sie vor Gebrauch unter fließendem Wasser ab.
Die milchsauren Hallimasche sind super zur Frischkost und als Beilage zu Bratkartoffeln.

2. Methode: *in Essig eingelegt*

1 kg junge feste Hallimasche	1 EL Pfefferkörner
½ l Weinessig	2 EL Senfkörner
1 Tasse Wasser	2 Pfefferschoten (kann man auch weglassen)
3 Lorbeerblätter	5 Zwiebeln
Rosmarin, Basilikum und Liebstöckel nach Geschmack	1 EL Honig
	1 EL Kräutersalz

Die geputzten und gut gewaschenen Pilze 10 Minuten in reichlich Wasser kochen, Pilze abtropfen lassen, das Kochwasser wegschütten. Aus allen übrigen Zutaten einen Sud kochen (etwa 30 Minuten). Pilze in Gläser füllen (Weck-Gläser oder Twist-off). Den Sud kochendheiß über die Pilze gießen und verschließen (die Pilze müssen reichlich mit dem Sud bedeckt sein).
Muß ein angebrochenes Glas ein paar Tage stehenbleiben, gieße ich etwas Sonnenblumenöl über die Pilze.
Ebenso wie Hallimasche lassen sich Champignons, Steinpilze, Pfifferlinge, Butterpilze, Maronen und Täublinge einlegen.

Wichtig: Lieber viele kleine Gläser mit den Pilzen bestücken, als einzelne große.

Erfreuliche Nachrichten für Freunde guter Fischgerichte – bestrahlter Hering aus Afrika!
Sie haben richtig gelesen – den Originalton aus dem Wiesbadener Tageblatt vom 29. 10. 1981. Ebenso original: »Gegen Hunger in der Dritten Welt hilft die Anwendung radioaktiver Stoffe in der Landwirtschaft« (Pressemitteilung der Deutschen Gesellschaft für Wiederaufbereitung von Atommüll).
Sie gehen richtig in Ihrer Vermutung, liebe Leserinnen und Leser, daß diese gepriesene radioaktive Bestrahlung nicht geschieht, um den Hunger in der Dritten Welt zu lindern, oder um Ihnen ganz besonders gesunde und schmackhafte Heringe zu liefern – sondern daß sie einzig und allein dem Wohl der Gesellschaft für Wiederaufbereitung von Atommüll dient.
In 19 Ländern dürfen Lebensmittel bereits radioaktiv bestrahlt werden (obwohl nicht alle diese Länder die Bestrahlung bisher auch tatsächlich anwenden): Kartoffeln, Zwiebeln, Salat, Erdbeeren, Getreide, Gewürze, Reis – und da sie nicht als radioaktiv bestrahlt gekennzeichnet werden *müssen*, können sie auch in die Bundesrepublik importiert werden, obwohl das grundsätzlich nicht erlaubt ist. Wenn also Ihre Kartoffeln im Keller nicht mehr keimen, Ihre Zwiebeln oder Ihr Knoblauch gar nicht mehr ausschlagen, dann liegt die Vermutung nahe: hier wurde radioaktiv bestrahlt. Was tot ist, hält sich nämlich gut. Ein radioaktiv bestrahltes Radieschen ist kein Lebens-mittel mehr, es hat sein Leben ausgehaucht, auf dieses Radieschen hat kein Wurm mehr Appetit, keine Schnecke. Übrigens ist nicht einmal der mit der Bestrahlung einhergehende Geschmacksverlust ein Kriterium – Erdbeeren kann man z. B. mit künstlichem Aroma wieder aufpäppeln.
Das Bundesgesundheitsamt hat mir auf meine Anfrage, ob es stimme, daß auch in der BRD mit der Bestrahlung von Lebensmitteln mit ionisierenden Strahlen begonnen werden soll, vor kurzem folgendermaßen geantwortet:
»Grundsätzlich sei die radioaktive Bestrahlung in der BRD verboten, es gibt aber einige Ausnahmen: zu Versuchszwekken (!) ist z. B. sterile Krankenkost zugelassen. Ferner werde eine Ausnahmegenehmigung zur Entkeimung von Gewürzen erwogen, andere Anträge auf Ausnahmegenehmigungen lägen aber bereits vor, z. B. für Fleisch.«

Man bedenke: zu Versuchszwecken an Kranken, die ja gerade einer besonders vollwertigen Ernährung bedürfen! – obwohl bei Versuchen an indischen Kindern Zellveränderungen infolge bestrahlter Lebensmittel festgestellt wurden. Der Deutsche Verbraucherschutz dazu: »In bestrahlten Lebensmitteln vollziehen sich biologische und chemische Veränderungen. Auch gibt es eindeutige Hinweise, daß die Vitamine A, B_1, C und E neben anderen bei einer Bestrahlung stark geschädigt werden. Die geschmackliche Beeinträchtigung von Lebensmitteln ist unbestritten. Mit der radioaktiven Bestrahlung von Lebensmitteln ist es möglich, minderwertig hergestellte oder empfindliche Lebensmittel kosmetisch zu ›veredeln‹. Man kann Mängel, auch hygienische, vertuschen und uns Verbraucher irreführen.«

In Allershausen (Bayern) ist eine solche Bestrahlungsanlage bereits mit großem Pomp eingeweiht worden. Es dürfte also nur eine Frage der Zeit sein, wann auch in der Bundesrepublik unsere Lebensmittel zu Tode bestrahlt werden, wenn wir uns nicht dagegen wehren!

Was uns alles von Staat und Nahrungsmittelindustrie zugemutet wird, ist wieder einmal aus einer Mitteilung des Deutschen Verbraucher Schutzverbandes ersichtlich (bitte abonnieren, siehe Anhang!)

Ich zitiere:

»In der Höchstemengenverordnung zur Milch werden in der Bundesrepublik 260 verschiedene Gifte erfaßt. Bei den Staatlichen Milchkontrollen könnten jedoch nur 60 dieser Giftstoffe überhaupt geprüft werden, da für die anderen 200 noch keine hinreichenden Analyseverfahren vorlägen. Es sei deshalb nur als Irrglaube zu bezeichnen, wenn heutzutage Milch als gesundes Nahrungsmittel angesehen werde …«

Ferner warnt der Deutsche Verbraucher Schutzverband besonders vor Milchmix-Getränken, die nur noch als völlig denaturierte chemische Produkte bezeichnet werden könnten, die die Gesundheit gezielt angriffen. Eine weitere Warnung gilt der Verwendung von Trockenmilch (Milchpulver) als Säuglingsnahrung. Oftmals werde das ohnehin der wasserlöslichen Vitamine beraubte Milchpulver zur Haltbarkeit auch noch mit krebserzeugendem Akrylnitrat begast.

Auch über die gesundheitlichen Nachteile anderer Milchhandelsformen klärt der Deutsche Verbraucher Schutzverband auf. Abgeraten wird beispielsweise vom Kauf von Dosenmilch, deren biologischer Wert durch Sterilisation und Phosphatkonservierung gleich Null ist. Darüber hinaus würden bei unsachgemäßem Gebrauch – nämlich aus der Büchse – Zinn und Blei mitgenossen.

Auch von sterilisierter Milch wird abgeraten, »da hier beträchtliche Vitaminverluste und Eiweißschädigungen der Milch vorlägen. Für Säuglinge könne häufiger Genuß von sterilisierter Milch sogar gesundheitsschädlich sein. Bei der ständig beliebter werdenden ›H-Milch‹ seien bis zu 90% des Eiweißgehaltes denaturiert, bis zu 20% der B-Vitamine, das Vitamin C und zahlreiche Enzyme zerstört. Bei fettarmer H-Milch seien darüber hinaus auch die Gehalte an Vitamin A, D, E und K drastisch reduziert. H-Milch könne mit der Zeit verderben, ohne daß der Verbraucher es deutlich bemerken könne und stelle deshalb für Kinder eine Gefahr dar.«

Als »empfehlenswert« bezeichnete der Deutsche Verbraucher Schutzverband trotz eines Verdachtes auf gesundheitliche Schädigungen durch vergrößerte Fettoberfläche noch die pasteurisierte und homogenisierte Trinkmilch sowie die – allerdings mit den üblichen Umweltschadstoffen belastete und im Handel kaum angebotene – Rohmilch.

In einer Mitteilung des Demeter Bundes wird allerdings auch vor homogenisierter Milch gewarnt:

»Homogenisierung nennt man die Zerschlagung der Fetttröpfchen in mikroskopisch kleine Teilchen. Dies geschieht seit Jahrzehnten in den Molkereien, wobei die Milch in ihrer biochemischen Struktur eine Veränderung erfährt. Man glaubt, damit Aussehen und Geschmack zu verbessern und die Stabilität zu erhöhen. Doch der Vorgang dieser Manipulation führt zu einem völlig andersartigen Verhalten der Milch im Darm. Die Natur hat es weise eingerichtet: die Fetttröpfchen einer normalen, nicht homogenisierten Milch können die Darmwand nicht passieren, ohne zuvor durch Enzyme verdaut, d.h. in einen wasserlöslichen Zustand gebracht worden zu sein. Die durch Homogenisierung zertrümmerten Fetteilchen aber werden infolge ihrer minimalen Teilgröße ohne weiteres von den Darmzotten resorbiert und in Lymphe und Blut übergeführt. Dadurch gelangen unverdaute Fettsubstanzen in den Organismus und mit ihnen ein Enzym, die sogenannte Xanthinoxydase, welche die pathologische Ablagerung von Fettkörpern (Cholesterin, Triglyzeride, Lipoproteine) an der Innenwand der Blutgefäße und am Herzmuskel begünstigt. Dies ist aber – wie man weiß – die Vorstufe der Aderverkalkung (Arteriosklerose), der Angina pectoris und des Herzinfarktes.«

Diese auf den Forschungen des unabhängigen Wissenschaftlers Dr. Oster (USA) beruhenden Erkenntnisse werden besonders von Vertretern der Milchwirtschaft immer wieder heftig attackiert. Ich überlasse es Ihnen, wem Sie Glauben schenken wollen!

Allmählich bleibt einem alles im Halse stecken, nun auch noch die vielgepriesene Milch.
Was tun?
Weniger Milchprodukte verzehren, so lange, bis die Milchwirtschaft unsere Forderung nach gesunden Molkereiprodukten endlich erfüllt. Und immer wieder den Politikern auf den Pelz rücken! Die wollen ja wiedergewählt werden! Wir haben ein Recht auf gesunde Lebensmittel, wir müssen nur auf diesem Recht bestehen.
Es wird übrigens sowieso viel zuviel tierisches Eiweiß gegessen. Vor ein paar Jahren hat man den täglichen Bedarf mit 100 g pro Tag angegeben, dann hieß es, 1 g pro Kilo Körpergewicht und pro Tag sei das Minimum für einen Erwachsenen, also etwa 60–70 g. In Wirklichkeit dürften aber schon 30–35 g pro Tag ausreichen – vorausgesetzt, das Eiweiß ist unerhitzt, egal ob pflanzlichen oder tierischen Ursprungs.
Wohlgemerkt: durch Erhitzen wird pflanzliches oder tierisches Eiweiß nicht direkt zerstört – es wird seiner Lebendigkeit beraubt. Auch Gemüse oder Getreide werden durch Erhitzen nicht zerstört, sie enthalten ja nach wie vor dieselben Mengen an Kohlenhydraten, Fetten und Eiweiß wie vor der Erhitzung. Wohl aber werden auch sie ihrer Lebendigkeit beraubt, werden die Vitalstoffe in ihrer Wirksamkeit beeinträchtigt bzw. ganz aufgehoben.
Der Körper braucht aber lebendige Nahrung, um selbst lebendig zu bleiben!
Es gibt Völkerstämme, die mit 6 Gramm (unerhitztem) Eiweiß pro Tag auskommen, ohne Mangelerscheinungen aufzuweisen.
Mit unseren 3 Eßlöffeln rohem Getreide, dem zusätzlichen Eiweiß von Blattgrün, Nüssen und Hülsenfrüchten können wir auch als »Vegan« unseren Tagesbedarf an Eiweiß aus rein pflanzlichen Quellen decken.
Wenn ich meine heutige Ernährung mit meiner früheren vergleiche, bin ich überzeugt, daß die damalige Eiweißmast – täglich 2mal Fleisch, Eier, Käse, bei gleichzeitigem Fehlen von rohem Getreide – meine ganzen Wehwehchen verursacht hat. Und es ist kein Wunder, daß die Gicht und überhaupt die Erkrankungen des Bewegungsapparates auch bei ganz jungen Menschen auf Grund der »üppigen Mangelernährung« wieder im Vormarsch sind.
Zurück zur Milch: Nicht einmal bei unerhitzter Milch hat der Mensch heute noch die Garantie, daß sie zu saurer Milch oder zu Quark wird. Durch im Futter der Kühe befindliche Antibiotika oder mannigfaltige andere Ursachen entwickeln sich statt der erforderlichen Milchsäurebakterien häufig Fäulnisbakterien – die Milch wird nicht sauer, sondern schmierig.

Für diejenigen, die in der glücklichen Lage sind, rohe Milch aufzutreiben, die noch sauer wird, hier die Anleitung für die Zubereitung von

Quark, Kefir, Käse – auch Tofu soll nicht fehlen

Quark

Milch 1–2 Tage an warmem Ort stehen lassen, bis sie sauer ist. Milch vorsichtig erhitzen – nicht über 40 Grad – bis sich Quark und Molke trennen, in ein Sieb gießen und den Quark darin auffangen.
Die abgeflossene Molke ist ein erfrischendes Getränk.

Zubereitung von Kefir

Nach Professor Mensikow, der der Kefirforschung sein ganzes Leben widmete, widersteht so gut wie keine Krankheit dem Kefirpilz. Und danach, was wir inzwischen über die Wichtigkeit einer gut funktionierenden Verdauung und ihre Auswirkung auf das Gesamtbefinden wissen, hört sich das gar nicht mehr so verwunderlich an. Denn der Kefir verhindert durch seine Gärungsbazillen das Faulen von Stoffen im Darm.
Einen echten Kefirpilz aufzutreiben, ist gar nicht so einfach. Das gelingt meistens nur über Freunde von Freunden von Freunden, denen Freunde einen von irgendwoher mitgebracht haben – ich hatte mal einen Kefirpilz aus Jugoslawien, der aber seit langem das Zeitliche gesegnet hat. So ein echter Kefirpilz wird einfach aus dem fertigen Kefir herausgenommen und wieder zum Neuansetzen des nächsten Kefirs verwendet. Mit dem Bio-Ferment aus dem Reformhaus oder Naturkostladen gelingt die Zubereitung ebenso gut. Ein Päckchen Ferment enthält 3 kleine »Bomben«; aus jeder können Sie etwa 15mal 1 Liter Kefir herstellen, indem Sie vom fertigen Kefir 2–3 Eßlöffel abnehmen und die neue Milch damit »impfen«.
Sowohl beim Kefirpilz wie beim Ferment wird gekochte Milch genommen – damit gar keine anderen Bakterien wirken können als die Kefirbakterien. Der Kefirpilz verlebendigt die »tote« Milch, sozusagen.

Und so wird's gemacht:
1 l Milch kurz aufkochen und auf 20 Grad abkühlen lassen. Das Kefirferment in die Milch rühren und in eine Schüssel schütten. Nach einer Stunde einmal umrühren. Zugedeckt bei 22–27 Grad etwa 24 Stunden stehen lassen, fertigen Kefir im Kühlschrank aufbewahren.
Die erste Portion Kefir bleibt dünnflüssig, es sei denn, Sie erwärmen ihn im Wasserbad. Erst bei den folgenden »Impfungen« wird der Kefir fest.
Die Töpfe oder Schüsseln, mit denen Kefir in Berührung kommt, sollten immer mit kochendem Wasser ausgewaschen werden.
Kefir liefert die begehrte gesundheitsfördernde rechtsdrehende Milchsäure.

Die jugoslawische Bäuerin Miliza Bukovac, die mir meinen echten Kefirpilz bei Dreharbeiten in Mostar für den Film »Die letzte Brücke« schenkte, kochte die Milch ebenfalls auf, ließ sie abkühlen auf 20 Grad, gab den Kefirpilz hinein, füllte Milch und Pilz in eine dickhalsige, sauber ausgewaschene Flasche, korkte sie zu und ließ sie 24 Stunden stehen. Dann war der Kefir fertig. Sie nahm den Pilz heraus und »impfte« damit die Tagesportion für den nächsten Tag – bei Bukovac's gab's täglich Kefir. Im Winter wusch Miliza die Flasche einmal im Monat gründlich aus, im Sommer einmal in der Woche.
Junger Kefir führt ab – älterer Kefir stopft, pflegt Miliza zu sagen.
Ursprünglich – in Sibirien und im Kaukasus – wurde Kefir aus Stutenmilch gewonnen. Man schreibt dem Kefir große Erfolge, besonders bei der Heilung von Tuberkulose und Krebs, zu.

Mit Wehmut lese ich in meinem ersten Kochbuch nach, daß ich »damals« – 1975 – noch Schafskäse machen konnte. »...die Schafe vom Bauern Gustl weiden in der kleinen Fichtenschonung neben unserem Haus. Kommt der Gustl abends zum Melken, laufen sie ihm blökend entgegen – und wenn der Gustl seine Schafe schert, bittet er mich: ›Geh, Barbara, hilfst mir, den Franzi aufilegen?‹
Der Franzi ist sein schwerster Schafbock. Er wiege 90 Kilo. Wir legen gemeinsam den Franzi auf einen aus Brettern improvisierten Tisch. Da liegt der Franzi geduldig und läßt sich alles gefallen. Der Gustl handhabt die Schere aber auch so liebevoll und mit einer solchen Hingabe, als gäbe es

nichts Wichtigeres auf der Welt, als dem Franzi die warme Wolle abzuscheren.
Wenn wir fertig sind, fragt der Gustl: ›Magst a Mili?‹ Im Lauf der Zeit hat sich eine schweigende Übereinkunft zwischen dem Gustl und mir entwickelt. Der Gustl bringt mir den Topf mit der warmen Schafmilch, dafür kriegt er ein kaltes Bier oder zwei. Da sitzen wir dann, schauen auf den nackten, vergnügt vor sich hin grasenden Franzi, trinken unser Gläschen und der Gustl erzählt mir, wo ich die Arnika pflücken muß, und daß deren gelbe Sternblüten, in Alkohol eingelegt, alles lindern, was einem auf dem Lande an Quetschungen, Prellungen und sonstigen Blessuren so zustößt.«
Was damals in der Gegenwart geschrieben wurde, gehört heute der Vergangenheit an. Der Gustl ist lange tot, der Franzi auch. Gustls altes Haus ist abgerissen worden. Seinen Lehnstuhl haben wir vom Schutthaufen gerettet, neu mit Leder bezogen (Leder vom Franzi? Wer hat wohl den Franzi gegessen?) steht er in unserer Wohnhalle. Es gibt keine Schafe mehr in der Umgebung. Unsere kleine Ziege Olympia tröstet uns darüber hinweg. Aber mißtrauisch beäugen wir die Fichten, die der Gustl gesetzt hat. Fangen sie an, braun zu werden? An einigen ist das Lametta-Syndrom bereits zu erkennen...
Ehe ich aber vollends schwermütig werde: auch wenn morgen die Welt unterginge, würde ich – frei nach Luther – heute noch einen Baum pflanzen, mehrere Bäume, so viele Bäume wie möglich.

Und hier – sozusagen als »Camus'sches Dennoch« – das Rezept für die Zubereitung von Schafskäse.

Stadljaklbäuerins Schafkäse

2 l Schafsmilch
½ gestr. TL Lab (ein Ferment aus Kälbermagen, gibt's [oder gab es?] in der Molkerei)
1 EL Meersalz
1 EL Kümmel

Schafsmilch durch ein mit einem sauberen Tuch ausgelegtes Haarsieb gießen. Bei niedriger Hitze im Kochtopf aufstellen (nicht über 40 Grad). Lab zugeben und mit einem Holzlöffel umrühren, bis sich Käse und Molke trennen. Den Käse im Haarsieb, in das Sie wieder das Tuch gelegt haben, auffangen. Tuch zusammendrehen, bis alle Flüssigkeit herausgedrückt ist (je fester Sie den Käse ausdrücken, desto besser können Sie ihn später schneiden). Eine Schnur um den Zipfel binden und den Käsekloß zum Trocknen aufhängen. Je nach Witterung braucht er 2–3 Tage. Dann lege ich ihn in eine Lake, die ich aus mit Salz und Kümmel aufgekochtem Wasser bereitet habe. Die (abgekühlte) Lake muß den Käse bedecken. Ich lasse ihn 2 Tage darin schwimmen, dann ist er fertig.
Ein bißchen Thymian oder Oregano drüberstreuen, ein paar Oliven dazu und gehackte Zwiebeln, mit Butter bestrichenes Vollkornbrot und ein Glas Wein – ein himmlisches Abendessen.

Tofu, in der asiatischen Küche seit Jahrtausenden beliebt, findet auch bei uns immer mehr Anhänger – obwohl ich mich nicht dafür begeistern kann. Die Zubereitung ist kompliziert. Tofu ist erhitztes, also denaturiertes Eiweiß und – last not least – ziemlich geschmacklos. Ich ziehe Quark, Kefir, Käse vor – dennoch: für diejenigen, die gar nichts vom Tier mögen, ist Tofu eine Alternative zu Milchprodukten.
Daß ein chinesischer Prinz den Tofu vor 2000 Jahren »entdeckt« hat, ist sicher ein (schönes) Märchen.
Tofu wird aus gekochten Sojabohnen gewonnen, mit Hilfe eines Gerinnungsmittels aus Meersalz (Nigari). – Er ist reich an Mineralien wie Eisen, Phosphor, Kalium und Calcium, sowie an den Vitaminen B_1, B_2, B_3 und E und arm an Purinstoffen, also an Harnsäure bildenden Stoffen.

Sie können Tofu in Reform- und Naturkostläden kaufen, ihn aber auch selbst zubereiten. Es gibt sogar ein Tofu-Set im Handel (siehe Anhang).

Selbstgemachter Tofu

300 g gelbe Sojabohnen
2 l heißes Wasser
2 TL Nigari
(ergibt etwa bis 900 g Tofu)

Sojabohnen in genügend frischem Wasser 10 Stunden einweichen. Bohnen abgießen, abspülen und im Mixer so fein wie möglich pürieren (noch besser durch den Fleischwolf drehen, eventuell mehrmals), das Püree mit dem heißen Wasser mischen (das Verhältnis sollte 1 zu 3 sein). In einem weiten Topf mit dickem Boden unter ständigem Rühren zum Kochen bringen und auf kleinster Flamme 10 Minuten köcheln lassen (sehr wichtig: der Topf muß groß genug sein, die entstehende Milch schäumt wie Kuhmilch leicht über und brennt leicht an, deshalb ständig rühren!).
Die Masse in ein mit einem Tuch ausgelegtes Sieb schütten, dadurch die Milch auffangen.
Die im Tuch verbleibende Masse, das Okara, fest ausdrükken, um soviel Milch wie möglich herauszupressen. Das Nigari in einer Tasse heißem Wasser auflösen und über die noch heiße Sojamilch gießen, zugedeckt 5 Minuten stehen lassen. Dann mit einem Holzlöffel umrühren; nach 15–20 Minuten sollte sich Käse abgesetzt haben, wenn nicht, noch etwas Nigari (in Wasser aufgelöst) hinzufügen. Dann weiter wie Quark behandeln: die Masse in ein mit einem Tuch ausgelegtes Sieb schütten, so daß die Molke abfließt, dann das Tuch zusammendrehen und möglichst alle Flüssigkeit herauspressen – fertig ist der Tofu! Je stärker Sie die Molke herauspressen, desto besser können Sie Ihren Tofu schneiden. Wenn Sie sich das Tofu-Set kaufen, wird der Tofu im Ahornkästchen gepreßt.
Sie können Tofu wie Quark zubereiten – salzig oder süß – Sie können ihn in Scheiben schneiden, grillen, marinieren oder in Ei und Semmelbröseln panieren und wie ein Schnitzel braten, in Tomaten füllen oder wie Schafskäse gewürfelt an Salat geben – aus dem Okara können Sie »Bouletten« braten, so heißen in meinem Heimatdorf Wietstock und auch in Berlin die Fleischlaibchen oder Frikadellen oder Bratlinge – mit der übriggebliebenen fettlöslichen Molke können Sie sich die Haare waschen oder sie in Ihr Badewasser kippen und sich darin schönbaden wie die feinen Damen früher in Eselsmilch (s. auch *Das Tofu-Buch* im Anhang).

Dagegen ist ein Kraut gewachsen:

Kräutertee für jung und alt

Immer mehr Menschen wenden sich den Naturheilmitteln zu. Unter diesen spielen die Tees und Auszüge aus Blumen und Blüten eine wesentliche Rolle. Im Naturheilverfahren wird nicht gegen den Erreger einer Krankheit vorgegangen (anti-pathie), sondern man bemüht sich, den geschwächten Organismus zu stärken (sym-pathie), so daß dieser es schafft, selbst mit dem Krankheitserreger fertig zu werden.
Es ist interessant, daß synthetische Substanzen den natürlichen (man kann wohl sagen: so gut wie immer) unterlegen sind. Wie auch der Mensch sich bemüht: einen Apfel kann er eben nicht herstellen, selbst wenn er die chemische Zusammensetzung kennt. Ein Beispiel die *Rauwolfia serpentina*, eine in Indien heimische und seit Jahrhunderten beliebte Heilpflanze, die unter anderem das blutdrucksenkende Reserpin und das herzregulierende Ajmalin enthält. Die Pflanze verfügt über zahlreiche Spurenelemente, Salze und womöglich noch gar nicht bekannte Stoffe, die eine chemische Analyse einfach nicht erfassen und deswegen auch nicht wiedergeben kann. Man begann nämlich, das Reserpin zu isolieren und im Labor synthetisch herzustellen. Nach 20 Jahren stellte sich dann heraus, daß diese chemische Nachahmung beim Menschen Brustkrebs und schwere Depressionen auslöste, die die Pflanze nicht verursacht.
Ähnlich verhält es sich mit dem natürlichen, aus der Weidenrinde gewonnenen Salicin und den synthetischen Salicylaten (in der Rheumabehandlung gern angewendet).
Mein Arzneischrank birgt keinerlei synthetische Mittel mehr – unsere wenigen Wehwehchen heilen wir mit Natursubstanzen, mit Arnika und Johanniskraut und Schwedenbitter. Aber die eigentliche Phythotherapie: sprich Heilung durch Pflanzen, spielt sich in der Küche ab; mit Hilfe von Zitronenmelisse, Pfefferminze, Salbei, Brennessel und Ringelblume, Thymian und Beinwell. Meinen Kräutertee serviere ich in Teekannen aus Glas. Die bunten Blüten von Korn- und Schlüsselblume, von Löwenzahn, Holunder und Gänseblümchen lassen jeden Teetrinker in entzückte Ahs und Ohs ausbrechen. Aber nicht nur Körper und Sinne – auch die Seele wird durch Kräuter therapiert!
Viel zu wenig bekannt sind die Forschungsergebnisse eines englischen Arztes. Dr. Edward Bach, Forscher, Arzt und Bakteriologe in England, gab eines Tages seine einträgliche Praxis auf, zog sich in die Wildnis von Wales zurück und forschte dort nach Bäumen und Blumen, die eine starke Heilkraft besitzen. So fand er besonders wirksam: gegen Angstzustände die Gauklerblume, bei Schock den Doldigen Milchstern, bei Unentschlossenheit Scleranthus (Knäuel), bei mangelndem Zutrauen Enzian, bei Zwangsvorstellungen die weißblühende Roßkastanie, bei Panikzuständen und anderen Arten innerer Bedrängnis das Gemeine Sonnenröschen usw. Insgesamt entdeckte er 38 wichtige Heilpflanzen. Er erzielte mit diesen einfachen Pflanzen so grandiose Heilerfolge, daß er bald als einer der berühmtesten Phytotherapeuthen überhaupt galt (s. das Buch *Blumen, die unsere Seele heilen* im Anhang).

Bei der Teezubereitung gilt im allgemeinen:
- Blüten und Blätter mit kochendem Wasser überbrühen oder in kaltem Wasser ansetzen, über Nacht stehen lassen und dann abseihen
- Wurzeln in kaltem Wasser ansetzen, über Nacht stehen lassen und abseihen, oder aufkochen und abseihen
- harte Stengelteile, Rinden und Samen in kaltem Wasser aufsetzen, aufkochen, ziehen lassen und abseihen.

Eine Faustregel: 1 Tasse Wasser auf 1–2 TL Tee oder 1 l Wasser auf 5–6 TL oder 2 EL Tee.

Hier einige Beispiele:

Beinwelltee von getrockneten Pflanzen

2 TL getrocknete und zerkleinerte Beinwellblätter in ¼ l warmem Wasser am Abend ansetzen. Am nächsten Morgen abseihen und den Blattrückstand ausdrücken; diesen Blattrückstand mit einem weiteren ¼ l Wasser aufkochen. 10 Minuten ziehen lassen und abseihen. Beide Flüssigkeiten zusammengießen (bei einer Kur morgens und abends 1 Tasse trinken).

Beinwell-Kaltauszug

Die mit der Hand zerkleinerten Blätter einige Stunden (nicht länger als 12 Stunden) in kaltes Wasser legen, abseihen, rückständige Blattmasse ausdrücken. Man kann diesen Auszug auch etwas angewärmt trinken.
Sie können den Beinwelltee auch mit anderen Kräutern

mischen, mit Brombeer- und Erbeerblättern, Holunderblüten, Apfel- und Zitronenschalen, Rosenblättern, Wacholderbeeren oder mit Süßholz – je nachdem, ob Sie einen Blutreinigungstee haben wollen oder ob Sie Gicht oder Gelenkrheumatismus auskurieren wollen (siehe auch Seite 25 sowie das Buch *Comfrey – Wiedergeburt einer Heilpflanze* im Anhang).

Beinwelltee von frischen Blättern

Junge bis mittelgroße Blätter pflücken und mit der Hand zerkleinern, mit heißem Wasser überbrühen und nur 20 bis 50 Sekunden ziehen und abseihen.

Brennesseltee

1 TL Brennesseln (frisch gehackt oder trocken gerebelt) mit 1 Tasse kochendem Wasser überbrühen oder kalt ansetzen. Einmal aufkochen und kurz ziehen lassen, abseihen. Als Kur dreimal am Tag 1 Tasse trinken.

Frühlingstee
(toll zum Entschlacken!)

50 g frische Brennesselblätter
20 g zerstoßener Fenchel
30 g Löwenzahnwurzeln und -blätter plus Blüten
1 l Wasser

Kräuter mit kochendem Wasser überbrühen, nur ½ Minute ziehen lassen, dann abseihen.
Am besten ungesüßt trinken, und zwar die erste Tasse auf nüchternen Magen, dann noch 2 Tassen über den Tag verteilt, möglichst 4 Wochen lang.

Frühstückstee

Thymian, Melissenblätter, Waldmeisterkraut, Schlüsselblumenblüten und Erdbeerblätter überbrühen, ziehen lassen und abseihen, mit Zitronensaft und Honig abschmecken.

Hagebuttentee

Hagebuttenkerne oder -schalen oder beides gemischt in Wasser aufkochen, ziehen lassen, abseihen und mit Honig süßen.
Schmeckt auch gut mit einigen frischen Erdbeeren vermischt oder mit einem Gläschen Erdbeersaft.

Holunderblütentee

Die Holunderblüten überbrühen, kurz ziehen lassen, abseihen, mit Honig und Zitrone abschmecken, und frische Melissenblätter zugeben (schmeckt auch sehr gut gekühlt).

Sommertee

Gleiche Mengen: Hirtentäschelkraut, Pfefferminze, Schafgarbe
1 l Wasser

Kräuter mit kochendem Wasser überbrühen, 1–2 Minuten ziehen lassen, abseihen. Kann mit Zitronensaft und Honig getrunken werden.

Herbst- und Wintertee

1 l Wasser
1 EL Hagebuttenschalen und -kerne
1 EL Apfelschalen
1 EL Lindenblüten

Alles zusammen aufkochen, 10 Minuten ziehen lassen und abseihen. 1 Eßlöffel Holundersaft dazugegeben verfeinert den Tee noch.

Pfefferminztee

Pfefferminzblätter mit kochendem Wasser überbrühen, ziehen lassen, abseihen und mit Honig und Orangensaft abschmecken – eventuell noch ein paar frische Pfefferminzblättchen hineingeben (Pfefferminztee schmeckt auch sehr gut gekühlt).

Teevariationen

- Fencheltee: nach dem Abseihen mit etwas Holundersaft vermischen
- Brombeerblättertee: nach dem Abseihen Zitronensaft, Honig und ein paar frische Brombeeren hinzufügen
- Erdbeerblättertee: nach dem Abseihen Zitronensaft, Honig und ein paar frische Erdbeeren hinzufügen
- Tee von Blättern der schwarzen Johannisbeere: nach dem Abseihen Holundersaft, Honig und frische schwarze Johannisbeeren hinzufügen
- Salbeitee: nach dem Abseihen mit Milch, im Mörser zerstoßenem Fenchel und Honig mischen usw. usw.
- Und der beruhigende Tee für den Abend: die Mischung aus Melisse und Johanniskrautblüten. Wenn ich besonders abgekämpft und überreizt bin, brühe ich etwas mehr Tee auf und gieße den Rest ins Badewasser. Ein erquickender Schlummer ist Ihnen gewiß!

Seht ihr den Mond dort stehen?
Er ist nur halb zu sehen
und ist doch rund und schön!
So sind wohl manche Sachen,
die wir getrost belachen,
weil unsre Augen sie nicht sehn.

Kollath-Tabelle

(aus Prof. Dr. W. Kollath, *Die Ordnung unserer Nahrung**)

Sie können ein Gesellschaftsspiel daraus machen: Sie zeichnen die Tabelle auf, und jeder Mitspieler schreibt ein, was er so tagtäglich zu sich nimmt: Kaffee, Semmeln, Marmelade, Pommes frites, Cola, Kuchen etc. Der Normalbürger wird mit Erschrecken feststellen, daß die von ihm verputzten Dinge sich überwiegend in den Sparten der rechten Tabellenseite wiederfinden, beim »Totesten« vom Toten.

Das Ausfüllen dieser Tabelle ist eine gute Idee für den Schulunterricht. Auch die Kleinsten machen begeistert mit und sind durchaus bereit, auf Trockenfrucht-Pralinen und Frischkornbrei umzusteigen, besonders wenn sie begreifen, daß sie dann viel eher mit den Hausaufgaben fertig werden und schneller zum Spielen kommen. Es ist spannend zu erleben, wie bei zunehmendem Eßbewußtsein sich die linken Felder der Tabelle beleben.

	Lebensmittel (vollwertig)			Nahrungsmittel (teilwertig)		
	a) natürlich	b) mechanisch verändert	c) fermentativ verändert	d) erhitzt	e) konserviert	f) präpariert
Pflanzenreich	1 a) Samen I Nüsse: (Wal-, Hasel-, Kokosnuß) Mandeln ———— Oliven	1 b) Öle Rückstand: (Preßkuchen)**	1 c) Mitwirkung der Eigenfermente Hefen Bakterien Pflanzenmilch } Soja Pflanzenkäse }	1 d) ?	1 c) Gebäcke II Weißbrote Feingebäcke Kuchen Torten	1-2 f) Pflanzliche Präparate Kunstfette Eiweiß Stärke Zucker Chemikalien
Pflanzenreich	2 a) Samen II Getreide: Weizen, Roggen, Hafer, Gerste, Mais, Reis, Hirse, Buchweizen	2 b) Mahlprodukte Vollmehl Schrote Rückstand: (Kleie)**	2 c) Vollkornprodukte Breie, roh; gequetscht geschrotet gemahlen	2 d) Breie aus Vollkorn Schrote, Flocken, usw. Gebäcke I Vollkornbrote Fladenbrote Gärbrote usw. Mehlspeisen →	2 c) Dauerbackwaren Zwieback usw. Konfekt	
Pflanzenreich	3 a) Früchte Gemüsefrüchte: Tomate, Gurke, Kürbis, Paprika, Melone usw. Obst: (Beeren-, Kern-, Steinobst) Südfrüchte Trauben ———— Honig	3 b) Salate I Naturtrübe Säfte, frisch Rückstand: (Trester)**	3 c) Gärsäfte Most (Trauben, Apfel, Birne usw.) Met	3 d) Gemüse II a) Hülsenfrüchte Erbsen, Bohnen, Linsen, Erdnuß, Kastanien b) Kompott	3 c) Fruchtkonserven getrocknet, gedörrt, gefrorene, erhitzt, chemisch sterilisiert durch Zucker, Alkohol, Chemikalien ———— Marmeladen	3-4 f) Aromastoffe Fruchtzucker Vitamine Wuchsstoffe (Auxone) Fermente Nährsalze
Pflanzenreich	4 a) Gemüse I (Keim-, Frucht-, Blüten-, Stengel-, Wurzel-, Knollen-, Zwiebel-, Blatt-Gemüse) ———— Würzkräuter	4 b) Salate II (Küchenabfälle)**	4 c) Gärgemüse Sauerkraut Saure Bohnen (Silage)**	4 d) Gemüse III Kartoffeln, Wurzeln, Kohlarten usw. Pilze Artischocken	4 c) Gemüsekonserven getrocknet erhitzt gefroren sterilisiert	
Tierreich	5 a) Eier Fischrogen	5 b) Blut Muscheln (Knochen)**	5 c) Fleisch Schabefleisch	5 d) Wild, Fisch, Schlachtvieh (Leber, Niere, Pankreas, Lunge, Herz, Muskel, Speck, Schmalz, Fette)	5 c) Tier-Konserven getrocknet, geräuchert, gesalzen, gefroren, in Fett, chemisch konserviert	5 f) Tierische Präparate Fleischextrakte, Eiweiß, Lipoide, Fette, Fermente, Hormone
Tierreich	6 a) Milch (Kuh, Ziege, Schaf)	6 b) Milchprodukte Rahm, Buttermilch, Magermilch, Butter, Molke	6 c) Gärmilch Sauermilch, Skyr, Yoghurt, Kefir usw. Quark Käse-	6 d) gekochte Milch Arten Quark	6 c) Milchkonserven Trockenmilch kondensiert	6 f) Milchpräparate Milcheiweiß Milchzucker
Getränke	7 a) Quellwasser Luft	7 b) Leitungswasser	7 c) Gärgetränke Wein, Bier	7 d) Extrakte Teearten Brühe	7 c) Gemische Kunstwein, Kunstessig, Liköre, gechlortes Leitungswasser	7 f) Destillate künstl. Mineralwasser, Branntwein

* Haug Verlag, Heidelberg

** Für die menschliche Ernährung nicht gebräuchlich, aber meist als „Kraftfutter" verwendet

Zeitschriften und Informationsblätter zum Abonnieren sowie Bezugsquellen

Der Naturarzt, bioverlag gesundleben GmbH, D-9805 Hopferau-Heimen

Natürlich und gesund, Postfach 700118, D-7000 Stuttgart 70

Deutscher Verbraucher Schutzverband e.V., Leberberg 4, D-6200 Wiesbaden

Nachbarschaft – Wege zur Ökologie im Alltag, pala-Verlag GmbH, Schloßgraben 21, D-6117 Schaafheim

Gesundheitstips, Bio-Quelle, Klaus Lösch, Postfach 36, A-4400 Steyr

Die Grünen, Landesarbeitsgruppe »Ernährung« (Informationen über Dritte-Welt-Probleme), c/o Volksgartenstraße 35, D-4000 Düsseldorf

Verbraucher-Erzeuger-Genossenschaft Wurzelwerk, Kontaktadresse: Friedrichstraße 9, D-4830 Gütersloh

Gesellschaft für Gesundheitsberatung e.V. (GGB), D-5420 Lahnstein

Gesellschaft für ökologische Lebensweise e.V., D-5202 Hennef-Schüterscheid

»Sonnseitig leben«, die Schweizer Zeitung für die vitalstoffreiche vegetarische Vollwertkost (6× pro Jahr), Holbeinstraße 30, CH-8008 Zürich

Biologisches Kurheim Bischofswiesen, Schulstraße 1, D-8242 Bischofswiesen

Handbuch der Haushalts-Getreidemühlen, Verlag Natürlich und Gesund, Postfach 700118, D-7000 Stuttgart 70

Dörrapparat »dörrex« bei Bio + Gartenmarkt Keller, Konradstraße 17, D-7800 Freiburg

Natur-Sauerteig und *Tofu-Set* bei Henselwerk GmbH, D-7031 Magstadt

Unigel (zum Einkochen) bei BIOFARM-Genossenschaft, CH-4936-Kleindietwil

Liebe Leserinnen und Leser:
Bitte richten Sie eventuelle Fragen zu diesem Buch an den Mosaik Verlag GmbH, Postfach, 8000 München 80

Quellenhinweise bzw. empfehlenswerte Bücher

Dr. Edward Bach: *Blumen, die unsere Seele heilen*, Hugendubel Verlag

Dr. med. Max Otto Bruker: *Unsere Nahrung – unser Schicksal*, bioverlag gesundleben

Dr. med Max Otto Bruker und Ilse Gutjahr: *Biologischer Ratgeber für Mutter und Kind*, bioverlag gesundleben

Stephanie Faber: *Das neue Rezeptbuch der Naturkosmetik,* Goldmann Verlag

Dr. med. M. Furlemeier: *Kraft der Heilpflanzen,* Verlag F.P. Schwitter Holding

Egmont R. Koch: *Umweltschutz zu Hause – was jeder tun kann!,* Mosaik Verlag

Koerber/Männle/Leitzmann: *Vollwert-Ernährung,* Haug Verlag

Prof. Dr. W. Kollath: *Die Ordnung unserer Nahrung*, Haug Verlag

Dr. Hans-Heinrich Reckeweg: *Schweinefleisch und Gesundheit,* Aurelia Verlag

Mechthild Scheffer: *Die Bach Blütentherapie*, Hugendubel Verlag

Lothar Schloß: *Comfrey – Wiedergeburt einer Heilpflanze,* im Selbstverlag der Comfrey Vertriebs-GmbH, D-8221 Bergen/Chiemgau

William Shurtleff und Akiko Aoyagi: *Das Tofu-Buch,* Ahorn Verlag (Wolfgang Furth-Kuby)

Dr. Ed. B. Szekely: *Das Friedensevangelium der Essener,* Martin Verlag

Margret Uhle: *Was kann man überhaupt noch essen? – ABC der gesunden Nahrungsmittel,* Mosaik Verlag

Marietheres Waldbott und Gottfried Kumpf: *Burgenländisches Kochbuch*, Edition Roetzer

Register